오늘도
시냇가에 심은

| 김대은 지음 |

나무처럼

비전·멘토링·영성·리더십으로 배우는 형통과 행복 이야기

쿰란출판사

감사의 글

"시냇가에 심은 나무처럼 형통하기를"

어느 날 문득, 기도하는 중에 마음 깊은 곳에서 들려온 한 음성이 있었습니다.

"행복한 사람아!"

그 부름의 순간 내 몸은 얼어붙고 말았습니다.

'누구를 부르는 걸까? 나인가?'

나는 그런 호칭을 들어본 적도, 또 누군가에게 그렇게 불려본 적도 전혀 없었습니다.

기도를 멈춘 채 조용히 생각에 잠겼습니다.

'나는 과연 행복한가?'

그날, 나를 '행복한 사람'이라 부르시는 이와 정작 행복한지조차 알지 못하는 나 사이에 말할 수 없는 깊은 씨름이 시작되었습니다. 이 부르심은 내 감정의 차원을 뛰어넘고, 내 삶 전체를 되돌아보게 만드는 영혼의 울림이었습니다.

삶은 굽이굽이마다 흔적을 새기고, 흔적은 조용히 추억을 남깁니다. 그 흔적들을 하나하나 더듬어 가다 보면, 땀과 눈물로 얼룩

졌던 날들이 마치 어제 일처럼 생생히 떠오릅니다.

인생의 어느 계절에는 기다림이 있었고, 어느 계절에는 상실이 있었으며, 또 어떤 순간에는 꺼지지 않는 갈망도 있었습니다.

인생은 한 그루의 나무를 심는 것과 같습니다.

단지 한 그루의 생명을 땅에 묻는 것이 아닙니다. 그것은 눈앞의 결과를 기대하기보다 보이지 않는 미래를 향해 믿음의 씨앗을 심는 일입니다. 나무 한 그루가 뿌리를 내리고 바람과 햇살을 견디며 자라나는 모습은 우리의 삶과 참 많이 닮았습니다.

시편 1편에 나오는 "시냇가에 심은 나무"는 단순한 성경의 표현이 아니라, 한 사람의 인생을 설명하는 깊은 은유입니다. 계절 따라 잎을 내고 꽃을 피우며 열매를 맺는 것처럼, 인생도 고요한 성숙을 향해 걸어갑니다. 나무가 그 뿌리를 흙 속 깊이 내려 자리를 잡듯, 한 사람의 삶도 시간 속에서 점차 뿌리를 내리고 자리를 잡아갑니다. 가뭄과 폭풍에 뿌리가 상하고 가지가 꺾여도, 그 순간도 나무는 자라고 있습니다.

이제 '열정'보다 '순종'이라는 단어가 더 마음에 와닿는 나이가 되었습니다. 책을 쓰다 보니 더 차분해지는 것 같습니다. 제 뜻을 앞세우기보다 하나님의 섭리를 신뢰하며 주어진 자리에서 조용히 하나님의 음성을 듣는 시간이었습니다.

"하나님이 모든 것을 지으시되 때를 따라 아름답게 하셨고 또 사람들에게는 영원을 사모하는 마음을 주셨느니라 그러나 하나님이 하시는 일의 시종을 사람으로 측량할 수 없게 하셨도다"(전 3:11)라는 전도서의 말씀을 따라 모든 것을 맡기고 의지하니 이전에 알지 못하던 평안과 자유가 내 마음에 들어왔습니다. 모든 것을 아시는 하나님 앞에 더 이상 조급해하거나 불안해할 이유가 전혀 없었습니다.

사도 바울이 감옥에 갇혀서도 찬양하고 기뻐할 수 있었던 이유도 세상에 갇힌 것이 아니라 하나님의 은혜 안에 갇혀 있었기 때문이었습니다. 감옥 밖에서는 몸으로 교회를 세웠다면, 감옥 안에서는 편지로 교회를 든든히 다졌습니다. 바빴던 삶을 정리하는 데 감옥만큼 조용하고 좋은 곳은 없었습니다.

행복은 자기가 하고 싶은 일을 하는 것이며, 어디에서나 행복을 만들 수 있습니다. 교회 안에서든, 교회 밖에서든 하나님이 함께하시는 곳은 그 어디나 하늘나라입니다.

이 글은 사망의 음침한 골짜기를 지나며 맺은 저의 첫 열매입니다.

글을 쓴다는 것은 마음을 들키는 일이기에 저의 무지와 연약함이 드러나고, 때론 부끄럽기도 합니다. 하나님 앞에서 수없이 지우고 다시 써 내려간 이 글은 저의 진심이며, 신앙고백서와도 같습니다.

이 글을 읽는 분들께서 저의 부족함 너머에 지금도 살아 계시고 임재하시는 하나님을 바라보시고 읽어주시면 감사하겠습니다. 누군가에게 조용한 위로가 되고, 용기가 되며 깊은 울림으로 남을 수 있다면, 그것만으로 저는 충분히 만족합니다. 행복을 갈망하는 모든 분께, '새벽을 깨우는 심정'으로 이 글을 바칩니다. 이 책을 읽는 동안, 영혼이 소생하는 시간이 되시기를 소망합니다.

책이 완성되기까지 책을 읽고 꾸준히 피드백(feedback)을 준 제자들과 이 책이 나오도록 기도하며 기다려주신 모든 분께 감사드리며, 용기를 잃지 않도록 격려해 준 가족에게 감사를 드립니다. 그리고 세상이라는 일터에서도 책을 쓰도록 지혜를 주시고 동행해 주신 하나님께 영광 돌립니다.

시냇가에 심은 나무는 걱정하지 않습니다. 늘 곁에 흐르는 물이 있기 때문입니다.

비전에서 멘토링으로, 멘토링에서 영성으로, 영성에서 리더십으로 걷는 모든 분은 형통을 지나 행복에 이르게 될 것을 믿습니다.

걱정이 없어서 행복한 것이 아니라, 걱정보다 더 강한 '그 무엇을' 알기 때문에 행복합니다. 행복의 그 길에서 모두 만나길 소원합니다.

2025년 8월 10일
세상이라는 일터에서 두 발로 쓰다
김대은

목차

감사의 글 _ 2

1. 먼저 읽어야 할 글/ 시냇가에 심은 나무가 무엇인가?

엔 샬롬(אין שלום) 시대에 잃어버린 가장 소중한 것, '행복' _ 10
엔 샬롬(אין שלום) 시대에도 반드시 찾아야 할 것, 형통 _ 21
시냇가에 심은 나무에게 배우는 형통의 4가지 길 _ 35
'형통의 원리'를 내 삶의 현장에 적용하다 _ 46

2. 비전의 시각으로 본 시냇가에 심은 나무

시냇가에 심은 나무의 성장원리(1): 뿌리−뿌리는 인생의
형통원리에서 비전이다 _ 76
비전의 사람들: 하나님이 주신 비전을 따라간 사람들 _ 100

3. 멘토링 시각으로 본 시냇가에 심은 나무

시냇가에 심은 나무의 성장원리(2): 나무 원줄기(기둥)
− 인생의 형통원리에서 지주대 설치는 멘토링이다 _ 162
멘토링의 사람들: 혼자보다 함께 걷는 길이 행복하다 _ 181

4. 영성의 시각으로 본 시냇가에 심은 나무

시냇가에 심은 나무의 성장원리(3): 나뭇가지와 잎
– 나뭇가지와 잎은 인생의 형통원리에서 영성이다 _ 228
영성의 사람들: 깨어지고 다듬어지면서 하나님의 향기를
품은 사람들 _ 256

5. 리더십의 시각으로 본 시냇가에 심은 나무

시냇가에 심은 나무의 성장원리(4): 꽃과 열매
– 꽃과 열매는 인생의 형통원리에서 리더십이다 _ 310
리더십을 발휘한 사람들: 세상에 선한 영향력을 발휘한 사람들 _ 336

6. 맺는말/ 언약, 형통, 행복의 관점으로 본 시냇가에 심은 나무

참된 행복은 어디서 오는가: 형통을 통해 열어가는 행복의 길 _ 392
시냇가에 심은 나무는 행복하다 _ 400
언약에서 형통, 형통에서 행복으로 본 시냇가에 심은 나무 _ 404

에필로그 _ 411

먼저 읽어야 할 글/
시냇가에 심은 나무가 무엇인가?

엔 샬롬(אין שלום) 시대에 잃어버린 가장 소중한 것, 행복

엔 샬롬(אין שלום) 시대에도 반드시 찾아야 할 것, 형통

시냇가에 심은 나무에게 배우는 형통의 4가지 길

'형통의 원리'를 내 삶의 현장에 심다

엔 샬롬(אין שלום) 시대에 잃어버린
가장 소중한 것, 행복

오늘의 세상은 어디를 바라보아도 문제가 없는 곳이 없다. 정치, 경제, 사회, 문화, 교육, 국방, 종교 등 삶을 구성하는 모든 영역이 수많은 상처와 균열로 뒤덮여 있다. 겉으로는 과학 기술이 눈부시게 발전하고 물질문명이 번영하는 듯 보이지만, 그 화려한 외형 속에는 점점 깊어가는 사람들의 공허함과 파괴된 관계들이 자리 잡고 있다.

삶을 이루는 모든 영역이 이미 수많은 상처로 가득하다. 이런 상처들은 시간이 지난다고 저절로 나아지지 않는다. 지금 필요한 건, 이 상처들을 외면하지 않고 제대로 마주하며, 치유하고 회복하려는 태도다.

세계는 지금 외적인 성장을 넘어 내

면적 붕괴라는 거대한 위기에 직면해 있다. 그 근원에는 바로 '깨어진 질서'가 놓여 있다. 이 깨어진 질서는 인간 존재의 근본적 상실과 타락에서 비롯되었으며, 다양한 모습으로 이 시대를 고통스럽게 지배하고 있다.

이 시대의 상처와 아픔들

오늘날 우리는 겉보기에는 눈부신 문명과 번영의 시대를 살아가는 듯하지만, 그 이면에는 어두운 상처와 아픔이 자리하고 있다. 기술은 발전했으나 인간성은 퇴보하고, 소통의 수단은 늘어났지만 진정한 관계는 사라져가고 있다.

지금 이 시대는 상처 입은 영혼들의 행렬이며, 치유받지 못한 공동체의 절규로 가득하다. 정신 건강의 위기, 가정 해체의 심각성과 공동체의 붕괴, 경제적 불평등 심화로 인한 부의 양극화, 정치적 분열과 신뢰감 상실, 국제적 갈등과 전쟁의 위험, 기후 위기와 자연재해 증가, 기술 중독과 인간성의 상실, 영적·도덕적 혼란 등으로 사람들은 흔들리는 세상 속에서 중심을 잃어가고 있다.

기독교인은 세상을 어떻게 보아야 하는가?

이 질문은 단순히 시각의 문제가 아니라, 정체성과 사명에 대한 질문이다. 성경은 그리스도인이 세상을 향해 어떤 눈을 가져야 할지 분명하게 가르친다.

세상 바라보기(1): '이미'와 '아직'의 긴장 상태로 세상을 보다

'이미'와 '아직'은 신학적으로 '하나님 나라'의 시간성과 현실을 설명하는 중요한 개념이다. '이미'(Already)는 예수 그리스도의 초림(처음 오심)으로 하나님 나라는 이미 이 땅에 임했다. 믿는 자들은 이미 하나님의 백성이 되었고, 구원의 은혜를 누리기 시작했다.

그러나 '아직'(Not yet)은 하나님 나라가 완전하게 이루어지지 않았다. 그래서 예수님의 재림(다시 오심)과 함께 완성될 미래의 하나님 나라가 여전히 남아 있다.

그러므로 우리는 '이미 시작되었지만, 아직 완성되지 않은' 하나님 나라 사이에서 긴장하며 살아가고 있다.

그렇다면 지금 우리의 상태는 어떠한가?

구속과 완성 사이의 삶을 아슬아슬하게 살아가고 있다.

세속과 거룩의 충돌이 일어나는 갈등과 회의 속에 살아가고 있다.

기대와 인내의 신앙으로 하루하루 믿음으로 살아간다.

하나님의 사명과 욕심의 갈망 사이에서 갈등하고 있다.

영적 전쟁의 한가운데에서 싸우며 살아가고 있다.

'이미'와 '아직'의 중간지점에서 우리는 어떻게 살아야 하나?

소망을 품고 현실에 뿌리내리기

우리는 하나님 나라의 완성을 소망하면서 지금 이 땅에서도 충실하게 살아가야 한다. 소망은 도피가 아니라, 현실을 살아낼 힘이기 때문이다.

'아직' 완성되지 않은 세상 속에서 '이미' 임한 하나님의 은혜와 진리를 따라 살아가는 것이 우리에게 주어진 사명이다.

긴장 속에서 균형 잡기

이 시대는 죄와 고통, 불의가 여전히 존재한다. 그러나 그 안에서 우리는 예수 그리스도의 십자가와 부활을 통해 '이미' 이긴 자로 살아간다. '이미'의 확신은 담대함을 주고, '아직'의 인식은 겸손함을 준다. 확신 없는 겸손은 주저함이 되고, 겸손 없는 확신은 교만이 된다. 우리는 이 둘 사이의 긴장을 영적 분별력으로 붙잡고 가야 한다.

거룩한 불만족으로 살아가기

'아직'의 현실에 안주하지 않고, '이미'의 약속을 향해 나아가는 거룩한 불만족을 가져야 한다. 세상은 변하지 않는 것처럼 보여도, 믿음의 사람은 작은 변화 속에서도 하나님의 손길을 본다. 우리는 '지금 여기'에서, 가정에서, 교회에서, 직장에서 하나님 나라의 방향으로 씨를 뿌리는 사람들이다.

감사와 기다림 사이에서

'이미' 주어진 구원에 감사하고, '아직' 남은 고난 가운데 기다릴 줄 알아야 한다. 감사는 현재를 밝히는 빛이고, 기다림은 미래를 준비하는 뿌리이다. 하나님은 기다림 속에서도 일하신다. 따라서 기다림은 멈춤이 아니라 믿음의 행위이다.

결론으로 '이미와 아직'은 우리 신앙의 땅이다. 이곳은 갈등의 지역이 아니라, 은혜와 사명의 현장이다. 우리는 이 땅에서 이미 임하신 하나님 나라의 사람으로 살아가며, 아직 오지 않은 완성을 향해 나아가는 순례자이다.

그 길은 고단하지만, 복된 길이다. 왜냐하면 그 길 끝에서 우리는 "행복한 사람아!"라고 다시 부르시는 하나님의 음성을 듣게 될 것이기 때문이다.

세상 바라보기(2): 창조, 타락, 구속, 회복의 관점으로 세상 보기

앤서니 후크마(Anthony A. Hoekema)의 대표 저서로 《기독교 세계관과 인간 이해》가 있다. 주제는 창조, 타락, 구속, 완성(새 창조)의 틀로 세상과 인간을 이해한다. 따라서 그리스도인은 세상을 창조된 세계로서 감탄하고, 타락한 세계로서 분별하며, 구속이 필요한 세계로서 긍휼히 여기고,

새 하늘과 새 땅을 향한 소망으로 살아야 한다고 강조한다.

이 네 가지 시각은

오늘날 개혁주의 세계관 형성의 기초 구조로도 널리 사용된다. 첫째, 창조: 경외의 눈으로 창조를 존중하라. 둘째, 타락: 분별의 눈으로 타락을 인식하라. 셋째, 구속: 긍휼의 눈으로 구속을 전하라. 넷째, 회복: 소망의 눈으로 회복을 기다리라.

세상은 하나님의 창조물이다: 감탄과 책임의 눈으로 본다

세상은 우연히 생겨난 혼돈의 산물이 아니다. 창세기 1장에 따르면, 하나님은 "보시기에 심히 좋았더라" 하시며 세상을 창조하셨다. 그래서 기독교인은 세상을 혐오하거나 도피의 대상으로 보지 않고, 창조주의 손길이 깃든 귀한 작품으로 바라보아야 한다. 우리는 자연을 파괴하거나 지배할 대상이 아닌, 관리하고 돌보아야 할 청지기의 책임을 져야 한다(창 1:28; 시 8편). 그러므로 세상은 하나님의 영광이 드러나는 무대이며, 우리는 그 안에서 창조질서를 보존하고 드러낼 사명자이다.

세상은 죄로 인해 타락했다: 분별과 경계의 눈으로 본다

그러나 창조의 아름다움은 인간의 죄로 인해 훼손되었다. 세상은 지금 "허무한 데 굴복"(롬 8:20)해 있고, "온 세상은 악한 자 안에 처한 것"(요일 5:19)이라 경고한다. 그리스도인은 세상을 비판 없이 받아들이지 않는다. 세상의 가치관, 문화, 제도 안에 있는 죄와 타락을 분별해야 한다. "이 세대를 본받지 말고"(롬 12:2), "이 세상이나 세상에 있는 것들을 사랑하지 말라"(요일 2:15)라는 말씀처럼 세속적 탐욕, 쾌락주의, 자아숭배를 경계해야 한다.

그러므로 세상은 하나님의 형상이 손상된 전쟁터이며, 우리는 거룩한 긴장감을 가진 순례자로 살아야 한다.

세상은 구속받아야 할 대상이다: 긍휼과 사명의 눈으로 본다

예수님은 세상을 "이처럼 사랑하사 독생자를 주셨다"라고 말씀한다(요 3:16). 세상은 단순히 비판의 대상이 아니라, 사랑과 구원이 필요한 대상이다. 예수님은 세상의 빛과 소금으로 제자들을 부르셨고(마 5:13-14), 또한 우리는 세상으로 보냄을 받았다(요 17:18). 교회는 세상을 떠나기 위한 피난처가 아니라, 세상으로 보내는 선교의 전초기지이다. 그리스도인은 세상 속에서 복음을 전하고, 사랑을 실천하며, 정의와 평화를 세워야 한다.

그러므로 세상은 하나님의 구원을 기다리는 미완성의 무대이며, 우리는 그 무대에 파송된 복음의 대사이다.

성경적 시각

시각	세상의 모습	기독교인의 태도	대표 성구
창조	하나님의 작품	경외와 청지기 의식	창 1:28; 시 8편
타락	죄로 인해 뒤틀림	분별과 경계	롬 12:2; 요일 2:15
구속	구원받아야 할 대상	긍휼과 사명	요 3:16, 17:18
완성	하나님 나라로 회복될 미래	소망과 인내	계 21:1-5

기독교인은 두 눈으로 세상을 본다. 세상 속에 살되 세상에 속하지 않고, 세상 속에 살되 세상을 향해 보내심을 받은 자로 살아가야 한다. 그럴 때 우리는 빛과 소금의 사명을 감당할 수 있다. "나도 그들을 세상에 보내었고…"(요 17:18), "내가 세상에 있는 동안에는 세상의 빛이로라"(요 9:5).

세상을 변혁의 시각으로 본다: 기독교와 문화의 관계

오랜 시간 동안 신학적 논의의 중심 주제 중 하나가 기독교와 세상(문화)이었다. 단순히 둘을 대립 혹은 분리시키는 것이 아니라, 어떻게 건강하게 긴장 속에서 대화하며 변혁할 수 있는가가 핵심이다. 아래는 '문화와 기독교'를 신학적 시각에서 비교한 내용이다.

관계의 유형(리처드 니버 분류 기준, Christ and Culture)

관계 유형	설명	특징
그리스도와 문화의 대립 Christ Against Culture	문화와 세상을 철저히 대립적으로 보고, 그리스도를 따르는 삶을 강조한다.	금욕주의, 분리주의 (수도원주의)
그리스도 안에 있는 문화 Christ of Culture	문화 속에 하나님의 뜻이 담겨 있다.	자유주의 신학 경향
문화 위의 그리스도 Christ Above Culture	문화와 신앙을 종합하려는 시도	토마스 아퀴나스(자연과 은혜의 조화)
그리스도와 문화의 역설 Christ and Culture in Paradox	문화 속에서 선을 추구하되, 죄의 한계와 모순을 인식한다.	마르틴 루터(이중왕국론)
문화 변혁자로서의 그리스도 Christ and Culture in	기독교가 문화를 갱신하고 구속해야 한다.	어거스틴, 칼빈, 개혁주의 시각

적용: 문화에 대한 기독교인의 자세

태도	설명
비판적 수용	문화를 무조건 수용하지 않고 성경의 가치로 판단함
창조적 참여	문화 속에 참여하되, 하나님의 뜻을 드러냄(예술, 미디어, 정치 등)
복음적 변혁	죄로 물든 문화 속에 복음을 심어 문화를 새롭게 함
영향력 있는 제자도	세상 속에서 빛과 소금의 역할 감당

세속 문화에 동화되는 이중 성향의 사람들

성도가 새로운 피조물이 되었음에도 세속화되는가?(고후 5:17)

그리스도인은 과거에 죄의 종에서 예수 그리스도 안에 의의 종이 되었다. 사망의 상태에서 생명의 상태로 변모하였다. 따라서 이제 정죄의 대상이 아니라 의롭다 인정받았다. 그럼에도 불구하고 여전히 세속주의에 물들어 있다. 그 이유로는 몇 가지를 들 수 있다.

구원의 정체성: 구원이 신분이 바뀐 출발점이지, 자동적으로 완전함을 의미하지 않는다.

구원은 '즉시'이지만, 성화(sanctification)는 과정이기 때문이다.

자기 안에 아직 '옛사람'(육신의 본성, 죄성)의 흔적이 남아 있기 때문이다.

자기 안에 영적 전쟁이 일어나고 있기 때문이다(롬 7:22-23).

세상의 강력한 영향력으로 문화적 포로가 되었기 때문이다.

영적인 것(말씀과 공동체, 기도)보다 육적인 것에 마음이 빼앗기기 때문이다.

자기중심적 신앙이기 때문이다. 십자가, 고난, 절제, 훈련이 없는 신앙은 감정적인 신앙이다.

그러므로 이런 사람들이 겉으로는 하나님을 믿는다고 고백하지만, 실제 삶의 선택과 행동은 세상의 가치에 따라 움직이기 때문에 변화가 일어나지 않는다.

그렇다면 이런 사람들의 특징은 무엇일까?

신앙생활에서 예배는 드리지만 삶은 세속적이다.

정체성에서는 '그리스도인'이지만, 실제로는 '자기중심적'인 사람이다.

윤리적으로 교회에선 선하고 바르지만, 직장에서나 온라인에선 전혀 다른 사람이다.

가치관은 십자가보다 성공, 헌신보다 편안함을 추구한다.

이런 사람은 경건하게 보이지만 실상은 하나님이 응답하지 않으신다 (사 1:13-15). 겉모습이 아무리 경건하여도 그 속은 능력 없는 쭉정이다(딤후 3:5).

가치관의 변화 없이는 삶은 변하지 않는다. 가치관이란, 인생에서 무엇이 중요하고 귀한 것인지를 판단하고 선택하는 기준과 관점이다. 하나님을 믿는다고 하면서도 여전히 세속적 가치관을 가지고 있으면 하나님의 사람으로 변화될 수 없다. 하나님을 믿는다면 성경적 가치관으로 인생의 방향을 결정하고 선택과 우선순위를 바르게 정해야 한다. 인생의 행복은 '내가 무엇을 가치 있게 여기느냐?'에 따라 그 기준이 달라진다.

예수님이 나다나엘을 만났을 때 왜 그렇게 기뻐하셨는지 알 것 같다. 그가 참이스라엘 사람이었기 때문이다. 형식적 유대인이 아니라, 하나님의 뜻을 진실하게 추구하는, 가치관이 분명한 사람이었다. 그래서 그 속에 간사한 것이 없었다. 겉과 속이 같은 순수하고 정직한 신앙인이었다. 사람들 대부분이 겉과 속이 다른 이중적인 사람들이었지만, 나다나엘은 신앙을 부식시키는 이중성이나 하나님과의 친밀함을 파괴하는 위선자가 아니었다. 진실한 사람은 진실한 사람을 알아본다. 그래서 예수님은 말씀하실 때 '진실로 진실로'라는 말씀을 많이 사용하신다(요 3:3, 5:24).

예수님이 싫어하시는 사람들: 외식(위선)하는 자들의 신앙

예수님이 외식하는 자들(위선자들)을 향해 하신 말씀은 복음서에서 매우 강력하게 나타난다. 특히 마태복음 23장에서 예수님은 종교 지도자들의 외식을 신랄하게 책망하신다.

문화는 세상이라는 세속주의를 옷 입고 어디에든지 들어간다. 특히 세속주의(secularism)는 교회 공동체에 엄청난 부정적 영향을 퍼뜨린다. 복음의 본질을 왜곡하고, 하나님의 주권보다 인간 중심의 가치를 우선시함으로 많은 문제를 일으키게 한다.

세속주의의 형태는 다음과 같다.

소비주의적 신앙(Consumer Christianity): 신앙을 상품처럼 여겨서 '어떤 교회가 나에게 더 유익한가?'라는 태도를 가진다. 교회가 종교 백화점으로 전락한다.

성공주의(Success Gospel) 및 번영신학: 하나님의 축복을 물질적 성공이나 건강, 출세로 환산한다.

상대주의와 진리 왜곡: '모든 종교는 진리를 포함한다'는 포스트모던적 사고이다.

인간중심주의(Anthropocentrism): 하나님 중심이 아닌 '나 중심' 신앙이다.

실용주의(Pragmatism): 교회의 기준을 말씀이나 기도보다 '효율, 결과, 편의성'으로 대체한다.

쾌락주의(Hedonism): 신앙의 경건과 절제보다는 즐거움과 자극을 추구한다.

정치 이데올로기의 혼합: 교회가 복음을 중심으로 서기보다 정치적 입장에 휘둘린다.

교회의 침묵과 영적 탈진: 교회가 내적 문제에 매몰되어 스스로 병들어가고 있으며, 세상을 변화시키기보다 세상에 편승하여 고통받는 자들의 외침에 귀 기울이기보다 자신의 안위를 추구한다.

샬롬을 잃어버린 사사기 시대의 교훈을 배우다

히브리어에서 '엔'(אין)은 부정어로 '없다'라는 뜻이고, '샬롬'(שלום)은 '평화, 화평, 온전함, 번영, 조화'를 의미한다. 이 둘을 연결하면 '샬롬이 없다'는 뜻으로, '평화가 없다. 화평이 없다'는 말이다.

성경은 엔 샬롬(אין שלום)의 시대를 사사기 시대라고 말한다. '왕이 없으므로 각기 자기의 소견에 옳은 대로 행하던 시대'이다(삿 21:25). 이 한 구절이 사사기의 영적 상태와 사회적 혼돈을 압축해서 보여준다.

그 특징으로 나타나는 것이 영적 순환구조(Cycle of Sin)의 반복이다. 350~400년의 사사기 시대 동안 '죄(배교)-징벌-회개(부르짖음)-구원(사사)-평화-재타락' 패턴이 여섯 번 이상 반복된다. 이 순환의 패턴은 단순한 역사적 주기가 아니라, 인간의 본성과 하나님의 자비를 동시에 드러낸다. 하나님과의 언약관계가 깨어졌을 때, 인간의 소견대로 행하는 모든 일은 파멸을 가져온다. 하나님의 주권 없이는 어떠한 노력에도 진정한 샬롬(평화)은 없다.

엔 샬롬(אֵין שָׁלוֹם) 시대에도 반드시 찾아야 할 것, 형통

나는 행복한가?

세상에서 가장 어렵고 당황스러운 질문은 아마도 "당신은 행복하십니까?"라는 질문일 것이다. 무엇이 행복인지, 어떻게 살아야 행복한지, 행복의 기준도 모른 채 사람은 먹고살기에 너무나 바쁘다. 만약 길거리에서 하나님이 "행복한 사람아" 하고 부르신다면, 나는 군중 속에서 뒤돌아볼 수 있을까?

성경 전반에 걸쳐 하나님은 복 주시는 분으로 묘사되어 있다. 단지 물질적인 복만이 아니라 영적인 복, 관계의 복, 삶의 은혜까지 포괄하는 넓은 의미의 '복'이다.

하나님은 이스라엘 백성을 향해서 직접적으로 "행복한 사람아"라고 부르셨다. "이스라엘이여 너는 행복한 사람이로다"(신 33:29).

그런데 오늘을 살아가는 사람들 대부분은 하나님의 마음과는 달리 행복을 원하면 원할수록 오히려 실망과 좌절, 허무와 방황, 우울과 허탈감만 쌓여 간다. 과연 무엇이 잘못되었을까? 행복을 꿈꿀수록 오히려 행복과 멀어진다.

행복을 꿈꾸지만 멀어지는 이유

행복을 좌우하는 요소들은 많이 있다. 인간관계, 자아실현, 경제적 안정, 감사하는 태도, 자유와 자율성, 긍정적인 사고방식, 정신적·육체적 건강 등이 있다. 이 중에 하나만 결핍되어도 행복과 멀어진다. 심리학자 에이브러햄 매슬로(Abraham Maslow)는 '인간의 5단계 욕구'로 생리적 욕구, 안전 욕구, 사회적 욕구, 존경 욕구, 자아실현 욕구를 주장하였다. 매슬로에 따르면, 욕구가 단계적으로 충족될수록 행복도 깊어진다.

우리가 아는 격언 가운데에서도 '돈을 잃으면 조금 잃는 것이고, 명예를 잃으면 반을 잃는 것이며, 건강을 잃으면 전부를 잃는 것이다!'라는 말이 있다. 2019년 1월 18일, 〈헬스경향〉에 소개된 글이 충격을 준다. 지금까지 세계에서 확인되지 않은 질환이 약 7천 종에 이른다. 과학기술과 의료기술이 놀랍게 발달하였음에도 병명을 찾지 못하는 환자 수가 3억 5천만 명에 달하며, 70%의 환자는 자신이 무슨 병에 걸렸는지조차 모르는 '미진단 의료난민'이다.

우리나라 보건부 통계에서도, 자신의 병명을 아는 데 7~8년이 걸리고, 오진을 4회 정도 경험하는 환자가 무려 20%나 된다고 하니, 치료는 차치하고 병명을 아는 것만도 얼마나 다행인지 모른다. 병명을 안다는 것은 이미 50%는 치료받았다는 말과 다름없다. 병명을 알아야 본격적으로 치료받을 수 있기 때문이다.

행복은 불행의 원인을 아는 것에서 시작한다

사람은 왜 불행한지 그 원인을 찾고 고쳐야 행복할 수 있다.

우리나라 속담에 '모르는 게 약이다'라는 말이 있다. 불필요한 걱정이나 과도한 정보, 소문이나 자기 자신에 대한 단점을 알게 되면 그것이 부담되어 걱정이나 스트레스를 받는다는 것이다. 그래서 '모르는 게 약이다'라고 말한다. 알면 알수록 걱정거리가 많아지니 '아는 것이 병'이라는 것이다.

그러나 행복은 다르다. 행복의 사전적 정의는 '생활에서 기쁨과 만족감을 느껴 흐뭇한 상태'를 말한다. 행복을 모르고 사는 것은 무지이고, 행복을 아는 것은 힘이다. 행복을 모르면 불행하게 살 수밖에 없고, 행복을 알면 행복하게 살 수밖에 없다. 행복은 마치 '마중물'처럼, 한 번 행복하면 그 행복이 가정과 직장, 삶의 현장 구석구석에까지 스며들어 모든 사람을 웃게 한다.

그러므로 "행복하십니까?"라는 질문은 우리의 전 인격을 진찰하는 청진기와 같다. 당황스럽고 어렵더라도 행복을 정립해야 행복하게 살 수 있다. 먼저는 마음 안에 섞여 있는 행복과 불행을 분별해야 하고, 행복을 향한 기준과 잣대가 사람마다 다르기에 자기에게 맞는 행복의 기준과 잣대를 찾아야 한다. 무관심과 무지로 살아가는 것은 행복과 불행을 구분하지 못하고 모두를 덮어버리는 행위이다.

하나님이 부르시는 "행복한 사람아!"

하나님이 나에게 "행복한 사람아"라고 부르셨다면, 분명히 그럴 만한 이유가 있다. 따라서 당황하거나 부정하지 말고, 내가 왜 행복한 사람인지 진지하게 찾아보아야 한다.

그 예가 되는 말씀이 시편 1편의 말씀이다. '시냇가에 심은 나무'는 '형통한 나무'이다(시 1:3). 이 시냇가에 심은 나무를 인생에도 비유하였는데 '형통한 나무'는 '복 있는 사람'이다. 따라서 시냇가에 심은 나무에는 복을 받을 수 있는 비밀이 감추어져 있다. 그러므로 이 숨은 비밀을 한 가지씩 찾는 것은 매우 중요하다.

진단: 행복을 가로막는 첫 장애물, 인간관계

하나님은 인생을 진찰하시면서 행복을 가로막는 장애물을 '인간관계'로 말씀하신다. 인간관계는 엄청난 행복과 기쁨인 동시에 상처와 아픔, 불행을 가져올 수 있는 것이다. 그러므로 인간관계에서 '어떤 사람을 만나는가?'는 매우 중요하다.

복 있는 사람이 되려면 먼저 내 주위에 있는 '악인'과 '죄인', '오만한 자'와의 관계를 끊어야 한다. "복 있는 사람은 악인들의 꾀를 따르지 아니하며 죄인들의 길에 서지 아니하며 오만한 자들의 자리에 앉지 아니하고"(시 1:1). 왜냐하면 악인의 생각에 물들면 죄인들의 행동을 따라 하게 되고, 죄가 점차 습관이 된다. 그러면 마음이 완고해지고, 하나님을 무시하며 자신을 높이는 교만한 상태에 이르는 태도와 정체성을 가지게 된다. 이것이 수많은 하나님의 사람들이 저지르는 실수와 잘못이다. 복을 발로 차버리는 꼴이다. 처음부터 악인을 경계하고 거절하지 않으면 행복을 꿈꿀 수 없다.

존 번연의 《천로역정》을 보면, 한 그리스도인이 천성을 향해 걸어가는 길이 얼마나 좁고 협착한지, 만나는 사람들의 유혹과 시험은 얼마나 집요하고 끈질긴지 모른다. 처음 가는 천성길이라 실수투성이다. 하나님은 그때마다 그리스도인에게 예비하신 사람을 만나게 하시어 이기게 하신다. 그래서 인생의 갈래갈래, 고비고비, 굽이굽이마다 만나야 할 사람을 만나는 것이 얼마나 큰 축복인지 모른다.

인생의 길에서는 '차 조심'뿐 아니라 '사람 조심'도 해야 한다. 악인과의 충돌은 사고와 사건을 일으킬 수 있기 때문에 주의가 필요하다. 지금 나의 불행과 행복의 좌우하는 것은 '내가 어떤 사람을 만나고 교제하고 있느냐?'라는 것이다. 좋은 사람을 만나려면 내가 먼저 좋은 사람이 되어야 하지만, 먼저는 악인과 죄인, 오만한 자에게서 멀리 떨어지는 것이 우선이다.

처방: 하나님의 말씀, 구약과 신약

"행복하십니까?"라는 질문을 통해 진찰을 받았다면 이제 행복을 가로막는 장애물을 고치기 위해 하나님의 처방을 받아야 한다.

어떤 사람이 우스갯소리로 "약 중의 약은 구약과 신약"이라고 말했다. 그런데 이 말은 사실 진리이다. 불행을 고쳐 행복한 인생으로 만들기 위한 길은 구약과 신약밖에 없다. "오직 여호와의 율법을 즐거워하여 그의 율법을 주야로 묵상하는도다"(시 1:2).

'진료는 의사에게, 약은 약사에게'라는 문구처럼, 불행이라는 병에서 낫고자 한다면 하나님의 처방전을 따라야 한다. 아무리 맛이 없고 쓰더라도 먹는 순종이 필요하다. 삼키는 것은 의사나 약사를 신뢰하기에 가능한 것처럼, 하나님을 믿는다면 하나님이 처방해 주신 약을 꿀꺽 삼켜야한다. 꿀꺽 삼키는 행위가 순종이다. 약 효과가 나타날수록 불행은 사라지고 행복이 회복된다.

복용: 1일 섭취 시간과 양

약에는 복용 시간과 양, 유통기한이 정해져 있다. '하나님의 말씀은 과다 복용해도 부작용이 없다'라고 말하지만 그렇지 않다. 무엇이든 과다복용하면 심각한 부작용이 생긴다. 하나님이 처방해 주신 약은 하루 정해진 양만큼만 섭취해야 한다. 그 이상도, 그 이하도 아니다.

하나님은 만나를 주실 때 하루에 먹을 양을 정하셨다. "오멜로 되어본즉 많이 거둔 자도 남음이 없고 적게 거둔 자도 부족함이 없이 각 사람은 먹을 만큼만 거두었더라"(출 16:18). 광야 이스라엘 백성에게 40년 치의 만나를 한꺼번에 주지 않으시고, 하루에 필요한 양식을 새벽이라는 시간에, 거둘 만한 양(한 오멜, 약 2~3L)만큼 정해 주셨다. 그리고 하루가 지나면 썩어 버리게 하셨다. 단, 안식일 전날의 만나는 평일의 갑절이었고, 유통기한도 이틀이었다. 안식일은 쉬는 날이기에 만나가 내리지 않았다.

만나를 먹은 이스라엘은 배고픔도, 질병도 없이 광야에서 40년을 살았다. "그때에 여호와께서 모세에게 이르시되 보라 내가 너희를 위하여 하늘에서 양식을 비같이 내리리니 백성이 나가서 일용할 것을 날마다 거둘 것이라 이같이 하여 그들이 내 율법을 준행하나 아니하나 내가 시험하리라 여섯째 날에는 그들이 그 거둔 것을 준비할지니 날마다 거두던 것의 갑절이 되리라"(출 16:4-5).

하나님께서 주신 만나는 그 뜻이 '이게 뭐냐?'(מן הוא, man hu)라고 묻는 데서 유래했다. 만나는 마치 기적 같은 선물이었다. 그래서 이스라엘은 광야에서 40년을 기적 가운데 살았다.

출애굽기 12장 37절에 따르면, 보병이 약 60만 명쯤 되었기에, 여기에 여자, 아이들까지 포함하면 보통 전체 인구가 약 200만 명이다. 1인당 하루 만나 양은 하루에 1오멜로 약 2.2리터이다. 이것을 계산하면 하루에 약 440만 리터의 만나가 하늘에서 내려오는 것이다. 그것도 매일 새벽에 내렸고, 그것도 사막이라는 장소에 내렸으며, 40년 동안 한 번도 빠진 적이 없이 내렸다. 그러므로 이스라엘은 매일 기적을 체험하고 누리는 삶이었다(출 16:35).

따라서 만나는 이스라엘 백성을 살아가게 하는 생명이요, 힘이었으며, 수많은 질병으로부터 이길 수 있는 보약이었고, 불행을 행복으로 바꾸는 기적이었다.

과학이 기적이 되고, 기적이 상식이 되는 시대라고 말하지만, 이 시대에도 '만나의 기적'은 도저히 따라갈 수 없는 일이 분명하다.

복용 시 주의사항
불행에서 행복으로 바꾸는 하나님의 말씀을 먹는 방법은 한 가지이다. 천천히 꼭꼭 씹어 삼키는 '묵상'이다. 묵상은 하나님의 말씀을 머리에서 가슴으로 '꿀꺽' 삼키는 것이다. 이렇게 먹을 때에만 효과가 있다.

그 효과가 잘 나타난 곳이 '에스겔의 환상'이다. 마른 해골 골짜기에서 가장 먼저 선포된 것이 하나님의 말씀이다. 하나님의 말씀이 선포되자 성령의 바람이 휘몰아치면서 나뒹구는 해골이 뼈가 맞추어지며 뼈와 근육, 힘줄까지 생기고, 생기가 들어가매 강력한 하나님의 군대가 되었다. 하나님의 말씀은 소생케 하는 역사를 일으킨다. "하나님의 말씀은 살아 있고 활력이 있어 좌우에 날선 어떤 검보다도 예리하여 혼과 영과 및 관절과 골수를 찔러 쪼개기까지 하며 또 마음의 생각과 뜻을 판단하나니"(히 4:12).

하나님의 말씀은 죽었던 사람도 고칠 수 있다. 그렇다면 다혈질의 고집불통인 사람도 고칠 수 있을까? 쇼펜하우어는 "사람은 타고난 성격, 고유한 본성은 바뀌지 않는다"라고 말했다. 그래서 "사람은 고쳐 쓰는 것이 아니다"라고 말한다. 이 말은 하나는 맞고, 다른 하나는 틀렸다. 분명히 성격이나 본성은 바꾸기 힘들지만, 성품은 바꿀 수 있다. 하나님께 쓰임받은 사람들은 대부분 그들의 성격이나 본성을 바꾸어 쓰임받은 것이 아니라 성품이 바뀌어 쓰임받았다.

하나님의 말씀을 매일 꼭꼭 씹어 묵상하면 성격이나 성향이 하나님을 닮아가는 것이 아니라 성품이 하나님을 닮아간다. 이런 의미에서 묵상은 하나님을 닮아가도록 만드는 영적 수술이다. 그렇기에 하나님의 말씀으로 못 고칠 사람은 없다. 불행한 사람도 하나님의 성품으로 변화되면 형통한 인생이 된다. "그는 시냇가에 심은 나무가 철을 따라 열매를 맺으며 그 잎사귀가 마르지 아니함 같으니 그가 하는 모든 일이 다 형통하리로다"(시 1:3).

성경 속 인물들: 형통과 행복 사이의 갈등
그렇다면 행복을 꿈꾼 성경 인물들은 어떻게 살았을까? 하나님께 인정받은 이들은 어디에 행복의 기준을 두고 살았을까? 과연 그들은 행복했다고 말했을까?

억울하게 구덩이에 던져지고, 종살이하며 죄인 신분으로 감옥에 갇혔던 요셉이 있다. 그런데 그의 삶에 불평이나 원망의 목소리는 그 어디에도 없다. 특히 가장 억울했던 감옥살이에서 요셉은 오히려 '형통하였다'라고 성경은 말한다. 그렇다면 감옥살이하면서도 요셉은 정말 행복했을까?

큰 물고기 뱃속에서 감옥보다 더 고통스러운 지옥을 경험하고 나서야 "구원은 하나님께 있습니다" 하며 두 손, 두 발을 다 들었던 요나. 그의 고백 섞인 찬양 소리에 깜짝 놀란 큰 물고기는 요나를 육지에 토해낸다. 지옥 같은 물고기 뱃속은 징벌의 장소인 동시에 하나님의 은혜의 장소였다. 그렇다면 지옥 같았던 물고기 뱃속에서 구원받은 요나는 행복했을까?

광야의 어느 로뎀 나무 아래에서 탈진한 엘리야가 죽기를 구하였을 때, "먹어야 산다" 하시며 숯불에 구운 떡과 물 한 병을 머리맡에 놓아주신 하나님. 그리고 살기 위해 그 음식을 꾸역꾸역 입안으로 밀어 넣었을 엘리야. 그 음식을 먹고 겨우 정신을 차린 엘리야는 정신적 탈진 상태에서도 행복했을까?

광야에서는 힘들어 울고, 왕궁에서는 죄책감에 울었던 다윗. 성경 인물 중에서 가장 많은 눈물을 흘린 사람이 다윗이다. 자신의 침상이 눈물에 뜰 정도로 엄청난 양의 눈물을 흘렸으니 다윗의 눈물병은 차고 넘쳤을 것이다. 자기 영혼의 필터를 통해 한 방울 한 방울 모았을 눈물병을 보면서 다윗은 무슨 생각에 잠겼을까? 다윗은 눈물을 흘리면서도 행복할 수 있었을까?

그렇다면 자신의 처지가 서러워 울기보다 하나님의 쓰라린 마음과 시린 눈으로 이스라엘을 향해 울었던 예레미야는 행복했을까? 멸망당해야 살 수 있다는 역설의 은혜를 선포하기란 참으로 힘들었을 것이다. "망해야 산다"라고 선포한 예레미야는 이런 재앙의 메시지를 어떻게 전했을까? 멸망할 이스라엘 백성을 보면서 멍이 들도록 가슴을 치며 가장 오래 울었을 예레미야는 과연 행복했을까?

이방 땅에서 예루살렘을 향해 하루 세 번 기도하다 사자 굴에 던져진 다니엘은 기도 금지령을 알면서도 창문을 열고 기도하는 모습을 보인다. 이것은 또 다른 의미의 자살 행위이다. 결국 다니엘은 사자 굴에 던져졌고, 밤새 자기를 잡아먹으려는 사자들에게 둘러싸여, 으르렁거리는 사자와 함께 '사자 굴 철야기도'를 드렸다. 피곤함에 잠시라도 눈을 감는 순간 사자 밥이 될 수 있었기에 차마 눈 감지 못하고 뜬눈으로 기도하지 않았을까? 아니면 잠자려는 사자를 깨우면서 새벽까지 철야기도를 인도하지 않았을까? 사자 앞에서 생사를 건 철야기도에 다니엘은 행복했을까?

숯불 앞에서 고난받는 예수님을 모른다고 세 번이나 말했던 베드로가 갈릴리 호수 숯불 앞에서 부활하신 예수님을 만났다. "나를 사랑하느냐?"라는 세 번의 질문에 겨우 모깃소리만큼 "예수님이 아십니다"라고 말했던 베드로는 '내려놓음'이 얼마나 힘들고 어려운 일인지 몸서리쳤을 것이다. 자기를 과신하다 망해봐야 자기가 누구인지, 자기가 어느 정도 수준인지 알 수 있다. 함부로 사랑, 충성을 맹세하기 전에 먼저 자기를 부인해야 자기를 비울 수 있고, 자기를 비워야 자기를 낮출 수 있으며, 자기를 낮출 수 있어야 비로소 충성, 순종, 믿음, 사랑이 가능하게 된다. 바위가 반석이 되기까지 깨어지고 부서지며 다듬어지는 과정에서 베드로는 행복했을까?

바위 깨는 밧모 섬에 갇혀 중노동하는 자신보다 핍박과 박해로 죽어가는 비참한 그리스도인들을 바라보며 눈물을 흘린 사도 요한. 어느 날 환상 속에서 최후의 승리자는 예수 그리스도와 함께하는 그리스도인이라는 사실을 깨닫고, 예수님을 배신하지 말라고 쓴 요한계시록. 두근거리는 심장을 끌어안고 떨리는 손으로 힘 있게 휘갈겼을 그의 필체를 보고 싶다. 현실은 바위섬에서 돌 깨는 중노동이었지만, 계시록을 적고 있는 사도 요한의 심장 뛰는 소리는 마치 북소리처럼 영적 침체에 빠진 그리스도인을 깨우기에 충분했다. 그러나 여전히 돌 깨는 소리밖에 들리지 않는 밧모 섬에서 그는 행복했을까?

'내가 쇠하여야 예수님이 흥해진다'는 것을 알고 있던 세례 요한은 자기 목을 치려는 칼날 앞에 목을 길게 빼고, 자기가 죽어야만 예수님이 흥할 수 있다면 이것도 행복한 죽음이라고 생각하며 죽음을 맞았을까?

한 알의 밀알처럼 자신이 땅속에서 썩어야 행복이라는 열매를 맺을 수 있으니 자진해서 죽겠노라는 사람은 얼마나 될까?

형통의 복, 그 반응의 책임은 누구에게 있는가?

하나님은 비전을 품은 자에게 형통의 복을 허락하신다. 그러나 그 복은 단지 물질적 풍요나 세상적 성공을 의미하지 않는다. 성경이 말하는 형통은 하나님의 뜻 안에서 이루어지는 참된 번영이며, 그 의미는 오히려 고난과 인내의 과정 속에서 더 뚜렷하게 드러난다.

성경은 형통을 약속하지만 동시에 그 형통이 고통과 시련을 통과한 후에 주어지는 열매가 아님을 보여준다. 요셉은 하나님의 비전을 품고 살았지만, 형제들의 시기와 배신으로 인해 노예로 팔리고 감옥에 갇히는 시련을 겪었다.

창세기 39장 2절에 "여호와께서 요셉과 함께하시므로 그가 형통한 자가 되어…"라고 한 시점은 억울한 노예살이를 할 때였다. 그러나 성경은 바로 그 시점에서 "형통한 자"라고 말한다. 그 이유는 단 하나, 하나님이 함께하셨기 때문이다. 따라서 형통은 상황이 아니라 동행에 달려 있다. 하나님이 함께하시면 감옥도 형통의 장소가 되고, 하나님이 함께하시지 않으면 궁전도 허무한 자리가 된다.

결국, 형통이란 결과만을 의미하지 않는다. 그것은 하나님의 섭리 가운데 이루어지는 과정이며, 그 과정 속에서 우리가 어떤 태도로 반응하는가가 진정한 형통의 본질을 결정짓는다.

빅터 프랭클이라는 오스트리아 출신의 정신과 의사이자 나치 강제수용소 생존자는 《죽음의 수용소에서》라는 저서를 통해 이런 진리를 심리학적으로 조명했다. 그는 죽음의 문턱에서도 인간은 마지막까지 남은 자유, 곧 '태도를 선택할 자유'를 지닌다고 했다. 모든 것이 박탈된 그곳에서도 삶의 의미를 찾을 수 있다는 그의 통찰은, 형통의 복 앞에서 우리가 어떤 반응을 할 것인가에 대한 깊은 통찰을 제공한다.

이스라엘은 이집트에서 구원받은 놀라운 기적을 경험하고서도 광야에서 불평만 불만을 쏟아냈다. 이것은 형통에 대한 무지였다. 형통을 모르는 자는 환경을 바라보고, 형통을 아는 자는 하나님을 바라본다. 그래서 같은 공간과 처지에서도 누군가는 감사와 기쁨을 올리고, 누군가는 원망을 내뱉는다.

우리도 마찬가지다. 하나님의 형통이 우리 삶에 임할 때 그것에 감사로 반응할 것인가, 아니면 낙심과 원망으로 응답할 것인가? 형통이 축복이 되는가, 아닌가는 바로 우리의 태도와 선택에 달려 있다. 성경은 이렇게 권면한다. "내 형제들아 너희가 여러 가지 시험을 당하거든 온전히 기쁘게 여기라"(약 1:2). 이는 기쁨이 단순한 감정이 아니라, 하나님의 선하신 뜻을 신뢰하는 신앙의 태도임을 말해준다. 고난 속에서도 기뻐할 수 있는 자가 형통의 참된 의미를 아는 자다.

형통은 하나님이 주시는 선물이지만, 그 형통 속에 어떻게 살아갈지는 전적으로 우리의 몫이다. 결국, 비전은 형통을 통해 하나님의 뜻을 이루시려는 도구이며, 우리는 그 비전 앞에 응답하는 책임 있는 존재로 살아가야 한다.

형통에서 행복을 찾다

형통은 하나님과의 관계에서 오는 상태이고, 행복은 그에 대한 반응이다. 성경에서 형통(צלח, tsalach, 차라크)은 '진보하다', '앞으로 나아가다', '성공하다'는 의미를 지니며, 대부분 하나님이 함께하실 때 주어진 결과이다. 요셉이 노예이자 죄수의 신분이었을 때도 "여호와께서 그와 함께하시므로 형통한 자"라 불렸다(창 39:2, 23). 반면 행복은 그 형통함 속에서 사람이 느끼는 감정적, 존재적 응답이다. 즉, 형통은 하나님이 주시는 상태이고, 행복은 사람이 선택하는 태도이다.

첫째, 형통해도 행복하지 않을 수 있다. 세상적으로 성공하고 번영했어도 내면에 평안이 없거나 하나님과의 관계가 단절되면 진정한 행복은 없다. 예를 들면, 부자 청년은 율법도 지키고 사회적으로 성공했지만, 영생을 소유하지 못한 불안과 공허 속에 예수님을 떠났다(마 19:22). 잘난 것과 잘사는 것은 다르다.

둘째, 행복은 형통의 목적이 아니라 결과일 수 있다. 하나님은 형통을 주실 때 그 자체가 목적이 아니라 하나님의 뜻을 이루게 하시려는 수단으로 사용하신다. 우리가 그 과정에서 하나님의 뜻에 순종하고 그분의 함께하심을 기뻐할 때, 형통은 참된 행복으로 이어진다. 다윗은 형통했지만 진정한 행복에 대해 "죄 사함을 받고 마음에 간사함이 없는 자는 복이 있다"라고 고백한다(시 32:1-2). 다시 말해, 행복은 하나님의 은혜를 인식할 때 오는 상태이다.

셋째, 고난 중에도 형통할 수 있고, 행복할 수 있다. 사도 바울은 고난 중에도 "항상 기뻐하라"(살전 5:16)라고 말한다. 감옥에서도 찬양했던 바울은 외적인 형통이 없었지만, 하나님과의 내적 일치를 통해 행복을 누렸다.

그러므로 형통은 하나님이 주시는 은혜의 상태요, 행복은 그 은혜에 응답하는 믿음의 태도이다. 사도 바울은 육체의 가시를 가졌고 하나님이 치유하여 주지 않으셨지만, 바울은 오히려 자신의 약함을 자랑하였다. 이것은 단순한 인내나 낙관주의 때문이 아니라, 그리스도의 은혜와 능력에 대한 깊은 깨달음 때문이었다(고후 12:7-10).

형통함을 행복으로 바꾸는 비결은 하나님의 뜻 안에 거하고자 하는 순종의 자세이다. 그러할 때, 비전 속의 형통은 단순한 성공을 넘어 진정한 기쁨과 만족, 곧 행복으로 이어질 수 있다.

마무리하며: 나는 행복한 사람이 되어가는 중

성경의 모든 위대한 인물들을 향해 하나님은 하나같이 환경과 조건과 관계없이 "행복한 사람아!"라고 부르셨다. 그리고 오늘 모든 그리스도인을 향하여 그렇게 부르신다. 하나님이 그렇게 부르셨다면 거기에는 분명한 이유가 있을 것이다. 그 이유를 찾는 것이 인생 숙제이고, 행복으로 가는 길이다. 이제 선택은 우리 몫이다. 행복하게 살 것인가, 아니면 불행하게 살 것인가?

행복은 정해진 모습이나 상황이 아니라, 하나님과의 관계 속에서 매일 조금씩 변화되어 가는 삶의 상태이다. '시냇가에 심은 나무'처럼 우리도 하나님 은혜의 땅에 옮겨 심어졌다면 매일 말씀의 양식을 받고 묵상하며 자라가야 한다. 그때 우리 영혼 깊은 곳에서 뚜렷한 하나님의 음성, "행복한 사람아"라고 부르시는 하나님의 음성을 들을 수 있을 것이다.

이 책을 쓰게 된 동기도 사실 "행복합니까?"라는 질문을 받은 데서 비롯되었다

행복이라는 단어 앞에 며칠을 고민하며 기도하다 내린 결론이 하나님의 사람으로 고침받고 싶어서, 그리고 행복해지고 싶어서이다.

세상에는 "꽃길만 걷게 하소서"라는 말이 있다. 얼마나 진흙 길과 돌밭 길이 많고, 악인의 덫과 함정이 많았으면 이런 소원까지 비는가 하는 안타까움을 가진다.

시편 1편의 '시냇가에 심은 나무'는 행복하기 위해서 형통을 찾기 위한 모티브(motive)이다. 시냇가에 심긴 나무도 처음부터 물가에 심긴 나무가 아니었고, 형통한 나무도 아니었다. 어느 척박한 땅에 심겨 있다가 시냇가에 심기게 된 우여곡절이 많은 나무이다. 아마 뽑히고 꺾이기를 수없이 반복하다가 마침내 시냇가에 심겼을 것이다.

　행복 역시 예외가 아니다. 행복하게 살고 싶지 않은 사람이 어디 있겠는가. 누구나 행복을 꿈꾸며 그것을 붙잡기 위해 애쓴다. 그러나 진정한 행복에 이르기까지의 길은 결코 단순하지 않다. 수많은 선택과 결단, 그로 인한 과정과 결과 그리고 매 순간 요구되는 순종과 반응을 통과해야만 비로소 참된 행복에 닿을 수 있다.

시냇가에 심은 나무에게 배우는
형통의 4가지 길

인생의 깊이를 새롭게 느끼다

나이가 들어갈수록 예전에 멀리했던 것들이 지금은 친근하게 다가온다. 입맛과 귀만 달라진 것이 아니라 생각하는 가치관도 달라졌다. 예전에 가볍게 여기던 것들이 지금은 무겁고 의미 깊게 느껴진다. 특히 '속담'과 '트로트'는 인생을 다시 한번 생각하게 한다. CCM만 좋아하다가 이제 인생을 노래하는 트로트도 어느 정도 흥얼거리게 되었다.

트로트의 장점은 희로애락이 담긴 구구절절이 많다는 점이다. "살아보니 살아지더라"라는 노래 가사는 심금을 울린다. 고난과 고통, 눈물과 애환, 한과 정을 버무리니 한 그릇의 인생 비빔밥을 먹은 것 같다.

'자연인'에게 배우는 자유

"나는 자연인이다"라는 TV 프로그램이 중년 남자들에게 인기가 매우 높다. 자연인에게 어떤 사람이 우스갯소리로 "잔소리하는 사람이 없으니 행복하지!"라고 말한다.

대부분 사람은 자연인을 보고 '측은지심'을 느껴 왠지 '사회의 낙오자나 부적응자'라고 생각하는 것 같다. 하지만 자연인의 이미지는 도시를 떠나 산속에 살며(침묵과 고요의 시간), 최소한으로만 소비하고(채움과 비움의 균형), 시간에 쫓기지 않으며(느림의 미학), 자연과 함께 '단순한 삶'을 누리는 사람으로 보인다. 사람들이 자연인을 부러워하는 이유는 단지 환경의 문제가 아니다. 바로 자유를 누리는 마음의 상태이다.

욕심을 내려놓자 자유인이 되고, 자유인이 되니 자연에서도 홀로 행복하게 살 수 있게 된다. 밖에서 보면 자기 마음대로 사는 것처럼 보이지만, 자연에 순응하며 부지런히 살아간다. 이 모습이 많은 중년의 남자에게 더할 나위 없는 행복자처럼 보이는 것이다.

자연법칙을 인생의 법칙에 연결하다

자연에는 자연의 법칙(Natural Law)이 있고, 인생에는 인생의 법칙(Laws of Life)이 있다. 자연법칙은 인간이 바꿀 수도 없고, 변하지도 않는다. 그러나 인생의 법칙은 개인의 선택과 행동에 따라 결과를 바꿀 수 있다. 따라서 자연법칙을 연구하면 과학과 기술이 발전하듯, 인생에도 도움을 받을 수 있다.

사실 인간은 인생의 법칙 이전에 자연법칙의 영향을 받고 있었다. 따라서 인간은 자연법칙을 극복할 수 없지만, 자연법칙을 잘 이해하고 적응하면 '인간이 어떻게 살아가야 하는가?' 하는 발전의 발판으로 삼을 수 있다.

이런 자연법칙을 모티브로 하여 인생의 여러 법칙을 만들어보면 도움이 된다.

씨앗과 수확의 법칙: 씨를 심어야 열매를 거두며, 심은 대로 반드시 자라듯, 인생에도 심은 대로 거두는 원인과 결과의 법칙이 있다(갈 6:7).

성장과 계절의 법칙: 봄·여름·가을·겨울이 순환하며, 모든 생명은 씨앗-싹-꽃-열매의 단계를 거치듯, 인생에도 시간이 지나 때가 되어야 수확

하는 보상과 인내의 법칙이 있다(전 3:1).

균형과 조화의 법칙: 햇빛·비·바람·토양이 조화를 이룰 때 생태계가 유지되듯, 인생에도 일과 휴식, 인간관계와 개인의 시간, 영혼과 몸의 균형이 필요하다(창 2:2-3; 출 20:8-10; 막 6:31). 한 요소만 과하거나 부족하면 생명이 위태롭다.

연결과 상호 의존의 법칙: 숲의 나무들이 뿌리와 균류(곰팡이) 네트워크를 통해 서로 양분을 주고받듯이, 사람도 공동체라는 관계 속에서 성장한다. 독립은 중요하지만, 고립은 파괴적이다.

한계와 순환의 법칙: 자연에 시작과 끝이 있고 죽음은 새로운 생명의 거름이 되듯이, 인생에도 영원히 붙잡으려 하기보다 끝을 인정하고 내려놓을 때 새로운 시작이 열린다.

변화와 순응의 법칙: 계절이 바뀌면 모든 만물이 순응하듯이, 인생에도 변화에 적응해야 살아남는다. 변하지 않으면 도태된다(마 9:17).

질서와 믿음의 법칙: 지구가 태양을 중심으로 공전하고 자전하며 아무리 추운 겨울이 찾아와도 봄은 반드시 오는 것을 믿듯이, 우리의 인생도 하나님을 중심으로 돌아갈 때 비로소 질서를 이룬다. 하나님을 중심에 둘 때 삶의 리듬과 방향이 흔들리지 않고, 모든 과정이 조화롭게 연결된다.

에너지 보존의 법칙: 높은 곳의 물이 떨어지면서 운동에너지로 변하듯, 인생에서도 무엇을 얻으려면 시간, 체력(건강), 집중력, 감정 같은 에너지 자원을 사용해야 한다. 그리고 그것을 바르게 관리해야 한다.

이처럼 자연의 질서는 곧 삶의 질서를 비추는 거울이다. 자연을 배우는 그것은 단순한 관찰을 넘어, 하나님이 창조하신 세계 속에서 인생의 법칙을 발견하는 지혜의 훈련이라 할 수 있다. 자연법칙은 어떤 식으로든 인생 법칙에 영향을 끼친다. 특히 인간의 사고방식, 삶의 원칙, 행동 철학에 영향을 끼친다.

시냇가에 심은 나무: 자연의 법칙을 인생의 법칙에 적용하다

"그는 시냇가에 심은 나무가 철을 따라 열매를 맺으며 그 잎사귀가 마르지 아니함 같으니 그가 하는 모든 일이 다 형통하리로다"(시 1:3).

이 시냇가에 심은 나무는 철저히 인생을 의인화한 나무이다. 그러기에 인생으로 바로 적용하면 시냇가에 심은 나무는 '형통한 인생'(시 1:2)이요, '풍성한 인생'(요 10:10)이다.

이 시냇가에 심은 나무를 예레미야서에서는 더 구체적으로 설명한다. "그는 물가에 심어진 나무가 그 뿌리를 강변에 뻗치고 더위가 올지라도 두려워하지 아니하며 그 잎이 청청하며 가무는 해에도 걱정이 없고 결실이 그치지 아니함 같으리라"(렘 17:8).

인생이 세상의 가치에 뿌리내리면 사막의 떨기나무처럼 메마른 삶이 되지만, 하나님의 언약에 뿌리내리면 푸르고 열매 맺는 거목과 같은 풍성한 삶을 살게 된다. 따라서 형통은 시냇가, 물가라는 조건으로 형통한 인생, 행복한 인생이 되는 것이다. 이 시냇가에 뿌리를 뻗을 때 나무가 자라듯이, 인생에서도 하나님의 말씀, 언약에 순종할 때 모든 일이 해결되며 행복해진다.

그리고 이 시냇가에 심은 나무를 골로새서에서는 다시 이렇게 말한다. "그 안에 뿌리를 박으며 세움을 받아 교훈을 받은 대로 믿음에 굳게 서서 감사함을 넘치게 하라"(골 2:7). 결국, 감사가 넘치는 삶이 진정으로 형통하고 행복한 인생이다.

시냇가에 심은 나무의 성장요소를 네 가지 인생의 형통원리로 만들다

시냇가에 심은 나무의 성장요소들을 모티브로 삼아, 그것을 인생의 형통원리로 적용해 본 것이다.

비전: 뿌리를 내리다

시냇가에 심은 나무의 생명과도 같은 부분은 뿌리이다. "뿌리를 박으며"(골 2:7)라는 것은 인생에서 '비전'(Vision)으로 적용할 수 있다. 나무의 뿌리가 나무의 생존을 결정하듯이, 비전은 인생의 목표와 방향성을 정립하는 데 도움이 된다. 또한, 인생 동기부여의 원천이 되며, 어려운 상황에서도 헤쳐 나갈 힘을 공급한다.

멘토링: 지주대 기둥을 세우다

시냇가에 심은 나무의 '원줄기'(기둥)는 나뭇가지를 지탱한다. 그러나 굽는 성질이 있어서 인위적인 지주대의 도움을 받아야 한다.

지주대가 나무를 곧게 세워주듯, 인생에도 바로 서기 위해 지지해 줄 사람들과의 친밀한 관계, 즉 멘토링이 필요하다. 따라서 "세움을 받아", 이것을 '멘토링'(Mentoring)이라 한다. 멘토링은 인생에서 필수적인데, 그 활용도에 따라 어마어마한 유익을 준다. 멘토의 조언과 지원은 비전을 이루기 위한 길잡이가 된다.

영성: 가지치기하다

나무에 있어서 가지는 중심 잡기이다. 수형이 바른 나무는 태풍이 불어도 쓰러지지 않는다. 또한, 나뭇가지는 나무의 목적인 열매를 맺는 부분이다. 그래서 나뭇가지에 하는 작업이 '가지치기'이다.

이와 동일하게 인생에도 중심 잡기와 열매를 맺기 위한 가지치기 작업이 필요하다. "믿음에 굳게 서서", 이 부분이 바로 '영성'(The Holy Spirituality)이다.

영성은 내적 평화와 외적 힘을 균형 있게 제공하며, 삶의 어려운 상황에서도 올바른 판단을 할 수 있도록 통찰력을 준다. 또한 영성은 훈련을 통해 하나님의 성품으로 변화되며, 이는 자기중심적 삶에서 타인을 섬기는 삶으로의 전환을 가능케 한다.

리더십: 열매를 맺다

시냇가에 심은 나무의 목적은 '열매'이며, 타인을 유익하게 한다. 이 열매를 인생에 적용하면 '리더십'(Leadership)이다. 따라서 리더십은 "감사함을 넘치게" 하는 것이다.

리더십은 타인을 돕고 팀워크를 이끌며, 공동체가 목표를 이루도록 긍정적인 영향력을 발휘하는 것이다.

이상으로 시냇가에 심은 나무의 성장원리는 인생에서 형통하게 사는 비결이다. 따라서 나무의 성장요소는 곧 인생의 형통원리이다. 형통의 원리는 어떠한 사람도 태어난 이상 이제부터 형통하고 행복한 삶을 꿈꾸게 한다.

이 네 가지 형통의 원리를 모든 사람에게 적용하다

뿌리(비전)가 약한 사람들의 특징이 있다

삶에 방향성이 없고, 무엇을 위해 사는지도 모른다.

환경이나 타인의 말에 쉽게 흔들린다.

일시적인 열심은 있으나 지속성과 인내력이 부족하다.

자기 삶의 부르심이나 소명을 깨닫지 못한다.

비전이 없어서 현상 유지에만 급급하다.

사역이나 신앙이 타인의 비전을 흉내 내는 수준에 머무른다.

깊이 뿌리내리지 못한 자는 해가 뜨면 곧 마르고, 환난이나 핍박이 일어나면 넘어진다(마 13:6, 21).

지주대(멘토링)가 없는 사람들의 특징이 있다

위기 상황에서 올바른 조언을 받을 통로가 없다.

자율성이 아니라 고립된 독립성으로 행동한다.

잘못된 결정이나 행동을 제어하거나 교정해 줄 사람이 없다.

교만하거나 반대로 자존감이 낮고 수동적인 경우가 많다.

'영적 아버지' 또는 '멘토'가 없어서 방황한다.

자신보다 연약한 자를 양육하거나 책임지는 경험이 없다.

공동체성 결핍은 곧 교회 안에 깊이 뿌리내리지 못하고 소속감을 약하게 한다.

요아스가 제사장 여호야다의 훈계를 받는 동안에는 여호와 보시기에 정직하게 행하였다(대하 24:2).

가지치기(영성훈련)를 받지 못한 사람들의 특징이 있다

'은혜'를 말하지만 '훈련'과 '절제'에는 거부 반응을 가진다.

내면의 죄성, 습관, 탐욕에 대한 성찰이나 절제가 없다.

외형적으로 바쁠 수 있으나 내면은 공허하고 불안정하다.

잎은 무성하지만 열매가 없는 보여주기식 신앙생활이다.

삶에 기도, 말씀 묵상, 금식, 침묵 등 영성훈련이 없다.

내면의 근력(심력, 내공)이 없어서 작은 유혹에도 쉽게 무너진다.

'신앙의 연륜'은 있으나 '영성의 깊이'는 없다.

"무릇 열매를 맺는 가지는 더 열매를 맺게 하려 하여 그것을 깨끗하게 하시느니라"(요 15:2).

열매(리더십)가 없는 사람들의 특징이 있다

영향력이 없으므로 삶에 드러나는 변화와 증거가 없다.

책임감이 결여되어 있고, 주도적이지 못하다.

말은 많지만 실천이나 행동으로 이어지지 않는다.

다른 사람을 세우기보다 비판하거나 무관심하다.

자신이 받은 은혜를 나누는 구조가 없다.

열매를 통해 하나님의 영광이 드러나지 않는다.

인격, 언어, 섬김, 인내, 사랑 등의 성령의 열매가 부족하다.

"좋은 나무마다 아름다운 열매를 맺고 못된 나무가 나쁜 열매를 맺나니"(마 7:17).

다시 형통의 원리로 성경적 대안을 찾다

문제 없는 세상에서 우리는 어디서부터 시작해야 할까?

비전(Vision), 멘토링(Mentoring), 영성(Spirituality), 리더십(Leadership)이라는 형통의 원리로 진단하였다면 그 원리 그대로 대안을 찾는 것이 정확하다.

이 형통의 원리는 단지 개인의 성장만을 위한 것이 아니라, 사회와 나라 전체를 회복시키는 원리로도 적용 가능하다. 한 사람의 삶이 회복되면 가정이 살아나고, 공동체가 건강해진다. 그리고 그것은 곧 나라의 평안으로 이어진다.

따라서 이 네 가지 형통의 원리는 누구나 자기 삶 속에서 실제로 적용할 수 있어야 한다. 나라의 회복은 거창한 구호나 정책에서만 시작되는 것이 아니다. 오히려 지금 서 있는 여기에서부터 시작될 수 있다. 세상의 흐름 속에서도 기독교적 삶의 방향을 제시해 본다.

방향을 잃은 시대, 비전이 필요하다

혼란의 시대에는 무엇보다 '방향성'이 중요하다. 빠른 변화와 끝없는 불확실성, 그리고 가치관의 혼란 속에서 경제적 불안과 심리적 무기력, 사회적 소외 속에 살아간다. 이런 시대에는 정보나 지식보다 앞으로 나아갈 길을 보여주는 비전이 필요하다. 비전은 보게 하는 것이고, 보게 하면 바른길을 찾을 수 있다.

지금 이 시대에 가장 시급한 것은, 비전으로 세상을 꿰뚫어 희망과 바른 방향을 바라보게 하는 일이다. 비전은 하나님의 관점에서 현실을 재해석하게 한다.

비전을 돕는 사람, 멘토가 필요하다

비전을 품었다 해도 그것을 현실로 이루기 위해선 함께 걸어가 줄 사람이 필요하다. 누군가 나의 가능성과 목적을 발견하게 도와주고, 미래에 대한 분명한 그림을 함께 그려줄 사람이 필요하다. 멘토링은 단순히 지식을 전하는 것을 넘어서, 인생이라는 더 큰 학교에서 길을 밝혀주는 스승의 역할이다. 의미 없는 반복이 아니라, 의미 있는 여정을 살아가도록 이끄는 것이 멘토링이다. 특히 다음 세대를 위해선 멘토링이 필수다. 다음 세대는 말로 가르치기보다 삶으로 이끄는 리더, 곁에서 함께하는 멘토가 필요하다. 멘토링은 다음 세대에게 길을 열어주는 사랑의 행위다.

흔들리지 않는 중심, 영성이 필요하다

멘토가 있다고 해도 결국 인생은 혼자 서야 하는 시간과 마주하게 된다. 그때 필요한 것이 바로 '영성'이다. 영성은 단순한 종교적 열심이나 자기 수양이 아니다. 사랑과 공감, 희생과 책임의 뿌리를 깊게 내리는 삶의 태도다. 외적인 성취보다 내면의 중심을 바로 세우는 힘, 그것이 진짜 영성이다.

비전이 현실에 뿌리내리려면 사람의 중심이 단단해야 한다. 진짜 강한 사람은 겉이 아니라 속이 단단한 사람이다. 영성은 그런 내면의 힘을 길러준다. 그래서 영성은 하나님과의 관계를 통해 내면의 공허를 채우는 길이다.

세상을 이끄는 힘, 리더십이 필요하다

세상은 지금 '잘나가는 사람'보다 '바른 사람'을 필요로 한다. 진짜 리더는 단지 능력 있는 사람이 아니라, 옳은 방향을 제시하고, 함께 걸어가는 사람이다.

좋은 리더십은 단순한 기술이 아니라 지혜와 사람 중심의 태도에서 나온다. 무엇보다도, 깊은 신뢰와 영적인 기반 위에서 희망을 말할 수 있는 사람이야말로 이 시대가 찾는 진짜 리더다. 세상을 바꾸는 힘은 철저히 섬김에서 나온다.

세상은 혼란을 반복하고, 그리스도인은 형통의 원리로 세상을 살아낸다

세상은 방향을 잃은 채 정보와 소비, 경쟁과 외형 중심의 문화에 머물러 있다. 멘토 없는 고립, 뿌리 없는 자존감, 기준 없는 리더십 속에서 다음 세대는 방황하고 있다.

이 깨어진 세상의 상처들은 결코 시간이 해결해 주지 않는다. 외면하고 방치할수록 더욱 깊어질 뿐이다.

이제 우리에게 필요한 것은 이 상처들을 외면하지 않고 정직하게 직면하며, 진정한 치유와 회복을 향해 나아가는 결단이다. 하나님이 주신 비전으로 삶의 방향을 세우고, 멘토링을 통해 공동체를 회복하며, 영성을 통해 내면을 세우고, 섬김의 리더십으로 세상을 이끌 사명자요, 파수꾼이며, 청지기가 필요하다. 단순히 구별된 존재가 아니라, 세상에 대한 대안적 존재이다. 이는 단지 도덕적 삶을 사는 것을 넘어서, 하나님 나라의 가치를 구체적으로 실현하는 삶을 의미한다.

이 형통의 원리를 가졌다면 이 네 가지 형통의 원리는 상호 유기적으로 연결되어 있기 때문에 우리를 행복의 정상으로 인도할 것이다. 그리고 형통의 과정에서 누리는 행복감으로 충분히 자부심을 갖고 세상을 살아갈 수 있을 것이다.

마무리하며

이 책은 시냇가에 심은 나무의 성장요소를 따라서 인생에서 형통의 원리를 세웠다. 비전, 멘토링, 영성, 리더십이라는 두레박으로 형통을 길어 올릴 것이다. 목표는 같아도 방법에 따라 결과는 완전히 달라진다. 형통의 원리라는 좋은 방법은 인생의 질을 높여주며 실패 확률을 줄여줄 것이다. 책장을 넘길수록 저 멀리 보이던 형통의 행복이 서서히 삶의 자리에 가깝게 다가올 것이다.

'형통의 원리'를 내 삶의 현장에 적용하다

변화하는 시대, 본질(Essence) 못지않게 '방법'(Method)도 중요하다

본질은 목적과 존재 이유에 관한 것이기에 무엇보다 중요하다. 그러나 본질만 강조하고 방법이 없다면 막연한 이상주의에 빠지기 쉽다. 따라서 본질이 중요한 만큼 그 본질을 실현하는 방법도 중요하다. 그러므로 방법 없는 본질은 무력하고, 본질 없는 방법은 형식주의에 빠진다. 예수님이 형식주의자인 바리새인에게 본질을 강조하셨다면(마 23:23; 막 2:27), 사도 바울은 복음 전파라는 본질을 위해 방법에 자유로웠다(고전 9:22). 본질에 집중하면 다양한 사역의 방법들이 열린다.

본질은 영원하지만 방법은 시대에 따라 바뀐다. 그러므로 영원한 본질을 오늘 시대에 담기 위해서 새로운 방법이 계속 시도되어야 한다. 성경은 본질을 말하고, 성령은 방법을 인도하신다.

물이 우물에 가득하여도 마실 수 없다면 아무 소용이 없다. 지식은 넘쳐나지만 그것을 길어 올릴 두레박이 없다면 우리는 여전히 목마르다. 디지털 혁명의 물결 속에서 우리는 거대한 전환기를 지나고 있다. 지식은 인공지능이 공급하고, 정보는 손끝으로 쏟아진다. 인간은 이제 무엇을 아느냐보다 그 지식을 어떻게 활용하느냐에 따라 미래가 달라진다. 그 어느 때보다 '두레박'이 필요한 시대다. '지식'을 저장하는 창고보다 지식을 연결하고 실천하는 삶의 방식, 곧 '메소드'(method)가 절실하다. 메소드는 어떤 목적을 이루기 위해 체계적이고 구체적인 방법이나 절차를 의미한다.

유영만 교수는 30년간 100권이 넘는 책을 집필한 저술가로, 언어와 지혜를 넘나드는 사유의 여정을 통해 시대적 물음을 던져왔다. 그는 오늘날 인공지능 시대를 살아가는 인간에게 필요한 네 가지 고유 능력을 강조한다. 질문하는 능력, 공감 능력, 상상력 그리고 실천적 지혜. 이 네 가지는 기계가 흉내 낼 수 없는 인간 존재의 핵심이며, 우리가 다시 붙잡아야 할 삶의 본질이다.

그는 기존의 '직'(職) 중심 사회에서 '업'(業) 중심 사회로의 패러다임 전환을 주장한다. 이는 단지 직장의 변화가 아니라 삶을 바라보는 관점의 변화를 뜻한다. 직은 자리를 지키기 위한 것이지만, 업은 존재 이유를 찾는 일이다. 직은 남과의 비교와 경쟁 속에서 불안을 키우고, 업은 어제의 나와의 싸움을 통해 성장을 추구한다. 직은 정해진 법과 규칙에 따라 움직이는 '집행가'의 일이고, 업은 창조적 방법을 만들어가는 '개발자'의 삶이다. 직은 생계를 위한 일이고, 업은 사명을 위한 일이다.

그렇기에 업은 질문으로 시작하고, 공감으로 다가가며, 상상력으로 꿈을 꾸고, 지혜로 열매를 맺는다. 이 네 가지가 조화를 이루는 삶은 인공지능이 결코 따라올 수 없는 '사람다움'의 방식이며, 우리가 나아가야 할 미래의 직업관이다.

우리는 이제 묻지 않을 수 없다. "당신의 일은 직(職)입니까, 아니면 업(業)입니까?" 직은 언젠가 사라질 수 있지만, 업은 사라지지 않는다. 직은 명함 위에 쓰이지만, 업은 삶 전체에 새겨진다.

앞으로 다가올 미래 사회에서 경쟁자는 타인이 아니다. 어제의 나, 작년의 나, 그리고 어제와 똑같은 생각을 반복하는 지금의 나 자신이 될 것이다. 우리에게 필요한 것은 정해진 답을 빠르게 찾아내는 능력이 아니라, 끊임없이 묻고 느끼고 상상하고 실천하는 내면의 힘이다.

지식은 누구나 접근할 수 있는 시대다. 그러나 지혜는 여전히 희귀하다. 물은 넘쳐나지만, 두레박은 여전히 만들어야 한다. 우리에게 남은 질문은 하나다. 당신은 지금, 어떤 두레박을 만들고 있는가?

본질이 아무리 중요하더라도 그 본질을 내 것으로 만들기 위해서 훈련과 연구를 통한 방법, 즉 연구 메소드(Research Method) 및 교육 메소드(Educational Method)를 가지고 있어야 한다. 교육 목표를 효과적으로 달성하기 위해 무엇을 어떻게 가르칠 것인가에 대한 구체적인 전략과 절차를 말한다. 일방적으로 지식을 전달하는 존재가 아니라, 학습자가 스스로 깨닫고 자라날 수 있도록 길을 열어주는 것이다.

예수님도 사람마다 다르게 가르치셨다. 어부에게는 바다를, 농부에게는 씨앗을, 어린아이에게는 품어줌을 통해 각자에게 맞는 방식으로 진리를 가르치셨다. 지식보다 관계를, 정답보다 질문을, 완성보다 성장을 기다리게 하셨다.

서양 격언에 '고기를 잡아 주기보다 고기 잡는 법을 가르쳐라'라는 말이 있다. 당장의 필요를 해결해 주는 단기적인 도움보다 스스로 생존하고 문제를 해결할 수 있도록 도와주는 장기적인 교육이 의존을 넘어서서 자립을 만든다.

그래서 사람을 돕는 가장 위대한 방법은 그 사람 안에 잠든 가능성과 잠재력, 책임감을 깨우는 것이다. 그럴 때 변화무쌍한 인생에서도 문제를 해결하는 통찰력을 가지며 기회를 창출할 수 있다. 하기 싫은 사람은 핑계를 찾지만, 하고자 하는 사람은 방법을 찾는다.

시냇가에 심은 나무, 형통한 인생의 모델

시냇가에 심은 나무는 자연의 법칙에 따라 성장한다. 이 나무의 성장은 뿌리, 원줄기(기둥), 가지와 잎 그리고 열매라는 네 가지 성장요소에 의해 이루어진다.

시냇가에 심은 나무의 성장 과정은 다음과 같다.

첫째, 뿌리는 토양에 깊이 내리며 생명의 기반을 형성한다.

둘째, 원줄기는 지주대의 도움으로 곧게 자라 가지를 지탱한다.

셋째, 나뭇가지는 가지치기를 통해 병충해를 이기고 생명력을 집중시킨다.

넷째, 열매는 이 모든 성장의 결과물로 타인에게 유익을 준다.

이러한 성장요소는 인생의 원리로 다음과 같이 연결된다.

첫째, 뿌리는 비전으로, 인생의 방향성과 동기를 제공하는 내면의 뿌리이다.

둘째, 나무의 원줄기는 멘토링으로, 삶의 기반을 바로 세우기 위한 관계적 지지대이다.

셋째, 나뭇가지의 가지치기는 영성으로, 인생의 중심을 잡고 불필요한 것을 덜어내는 내적 훈련이다.

넷째, 나무의 열매는 리더십으로, 타인을 유익하게 하고 공동체에 기여하는 영향력으로 나타난다.

결국, 시냇가에 심은 나무의 네 가지 성장요소는 인생을 형통하게 만드는 네 가지 핵심 원리로 적용할 수 있다. 이것이 인생을 형통하게 만드는 비전, 멘토링, 영성, 리더십이다.

형통의 원리는 통전적 교육으로 적용된다

나무의 뿌리, 원줄기, 가지, 열매라는 점진적인 과정이 있어야 성장하듯, 형통한 인생도 비전, 멘토링, 영성, 리더십이라는 점진적 과정을 통해 비로소 행복에 이를 수 있다.

그러므로 여기에 나오는 시냇가에 심은 나무의 형통원리는 성경에 근거하여 온전함을 추구하는 통합원리(Wholeness-principle)이다. 편협함을 극복하고 가능한 한 성경적 진리와 원리들을 통합한 형통원리이다.

이 형통의 원리는 단순한 개별 요소의 집합이 아니라, 상호 협력적이면서도 순차적이고 점진적인 과정을 통해 완성된다. 따라서 이 네 가지 원리는 분리해서 볼 수 없으며, 함께 작동하는 '통전적 원리'로 이해해야 한다. 그러므로 주의할 점은, 비전·멘토링·영성·리더십을 각각 분리해 접근할 경우, 통합된 힘이 아닌 단편적인 지식으로 머물 수 있다는 것이다. 각 원리는 상호보완적이고 통합적인 지식과 원리이기에 전체를 하나로 보아야 온전한 힘이 나온다.

따라서 이 형통의 원리는 '통전적'(統全的, Wholeness/Integration) 교육으로 접근해야 전체를 아우르고 조화롭게 통합할 수 있다. 통전성은 단순한 혼합이나 융합이 아니라, 각 요소의 고유성과 유기적 관계를 살려 온전한 하나 됨(wholeness)을 이루는 방식이다. 서로 다른 두 종류 이상의 것을 섞는 혼합(mixture)이나 퓨전(fusion)과는 다르다. 통전성은 '전체를 아우르고 조화시키며 통합한다'라는 뜻으로 '온전성'(wholeness)을 지향한다.

통전적 교육을 바탕으로 한 형통원리

형통의 원리를 구성하는 네 가지 핵심인 비전, 멘토링, 영성, 리더십은 개념적 정의에서 그치지 않고 삶 속에서 실천되고 적용되어야 할 실제적 원리들이다. 그렇기에 이 원리들을 제대로 교육하고 삶 속에서 구현하기 위해서는 구체적이고 실천 가능한 지침이 필요하다.

형통의 원리가 통전적 교육으로 실행할 때, 단지 이론으로 머무르지 않고 삶을 변화시키는 실제적인 도구가 된다. 이를 위해서 반드시 고려해야 할 몇 가지 지침과 주의사항이 있다.

통전성에는 특징이 있다

많은 이들이 형통을 단지 '성공'이나 '형세가 좋은 상태'로 이해하지만, 성경이 말하는 형통은 훨씬 더 깊고 넓은 개념이다. 그것은 하나님의 질서와 원리를 따라 살아가는 삶의 전 과정이며, 일시적인 성과가 아니라 전 생애에 걸친 여정이다. 이 여정의 핵심원리는 바로 '통전성'(wholeness)이다. '통전성'이란 여러 요소를 단순히 나열하는 것이 아니라, 그것들을 유기적으로 통합하여 하나의 조화로운 흐름 속에 담아내는 힘이다. 형통은 분절된 삶의 조각들이 아니라, 점진적이고 연속적인 성숙을 이뤄가는 전인적 삶의 열매다. 비전, 멘토링, 영성, 리더십이라는 이 네 가지 원리 또한 서로 독립된 개념처럼 보이지만, 실제로는 긴밀하게 얽혀 하나의 생명 줄처럼 작동한다.

이 통전성의 원리는 자연 속에서도 발견된다. 식물 생리학자 리비히(Justus von Liebig)는 '최소량의 법칙'을 통해, 식물의 성장은 가장 부족한 영양소에 의해 제한된다고 했다. 아무리 많은 영양분이 주어져도 단 하나라도 부족하면 성장은 멈춘다. 마찬가지로 인생도 비전만으로 자랄 수 없고, 멘토링 없이 홀로 설 수 없으며, 영성 없이 깊어질 수 없고, 리더십이 없으면 영향력을 발휘할 수 없다. 형통은 이 모든 요소가 조화롭게 자랄 때 비로소 가능하다.

시편 1편은 이를 잘 보여준다. "그는 시냇가에 심은 나무가 철을 따라 열매를 맺으며 그 잎사귀가 마르지 아니함 같으니 그가 하는 모든 일이 다 형통하리로다"(시 1:3). 뿌리, 줄기, 가지, 열매가 고르게 성장할 때 나무는 진정으로 풍성한 열매를 맺는다. 통전성 없이는 형통도 없다.

첫째, 통전성은 통합적 사고를 지향한다

형통의 네 원리는 각기 다르지만 상호보완적인 관계를 이룬다. 비전은 방향을 제시하고, 멘토링은 길을 안내하며, 영성은 내면의 뿌리를 내리게 하고, 리더십은 열매 맺는 삶으로 이끈다. 요셉의 생애가 대표적이다. 그는 형제들의 시기 속에서도 하나님이 주신 비전을 품었고(창 37:5), 고난 중에도 영성을 잃지 않았으며, 보디발의 집과 감옥에서 멘토와 공동체를 통해 성숙했고, 마지막에는 애굽의 총리로 리더십을 발휘했다. 요셉의 형통은 요소들이 따로따로 기능한 것이 아니라, 하나의 삶의 흐름 속에서 통합적으로 작동한 결과였다.

둘째, 통전성은 전인적 발달을 이끈다

형통의 원리는 단순한 지식의 축적이 아니라 정서와 가치, 태도, 창의성 등 인간 전체의 성장에 초점을 맞춘다. 머리(지식), 가슴(감정), 손과 발(실천)의 일치를 통해 진정한 성숙이 이루어진다. 예수님은 지식만 전하신 것이 아니라 공감하시고(히 4:15), 행동으로 섬기셨다(요 13:5). 그분의 가르침은 단순한 정보가 아니라 삶 자체였다.

셋째, 통전성은 삶의 현장에서 실현되어야 한다

교육이 지식으로만 머문다면 그것은 죽은 지식이다. 살아 있는 진리는 삶 속에서 선택과 행동으로 드러남으로써 비로소 의미를 가진다. 시냇가에 심은 나무처럼, 하나님의 말씀을 실천할 때 형통은 현실이 된다. 야고보는 이렇게 말한다. "너희는 말씀을 행하는 자가 되고 듣기만 하여 자신을 속이는 자가 되지 말라"(약 1:22). 통전성은 삶과 신앙의 일치를 가능하게 한다.

넷째, 통전성은 학습자 중심이다

삶의 성장은 외부의 주입보다 스스로의 질문과 경험 속에서 시작된다. 예수님은 제자들에게 일방적으로 가르치지 않으셨다. "너희는 나를 누구라 하느냐?"(마 16:15)라고 물으셨다. 질문은 학습자의 참여를 유도하고, 내면의 성장을 자극한다. 형통은 각자가 처한 삶의 현장에서 자기 주도적으로 해답을 찾아갈 때 비로소 경험된다.

다섯째, 통전성은 주제 중심적이다

형통의 원리는 하나의 핵심 주제를 중심으로 모든 요소를 엮어낸다. 오늘날 많은 교육이나 리더십 훈련이 단편적 지식 전달에 그치지만 성경은 통전적 교육을 지향한다. 신명기 6장 4-9절의 쉐마 교육은 일상의 모든 순간을 통해 하나님의 말씀을 삶에 녹여내는 통전교육의 대표적 모델이다. "네 자녀에게 부지런히 가르치며 집에 앉았을 때이든지 길을 갈 때이든지…" 결국 형통은 하나님의 말씀과 질서에 뿌리를 두고, 그 뜻을 삶속에서 실천하며, 전체 인생의 여정을 통해 나타나는 전인적 결과이다. 통전성은 형통을 가능케 하는 열쇠이며, 그 본질이다. 단지 지혜롭고 영적인 사람이 아니라 삶의 모든 영역에서 통합되고 조화로운 사람, 그가 진정으로 형통한 사람이다.

형통의 원리는 통전성을 실현하는 실제적 도구

'형통의 원리'와 '통전성'은 둘 다 삶의 전체성, 조화, 목적의식을 강조하지만, 그 뿌리와 강조점에서 차이가 있다. 형통은 '무엇을 향해 살아갈 것인가?'에 대한 구체적 방향을 제시하고, 통전성은 '어떻게 살아야 하는가?'에 대한 전인적 구조를 제공한다. 이 둘은 충돌하지 않고, 오히려 상호보완적 관계이다.

현대 사회는 이분법적 구조에 갇혀 있다. 신앙 vs 일상, 영혼 vs 육체, 교회 vs 세상, 사명 vs 직업으로 나뉜다. 통전성은 이러한 분리된 구조 속에서도 그리스도 안에서 모든 것을 하나 되게 하시는 하나님의 의도를 회복하는 신학적 개념이다. 특히 로마서 12장 1-2절의 "너희 몸을 하나님이 기뻐하시는 거룩한 산 제물로 드리라"라는 말씀은 통전적 삶의 대표적 본문이다. 하나님의 말씀에 순종할 때 삶의 모든 영역에서 복이 임하는 원리를 강조한다. 여기에는 네 가지 핵심 축이 있다.

첫째, 비전은 하나님의 목적에 눈뜨고 살아가는 방향성이다.

둘째, 멘토링은 믿음의 여정을 함께 걷는 공동체적 성장이다.

셋째, 영성은 내면의 중심을 하나님의 뜻에 두는 훈련이다.

넷째, 리더십은 영향력 있는 삶을 통해 하나님의 나라 확장이다.

형통의 원리와 통전성 교육, 그리고 전인적인 인간에 대한 고찰

오늘날 우리는 파편화된 삶 속에 살아가고 있다. 정보는 넘쳐나지만 방향은 모호하고, 지식은 많지만 지혜는 부족한 시대다. 이러한 시대적 혼란 속에서 기독교 교육이 제시할 수 있는 하나의 해답은 '형통의 원리'와 '통전성'에 대한 회복된 이해다.

형통의 원리

형통의 원리는 삶의 각 영역에서 하나님의 뜻에 따라 조화롭고 균형 있게 살아가는 삶의 방식이다. 이는 단순한 성공이나 외적인 번영을 의미하지 않는다. 오히려 인간 존재의 중심에서부터 하나님과의 바른 관계를 맺고, 그 관계 안에서 삶의 목적과 방향을 분별하며 살아가는 태도를 뜻한다. 이러한 형통은 인간의 내면뿐 아니라 사회, 관계, 일상 등 삶의 모든 영역에 영향을 미치는 원리다.

형통의 원리는 통전성 교육으로 통일된다

한편, 통전성은 삶을 단편적인 조각이 아니라 하나의 유기적인 전체로 바라보는 관점이다. 신앙, 학문, 사회, 감정, 영성이 따로 떨어진 것이 아니라, 모두가 연결된 하나의 삶을 이루고 있다는 전제에서 출발한다. 통전성은 분열된 세계에서 조화와 일치를 회복하고자 하는 신학적 틀이며, 형통의 원리가 작동할 수 있는 넓은 토양이 된다.

따라서 형통의 원리는 통전성을 구체적으로 적용할 수 있는 실제적인 방법론이 되며, 통전성은 형통의 원리를 더 넓은 신학적 세계관 안에서 품을 수 있는 해석의 틀이 된다. 이 둘은 이론과 실제, 사상과 실천의 관계처럼 서로 유기적으로 연결되어 있다.

형통의 원리를 통전성 교육으로 하는 이유는 인간이 전인적이기 때문이다

그리고 이 두 개념이 실제로 만나는 지점이 바로 '전인적인 인간'이다. 전인적인 인간은 영혼과 육체, 이성과 감성, 신앙과 삶이 분리되지 않고 통합된 존재를 지향한다. 하나님께서 창조하신 인간은 원래부터 전인적인 존재였다. 그러나 죄로 인해 이 통합이 무너졌고, 구원은 단지 영혼의 회복에 머무는 것이 아니라 인간 존재 전체의 온전함을 향한 회복의 여정이다.

결국, 형통의 원리와 통전성 교육이 지향하는 바는 '온전함을 추구하는 인간'이다. 이것은 단지 지식의 전달이나 규범의 강조가 아니라, 삶 전체를 하나님 안에서 다시 통합하고 회복해 가는 과정이다. 그리고 그 과정에서 우리는 '전인적인 형통'을 경험하며, 하나님의 형상을 닮은 존재로 성숙해 간다.

	형통의 원리 (Principle of Prosperity)	통전성 교육 (Holistic Education)	전인적 인간 (Holistic Human Being)
정의	▶성경적 형통은 단지 외적 성공이 아니라, 하나님과의 바른 관계 안에서 전 삶이 조화롭게 이루어지는 상태를 의미한다.	▶학문, 영성, 실천, 공동체, 인격 등 모든 삶의 영역을 분리하지 않고 통합적으로 교육하는 접근이다.	▶인간은 단지 지성과 감정, 육체만이 아니라 영적 존재이다. 따라서 인간을 교육하거나 돌볼 때는 영, 혼, 육 전체를 포괄하는 접근이 필요하다.

특징	▶형통의 원리는 시냇가에 심은 나무를 모티브로 하여 나무뿌리 부분에 생명의 원동력인 비전, 원줄기 부분에 지주대라는 멘토링, 나뭇가지와 잎 부분에 생명력인 영성, 꽃과 열매 부분에 영향력인 리더십이 있다. ▶비전, 멘토링, 영성, 리더십은 순차적인 과정을 통해 온전한 형통을 이룬다. ▶행복을 원한다면 반드시 이 형통의 원리 과정을 거쳐야 한다. 이 과정을 무시하고 이루는 행복은 참이 아니다.	▶삶과 신앙, 지식과 인격, 말씀과 실천이 분리되지 않도록 돕는 교육 방식이다. ▶인간의 지(知), 정(情), 의(意), 영(靈), 혼(魂), 육(肉)을 분리하지 않고 조화롭게 다루는 원리.	▶전인적 인간을 구성하고 있는 요소는 폭넓다. ▶영적 차원(Spiritual): 하나님과 관계를 맺고, 믿음과 예배, 말씀을 통해 삶의 방향을 찾는다. ▶지적·정신적 차원(Intellectual/Mental): 진리와 거짓을 분별하는 능력을 갖추며, 성경적 세계관을 형성한다. ▶정서적 차원(Emotional): 자신의 감정을 인식하고 다스리며, 타인의 감정에도 공감할 줄 안다. ▶신체적 차원(Physical): 몸을 하나님의 성전으로 여기고, 절제와 관리로 건강을 유지한다. ▶사회적 차원(Social/Relational): 가정, 교회, 사회 안에서 사랑과 책임을 실천한다. ▶윤리·도덕적 차원(Moral/Ethical): 선과 악을 분별하고, 양심과 성경적 가치에 따라 행동한다.
목표	▶대표적인 네 가지 형통의 원리는 다음과 같다. 비전(Vision): 하나님의 뜻과 목적 인식 멘토링(Mentoring): 공동체 안의 영적 지도와 양육 영성(Spirituality): 하나님과의 친밀한 관계 형성 리더십(Leadership): 섬김의 리더십을 통한 영향력 발휘	▶교회 교육은 성경 지식 주입이 아니라, 삶에서 말씀을 살아내는 전인적 변화를 목표로 한다. 따라서 통전적 교육은 곧 삶 전체를 통해 하나님 나라를 살아가는 훈련이다.	▶전인적 인간의 목적은 단순히 잘 사는 것이 아니라, 하나님이 창조하신 본래의 인간상을 회복하고, 그분의 뜻에 맞게 살아가는 데 있다. 전인적 인간의 목적을 단계적으로 정리하면 다음과 같다. 첫째, 하나님과의 관계 회복이다(창 1:27). 둘째, 자기 존재의 온전함 추구이다. 셋째, 이웃과 공동체에 대한 사랑과 섬김이다. 넷째, 창조세계를 향한 청지기적 책임이다. 다섯째, 하나님의 영광을 드러낸다.

연결고리	▶오늘날 교육은 머리만 키우고, 삶은 길을 잃고 있다. 그러나 하나님은 전인적인 인간을 원하신다. 형통의 원리는 말씀 안에서 비전을 발견하고, 멘토링을 통해 자라가며, 영성으로 하나님과 관계가 깊어져서, 리더십으로 세상을 섬기게 한다. 이것을 위해 교육은 통전적으로 나아가야 한다.	▶통전성 교육은 형통의 원리를 통해 전인적 인간을 형성하는 길이다. ▶통전성 교육으로 전인적 인간을 양성하기 위해서는 몇 가지 과정이 필요하다. 첫째, 정체성 확립과 사명 발견 둘째, 지식과 인격, 영성과 실천의 균형 셋째, 관계 중심의 공동체적 인격 형성	▶전인적 인간은 형통의 원리(비전, 멘토링, 영성, 리더십)를 통해 하나님과의 바른 관계 및 환경, 이웃, 자기와의 관계를 정립할 수 있다. 그리고 통전성 교육을 통해 지식에 머물지 않고, 삶에서 실천하는 인격적 성숙을 지향할 수 있다. ▶형통의 원리를 내면화하고, 통전성 교육을 지속적으로 실천화하면 온전한 전인적 인간으로 자라갈 수 있다.

형통의 원리를 내 삶에 적용하기: 형통한 인생, 인생 발달의 시기와 때라는 타이밍

흔히 "인생은 타이밍이다"라는 말이 있듯, 시기와 때는 인생의 방향을 결정짓는 중요한 요소이다. 예수님의 오심 또한 하나님의 정하신 '때'를 따라 이루어졌다. "때가 차매 하나님이 그 아들을 보내사…"(갈 4:4), "때가 찼고 하나님의 나라가 가까이 왔으니…"(막 1:15)라는 말씀은 '때'의 중요성을 분명히 보여준다.

인생에 시기와 때가 중요한 것은 인간 발달 과정에 놀라운 비밀이 있기 때문이다. 발달단계마다 시기와 때에 맞는 교육과 훈련이 필요하다. 인간은 태아기에서 시작해 유아기, 유년기, 소년기, 청소년기, 청년기, 장년기, 노년기까지 여러 발달단계를 순차적으로 거친다. 각 단계마다 그 시기에 적합한 육체적·정신적·정서적·사회적·도덕적(윤리적)·신앙적 교육과 훈련이 병행되어야 한다. 이를 통해 인간은 성숙하고 성장하며 온전해진다. 결국, 인생의 발달 시기에 맞춘 교육과 훈련은 형통하고 의미 있는 삶을 살아가는 데 필수적인 과정이다.

비전에서 리더십까지, 인생의 성장 법칙

법칙이란 특정 현상을 설명할 수 있는 검증된 이론이며, 하나의 이치나 원리를 다양한 분야에 적용할 수 있도록 일반화한 개념이다. 예를 들어, 자연에는 자연법칙이 있고, 인간에게는 인생의 법칙이 있다. 나무는 봄, 여름, 가을, 겨울이라는 계절의 원리를 따라 성장하고, 사람은 태어나고 자라며 병들고 죽는 '생로병사'라는 원리를 따른다. 결국, 모든 법칙은 저마다의 원리를 바탕으로 형성되어 있으며, 그 원리는 반복 가능한 질서와 방향성을 제공한다.

시냇가에 심은 나무도 성장하는 데 자연법칙을 따른다. 뿌리에서 영양분을 끌어올려 나무 기둥인 원줄기를 굵어지게 하며, 나무 원줄기는 나뭇가지에 꽃과 열매가 맺도록 영양분을 흘려보낸다. 영양분을 꽃과 열매 맺는 데 집중한다. 이것을 형통의 원리로 적용해 보면, 나무의 뿌리는 비전으로, 나무의 원줄기는 멘토링으로, 나무의 가지는 영성으로, 나무의 열매는 리더십으로 해석할 수 있다.

시편 1편 3절은 이렇게 말한다. "그는 시냇가에 심은 나무가 철을 따라 열매를 맺으며 그 잎사귀가 마르지 아니함 같으니 그가 하는 모든 일이 다 형통하리로다."

이 말씀은 자연의 질서 속에서 자라나는 나무처럼, 올바른 원리를 따르는 인생이 형통의 길로 나아갈 수 있음을 보여준다.

자연에 봄, 여름, 가을, 겨울이라는 사계절 법칙이 있듯이, 나무도 뿌리에서 원줄기, 원줄기에서 가지, 가지에서 열매로 나아가는 성장원리가 있다. 인생에도 '생로병사'처럼 따라야 할 순서가 있다. 형통한 인생을 살기 위해서는 비전에서 출발해 멘토링을 거치고, 영성으로 깊어지며, 마지막에는 리더십으로 열매 맺는 삶을 살아야 한다.

형통의 원리는 시기마다 다르게 적용된다

인생에는 각 원리에 따라 적용되어야 할 순서가 있다. 형통의 원리를 이루는 비전, 멘토링, 영성, 리더십 역시 순차적인 단계를 따라 적용될 때 더욱 효과적이다. 따라서 인생의 시기별로 이러한 원리들을 적용하는 순서를 정해보는 것은 교육학적으로도 충분한 의미와 가능성이 있다. 물론 이것이 절대적인 기준이거나 강제되어야 한다는 뜻은 아니다. 이는 더 체계적인 신앙 성장을 돕기 위한 제안일 뿐이다.

비전을 찾기 전에 '구원의 확신'을 가르쳐야 할 시기는 '초등학교 때'이다

'비전을 가지라'라는 말은 청소년이나 청년들에게 가장 많이 들려주는 조언 중 하나이다. 하지만 그 비전이 참된 것인지, 아니면 단지 개인의 욕망이나 야망에 불과한 것인지에 대해서는 좀 더 깊이 생각해 볼 필요가 있다. 진정한 비전은 어디에서 시작되어야 하는가?

그 출발점이 바로 '구원의 확신'이라고 본다. 그리고 이 확신은 초등학교 시기, 곧 인생의 초기 단계에서부터 가르쳐져야 한다. 물론, 이것은 구원에 대한 강요나 신앙의 억압을 말하는 것이 아니다. 오히려 교리교육을 통해 아이들이 신앙의 기본기를 자연스럽게 습득하고, 하나님과의 관계 속에서 자신을 발견해 나가는 여정을 시작할 수 있도록 돕자는 것이다.

교리교육은 신앙의 뼈대를 세우는 과정이다. 건축물로 비유하자면, 철근 없이 지은 집은 비바람을 이기지 못하고 쉽게 무너질 수밖에 없다. 예수님께서도 말씀하셨다. "비가 내리고 창수가 나고 바람이 불어 그 집에 부딪치매 무너져 그 무너짐이 심하니라"(마 7:27). 이처럼 신앙의 기초가 약한 사람은 세상의 유혹이나 고난 앞에서 흔들리기 쉽다.

구원의 확신은 단순한 감정의 문제가 아니다. 그것은 하나님과의 친밀한 관계에서 비롯되는 내적인 평안이며, 이후에 하나님께서 주실 비전을 수용할 수 있는 준비된 마음이다. 확신이 없이 비전을 말하는 것은 방향을 잃은 열정이며, 꿈이 아니라 망상일 수 있다. 구원의 감격과 기쁨이 비전의 뿌리가 되어야 한다.

강조하고 싶은 것은, 신앙교육의 시작은 비전이 아니라 구원의 확신이라는 사실이다. 하나님과의 관계가 먼저 바로 서야, 그 안에서 하나님이 주시는 진정한 비전이 열릴 수 있다. 교회교육에서 이 시기는 일반적으로 '초등부' 시기에 해당한다. 이때부터 아이들에게 교리교육을 통해 구원의 본질을 가르치고, 하나님과 인격적인 관계를 맺도록 이끄는 것이 얼마나 중요한지 모른다.

비전 이전에 구원의 확신, 이것이 바로 하나님 나라 백성으로 살아가기 위한 첫걸음이다. 이 첫 단추가 제대로 끼워질 때 그 이후의 삶도 바른 방향으로 나아갈 수 있다.

'비전'을 구하고 찾으며 발견해야 할 시기는 '중학교 때'이다

청소년기는 누구에게나 혼란스럽고도 중요한 시기이다. 이 시기에는 '나는 누구인가'라는 질문이 마음속 깊이 자리 잡는다. 자신을 찾고자 하는 갈망, 정체성을 확립하려는 욕구는 단지 감정적인 반응이 아니라 인간으로서 본능적인 성장의 증거이다.

그런데 정체성 못지않게 중요한 것이 있다. 그것은 바로 비전이다. 비전은 단순히 장래희망이나 꿈을 말하는 것이 아니다. 그것은 '내가 왜 존재하는가?', '내가 어디를 향해 가야 하는가?'에 대한 근본적인 해답이며, 하나님께서 내 삶을 위해 계획하신 목적과 방향을 찾는 것이다. 정체성은 '나는 누구인가?'를 묻고, 비전은 '내가 무엇을 해야 하는가?'를 밝히는 빛이다. 이 두 가지는 서로 연결되어 있으며, 비전이 정체성을 더욱 분명하게 해준다.

이 비전은 결코 나 자신의 욕망이나 사회적 기대에서 비롯되는 것이 아니다. 참된 비전은 하나님과의 관계 속에서 주어지며, 하나님의 뜻과 나를 향한 계획 안에서 발견되어야 한다. 청소년 시기에 하나님 안에서 비전을 발견하면 그것은 인생의 강력한 나침반이 되어주고, 세상의 유혹과 시험 앞에서도 흔들리지 않는 힘이 된다.

성경에 나오는 다니엘과 그의 세 친구를 보라. 그들은 바벨론이라는 낯선 땅에서 포로로 살아가야 했지만, 하나님과의 친밀한 관계 속에서 분명한 뜻과 결단을 품었다. 그것은 곧 그들의 비전이었다. 하나님의 백성으로서의 자부심은 이방의 왕 앞에서도 흔들리지 않았고, 우상의 음식이나 숭배에도 굴복하지 않는 강한 영적 중심이 되었다. 그들은 거룩함을 지키기 위해 몸과 마음을 구별하였고, 이로 인해 세상을 이기는 지혜와 용기를 얻게 되었다.

기독교 교육학자 마가렛 제이콥슨은 《교회와 청소년 교육》에서 이렇게 말했다. "하나님은 나의 삶을 위하여 개인적인 계획을 세우고 계시며, 그는 나를 택하셨다. 그는 나를 위한 목적을 가지고 계시며, 자기의 길을 나에게 보이실 것이다." 이 말은 단순한 위로가 아니라, 모든 청소년의 존재 가치를 말해주는 선언이다. 하나님은 결코 우리를 우연히 이 세상에 보내신 것이 아니다. 하나님 안에서 비전을 찾는다는 것은, 자신의 존재와 삶의 의미를 하나님의 관점에서 다시 바라보게 되는 것이다.

청소년기는 신체의 급속한 성장뿐 아니라, 정신적·정서적·사회적·도덕적·영적 발달이 동시에 일어나는 시기다. 이 시기에 비전을 가진다는 것은 단지 진로를 정하는 것이 아니라, 삶의 중심을 세우는 일이다. 정체성을 분명히 하고, 자존감을 높이며, 인생의 방향성을 세우는 가장 결정적인 순간이다.

결국, 청소년기의 비전은 한 사람의 인생을 결정짓는 나침반이다. 그리고 그 나침반은 하나님과의 관계 속에서만 바르게 작동한다. 하나님께서 내 삶에 목적이 있음을 믿고, 그 뜻을 구하며 살아갈 때, 청소년기는 혼란이 아니라 확신과 성장의 시간이 될 수 있다. 청소년의 정체성과 비전을 찾는 일은 곧, 하나님 안에서 찾는 삶의 방향성이다.

'멘토링'을 가져야 할 시기는 '고등학교 때'이다

청소년기의 한복판, 특히 고등학교 시기는 인생에서 가장 치열하고 중요한 분기점이다. 이 시기에는 단지 공부만 하는 것이 아니라, 이미 품은 비전에 대한 대가 지불이 시작된다. 중학교 시절 꿈을 꾸었다면, 이제는 그 꿈을 현실로 만들기 위한 싸움이 시작된 것이다. 이 싸움은 결코 만만치 않다. 때로는 포기하고 싶을 만큼 고되고, 때로는 누구도 대신 싸워줄 수 없을 만큼 외롭다.

특히 한국의 고등학교 3학년은 극단적인 선택의 갈림길에 선다. 대학 진학, 취업, 진로 결정 등 중요한 인생의 전환점에서 청소년은 자신이 감당하기에는 벅찬 중압감을 경험한다. 비전을 향한 열정은 계속되지만 현실은 냉혹하고, 때론 그 열정을 조롱하는 듯하다. 입시 스트레스, 경쟁의 압박, 미래에 대한 불확실성은 때때로 절망과 자포자기의 감정으로 이어진다. 이 시기, 실제로 많은 청소년이 심리적으로 무너지고, 자살률 역시 다른 시기보다 높다는 점은 우리 사회의 안타까운 현실이다.

그러나 이 위기의 시기야말로 '멘토링'이 절실히 필요한 때이다. 비전은 혼자만의 힘으로 지켜낼 수 없다. 비전에는 대가가 따르고, 그 대가는 혼자의 힘으로는 감당하기 어렵다. 그러므로 인생의 전환기에 도움이 되는 사람, 곁에 있는 믿을 만한 동반자가 필요하다. 그것이 멘토링이다.

멘토링에는 다양한 형태가 있다. 우선, 비슷한 또래 친구들과의 멘토링은 서로의 고민을 나누고 공감하며 정서적인 위로와 격려를 제공한다. 때로는 말 한마디, 진심 어린 공감 하나가 인생을 버티는 힘이 되기도 한다. 또 한편으로는, 인생의 방향을 잃었을 때 조언과 지혜를 줄 수 있는 전문적인 상담자나 인생 선배의 존재도 필요하다. 무엇보다 부모님과 같은 경제적·정서적 지지자, 그리고 영적으로 지탱해 줄 신앙적 지도자는 비전이 흔들릴 때 나를 붙들어주는 든든한 지주가 된다.

TV 드라마 〈대장금〉이나 〈상도〉를 떠올려보면, 이들의 이야기는 주인공의 재능만으로 이뤄진 성공담이 아니다. 오히려 주변의 스승, 동료, 조언자와의 관계 속에서 성장하고, 위기를 극복하고, 꿈을 이루는 이야기다. 이처럼 인생의 진정한 힘은 '사람'에게서 온다. '혼자 가면 빨리 갈 수 있지만, 함께 가면 멀리 갈 수 있다'는 아프리카 속담은 바로 이 진리를 말해준다.

성경에서도 사도 바울은 자신의 사역 결실을 사람들과의 협력 속에서 이뤘다고 고백한다. 그의 편지마다 함께 사역했던 동역자들의 이름이 등장한다. 하나님은 단지 비전을 주시는 분이 아니라, 그 비전을 이루도록 사람들을 붙여 주시는 분이다. 하나님의 방법은 언제나 '사람'이며, 기도하는 자에게 하나님은 반드시 '도움이 될 사람들'을 보내신다.

한 그루의 나무가 거센 바람에도 쓰러지지 않으려면 지주대가 필요하다. 그것도 한두 개가 아니라 최소한 세 개 이상은 있어야 한다. 사람의 인생도 마찬가지다. 우리가 꿈꾸는 형통하고도 행복한 인생은 결코 혼자의 힘으로 완성되지 않는다. 세 명 이상의 든든한 멘토, 조언자, 기도자, 지지자가 있을 때 인생은 넘어지지 않고 오히려 더욱 곧게 성장할 수 있다.

비전은 아름답지만 그것을 이루는 길은 고통스럽다. 그러나 그 길을 함께 가는 사람들이 있다면 그 고통은 더 이상 두렵지 않다. 고등학교 시기는 멘토를 만나고, 관계를 통해 성장하는 가장 중요한 시기다. 그 시기를 잘 지나야 비전은 꿈이 아닌 현실이 된다.

'영성'을 갖추어야 할 시기는 '청년의 때'이다

청년기는 인생의 거대한 전환점에 서 있는 시기이다. 이 시기에는 단순한 성장의 문제가 아닌, 존재의 근본을 묻는 말들이 몰려온다. '나는 누구인가?', '무엇을 믿어야 하는가?', '어떤 사람과 교제하며 어떤 길을 걸어야 하는가?' 이처럼 정체성, 관계, 진리에 대한 고민이 삶 전체를 흔들어

놓는다.

기독교 교육학자 올트먼은 18세에서 24세의 시기를 '영적인 문제에 봉착하는 시기'로 정의했다. 이 나이대는 단순한 신앙생활이 아닌 존재와 의미, 진리와 가치에 대한 깊은 질문을 품게 되는 시기다. 기도는 더 이상 형식으로 되지 않으며, 성경은 단지 암송이 아니라 실제 삶에 길을 비추는 빛이 되어야 한다. 결혼과 직업을 선택하는 문제, 신앙과 과학의 관계, 하나님이 나를 향해 어떤 뜻을 품고 계신지에 대한 치열한 탐구가 시작되는 때다.

에드워드 에디 2세(Edward D. Eddy Jr)는 20개 대학에 재학 중인 학생들을 연구한 후 다음과 같이 말한다. "수많은 학생이 자기를 깊이 살피고 있으며, 충성을 바칠 만한 대상을 바라고 있고, 삶의 의미를 진지하게 연구하고 있다." 이는 단순한 학문적 탐구가 아니라, 삶의 방향성과 존재의 이유를 찾기 위한 몸부림이라는 사실을 보여준다.

그러므로 이 시기에 필요한 것은 단지 정보나 지식이 아니다. 하나님과 깊은 관계, 즉 영성이다. 청년은 자신이 모든 것을 다 아는 존재가 아니라는 사실을 인정하고, 겸손히 하나님 앞에 나아갈 때 진정한 자아를 발견할 수 있다. 삶의 혼란과 갈등, 질문 속에서도 그리스도 안에서 방향을 정하고, 믿음 안에서 뿌리를 내릴 때, 비로소 그 인생은 흔들리지 않는 기반 위에 세워진다.

이 시기의 영성은 단순한 신비 체험이나 감정적 고양이 아니다. 하나님과 깊은 사귐 속에서 하나님의 마음을 알아가고, 그 뜻에 순종하며 살아가는 실제적 힘이다. 이 영성은 외적인 열심을 넘어서 내면의 깊이를 형성하며, 세상에 휘둘리지 않고 자기 삶의 중심을 하나님께 두는 삶을 가능케 한다. 그러한 삶은 결국 자신뿐 아니라 주변에도 선한 영향력을 끼치는 인생이 된다.

세상은 청년들에게 수많은 유혹과 기회, 혼란과 가짜 비전을 던진다.

하지만 영성이 단단한 청년은 자신 안에 근원적 힘을 갖게 된다. 하나님과의 관계가 삶의 기준이 되며, 그 기준 위에서 꿈꾸고 사랑하고 선택하며 살아가게 된다. 그러므로 청년기의 가장 중요한 과제는 바로 영성을 갖추는 것이다. 그것이 진짜 어른이 되는 길이며, 비전과 정체성이 하나로 통합되는 길이다.

'리더십'을 발휘하는 때는 '장년과 노년'의 시기이다

리더십은 단지 지도자의 자리에 오르는 것을 의미하지 않는다. 그것은 삶의 현장에서 책임을 지고 영향력을 발휘하는 것이다. 그리고 그 영향력은 어느 날 갑자기 생기는 것이 아니다. 오랜 시간 쌓아온 삶의 태도와 신앙의 깊이 그리고 경험이 성숙한 시점에서 발휘된다. 바로 장년과 노년의 시기, 인생의 후반부이다.

리더십은 반드시 '현장'이 있어야 발휘된다. 아무리 뛰어난 자질을 가졌다고 해도, 그것을 실현할 수 있는 자리와 역할이 없다면 리더십은 공허한 이상에 불과하다. 장년과 노년의 시기는 가정과 직장, 사회공동체, 그리고 교회 안에서 중요한 역할을 감당할 수 있는 시기다. 이는 단지 일을 맡는 수준이 아니라 다음 세대를 이끌고 조언하며, 방향을 제시하는 리더로서 서야 하는 시간이다.

신앙 안에서도 마찬가지다. 하나님께서 주신 은사와 교회 공동체에서 위임받은 직분은 단순한 명예가 아니다. 그것은 하나님의 일을 책임지고 감당하라는 부르심이며 사명이다. 이 시기의 리더십은 태도, 자세, 열정, 헌신에 따라 그 수준이 달라진다. 억지로 맡는 것이 아니라, 하나님의 나라를 향한 비전과 사랑에서 비롯된 자발적 헌신이야말로 진정한 리더십의 본질이다.

이처럼 인생의 각 시기에는 형통(성공)의 원리가 있다

구원의 확신으로 시작해 비전, 멘토링, 영성을 거쳐 리더십으로 꽃을 피우는 일련의 과정은 자연의 순환처럼 질서와 단계가 있다. 마치 봄에 씨를 뿌리고 여름에 자라 가을에 열매 맺은 후 겨울을 준비하는 것처럼, 신앙의 여정도 순차적이고 점진적이다.

물론 모든 사람이 이 과정을 정해진 시기에 정확히 밟는 것은 아니다. 환경과 교육, 신앙의 여정은 사람마다 다르다. 그러나 때를 놓쳤다고 포기할 이유는 없다. 과거에 배우지 못했다면 지금부터라도 첫 단계부터 순서에 따라 다시 시작할 수 있다. 하나님 앞에서는 늦음이 결코 패배가 아니다. 순서를 따라 다시 걸어가는 것이 오히려 더 깊은 성찰과 성숙을 가져다줄 수 있다.

청년 사역을 하다 보니 비전을 찾고 싶다며 찾아오는 청년들을 자주 만나게 되었다. 그들 가운데는 아직 구원의 확신조차 분명하지 않은 이들도 있었다. 그러나 기초부터 차근차근 다시 세워나가자 비전과 멘토링, 영성의 단계가 자연스럽게 이어졌다. 비록 시기를 놓쳤다 해도, 올바른 순서를 따라 통전적으로 다시 세워가는 신앙 교육은 충분히 가능하다는 사실을 경험을 통해 확인할 수 있었다.

이 과정에서 무엇보다 중요하게 느낀 것은, 인생의 순서를 안내해 줄 멘토나 신앙적 상담자가 반드시 필요하다는 점이다. 특히 인생의 후반부, 즉 리더십이 요구되는 시기에 길을 잃은 이들에게 길을 찾아주는 일이야말로 진정한 리더의 역할이 아닐까. 방향을 제시해 주는 리더 한 사람이 누군가의 인생을 다시 일으켜 세울 수 있다.

이런 분께 이 책을 추천한다

이 책은 누군가를 가르치기 위한 지침서가 아니다. 오히려 내 마음의 조용한 속삭임을 담은 이야기이며, 삶의 방향을 함께 고민하고자 하는 손 내밈이다. 내가 살아오며 발견한 작은 깨달음과 질문들을 나누고 싶었고, 그 마음이 이 책의 시작이었다. 만약 이 책이 누군가의 인생 여정에서 잠시 멈춰 설 수 있는 이정표가 된다면, 그것으로 나는 충분히 기쁘다.

무엇보다도, 자녀를 꿈이 있는 존재로 키우고 싶은 학부모께 이 책을 건네고 싶다

부모는 자녀의 첫 번째 멘토이자 신앙의 동반자다. 성경은 디모데의 어머니 유니게와 외조모 로이스가 어린 디모데에게 믿음의 유산을 물려주었다고 기록한다(딤후 1:5). 자녀를 하나님의 마음에 합한 사람으로 세워 세상 속으로 제자로 파송하고자 한다면, 이 책에서 그 길의 흔적을 발견할 수 있을 것이다. 형통의 원리에 따라 자녀를 양육한다는 것은 단지 성공을 위한 전략이 아니라, 바른 인생을 위한 깊은 뿌리를 심는 일이다.

또한, 신앙의 성장을 꿈꾸는 이들에게 이 책을 권하고 싶다

우리는 때로 과거의 상처에 붙잡히고, 현재의 낙심에 눌리며, 미래의 불안에 주저앉는다. 그럴 때, 엘리야처럼 로뎀 나무 아래에 쓰러져 차라리 죽고 싶다고 탄식한 자조차 하나님의 손길로 다시 일어나 사명을 완수했음을 기억해야 한다(왕상 19:4-8). 이 책은 그런 이들의 멈춘 걸음을 돌아보게 하고, 다시 일어설 힘을 제공하고자 한다. 믿음의 여정 속에서 흔들리는 마음을 붙잡아 줄 나침반이 필요한 이들에게 이 책이 작은 빛이 되길 바란다.

인생의 공허함과 무기력, 목마름 속에 살아가는 이들에게도 이 책을 추천한다

예수님은 사마리아 여인에게, 내가 주는 물은 영원히 목마르지 않게 하며, 그 속에서 영생하도록 솟아나는 샘물이 될 것이라고 하셨다(요

4:14). 형통한 인생이란 무엇인지, 참된 행복은 어디에 있는지를 함께 묻고, 함께 답을 찾아가는 여정 속에서, 이 책은 독자가 자기 자신을 직면하도록 돕는 전신거울이 될 것이다. 그 거울 속에서 새로운 기준과 방향을 세우고, 잃어버린 나를 회복할 수 있을 것이다.

인생의 중요한 전환점에 서 있는 청소년과 청년들에게도 이 책은 유익한 길잡이가 될 수 있다

다윗은 소년 시절 들판에서 양을 치며 하나님의 마음에 합한 자로 준비되었고, 그의 신실함은 이후 나라를 세우는 토대가 되었다(삼상 16:11-13). 처음 단추를 어떻게 채우는지가 평생의 방향을 좌우한다. 이 책은 결과보다 '과정'에 집중하면서, 신중한 선택과 지혜로운 결정을 돕기 위해 쓰였다. 삶의 무게가 처음 어깨에 얹히는 이들에게 이 책은 따뜻한 조언자요 든든한 안내자가 될 것이다.

이 책은 침체된 교회와 교회학교를 위한 실천적 제안이기도 하다

사도 바울은 디도와 디모데에게 지역 교회와 다음 세대를 세우는 구체적인 리더십 원칙과 영적 훈련을 가르쳤다(딤전 4:12; 딛 2:7). 형통의 네 가지 원리—비전, 멘토링, 영성, 리더십—는 학생에서 장년에 이르기까지 전 세대에 적용할 수 있는 신앙훈련의 틀을 제공한다. 성경적 체계를 중심으로 구성된 이 책은, 말씀을 중심에 두고자 하는 모든 공동체에 실제적인 변화를 제안할 수 있을 것이다.

나아가, 기독교 학교나 대안학교의 교육 커리큘럼에도 이 책은 의미 있는 역할을 할 수 있다

예수님께서 열두 제자를 세우실 때, 단지 지식이 아니라 삶으로 보여주시는 교육을 통해 인격과 사명, 공동체성을 함께 세우셨듯이(막 3:14), 이 책은 학생들의 전인적 성장, 진로의 방향 설정, 신앙 성숙을 함께 고민하는 교육현장에 실제적 접근을 제공할 것이다.

신앙의 첫걸음을 내딛는 새신자들에게도 이 책을 추천한다

빌립이 에티오피아 내시에게 성경을 풀어주었을 때(행 8:30-35), 그의 눈은 열리고 세례를 받으며 기쁨으로 길을 갔다. 이처럼 이 책은 성경의 본질을 쉽고 명료하게 드러내며, 신앙이 낯설고 막막한 이들에게 성경의 이야기가 삶의 이야기로 다가가도록 돕는다.

하나님의 뜻을 찾고 참된 행복을 갈망하는 모든 이들에게 이 책은 본질적인 질문을 던진다

바울은 빌립보서에서 "모든 것을 해로 여김은 내 주 그리스도 예수를 아는 지식이 가장 고상하기 때문"이라고 고백했다(빌 3:8). 오래된 신앙생활이 습관과 형식에 갇혀 있다면, 이 책은 다시금 '처음 사랑'을 상기시키고, 하나님과의 친밀함으로 회복되는 길을 안내할 것이다. 하나님을 아는 지식은 단지 정보가 아니라 그분과의 관계 속에서 누리는 기쁨이며, 그것이야말로 잃어버린 행복을 되찾는 길이다.

당신의 삶이 어디쯤 있든, 어떤 이야기를 품고 있든, 이 책은 당신 곁에서 함께 걸으며 묻고, 함께 찾는 동반자가 되고 싶다. 이 여정의 끝에서 우리가 발견하게 될 진짜 행복은, 이미 우리 안에 씨앗처럼 심겨 있었는지도 모른다.

회사나 사업체에서 홍보를 목적으로 할 때 시냇가에 심은 나무를 이미지화할 수 있다

나무 그림에서 각 부분을 이미지화할 수 있다. 첫째, 뿌리의 비전은 회사가 존재하는 이유, 창립자의 신념, 기업의 사명(Mission), 철학, 기업이 지향하는 미래, 지속 가능한 성장 방향으로 말할 수 있다. 둘째, 줄기의 지주대 멘토링은 부서 간 협력, 기술력, 운영 시스템, 의사결정 체계 등 지속 가능성을 지탱하는 중심축으로 설명할 수 있다. 셋째, 나뭇가지와 잎사귀는 영성으로 SNS, 고객 리뷰(후기, 비평), 커뮤니티 관계, 브랜드 이미지(평판) 등 외부에 드러나는 모습으로 그릴 수 있다. 마지막으로, 꽃과 열매는 리더십으로 판매 실적, 고객의 신뢰, 사회적 기여, 혁신적인 제품 및 성과 등으로 설명할 수 있다. 웹사이트 메인 페이지에 나무 이미지로 회사 구조와 철학을 전달할 수 있다. 예시로 말하면 다음과 같다. "우리 회사는 깊은 뿌리(가치) 위에 건강한 줄기(조직)를 세우고, 가지(사업)마다 열매(성과)를 맺으며 성장하는 나무와 같다."

마지막으로, 세상의 풍조에 아무 생각 없이 떠내려가는 분들에게 이 책을 추천한다

〈늑대와 춤을〉(Dances with Wolves, 1990)에서 인디언(라코타 수족)은 주인공 던바 중위(케빈 코스트너)와 교류하며 들소 사냥의 전략을 보여준다. 이 장면은 단순한 사냥이 아니다. 그것은 '어떻게 살 것인가?'에 대한 깊은 통찰을 담고 있다.

인디언들은 들소 무리의 이동 경로를 오랫동안 추적하고, 그들의 습성과 본능을 분석한다. 그리고 기병대처럼 여러 방향에서 포위망을 짠다. 단순히 힘으로 몰아붙이는 것이 아니라 심리적 압박과 유도, 협업과 전략으로 들소를 움직인다. 그 중심에는 우두머리 들소가 있다. 인디언은 그 한 마리를 집중적으로 추적한다. 들소 무리는 눈이 양옆에 달려 있기에 옆에서 달리는 동료를 보고 따라 달린다. 왜 달리는지도 모른 채, 앞장선 우두머리를 따라 질주한다.

그 우두머리가 위기를 감지하고 멈추는 순간은 이미 너무 늦었을 때다. 협곡 앞 낭떠러지, 그곳에 다다랐을 때는 이미 뒤따라오던 무리의 질주로 인해 밀려서 함께 무리 전체가 절벽 아래로 추락한다. 그 밑에는 모든 걸 예측하고 준비한 인디언들이 기다리고 있다. 이 장면은 우리 시대의 풍경과 너무나도 닮아 있다.

오늘의 시대는 '엔 샬롬'(אֵין שָׁלוֹם, 평화가 없다)의 시대이다. 곧 참된 평화가 사라진 포스트모던(postmodern)의 시대다. 권위는 무너지고, 절대 진리는 상대주의 아래에 흔들리며, 종교는 다양성과 관용이라는 이름으로 본질을 잃어가고 있다. 기술은 비약적으로 발전했지만 인간성은 점점 퇴화하고 있다. 과학이 성부가 되고, 기술이 성자가 되며, 경제가 성령처럼 신격화된 세계, 그것이 우리가 사는 시대이다. 유튜브가 교사요, 인공지능(AI)이 신의 자리를 대신하려 한다.

이미 가정은 저출산과 초고령화, 나홀로족의 증가로 해체되고 있다. 그렇다면 교회는 안전한가? 아니다. 교회는 지금, '가나안 성도'라는 이름으로 교회를 떠나는 무리 그리고 내부로부터 일어나는 윤리적 타락과 권위주의의 병폐로 흔들리고 있다. 하나님의 영광이 떠난 성전에는 명목상 그리스도인만 늘어나고 있다. 자기 목숨을 걸고 시대를 깨우려는 선지자 정신이 사라지니 이상한 이단과 유교와 샤머니즘이 신앙의 이름으로 교회안에 자리 잡았다.

많은 이들이 들소처럼 단지 무리 속에서 달리고 있다는 것으로 안전하다고 생각한다. 방향도, 목적도, 분별도 없이. 눈앞의 현실에 떠밀려, 대세에 편승한 채 절벽을 향해 내달리고 있다. 그 끝이 절벽일지라도 함께 달리니 '괜찮다'고 서로 격려하며 위로하고, 스스로 위안을 삼으며 달린다. 그러나 그것은 사는 길이 아니다. 그저 죽음으로 몰려가는 자멸의 행진일 뿐이다.

이 무리 속의 달음질은 마치 한 번 빠지면 빠져나오기 힘든 카지노 같다. 그곳에 발을 디딘 사람들이 왜 빠져나오기 힘들까? 그곳에는 세 가지가 없다. 창문, 시계, 거울이 없다. 시간의 흐름을 잊게 하고, 세상의 빛과 차단되며, 자신의 몰골을 볼 수 없게 한다. 이것은 '현실의 부재', '진리의 부재', '자기 성찰의 부재'라는 이 시대의 또 다른 은유다.

성경은 이 세대를 본받지 말라고 경고한다. 로마서 12장 2절은 이렇게 명령한다. "너희는 이 세대를 본받지 말고 오직 마음을 새롭게 함으로 변화를 받아 하나님의 선하시고 기뻐하시고 온전하신 뜻이 무엇인지 분별하도록 하라." 이 구절은 단순한 금언이 아니다. 세속화된 무리로부터 빠져나올 수 있는 생존의 지침서다. 시대의 대세에 따라 흘러가면 죽음의 낭떠러지이다. 사는 길은 모두가 달리는 방향에서 틈새를 보고, 그 좁은 간격의 틈으로 계속 빠져나와야 한다. 그것이 사는 길이다.

지금 내 신앙의 현주소는 어디인가? 나는 지금 어디를 향해 달리고 있는가? 무리 속에 있다는 이유만으로 안심하고 있진 않은가? 기쁨과 감사, 헌신과 사랑이 메말라 있다면, 그것은 신앙의 경고음이다. 이 시대의 그리스도인에게 다시 묻는다. "왜 달리는가, 어디로 달리는가?"

그리고 당신은 지금, 사는 길로 달리고 있는가? 아니라면 틈새를 보고 빠져나올 준비가 되어 있는가? 소돔과 고모라 성에서 사는 길은 그 성에서 도망치는 것이며 뒤돌아보지 않는 것이다 (창 19:17).

이 책에서 제시하는 비전, 멘토링, 영성, 리더십은 세상의 풍조에서 생명을 건질 수 있는 틈새 원리이며, 틈새 작전이다.

[시냇가에 심은 나무의 성장원리를 바탕으로 한 인생 형통(행복)원리]

[시냇가에 심은 나무의 성장원리 & 인생의 형통원리]

형통한 나무의 네 가지 구성요소	연결고리	형통한 인생의 네 가지 구성원리	연령 시기/때	특 징
꽃과 열매	열매 평가 매매 및 보관 씨앗	리더십	노년부 장년부 청장년부	나무의 성장요소 ⇅ 인생의 형통원리 ⇓ 아래에서 위로 순차적 점진적 과정으로 성장하고 발달한다
나뭇가지 (나뭇잎)	가지치기 열매솎기 살충제 살포	영성	대학교 청년부	
나무원줄기 (기둥)	지주대 받침목(지지 대)	멘토링	고등학교 청소년부	
나무뿌리	토양 기후	비전	초등학교 중학교 구원의 확신 이후	

공급	↑↓	방향	선택과 결정 태도와 자세	복 저주	↑↓	순종 불순종	선택에 따라 반응이 다르다

시냇가	아무리 많은 조건이 갖추어 졌어도 나무에 게 있어서 시 냇가에 심어졌 다는 것은 분 명 형통이다	하나님의 언약 (말씀)	인간에게 하나님의 언약 아래 있다는 것 자체가 형 통이다. 그리고 이 언약의 말씀을 비전, 멘토링, 영성, 리더 십으로 풀어내며 하나로 통합할 때, 비로소 행복한 인생이 열린다
자연법칙 (Natural Law) 봄, 여름, 가을, 겨울 밤과 낮, 중력, 지동설	성경구절 시 1:3 렘 17:8 골 2:7	인생법칙 (Laws of Life) 생로병사 희로애락 세옹지마 전화위복 생사화복	자연법칙은 하나님이 창조 하신 질서이고, 인생법칙 은 자연의 질서 속에서 인 간이 어떻게 살아야 하는 지를 보여주는 삶의 지혜 이다.

2.

비전의 시각으로 본
시냇가에 심은 나무

시냇가에 심은 나무의 성장원리(1): 뿌리
– 뿌리는 인생의 형통원리에서 비전이다

비전의 사람들: 하나님이 주신 비전을 따라간 사람들

시냇가에 심은 나무의 성장원리(I): 뿌리
- 뿌리는 인생의 형통원리에서 비전(Vision)이다

    '뿌리'는 인간의 삶에서는 무엇에 해당할까? 그것은 바로 비전이다. 비전은 인생의 방향을 정하고, 삶을 견고히 지탱해 주는 깊은 뿌리이다. 비전이 있는 사람은 흔들리지 않는다. 고난이 닥쳐도 중심을 잃지 않고, 시련 가운데서도 다시 일어날 수 있다. 왜 살아야 하는지, 어디로 가야 하는지를 분명히 알고 있기 때문이다.

    비전은 단지 미래의 희망이나 목표가 아니다. 그것은 오늘을 살아가는 힘이며, 삶을 형통하게 만드는 내면의 원리다. 마치 뿌리가 땅속 깊이 자리를 잡고 있어야 나무가 바람에도 뽑히거나 꺾이지 않듯이, 인생도 비전이라는 뿌리를 깊이 내릴 때 진정한 안정과 성장을 할 수 있다.

    이제 우리는 자신에게 물어야 한다. 나는 어떤 뿌리를 내리고 있는가?

내가 의지하고 흡수하고 있는 생명의 근원은 무엇인가? 시냇가에 심겼다고 안심할 것이 아니라, 그 자리에 걸맞은 뿌리를 내리고 있는지가 중요하다. 좋은 환경만으로는 충분하지 않다. 반드시 그 환경 속에서 자기 뿌리인 비전을 분명히 해야 한다.

시편 1편의 시냇가에 심긴 나무처럼, 우리도 비전이라는 뿌리를 통해 생명을 얻고, 철을 따라 열매를 맺는 풍성한 인생을 살아야 한다. 진정한 형통은 외적인 성공이 아니라, 내면에 깊이 뿌리내린 비전에서 비롯된다.

나무의 성장 근원인 뿌리 & 인생의 본질인 비전

인생에서 비전은 단순한 꿈이나 희망 그 이상이다. 그것은 마치 나무의 뿌리처럼 보이지 않지만, 우리의 삶을 지탱하고 이끌어주는 결정적인 힘이다. 뿌리가 없는 나무가 서 있을 수 없듯이, 비전 없는 삶은 방향을 잃고 흔들리기 마련이다. 뿌리와 비전의 관계를 통해, 비전이 인생에 미치는 깊은 영향을 살펴보자.

비전은 인생의 기초를 놓는다

뿌리가 잘린 나무는 아무리 아름다운 가지와 잎이 있어도 결국 쓰러지게 되어 있다. 마찬가지로, 비전은 삶의 기초이며 토대이다. 세상은 끊임없이 변하고 있으며, 유혹과 도전은 끊임없이 우리를 시험한다. 하지만 비전이 분명한 사람은 그 속에서도 흔들리지 않고 자신을 지켜낼 수 있다. 비전은 우리의 내면을 강하게 하고, 넘어졌을 때 다시 일어설 수 있는 정신적 근력을 제공한다.

비전은 삶에 방향성과 안정감을 준다

나무가 뿌리를 통해 자신을 땅에 단단히 고정하듯, 비전은 우리의 삶을 목적에 맞게 고정시킨다. 명확한 비전이 있는 사람은 선택의 순간마다 올바른 결정을 내릴 수 있으며, 방향을 잃지 않는다. 인생의 방향성이 명확해질 때, 삶의 흐름은 단순하고 조화로우며 균형 있게 전개된다. 이는 곧 마음의 평안과 삶의 안정감으로 이어진다.

비전은 동기와 에너지를 공급한다

뿌리는 단순히 고정만 하는 것이 아니라, 나무가 생존하고 성장하는 데 필요한 수분과 영양분을 공급한다. 비전도 마찬가지다. 그것은 우리 내면에 동기를 부여하고, 앞으로 나아갈 수 있는 에너지를 제공한다. 비전이 있는 사람은 시련 앞에서도 포기하지 않는다. 오히려 꿈을 향해 전진하면서 더 큰 열정을 불태운다. 이것이 곧 성장의 원동력이 된다.

비전은 성장과 성숙을 이끈다

나무는 해마다 자라고 변한다. 뿌리가 깊을수록 그 성장은 더 건강하고 튼튼하다. 인생도 마찬가지다. 비전은 한 사람의 성장 여정을 이끄는 나침반이 된다. 비전을 따라 나아가는 과정에서 우리는 실패도 경험하고, 성취도 맛본다. 그 과정 자체가 우리를 더 깊고 넓은 사람으로 만들어간다. 진정한 변화는 명확한 비전 안에서 이루어진다.

비전은 열매를 맺게 한다

나무가 제대로 된 뿌리를 내렸을 때 결국은 좋은 열매를 맺는다. 이는 영적 원리와도 같다. 성경은 "사람이 무엇으로 심든지 그대로 거두리라"(갈 6:7)라고 말한다. 비전이 확고할 때 우리는 분명한 목표를 향해 일관되게 나아갈 수 있고, 그 결과는 의미 있는 결실로 나타난다. 비전 없는 노력은 분산되기 쉽지만, 비전이 그 중심에 자리 잡으면 그 결과 또한 풍성해진다.

비전은 전인적인 영향을 끼친다

나무의 뿌리는 단지 줄기만이 아니라 전체 생태에 영향을 준다. 마찬가지로, 비전은 개인의 삶 전체에 영향을 미친다. 그것은 삶의 우선순위와 관계, 선택의 기준을 형성하며, 인생을 일관되게 만들어주는 중심축이다.

성경에서 하나님은 사람들을 부르실 때(소명) 항상 '비전'을 주셨다. 아브라함에게는 '큰 민족을 이루리라'는 비전을 주셨고, 모세에게는 '이스라엘을 구원(해방)하라'는 비전을 주셨다. 이처럼 비전은 단순한 개인의 꿈이 아니라, 하나님의 뜻과 연결되는 사명이기도 하다.

흔들려도 꺾이지 않는 비전의 사람

비전은 한순간에 생기지 않으며, 하루아침에 완성되지도 않는다. 그것은 오랜 시간에 걸쳐 깊이 내려야 할 '뿌리'와도 같다. 때로는 바람이 불고 시련이 오며 외적인 조건에 흔들릴 수 있다. 그러나 비전은 흔들림 속에서 더 깊이 뿌리를 내리며, 마침내 인생의 풍성한 열매를 맺는다.

지금, 당신의 인생은 어디에 뿌리를 내리고 있는가? 그리고 당신을 이끄는 비전은 무엇인가? 나무가 깊은 뿌리로 큰 가지를 내듯이, 인생도 뿌리 깊은 비전으로 성장하고 꽃을 피운다. 그리고 열매를 맺는다. 흔들리는 세상 속에서도 중심을 지키며 살아가려면, 가장 먼저 비전의 뿌리를 하나님 언약의 말씀에 깊게 내려야 한다. 뿌리 내린 비전이 인생을 이끈다.

나무의 생명은 뿌리에 달려 있다

시편 1편에 '시냇가에 심은 나무'가 나온다. 나무에 있어서 중요한 것은 열매이기 전에 뿌리이다. 뿌리는 단순히 흙 속에 묻혀 있는 부분만이 아니라 나무의 성장과 발달에 중요한 역할을 한다. 그렇다면 나무의 뿌리에 해당하는 이것을 인생으로 비유하면 무엇이 될까? 우리의 인생을 든든히 지탱해 주고 생명과 힘을 공급해 주며 안정감을 주는 것을 찾으면 된다.

이것은 우리가 삶을 살아갈 이유와 목적이 되고, 행복한 인생을 만드는 방법이기도 하다. 바로 비전(Vision)이다.

그러므로 나무의 생명인 뿌리는 곧 인생의 비전이 된다. 이제부터는 시냇가에 심은 나무를 비전의 시각으로 바라보면서 시냇가에 심은 나무가 어떤 나무인지 살펴보자.

시냇가에 심은 나무는 사실 '옮겨 심은 나무'이다

사람이 관리하는 나무는 대부분 묘목장에서 키워 옮겨 심는다. 이식하는 것은 단순히 '옮겨심기'가 아니라, 더 좋은 생육 환경에서 지속적으로 성장시키려는 의도가 있다. 기존 장소가 햇빛 부족, 토양 불량, 배수 불량, 공간 협소 등으로 생장에 불리한 경우에 생존과 성장을 촉진하기 위해 더 적합한 장소로 옮겨 심는다.

성경에는 '시냇가에 심은 나무'가 있다. 이 나무에서 주목해야 할 점은 '시냇가'이다. 즉, 이 나무는 자연스럽게 자란 것이 아니라, 누군가에 의해 시냇가에 옮겨 심어진 나무라는 점이다. 이것은 신앙의 본질을 드러낸다. 복 있는 사람은 우연히 복을 누리는 사람이 아니라, 하나님의 은혜로 '옮겨 심어진' 사람이다.

그래서 시편 1편은 복 있는 사람을 시냇가에 심은 나무에 비유한다. 그리고 이 사람을 "그가 하는 모든 일이 다 형통하리로다"(시 1:3)라고 말한다.

옮겨 심긴 민족, 이스라엘

시냇가에 옮겨 심어진 나무는 '이스라엘 민족'을 상징한다. 나무는 스스로 자리를 옮길 수 없으므로 반드시 누군가가 옮겨 주어야 한다. 하나님은 바로 그 일을 하셨다.

하나님은 아브라함의 아버지 데라에게 메소포타미아 우르(현재 이라크 남부)를 떠나 가나안으로 가라고 명령하셨다. 그는 그 말씀을 따라 떠났지만, 하란의 비옥한 땅을 보고 중도에서 멈추어 버렸다. 하나님은 다시 아브라함에게 하란을 떠나 가나안 땅으로 가도록 명령하셨다. 그러면서 큰 민족 건설과 축복의 통로, 가나안 땅을 약속하셨다. "내가 이 땅을 네 자손에게 주리라"(창 12:7).

이후 아브라함의 손자인 야곱은 하란에서 열두 아들을 낳은 뒤 가나안으로 돌아왔으나, 기근으로 인해 가족 모두가 애굽(이집트)으로 이주하게 되었다. 그리고 그곳에서 400여 년이 흘렀다(창 46장). 이집트는 더 이상 요셉이 통치하던 축복의 땅이 아니었고, 이스라엘 백성은 노예로 비참한 삶을 이어가고 있었다.

그때 하나님은 모세를 통해 출애굽의 구원을 이루시며, 가나안 땅으로 들어가는 새로운 시작을 허락하셨다. 광야 40년을 거치면서 마침내 젖과 꿀이 흐르는 약속의 땅에 들어갔다.

이러한 여정은 단순한 지리적 이동이 아니라, 하나님의 백성이 '옮겨 심기는 과정'이었다. 마치 한 나무를 더 좋은 곳, 더 비옥한 곳으로 옮겨 심듯이, 하나님은 이스라엘을 이집트라는 노예의 땅에서 끌어내 '젖과 꿀이 흐르는' 축복의 땅에 옮겨 심는 '영적 이식 작업'(Tree Transplanting)을 하셨다. 에스겔은 이 과정을 하나님의 의지로 표현하였다. "젖과 꿀이 흐르는 땅이요 모든 땅 중의 아름다운 곳에 이르게 하리라"(겔 20:6).

이식 작업의 위험성

나무를 옮겨 심는다는 것은 생존을 위한 중요한 선택이지만, 동시에 가장 위험한 시기이기도 하다. 나무가 자리를 옮길 때 생존율은 현저히 떨어진다. 장소를 옮긴다는 것은 외형적 변화 너머에, 생존과 성장을 좌우하는 '뿌리의 위기'가 함께 찾아온다. 이것은 곧 옮겨심기가 축복의 전환점이 될 수 있지만, 그 과정에서 겪게 되는 깊은 혼란과 고통 또한 함께 동반된다는 의미다.

이식 과정에서 가장 민감한 부분은 다름 아닌 뿌리, 그중에서도 수분과 양분을 실제로 흡수하는 잔뿌리다. 이 생명선이 절단되면, 나무는 물과 영양을 제대로 흡수하지 못하고 심각한 생리적 스트레스를 받게 된다. 잎은 축 늘어지고 광합성은 중단되며, 심할 경우 고사(枯死)에 이르게 된다. 특히 옮겨 심은 직후, 나무는 수분 스트레스에 극도로 취약해진다.

그리고 뿌리가 약화한 상태에서 받는 햇빛, 바람, 기온의 변화는 치명적이다. 충분한 수분 공급이 이뤄지지 않으면 잎이 마르고 광합성이 멈추게 되며, 이는 곧 생장이 멈추는 신호탄이 된다.

더불어 나무는 새로운 환경 변화의 충격을 감당해야 한다. 흙의 성분, 햇빛의 강도, 수분의 양, 기온과 바람의 흐름까지 모든 것이 바뀌기 때문에, 나무는 자신이 알고 있던 삶의 조건을 잃어버리고 당분간 혼란 속에 방황하게 된다.

그리고 이때 뿌리와 줄기, 가지의 조화가 무너지면 병충해가 쉽게 침투할 수 있는 틈이 생긴다. 특히 뿌리나 줄기에 생긴 상처는 해충과 병균의 주요 침입 통로가 되어, 나무의 전체적인 건강을 위협한다. 이처럼 옮겨 심긴 나무는 생존의 갈림길에 선 존재이다.

뿌리내림의 어려움과 반복된 실패

옮겨 심을 때 뿌리내림이 얼마나 힘든지를 보여주는 사례가 사사기에 나온다. 가나안 땅에 들어온 이스라엘은 반복적으로 하나님을 떠나고, 징계를 받으며, 다시 회복하기를 350~400여 년 동안 일곱 번이나 되풀이한다.

메소포타미아 압제에 사사 옷니엘(삿 3:7-11), 모압 압제에 사사 에훗(삿 3:12-30), 가나안 압제에 사사 드보라와 바락(삿 4-5장), 미디안 압제에 사사 기드온(삿 6-8장), 내부 분열과 아비멜렉의 반역에 사사 돌라, 야일(삿 9-10장), 암몬 압제에 사사 입다(삿 10-12장), 블레셋 압제에 사사 삼손(삿 13-

16장) 등 여러 사사(구원자)가 등장하며 나라를 구한다.

하지만 민족의 뿌리는 여전히 흔들렸다. 이 흔들림은 인간의 연약함으로 인한 흔들림이었고, 하나님은 이런 이스라엘을 인자하심으로 붙잡아 주셨다. 그러므로 사사기는 이스라엘의 흔들림과 하나님의 인자하심이 교차하는 역사이며, 한 자리에서 뿌리를 내린다는 것이 얼마나 어려운지를 보여준다.

옮겨 심을 때 주의 사항: 뿌리는 땅 밖이 아니라 땅속 깊이

나무를 심을 때 가장 중요한 것은 뿌리가 땅에 제대로 자리 잡을 수 있도록 돕는 일이다. 이것을 위해 나무의 크기와 종류에 따라 적절한 깊이와 넓이로 구덩이를 파고, 뿌리가 휘거나 거꾸로 향하지 않도록 곧게 펴야 한다. 겉흙을 덮어 3분의 2가량 채운 후 물을 충분히 주고, 마지막에는 흙을 덮고 조심스럽게 밟아준다.

이때 흙을 밟는 이유는 단순히 나무를 고정하기 위해서가 아니다. 흙 속의 공기층을 제거하여 뿌리와 흙이 밀착되도록 하기 위함이다. 물은 생명의 원천이지만, 공기층은 오히려 생장을 방해한다. 그래서 공기는 제거되어야 한다.

감춰질수록 강해지는 비전

뿌리는 땅속에 감추어져야 생명을 유지할 수 있다. 땅 밖으로 드러난 순간, 뿌리는 말라 죽는다. 보이지 않는 깊은 곳에 자리한 뿌리야말로 나무의 생명줄이다. 이 원리는 인생의 비전에도 그대로 적용된다. 비전은 드러날수록 위험하고, 감추어질수록 강해진다. 하나님께서 주시는 비전은 세상에 자랑하기 위해 주어진 것이 아니다. 오히려 그것은 땅속에 깊이 묻고 조용히 키워야 할 생명의 씨앗이다.

아직 때가 이르지 않았을 때는 비전을 드러내지 않는 것이 지혜이며,

동시에 안전한 길이다. 왜냐하면, 비전이 밖으로 드러나는 순간부터 그것은 다양한 유혹과 시험 그리고 고난에 노출되기 때문이다.

비전의 조기 노출이 가져온 대가

요셉의 이야기가 그 대표적인 사례이다. 그는 어린 시절, 인격적으로 준비되지 않은 상태에서 두 번의 꿈을 꾼다. 그리고 그 꿈 이야기를 형들에게 털어놓는다. 그 결과는 참담했다. 형들은 요셉을 미워하고 시기 질투하였다. 나중에 요셉은 생명의 위협까지 겪어야 했다. 요셉이 가진 꿈은 분명 하나님의 비전이 맞다. 그러나 그것이 너무 일찍 노출되었을 때, 그의 인생은 고난이라는 터널을 지나가야만 했다.

신비한 체험이나 비전은 그 자체로 은혜다. 그러나 그 은혜가 자랑이 되는 순간, 우리는 신비주의에 빠지기 쉽고, 자신도 모르게 교만이라는 함정에 빠질 수 있다.

인간적 공기를 제거하라

마치 나무를 심을 때 흙을 밟아 공기층을 제거하듯, 우리의 비전도 인간적인 자랑과 자의식이라는 '공기'를 제거해야 한다. 하나님이 주시는 비전은 인간의 조급함으로 실현되는 것이 아니라, 인내와 겸손 속에서 다듬어져야 한다. 필요한 것은 열정과 정직한 정진이지, 빠른 인정받음이나 자기 과시가 아니다.

그래서 요셉은 타국으로 팔려 간 그때부터 자기 꿈 이야기를 그 누구에게도 말하지 않는다. 요셉은 꿈을 자기 힘으로 이루려 하지 않고, 오히려 고난 속에서도 하나님의 때를 기다리며 꿈을 간직하였다. 결국, 요셉의 비전은 하나님의 방식으로 하나님의 때에 이루어졌다. 그 시간이 올 때까지 그는 '침묵의 순례자'로 살아왔다.

진정한 비전을 가진 사람은 그것을 굳이 설명하거나 자랑하지 않는다.

비전이 아직 드러나지 않았다고 해서 낙심하지도 않고, 조용히 묵묵히 하루를 살아간다. 겉으로는 아무 일도 일어나지 않는 것처럼 보일 수 있지만, 그 비전의 뿌리는 땅속에서 조용하고도 깊이 자라고 있다. 때가 되면, 그 뿌리가 깊게 내려간 만큼 위로 솟아오를 것이다.

그러므로 비전은 보여주기 위한 것이 아니라, 뿌리처럼 조용히 심어져야 한다. 그것이 진정한 생명의 비전이며, 하나님이 원하시는 준비된 삶이다.

옮겨 심었을 때: 나무의 뿌리는 '흔들리면서' 자리를 잡는다

나무가 뿌리를 잘 내리기 위해서는 '언제 심느냐'가 매우 중요하다. 심는 시기는 수종과 지역에 따라 다소 차이가 있지만, 일반적으로는 이른 봄 얼었던 땅이 풀리고 나무의 눈이 트기 전, 즉 3월 중순부터 4월 중순까지가 적기이다.

식목일인 4월 5일이 지나면 싹이 트기 시작하고 가뭄의 시기가 올 가능성이 커서 심는 시기를 놓치지 않는 것이 중요하다. 나무를 제때 심지 못하면 뿌리가 자리 잡지 못하고 고사할 수 있다. 이는 인생의 비전에도 그대로 적용된다. 비전은 적절한 시기와 환경을 만나야 뿌리를 내릴 수 있다.

바람에 흔들려야 뿌리가 자리 잡는다

어떤 사람은 4월에 바람이 많이 부는 것에 대해, '나무가 뿌리를 제자리에 잘 내리게 하려고 바람이 많이 분다'고 말한다. 물론 과학적 설명은 다르겠지만 이 상징은 의미심장하다.

도종환 시인의 말처럼 "흔들리지 않고 피는 꽃이 어디 있으랴." 이 세상에 흔들림 없이 꼿꼿이 서 있는 것은 없다. 심지어 고층 빌딩도 일정한 탄성을 갖고 흔들린다. 오히려 흔들림 없이 뻣뻣한 구조물일수록 큰 태풍 앞에서 더 쉽게 부러진다.

비전도 마찬가지다. 비전은 고요한 정적 속에서 자라는 것이 아니라, 수많은 시험과 유혹이라는 바람에 흔들리는 과정을 통해 단단해진다. 그 흔들림은 무너짐을 막기 위한 훈련이며, 유연성을 기르는 은혜의 과정이다.

4월의 바람, 하나님의 배려

이 세상에 존재하는 사람들은 오늘도 흔들리며 산다. 그리고 4월이 되면 살아 있는 모든 것이 흔들린다. 왜냐하면, 4월에는 바람이 많이 불기 때문이다. 특히, 4월의 바람은 나무에게 있어서 고마운 것이다. 옮겨 심은 나무를 흔들어 뿌리가 더욱 깊이 자리 잡도록 하기 때문이다.

마찬가지로, 우리의 삶과 비전도 종종 '4월의 바람' 같은 환경을 통해 흔들린다. 그러나 그것은 결코 우리를 넘어뜨리기 위한 것이 아니다. 오히려 우리가 한자리에 뿌리를 잘 내리도록 하나님께서 허락하신 '은혜의 진동'이다. 만약, 누군가가 당신을 흔들고 있다면, 그것은 당신이 지금 바로 뿌리를 내릴 시기라는 증거일 수 있다. 그 바람에 감사하고, 흔들리되 꺾이지 않도록, 말씀 속에 비전의 뿌리를 조금씩 내려보자.

흔들림 없는 인생을 위한 또 다른 흔들림

이스라엘이 가나안에 정착하는 데 시간이 걸렸듯, 우리 인생도 새로운 자리에 익숙해지기까지 인내가 필요하다. 예기치 않게 삶이 옮겨질 수 있지만, 뿌리를 내릴 수 있는 비전이 있다면 그 자리는 결국 비전이 자랄 수 있는 생명의 땅이 된다.

형통한 인생은 안정된 환경에서가 아니라, 단단한 뿌리에서 자란다. 오늘 우리도 옮겨 심긴 나무로서 뿌리의 회복을 간구하는 은혜의 자리에 서 있다. 이식의 고통은 끝이 아니라 시작이며, 축복의 땅에 뿌리내리기 위한 거룩한 과정이다. 하나님께서는 여전히, 우리 뿌리의 자리 잡음을 통해 열매 맺는 삶으로 이끌고 계신다.

옮겨 심어진 나무는 어디에 심겼는가?

'시냇가'에 심겼다

성경 전체를 관통하는 하나님의 구속 이야기는 '옮겨 심음'의 연속이다. 인간은 본래 선악과 사건 이후, 하나님의 생명 흐름에서 끊어진 자리에 살았다. 자기를 중심에 두고 살아가다 보니 인간은 거친 땅, 즉 자신의 의지와 욕망이라는 마른 땅에 뿌리를 내리고 살았다. 하지만 하나님은 우리를 사랑하셔서 시냇가 곁으로 옮기신다.

그 시냇가는 곧 하나님의 말씀이며, 생명의 근원인 성령의 흐름이다. 복 있는 사람은 자기 자리를 지키는 사람이 아니라, 하나님의 은혜로 새로운 자리로 옮겨지고, 그곳에 뿌리내린 사람이다. 그래서 시편 1편은 형통한 사람을 '시냇가에 심은 나무'에 비유한다. 단순히 좋은 환경에 있다는 의미를 넘어서, 하나님의 말씀 안에 뿌리를 내린 삶이 어떤지를 보여 주는 강력한 이미지다.

시냇가는 생명을 유지하는 데 필수적인 물을 공급해 주는 장소이며, 이런 시냇가에 옮겨 심겼다는 것은 하나님의 계획과 섭리 가운데 놓였다는 뜻이다. 따라서 나무는 어디에 심기느냐에 따라 그 성장의 양상과 방향이 달라진다. 바위틈에 뿌리를 내린 나무는 뒤틀리지만, 비옥한 땅에 심긴 나무는 곧게 자라고 풍성한 열매를 맺는다. 시냇물이 곁에 흐르는 환경은 아무리 가뭄이 들어도 생명의 근원이 끊기지 않는 최상의 조건이다.

시냇가의 진짜 의미는?

그렇다면 성경이 말하는 '시냇가'는 단지 물이 흐르는 자연환경을 뜻하는가? 아니다. 시냇가는 하나님의 임재와 말씀, 곧 언약을 상징하는 영적 공간이다. 하나님은 이스라엘을 애굽에서 끌어내 가나안 땅, 곧 '젖과 꿀이 흐르는 땅'에 심으셨다.

출애굽기 3장 8절은 이것을 "아름답고 광대한 땅, 젖과 꿀이 흐르는 땅"이라 표현한다. 이것은 단순한 지리적 이동이 아니라 언약의 공간으로 옮겨 심으신 사건이었다. 또한, 에스겔 20장 6절에서도 말한다. "그날에 내가 내 손을 들어 그들에게 맹세하기를 애굽 땅에서 인도하여 내어 그들을 위하여 찾아두었던 땅 곧 젖과 꿀이 흐르는 땅이요 모든 땅 중의 아름다운 곳에 이르게 하리라 하고." 여기에서 "내 손을 들어 맹세하기를"이라는 말씀은 하나님의 언약적 결단을 나타내며, 신실하신 하나님의 약속임을 나타낸다.

"젖과 꿀이 흐르는 땅", "아름다운 곳"은 하나님이 준비하신 풍요롭고 복된 땅, 곧 가나안을 가리킨다. 이 땅은 지리적 이동을 넘어 구원과 회복, 하나님의 약속과 비전의 성취를 상징하는 땅이다. 영적으로 보면, 하나님의 백성을 애굽(세상과 죄)에서 약속의 땅(가나안)으로 옮기시는 구속의 여정을 보여준다. 이 땅은 모든 땅 중에 가장 영광스러운 곳으로, 하나님의 선택과 사랑이 담긴 최고의 땅이다.

그래서 언약의 땅인 가나안에 입성할 때부터 가나안 점령 전쟁은 하나님의 거룩한 영적 전쟁이었다. 여리고 성을 무너뜨릴 때도 언약궤가 앞장섰고, 이스라엘은 하나님의 말씀에 순종할 때만 진정한 승리를 경험하였다.

후일에 예레미야 선지자는 이스라엘이 이 언약을 깨뜨림으로 그 땅에서 쫓겨났다고 지적한다(렘 31:32). 결국, 시냇가라는 가나안 땅은 언약의 말씀에 순종 아니면 불순종으로 반응하며 사는 삶의 자리이다.

새 언약의 땅에 뿌리를 내리다

예레미야 31장 31-34절은 하나님께서 이스라엘에게 새로운 언약을 주실 것을 예언한다. 더 이상 돌판에 새긴 율법이 아니라, 사람들의 마음에 기록될 언약이다. 그리고 예수님은 이 예언을 성취하시며 자기 피로 새 언약을 세우셨다(눅 22:20; 고전 11:25). 히브리서 8장 6, 13절은 이 새 언약이 그리스도를 통해 완성되었음을 선언한다.

이제 새 언약 아래 살아가는 그리스도인은 죄 사함을 받고 성령 안에서 하나님과 직접 교제하며, 하나님의 백성으로서 새로운 삶의 질서를 부여받았다.

언약의 땅, 주의 사항

그러므로 시냇가에 있어도 뿌리가 물을 흡수하지 않으면 나무는 성장할 수 없고, 물가에 심어졌다고 해서 무조건 열매 맺는 것도 아니다. 사울 왕은 하나님의 기름 부음을 받았지만 불순종으로 인해 버림을 받았고, 솔로몬은 지혜의 왕이었지만 끝에는 우상숭배에 빠져 이스라엘이 남과 북으로 나누어졌다. 예수님의 제자 가룟 유다 역시 처음에는 선택받은 자였지만 끝에는 배신자로 낙인찍혔다.

이런 자들을 유다서 1장 12절은 "열매 없는 가을 나무"와 같은 자라고 경고한다. 가을은 열매 맺는 계절이지만 열매 없는 나무는 이미 생명을 상실하였다. 이처럼 형통은 단지 '좋은 환경에 있는 것'에서 쉽게 오지 않는다. 오히려 좋은 환경이 교만병을 불러온다.

시냇가에 옮겨 심어도 그 성패는 뿌리의 방향성에 있다

뿌리가 시냇가로 향할 때 거목이 된다

뿌리는 환경에 따라 발달 양상이 다르다. 건조한 환경에서는 뿌리가 깊게 내려 물을 찾으려 하고, 습한 환경에서는 얕고 넓게 퍼져 산소를 흡수하려 한다. 그런데 시냇가에 심은 나무가 가진 환경은 광야이다. 그런데 가까이에 시냇가가 있으니, 뿌리를 깊고도 넓게 뻗어야 한다. 뻗어 가는 만큼 나무는 성장한다.

지금 있는 자리, 위치를 원망하는 사람이 있을 수 있다. '왜 나를 여기로 옮기셨을까?' 그러나 하나님의 시각은 다르다. 하나님은 우리를 생명의 시냇가에 옮겨 심으시고, 그곳에서 뿌리내리기를 기다리신다. 이 믿음이 있다면 옮겨 심어진 그것 자체가 은혜이며, 뿌리내림은 축복이다.

이제 중요한 것은 '어디에 심겼는가'보다, 내가 '무엇에 뿌리내리고 있는가'이다. 우리가 진정한 형통을 경험하고 싶다면, 옮겨 심긴 그 자리에서 말씀과 성령 안에 깊이 뿌리내려야 한다. 예레미야 17장 8절에서 시냇가에 심은 나무는 '그 뿌리를 강변에 뻗치고 있는 나무'로 표현된다. "그는 물가에 심어진 나무가 그 뿌리를 강변에 뻗치고 더위가 올지라도 두려워하지 아니하며 그 잎이 청청하며 가무는 해에도 걱정이 없고 결실이 그치지 아니함 같으리라."

나침반이 없는 인생의 위기

인생에서도 가장 먼저 점검해야 할 것이 있다면 그것은 방향성이다. 만약 열심히 살고 있는데도 불구하고 어려움만 더해간다면, 그것은 나침반을 잃어버리고 시계만 보고 달려가기 때문이다. 부와 건강, 명예와 인기, 지위와 권력으로 향하는 길은 서로 간의 비교의식으로 불만만 쌓여간다. 결국, 허무와 후회로 끝날 것이다.

인생은 시계만 본다고 성공하는 것이 아니다. 내 인생이 바르게 가고 있는지 확인하려면 나침반을 보아야 한다. 따라서 인생은 시계보다 나침반을 먼저 보며 달려야 한다.

비전: 인생의 나침반

이런 나침반 역할을 하는 것이 바로 비전이다. 성경에는 비전을 통해 삶의 방향을 바꾸고 인생을 역전시킨 인물이 있다. 바로 사도 바울이다. 그는 처음에 율법을 따르던 종교 지도자였으나, 다메섹 도상에서 예수님을 만난 후 인생의 분명한 방향성을 갖게 되었다. 그는 "결승점을 보고 달리는 육상 선수요, 허공을 치지 않는 권투 선수처럼 목표를 향해 산다" 라고 고백했다(고전 9:26).

인생의 세 가지 도구: 지도, 나침반, 시계

인생은 두 번 다시 돌이킬 수 없는 단 한 번뿐인 삶이다. 존귀한 삶을 살기 위해 기억해야 할 세 가지가 있다. 하나님은 세 가지를 주신다.

첫째, 하나님은 소명이라는 지도를 주신다. 이것은 내 삶의 영역이고 공간이다. 어디서 시작해서 어디로 가야 하는지를 한눈에 볼 수 있다.

둘째, 지도를 보았다면 이제 구체적으로 어디로 가야 하는지, 나침반을 보고 그 목적지까지 찾아가야 한다. 비전은 목적지로 안내하는 나침반이요, 표지판이다.

셋째, 비전을 따라가다 보면 인간은 시간의 공간 안에 갇히게 된다. 시간 안에 비전을 감당하기 위해 최선을 다하는 것이 바로 사명이다. 인간의 수명은 유한하므로 시계를 보고 계획을 세워 집중적으로 달려가야 한다.

그러므로 인생은 소명의 자리에서 하나님의 지도를 펼쳐보고, 비전의 나침반으로 방향을 설정하며, 시계를 보며 사명의 시간 안에 도달하기 위해 전력 질주하는 것이다.

방향 있는 삶은 행복하다

다람쥐 쳇바퀴 도는 인생이 아니라, 어디로 가야 할지를 아는 사람은 비록 힘들고 고통스러워도 그것을 의미 있는 행복으로 여기고 고통을 감수한다. 인생의 목표가 분명할수록, 그 여정의 고난조차도 하나님의 은혜로 해석한다. 뿌리가 깊고 넓게 퍼진 나무처럼, 비전으로 방향을 잡은 인생은 그 결실이 그치지 않으며 영향력은 더욱 커진다.

형통의 조건: 시냇가로 뿌리를 내리는 삶

형통한 인생을 결정짓는 핵심은 뿌리의 방향이다. 겉으로는 하나님 곁에 있는 듯 보이지만, 실제로 하나님의 말씀과 능력에서 생수를 끌어올리지 못한다면 형통할 수 없다. 뿌리가 하나님의 언약에 깊이 닿아야 한다. 그 뿌리로부터 은혜와 지혜, 능력을 공급받아야만 계절마다 열매 맺고 잎이 마르지 않는 삶을 살 수 있다.

우리도 하나님과 깊은 관계 속에서 기도와 말씀, 순종으로 뿌리를 내릴 때 진정한 형통의 길을 걸을 수 있다. 환경이나 시작이 중요한 것이 아니라, 뿌리 내린 자리가 하나님과 연결되어 있는가가 중요하다. 새 언약 아래 사는 우리는 날마다 그 언약에 순종으로 반응하며 살아야 진정한 '형통한 인생'을 살아갈 수 있다.

시냇가에 옮겨 심은 나무: 이름을 밝히지 않는 의도

이름표가 달린 나무들

공원을 산책하다 보면 나뭇가지에 달린 이름표를 자주 보게 된다. 나무에 이름이 붙어 있으면, 우리는 그 나무가 어떤 나무인지, 어떤 특징을 가졌는지를 어렴풋이 짐작할 수 있다. 이름 하나로 나무의 정체성이 드러나듯, 성경 속에도 이름이 기록된 나무들이 여럿 있다.

감람나무, 무화과나무, 포도나무, 종려나무(대추야자), 백향목(레바논의 삼나무), 가시나무, 잣나무, 평지나무, 살구나무, 노간주나무, 뽕나무, 유향나무, 에셀나무(가래나무), 상수리나무 등은 모두 성경 속에 이름이 명시된 나무들이다. 이처럼 이름이 등장한 나무들은 저마다 고유한 역할과 상징을 지니고 성경 이야기에서 의미 있게 해석된다.

시냇가의 심은 나무는 왜 '이름'을 밝히지 않나?

시편 1편에 나오는 '시냇가에 심은 나무'는 분명히 중요한 나무인데도 불구하고 그 이름을 밝히지 않는다. 복 있는 사람의 삶을 비유한 이 나무는, 다른 나무들과는 달리 어떤 종류의 나무인지 구체적으로 밝혀져 있지 않다. 반면, 모세가 하나님의 부름을 받을 때 나오는 '떨기나무'(סְנֶה, seneh)는 가시덤불, 덤불 모양의 작고 초라한 나무임에도 불구하고 그 이름을 명확하게 밝힌다.

이 떨기나무는 척박한 광야에서도 생명을 유지하는 강인한 생명력을 지닌 나무다. 낮에는 잎을 오므려 수분 손실을 줄이고, 밤에는 이슬을 받아 그것으로 생존한다. 하나님은 바로 이 질긴 생명력을 보고 불로 임재하시며 모세를 부르셨다. 이 부름은 모세의 삶을 양 치는 자에서 이스라엘 민족을 이끄는 지도자로 전환시키는 결정적 계기가 되었다.

그리하여 이 떨기나무는 모세에게 '소명의 나무'가 되었다. 40년 동안 양을 치던 모세는 이 떨기나무와 너무나 닮았다. 그리고 이집트에서 노예 생활하며 고통당하고 있는 이스라엘 백성과도 너무나 닮았다.

이름을 밝히지 않는 이유, 형통을 사모하는 모든 이를 위한 초대

그렇다면 왜 시냇가의 나무는 이름을 밝히지 않을까? 이는 우연이 아니다. 오히려 의도적인 '익명'이다. 나무의 이름이 생략된 것은, 복 있는 사람이 되기를 소망하는 모든 사람, 그 누구든지 시냇가에 심긴 나무와 같은 존재가 될 수 있도록 가능성을 열어 놓은 것이다.

예수님이 명절 끝 날에 외치신, "누구든지 목마르거든 내게로 와서 마시라"(요 7:37)라는 초대처럼, 시냇가에 심어지기를 원하는 모든 사람을 부르는 '거룩한 초대'이다. 따라서 복 있는 삶은 특정인에게만 허락된 것이 아니라, 누구든지 하나님을 가까이하고 그 말씀을 즐거워하면 시냇가에 심긴 나무가 될 수 있으며 형통할 수 있다는 메시지인 것이다. 시냇가에 심긴 나무가 이름이 없기에 오히려 모든 사람이 자신의 이름을 그 나무에 넣을 수 있으니 축복이다.

하나님이 부르시는 순간, 이름이 생겼다

이름 안에 비전(하나님의 소원)이 있다

하나님은 자신의 이름을 소중히 여기시는 분이시다. 스스로 존재하시는 분으로서 모세에게는 '여호와'라는 이름을 알려주셨고, 연약한 다윗을 위해서는 '자기의 이름을 위하여' 의의 길로 인도하셨다(시 23:3). 그리고 하나님의 이름을 망령되이 일컫는 자에게는 그 죄를 반드시 물으신다(신 5:11). 이것은 이름이 단순한 호칭이 아니라, 존재의 정체성과 사명을 담고 있는 하나님의 통로임을 말해 준다.

이름을 밝히지 않는 시냇가의 나무, 이름을 밝히는 순간 사명자가 되다

시편 1편에 등장하는 '시냇가에 심은 나무'는 그 이름이 구체적으로 언급되지 않는다. 이는 누구든지 복 있는 인생으로 초대받았다는 의미로 이해할 수 있다고 앞에서 말했다. 그렇다면 반대로 이름이 불리는 순간, 시냇가에 심은 나무는 어떻게 되는가? 떨기나무는 이름이 불리는 순간 모세를 향한 사명의 나무가 되었다. 그렇다면 시냇가에 심은 나무는 이름이 불리는 순간 어떻게 되겠는가?

이사야 43장 1절은 "내가 너를 지명하여 불렀나니 너는 내 것이라"라고 말한다. 하나님이 부르시는 순간 받는 것이 이름이다. 에스겔 19장 10절에서는 시냇가에 심긴 나무를 '포도나무'로 말한다. 그리고 포도나무는 가지가 무성하고 열매가 풍성하며, 통치자의 지팡이가 될 만큼 강건하다(창 49:11)고 말한다.

포도나무라는 이름이 불리는 순간 하나님이 왜 포도나무를 물가의 밭에 심으셨는지 그 의도를 알 수 있다. 이것은 시냇가에 심긴 나무가 단순히 생존을 넘어서 열매를 맺는 목적이 있는 유실수임을 나타낸다. 포도나무로 하나님 앞에 불린 순간, 이 포도나무는 열매를 맺어야 한다. 그것도 풍성히 맺어야 하는 사명을 가진다(요 15:8, 16).

이름, 존재의 정체성과 사명

김춘수 시인은 "내가 그의 이름을 불러주었을 때, 그는 나에게로 와서 꽃이 되었다"라고 노래했다. 사람 이름 역시 단순한 식별을 넘어서 부모의 소망과 인생의 목적을 담은 정체성 표현의 이름이다.

성경 속 인물들도 태어나기도 전에 하나님께서 이름을 지어 주셨으며, 그 이름 안에는 하나님의 뜻과 비전이 담겨 있는 것을 알 수 있다. 하나님은 태어나기 전에 먼저 이름을 주기도 하시고, 혹은 하나님의 비전을 담을 만한 새로운 이름으로 고쳐 주기도 하셨다. 그러므로 하나님이 부여하신 이름 안에는 모두 하나님의 심정과 비전이 담겨 있다.

태어나기도 전에 하나님이 주신 이름들을 살펴보면, 예수님(눅 1:31), 세례 요한(눅 1:13), 이스마엘(창 16:11), 이삭(창 17:19), 요시야(왕상 13:2), 솔로몬(여디디야, 삼하 12:24-25), 고레스(사 44:28, 45:1)가 있다.

그리고 새로운 이름으로 고쳐진 이름들도 있다. 아브람이 아브라함으로, 사래가 사라로, 야곱이 이스라엘로, 시몬이 베드로로 바뀌었다. 하나님이 부르시는 이름에는 모두 하나님의 뜻, 비전이 담겨 있다. 하나님은 일하기 전에 먼저 이름을 통해 비전을 주시고, 그 비전의 이름대로 일하게 하신다.

바벨론 왕 느부갓네살도 다니엘과 세 친구에게 제일 먼저 개명을 하게 했다. 다니엘(하나님은 나의 재판장이시다)을 벨드사살(벨이 그의 생명을 보호하신다), 하나냐(여호와께서 은혜를 베푸셨다)를 사드락(아쿠, 달의 신의 명령), 미사엘(하나님과 같은 이가 누구냐?)을 메삭(아쿠, 큰 뱀의 종), 아사랴(여호와께서 도우셨다)를 아벳느고(느보의 종)로 바꾸었다. 이름을 바꾸는 것은 정체성 재편과 신앙 파괴의 전략이 담겨 있다. 하나님의 중심 신앙을 지우고, 바벨론 체제에 완전히 동화시키려는 의도가 있었다.

성경에서 이름은 단순한 호칭이 아니라 존재와 비전과 사명의 표현이다. 따라서 이름을 바꾸는 것은 곧 정체성을 바꾸려는 시도이다.

이름을 부르시는 순간, 하나님의 비전을 가지다

사람은 우연히 태어나지 않는다(요 1:13). 이름도 마찬가지이다. 어떤 이름이라도 그 이름 안에는 이름을 지어 준 자의 생각이 있고, 의도와 바람이 있다. 시냇가에 심은 나무가 분명 이름 없는 나무처럼 보였지만, 하나님이 그 이름을 부르시는 순간, 시냇가에 심은 나무는 그 이름에 합당한 역할을 감당해야만 했다.

모든 하나님의 사람은 하나님의 복된 시냇가에 초대받았다. 그리고 이제 그 이름에 합당한 삶을 살도록 안내하신다. 만약 하나님의 비전을 담을 수 있는 이름이 아닐 때는 이름을 고쳐서라도 새로운 이름을 주신다. 아브람이 아브라함(창 17:5)으로, 야곱이 이스라엘(창 32:28)로, 시몬이 베드로(요 1:42)로, 사울이 바울(행 13:9)로 바뀌었다. 이것은 이름이 새로운 출발, 은혜받은 증표임을 보여준다.

비전의 이름 크기만큼 이름이 커진 아브라함과 사라

하나님은 아브람(높은 아버지, 존귀한 아버지)에게 비전에 합당한 이름으로 바꾸어 부르신다. 아브라함(여러 민족의 아버지)으로, 아내 사래(나의 공주)는 사라(여러 민족의 어머니)로 바꾸어 부르신다. 이는 단순한 이름 변경이 아니라, 믿음의 조상으로서 만민을 위한 복의 통로로서의 정체성을 부여하는 행위이다. 새로운 이름은 그들에게 새로운 비전과 사명의 시작을 알리는 표시이다.

두 사람 모두 99세, 89세의 고령이었고, '큰 민족'이라는 약속이 지연되자 낙심했던 적도 있었다. 그러나 이름이 바뀐 후 하나님은 그들의 가정에 아들 이삭(웃음)을 약속하셨고, 이삭이 태어났다. 그 기쁨은 가정뿐 아니라 공동체 전체의 기쁨과 웃음으로 이어졌다. 비전을 가지면 눈물 나는 일이 많고 내 뜻대로 되지 않는 고통을 동반하지만, 그러나 그 끝에는 기쁨과 감사가 있다. 사람은 저마다 쓴웃음이 기쁨의 웃음으로 바뀌기까지 고통과 고난의 시간을 가진다. 그러나 비전의 사람은 마지막에 웃는다.

속이는 야곱에서 승리하는 이스라엘로 이름이 바뀌다

야곱의 이름이 이스라엘로 바뀐 것에 대해 성경은 이렇게 말한다. 가족을 앞서 보내고 얍복 나루에 홀로 있던 야곱에게 하나님은 낯선 사람으로 오셔서 야곱과 씨름하신다. 지금까지 평생을 반칙과 속임수로 복을 쟁취해 온 야곱(발뒤꿈치를 잡는 자)에게 하나님은 이스라엘이라는 새 이름을 주신다. "그가 이르되 네 이름을 다시는 야곱이라 부를 것이 아니요 이스라엘이라 부를 것이니 이는 네가 하나님과 및 사람들과 겨루어 이겼음이니라"(창 32:28). 야곱에서 이스라엘로 바뀐 이름 안에는 "하나님과 및 사람들과 겨루어 이겼음이니라"라는 아브라함과 맺은 '큰 민족'의 비전과 축복의 통로라는 의미가 담겨 있다. 사실 형 에서가 400여 명의 군사를 이끌고 야곱을 만나러 왔지만, 야곱이 이스라엘이라는 이름이 바뀌었을 때 '사람(형과 군사들)을 이겼다'라는 이름의 뜻을 알지 못했다. 야곱이 형 에서에게 550여 마리의 가축을 보내어서 형의 노여움을 푼 것이 아니라, 바뀐 이름에 그 승리의 비결이 있었다. 그래서 삶의 승패는 현장에 있는 것이 아니라 기도의 자리, 이름(비전) 안에 있다.

씨름에서 이겼다고 생각한 그때, 하나님은 그의 엉덩이뼈를 쳐서 야곱을 '절뚝거리는 이스라엘'로 만드셨다. 이것은 더는 남을 속이지 말고 이웃과 하나님 나라에 유익한 인생이 되라는 하나님의 은혜였다. 사도 바울도 '육체의 가시'로 세 번 기도하였지만, 하나님은 오히려 "내 은혜가 족하다"라고 말씀하셨다. 자기의 연약함이 도리어 강함이라는 것을 깨달은 사도 바울은 약할 때 곧 강함이라고 고백한다. 다윗도 시편 23편에서 자기를 사자나 독수리 같은 강한 동물에 비유하지 않고 연약한 양에 비유한 것은 약할 때 하나님의 은혜가 크기 때문이라는 것을 알았기 때문이다. 이것이 바로 '신의 한 수'이다. 인생은 강한 자가 승리하는 것처럼 보이지만, 약한 자가 승리한다. 왜냐하면, 강한 자는 교만으로 스스로 무너지기 때문이다.

비전의 길에서도 가장 위험한 것이 교만이다. 사도 바울은 이 교만병에 걸리지 않기 위해 스스로 '자기 몸을 쳐서 복종시켰다'(고전 9:27). 하나님은 '자기 부인'을 하지 못하는 야곱에게는 몸을 쳐서라도 절뚝거리게 하여 겨우 발을 맞추게 하셨다.

인생은 참 역설적이게도 부족하고 연약하여 인생의 밑바닥을 거닐 때 하나님의 긍휼하심으로 더 많은 복을 받는 경우가 많다. 야곱 역시 깨어지고 부서지면서 큰 민족, 이스라엘 나라가 되었다. 비전이라는 이름은 분명 진취적이고 강한 것 같지만, 비전을 품은 사람들 대부분은 연약하고 부족한 사람들이었다.

하나님의 역사는 고통스러워하며 힘겨워하는 사람에게 많이 일어난다. 이집트에서 노예 생활로 고통받는 이스라엘을 위해 10가지 큰 기적을 행하셨다. 그래서 인생은 패러독스이고 역설이다. 약함을 부끄러워하기보다 그 약함 속에 하나님의 손길을 느낄 수 있다.

하나님이 어떻게 일하시는지를 아는 사람은 하나님의 도우심을 늘 받는다. 연약할 때 다윗이나 사도 바울은 하나님의 은혜로 늘 승리하였다.

이것은 하나님이 역설로 일하시는 방법을 알았기 때문이다. 그러므로 겸손으로 나아가는 자는 승리한다. "그러나 더욱 큰 은혜를 주시나니 그러므로 일렀으되 하나님이 교만한 자를 물리치시고 겸손한 자에게 은혜를 주신다 하였느니라"(약 4:6).

예수라는 이름, 그 자체가 하나님의 비전

예수님은 태어나시기도 전에 하나님으로부터 '예수'라는 이름을 받으셨고, '임마누엘'(우리와 함께 계신다)이라는 별칭도 주어졌다. 예수라는 이름의 뜻은 '자기 백성을 죄에서 구원할 자'이며, 그 이름 그대로 구원의 길을 여셨다.

따라서 예수님의 이름이 비전이고, 비전이 곧 예수님 이름이다. 예수님은 어쩌면 이름 때문에 이 땅에 오셨고, 이름 때문에 사역하셨으며, 이름 때문에 십자가에 달려 죽으시고, 이름 때문에 부활하셨다. 그리고 이름 때문에 재림하실 것이다. 예수님은 이름 때문에 지금도 '임마누엘'의 하나님으로 우리와 함께하고 계신다.

요셉과 마리아조차 처음에는 이 이름 안에 담긴 하나님의 비전을 다 이해하지 못했다. 그러나 하나님의 지시대로 그 이름을 붙였고, 예수님은 그 이름대로 온 인류를 위한 구원의 사명을 완수하셨다. 이름은 단순한 표식이 아니라, 하나님의 뜻과 계획이 담긴 거룩한 비전 선언이다.

부모님이 부르는 이름 안에는 부모님의 소망과 의도가 있고, 하나님이 부르시는 이름에는 하나님의 소망과 목적이 있다. 하나님의 사람은 태어나기 전부터 하나님이 미리 알고 계셨으며, 하나님의 분명한 목적과 의도를 가지시고 부르신다(롬 11:29; 엡 1:4-5).

하나님은 매일 우리 각자의 이름을 조용히 부르시며, 사명과 정체성을 일깨우신다.

비전의 사람들: 하나님이 주신 비전을 따라간 사람들

당신은 생명을 걸 만한 꿈, 비전을 가졌는가?

이 질문은 단순한 동기부여가 아니라, 인생의 방향을 묻는 근본적인 질문이다. 누구나 인생을 살아가며 한 번쯤은 꿈을 꾸고, 그 꿈을 이루고자 노력한다. 그러나 어느 순간 우리는 그 꿈을 잃어버리고, 꿈 없이 살아가고 있다는 사실에 허탈해진다.

어릴 적 기억나는 TV 광고가 있다. 비행기를 가지고 놀던 아이는 조종사가 되고, 병원 놀이하던 아이는 간호사가 되며, 모래사장에서 자동차를 만들던 아이는 기술자가 된다. 그리고 마지막 장면, 우주선을 그리던 아이는 진짜 우주비행사가 되어 우주를 향해 날아간다. 광고는 이렇게 마무리된다. "꿈을 현실로!"

이 광고는 분명히 희망을 이야기한다. 꿈은 누구나 꾸고, 그 꿈은 현실이 될 수 있다는 메시지를 준다. '꿈은 꾸는 자에게 성취된다'는 이 단순한 동기부여는 지금도 많은 이들에게 힘이 된다.

하늘과 땅, 두 시민권을 가진 그리스도인

이 세상에서 진정으로 행복하게 사는 길은 무엇일까? 땅 위에서 살아가는 우리에게는 물질(돈), 권력(지위), 성(쾌락), 명예(명성, 인기)와 같은 것들이 행복의 조건처럼 보인다. 세상의 광고와 문화는 이것들이 인생의 목적이며 성공의 기준이라 말한다. 그러나 이것들만 가지면 진정 행복할 수 있을까?

그리스도인은 이 세상에 살면서도 이 세상에 속하지 않은 사람들이다. 바울은 이렇게 말한다. "그러나 우리의 시민권은 하늘에 있는지라"(빌 3:20). 이 말은 그리스도인이 땅의 국적과 하늘의 시민권이라는 '이중국적자'로 살아간다는 뜻이다. 땅에서는 "가이사의 것은 가이사에게, 하나님의 것은 하나님께"(마 22:21) 드리는 원칙에 따라 사회적·법적 책임을 다한다. 또한, 바울은 "각 사람은 위에 있는 권세들에게 복종하라"(롬 13:1)라고 하며, 세상의 권세에 대한 순종이 질서와 안정을 유지하는 데 중요하다고 말한다.

하지만 동시에 우리는 하늘나라 시민으로서 하나님과의 인격적 관계 속에 살아간다. 천국은 우리가 어떤 행위로 쟁취하는 소유물이 아니라, 하나님의 자녀로서 받는 '상속'이다. 예수님은 분명히 말씀하셨다. "내 아버지 집에 거할 곳이 많도다…내가 너희를 위하여 거처를 예비하러 가노니…내가 다시 와서 너희를 내게로 영접하리니"(요 14:2-3), "창세로부터 너희를 위하여 예비된 나라를 상속받으라"(마 25:34).

충돌하는 정체성, 그러나 하나의 비전

그리스도인은 두 세계 사이에서 살아간다. 이 때문에 때로는 법과 신앙, 사회적 요구와 신앙적 원칙이 충돌한다. 이런 긴장 속에서 우리는 정체성의 혼란을 경험한다. 하늘나라의 가치관을 따르려다 세상의 체계와 맞부딪히기도 하고, 반대로 세상의 삶에 몰두하다 하늘의 부르심을 잊기도 한다.

그러나 진정한 그리스도인은 이 둘 사이에서 균형을 잡으려 노력하는 자이다. 땅의 것에만 집착해 하늘의 신령한 것을 잃어버리는 어리석음을 경계하고, 또 반대로 현실을 무시한 채 천국만 바라보며 무책임하게 사는 신앙인의 오류도 피해야 한다. 그리스도인은 이중국적자로서 땅에서 충실하게 살되, 하늘의 비전을 품고 살아가는 자이다.

이 글에 등장하는 모든 인물이 바로 그런 사람들이다. 그들은 하나님의 뜻을 따라 세상에 파송된 자들로서, 땅 위에서 하늘의 비전을 따라 살아간 사람들이다. 행복은 세상적인 소유와 성취에만 있는 것이 아니다. 진정한 행복은 땅과 하늘 사이에서 하나님의 부르심에 따라 사는 삶, 곧 하나님께 속한 정체성을 잃지 않고 살아가는 데 있다.

1. 구약에서 찾은 비전의 사람들

아담과 하와: 하나님의 비전을 왜곡시키는 유혹

아담과 하와는 하나님의 형상대로 창조된 존재(창 1:26)로서, 땅을 다스리고 생육하고 번성하라는 비전을 받았다(창 1:28). 따라서 하나님과 친밀한 관계에서 창조 세계를 관리하고 다스리는 자가 되었다. 그러나 뱀은 하나님의 비전을 왜곡하여 하나님이 자유를 억압하는 것처럼 보이게 유혹한다. "하나님이 참으로 먹지 말라 하시더냐?"(창 3:1), "결코 죽지 아니하리라"(창 3:4), "너희가 그것을 먹는 날에는 너희 눈이 밝아져 하나님과 같이 되어 선악을 알 줄 하나님이 아심이니라"(창 3:5).

결과적으로 아담과 하와는 비전을 잃고 수치와 분열을 겪었다. 성적 수치심을 느끼고, 하나님과 분리되어 숨었으며, 약속에 대한 불순종의 책임에도 비난과 책임 전가에 바빴다.

비전을 병들게 하는 것은 유혹이다. 유혹은 거룩한 하나님의 비전을 강탈하였다. 하나님의 약속을 버리고, 스스로 비전을 만들려고 한 결과였다. 이것은 죄의 본질이며, 타락의 시작이었다.

무엇을 보아야 하는가?

비전은 '바라봄'이다. 그러나 역설적이게도, 보인다고 해서 다 보아야 하는 것은 아니다. 어떤 때는 눈을 감아야 비로소 진짜 비전이 보인다. 눈에 보이는 것들이 때로는 진리를 가린다.

성경은 보는 것으로 인해 넘어져 타락하고 만 인류의 비극을 에덴동산에서 보여준다. 하와는 간교한 뱀의 말을 들은 후, 선악과를 새롭게 보기 시작했다. "여자가 그 나무를 본즉 먹음직도 하고(육신의 정욕), 보암직도 하고(안목의 정욕), 지혜롭게 할 만큼 탐스럽기도 한 나무인지라"(창 3:6). 보는 순간 욕심이 피어나고, 두려워해야 할 나무가 갑자기 탐스러운 대상으로 바뀌었다.

눈에 보이는 유혹에 이끌려 선악과를 먹은 결과는 치명적이었다. 눈이 밝아졌다고 생각했지만, 그 결과는 부끄러움과 두려움이었다. 보는 것에서부터 죄가 시작되었다.

유혹은 시각으로부터 시작된다

사탄은 하와를 넘어뜨린 바로 그 방식으로 예수님도 시험하였다(마 4:1-11). 돌을 떡으로 만들어 보라는 '육신의 정욕', 성전 꼭대기에서 뛰어내려 인기를 얻으라는 '이생의 자랑', 세상의 영광을 보여주며 절을 요구하는 '안목의 정욕'은 모두 눈을 통로로 유혹하는 방식이다.

이 시험은 시대를 초월해 지금도 동일하게 반복되고 있다. 사도 요한은 말한다. "이는 세상에 있는 모든 것이 육신의 정욕과 안목의 정욕과 이생의 자랑이니 다 아버지께로부터 온 것이 아니요 세상으로부터 온 것이라"(요일 2:16).

육신의 정욕은 '느낌'을 자극하며 쾌락과 중독으로 사람을 이끈다. 안목의 정욕은 '소유'에 대한 욕망으로 물질과 명예를 부추기고, 이생의 자랑은 '자기중심'의 성공과 교만을 부추긴다.

이 모든 유혹은 우리의 시선을 흔든다. 따라서 무엇을 보는가, 무엇을 바라보는가가 비전을 결정한다.

비전은 눈에 보이지 않는 것을 보는 힘이다

아브라함은 아직 자기 소유가 아닌 가나안 땅을 바라보았다(창 13:14). 현실은 거주민이 가득한 땅이었지만, 그는 하나님의 약속을 따라 동서남북을 바라보았다. 에스겔은 절망의 포로 땅, 마른 뼈들이 가득한 골짜기에서 그 해골들이 살아나 하나님의 군대가 되는 비전을 보았다(겔 37장). 보이는 것은 절망이었지만, 보이지 않는 하나님 말씀의 능력은 희망이었다.

비전은 현실을 외면하는 것이 아니라, 현실 너머에 있는 하나님의 약속을 바라보는 영적인 시각이다. "이 비밀은 만세와 만대로부터 감추어졌던 것인데 이제는 그의 성도들에게 나타났고…이 비밀은 너희 안에 계신 그리스도시니 곧 영광의 소망이니라"(골 1:26-27).

비전을 가진 자는 보이는 것에는 눈을 감고, 보이지 않는 것에는 눈을 떠야 한다.

유혹을 이기는 비전의 시력

세상에는 끊임없이 시선을 흔드는 것들이 넘쳐난다. 아간은 보이는 외투와 금은에 넘어졌다. 엘리사의 종 게하시도 나아만의 예물에 시선을 빼앗겼다. 가룟 유다는 은전 30에 주님을 팔았고, 데마는 세상의 쾌락을 좇아 바울을 떠났다. 보인다고 해서 다 붙잡으면 안 된다. 보는 것에 실패한 자들의 결과는 처참했다.

그렇다면 어떻게 마귀의 전술을 이길 수 있는가?

첫째, 인지적 대처: 하나님의 말씀을 알아야 한다. 진리를 분별할 수 있는 지식이 필요하다.

둘째, 정서적 대처: 죄를 미워하시는 하나님의 마음을 느껴야 한다.

셋째, 의지적 결단: 하나님이 주신 비전과 사명에 결심하고 복종해야 한다.

"그런즉 너희는 하나님께 복종할지어다 마귀를 대적하라 그리하면 너희를 피하리라"(약 4:7). 눈을 감아야 비전이 보인다. 보이는 것은 비전이 아니고, 보이지 않는 것이 비전이다.

흔들리는 시대, 변치 않는 시선

밭을 가는 자가 움직이는 기준을 따라가면 고랑이 틀어지고 만다. 변하지 않는 기준, 하나님의 말씀에 시선을 고정해야 곧은 고랑을 만들 수 있다. 그렇게 뿌려진 씨앗은 30배, 60배, 100배의 결실로 이어진다.

비전은 눈에 보이는 현상에 압도되지 않는 것이다. 마귀는 여전히 유혹한다. 그러나 우리는 하나님의 비전을 따라 살아간다. 그 비전은 고통스러운 현실 가운데서도 참된 힘과 용기를 준다. 보이는 유혹에 눈을 감고, 보이지 않는 하나님의 나라에 눈을 뜰 때, 우리는 진정한 의미에서 비전을 가질 수 있다.

비전은 시선의 문제이며, 시선은 곧 삶의 방향이다. 무엇을 보는가에 따라, 무엇을 좇는가에 따라 인생은 달라진다. 세상의 흔들리는 유혹 앞에서 하나님의 말씀과 비전을 바라보며 걸어가야 한다. 눈에 보이지 않아도, 영원한 하나님의 약속은 반드시 이루어진다.

아브라함: 비전의 크기만큼 믿고 순종함으로 '믿음의 조상'이 되다

노아의 홍수 이후 인류는 자연의 두려움을 극복하고자 연합하여 바벨탑을 쌓는다. 이것은 단지 기술의 상징이 아니라, 자연을 정복하고 신의 영역까지 침범하려는 인간의 도전장이었다.

그러나 하나님은 언어를 혼잡하게 하심으로 그들을 온 땅에 흩으신다. 이에 따라 인간은 서로 다른 언어와 문화를 가진 민족들로 나뉘게 된다. 그중 가장 발달하고 찬란한 도시가 바로 갈대아인들이 통치한 바벨론이며, 그 중심도시인 '우르'는 달을 숭배하던 문명의 중심지였다.

그 우르 땅에서 하나님은 데라에게 가나안 땅으로 가라고 명령하신다. 데라는 가족을 이끌고 떠나지만, 도중에 풍요로운 목초지 하란에서 멈춘다. 그러나 하란 역시 달을 섬기던 우상숭배의 땅이었다. 하나님의 명령을 끝까지 따르지 못한 데라는 하란에서 205세의 생을 마감한다(창 11:31-32: 수 24:2). 가나안을 향한 여정은 중단되었고, 하나님의 약속은 이제 아브람에게로 넘어가게 된다.

하나님의 비전을 품은 자, 아브라함

하나님은 데라가 죽은 후 그의 아들 아브람에게 다시 말씀하신다. "너는 너의 고향과 친척과 아버지의 집을 떠나 내가 네게 보여줄 땅으로 가라"(창 12:1). 그리고 하나님은 그에게 다음과 같은 놀라운 약속을 주신다. "내가 너로 큰 민족을 이루고 네게 복을 주어 네 이름을 창대하게 하리니 너는 복이 될지라"(창 12:2).

이 약속은 단지 한 사람에게 주어진 개인적인 복이 아니었다. 하나님은 아브라함을 통해 한 민족을 세우고, 그 민족을 통해 온 인류를 구원하실 계획을 세우셨다. 아브라함의 부르심은 곧 하나님의 구원 역사에서 새로운 시작이었다. 하나님의 비전은 죄와 사망 가운데 있는 인류를 구원하여, 하나님의 나라 안에서 복되게 하려는 것이었다.

비전은 부르심이며, 순종은 곧 그 부르심에 대한 응답이다

아브라함은 하나님의 부르심에 순종함으로 믿음의 조상이 되었다. 그의 순종은 단순한 이동이나 결정이 아니었다. 그것은 철저한 결단이며, 믿음의 표현이었다. 그는 하란을 떠나야 했고, 안정된 삶을 버려야 했으며, 익숙한 문화와 신들을 뒤로해야 했다.

이처럼 아브라함의 순종은 하나님의 비전을 받아들이는 첫걸음이었다. 하나님의 뜻과 소원을 품고, 그의 손과 발이 되는 삶을 택한 것이다. 비전의 사람은 하나님의 마음에 반응하는 사람이다. 아브라함이 위대한 인생이 된 것은, 그가 대가를 감수하고 하나님의 큰 비전을 품었기 때문이다. "믿음으로 아브라함은 부르심을 받았을 때에 순종하여 장래의 유업으로 받을 땅에 나아갈새…이는 그가 하나님이 계획하시고 지으실 터가 있는 성을 바랐음이라"(히 11:8, 10).

순종의 길은 고난의 길, 그러나 가장 복된 길

아브라함의 여정은 결코 평탄하지 않았다. 가나안에 도착했지만 가뭄과 흉년을 겪었고, 자녀가 없어 깊은 갈등에 빠졌으며, 이집트에서 아내를 누이라고 속이며 생명의 위협을 겪기도 했다. 100세에 얻은 아들 이삭을 바쳐야 하는 순종의 시험도 있었다. 그러나 이 모든 과정은 하나님을 더욱 신뢰하게 만드는 훈련이었고, 믿음의 뿌리를 깊게 내리는 시간이기도 했다.

순종은 단순한 명령 수행이 아니라 하나님의 약속을 향한 믿음의 행위다. 아브라함은 이 믿음으로 세상과 영적으로 분리되었고, 새로운 민족의 뿌리가 되었으며, 결국 하나님 구원계획의 중심이 되었다. "이는 아브라함이 믿음의 조상이라…이는 아브라함이 하나님을 믿으매 그것이 그에게 의로 여겨졌느니라"(롬 4:16-17).

축복의 통로가 된 사람, 아브라함

아브라함은 단지 한 민족의 조상이 아니라, 믿음으로 의롭다 함을 얻는 모든 이들의 조상이 되었다. 그의 비전은 혈연에 국한되지 않고, 영적 유산이 되어 모든 믿는 자에게 전해졌다. 이제 아브라함의 비전은 오늘날 그리스도인들에게로 이어진다. 하나님의 비전을 품는 자는 누구든지 축복의 통로가 될 수 있다.

이제 누구든지 비전의 크기만큼 순종하고, 순종하는 깊이만큼 하나님은 그의 삶을 통해 일하신다. 하나님의 마음을 품는 순간, 비전은 우리를 이끌고, 변화시킨다. 결국 하나님은 세상을 축복하는 도구로 우리를 사용하신다.

아브라함의 이야기는 단지 먼 과거의 전설이 아니다. 그것은 오늘을 살아가는 우리 모두에게 주어진 하나님의 부르심이며, '비전'의 본질이 무엇인지 보여주는 가장 강력한 모델이다. 순종하는 자에게 하나님은 지금도 복이 되게 하시고, 복의 통로로 삼으신다.

모세: 하나님이 부르실 때는 이유가 있으며 그 이유가 바로 비전이다

성경에는 파란만장한 인생을 산 인물들이 즐비하다. 아브라함, 야곱, 룻, 다윗, 예레미야, 다니엘, 에스더, 세례 요한, 마리아, 베드로, 바울 등이 그러하며, 모세 역시 그 대표적인 인물 중 한 사람이다.

그는 태어날 때부터 죽음이 예정된 히브리인이었으나, 하나님의 섭리로 바로의 공주 아들로 입양되어 이집트 궁정에서 40년을 왕자처럼 살았다. 하지만 편안한 왕궁 생활을 마다하고 고난받는 동족을 불쌍히 여긴 그는, 히브리인을 때리던 이집트 군인을 죽이고 미디안 광야로 도망쳐야 했다. 그곳에서 무명의 양치기로 또 다른 40년을 살아간다. 인생의 황혼기를 맞은 80세의 노인 모세, 동족에게도 외면당하고, 이집트에서는 살인자, 미디안에서는 이방의 목자 신세로 전락한 이때, 하나님께서 그를 부르신다.

하나님의 타이밍은 인간의 타이밍과 다르다

하나님은 40세의 혈기 왕성한 모세가 아닌, 힘 빠진 80세의 모세를 택하셨다. 그 시점은 이스라엘 민족에게도 가장 절망적인 시간이었고, 고통의 신음 소리가 하늘까지 닿아 하나님의 귀에 들릴 때였다. 모세는 호렙산 떨기나무에 불이 붙었으나 타지 않는 신비한 광경을 목격하고 그 앞에 섰다. 하나님은 그곳에서 이스라엘 백성의 고통을 들으셨다고 말씀하시며 (출 3:7), 430년 동안 종살이하던 그들을 젖과 꿀이 흐르는 땅으로 인도하라는 비전을 주신다(출 3:10).

존 맥스웰은 《리더십 법칙》에서 '타이밍의 법칙'을 말한다. 첫째, 잘못된 시기에 취한 잘못된 행동은 재앙을 낳는다. 둘째, 잘못된 시기에 올바른 행동은 저항을 낳는다. 셋째, 적절한 시기에 잘못된 행동은 실수가 된다. 넷째, 적절한 시간에 올바른 행동은 성공을 낳는다.

하나님의 부르심은 바로 그 '적절한 시기'이다. 하나님은 지금이야말로 80세 모세가 일어나야 할 최적의 타이밍이라 보셨고, 그에게 비전을 맡기시며 함께 일하시기를 원하셨다.

신발을 벗으라: 사명의 태도와 자세

하나님은 모세에게 가장 먼저 "네 발에서 신을 벗으라"(출 3:5)라고 명하신다. 이는 단순한 예의 차원이 아니다. 신발은 인간의 능력과 권리를 상징하고, 맨발은 종의 신분을 뜻한다. 자유인은 신을 신지만, 종은 신을 벗고 주인을 기쁘게 하려고 존재한다. 즉, 신을 벗는 행위는 자신의 권리와 의지를 내려놓고 오직 하나님의 뜻에 순종하겠다는 전적인 헌신의 표현이다. 룻기에서도 신을 벗는 장면은 자기 권리의 포기를 의미한다.

하나님의 사역은 자기 뜻을 앞세우는 자가 아니라, 겸손히 자신을 내려놓고 주인의 뜻에 복종하는 자를 통해 이루어진다. 광야에서 신을 벗고 맨발로 걷는 것은 위험한 일이다. 그러나 그 위험 속에서도 하나님은 말씀하신다. "내가 반드시 너와 함께 있으리라"(출 3:12). 모세는 혼자 가지 않았다. 하나님의 부르심은 동시에 동행의 약속이기도 하다.

하나님이 일하신다: 내가 아닌, 하나님이 이루신다

모세의 80세라는 나이와 상황은 하나님의 일에 아무런 제약이 되지 않는다. 오히려 하나님은 우리의 무력함 속에서 그분의 전능하심을 드러내신다. 사도 바울도 갈라디아서 2장 20절에서 "내가 그리스도와 함께 십자가에 못 박혔나니…"라고 고백하며, 자신은 죽고 오직 주님의 뜻만이 살아 역사하도록 자신의 자아를 철저히 부인했다. 그는 날마다 자신을 쳐 복종시키며(고전 9:27), 실족하지 않기 위해 긴장하며 살았다(고전 15:31).

비전을 받은 자의 두려움은 당연하다. 그러나 하나님이 함께하시고 하나님이 이루실 일이라면 우리는 그저 순종할 뿐이다. 하나님의 비전은 우리가 할 수 있어서가 아니라, 하나님이 하실 수 있기 때문에 주어지는 것이다.

하나님의 부르심에는 후회도, 실수도 없다

하나님께서는 시간을 초월하시는 분이다. 그분은 알파와 오메가이시며, 부르심에는 실수도 후회도 없으시다(롬 11:29). 인간은 조건과 상황을 고려하지만, 하나님은 전능하시기에 그 부르심 자체가 가장 정확한 타이밍이 된다.

비전을 받는 데 있어 나이, 성별, 배경은 문제가 되지 않는다. 만약 지금 하나님의 부르심을 느낀다면, 지금이 바로 그 일에 착수해야 할 가장 적절한 때이다. 하나님의 부르심에는 반드시 목적이 있다. 그리고 그 목적은 하나님의 때에, 하나님의 방식으로, 하나님의 능력으로 반드시 이루어진다.

출애굽한 이스라엘 민족: 하나님의 언약에 담긴 비전

광야는 단순한 사막이 아니었다. 하나님께서 이스라엘 백성을 훈련시키고, 정결케 하며, 가나안 땅에 들어갈 준비를 시키는 거룩한 학교였다. 구름 기둥과 불기둥이 앞서갔고, 만나와 메추라기로 백성을 먹이셨으며, 하나님의 율법이 모세를 통해 주어졌다. 모든 여정은 목적지를 향해 나아가고 있었다. 그 목적지는 단지 땅이 아니라, 하나님의 백성으로 살아가는 새로운 삶의 방식이었다.

그러나 시간이 지나면서 그들의 마음은 하나님이 아니라 눈앞의 현실을 향했다. 갈증이 찾아오면 원망했고, 고기를 못 먹는다고 과거를 그리워했다. 그리고 결국, 금송아지를 만들고 그것을 자신들의 신이라 말하는 우상숭배로 나아갔다. 그 순간, 그들은 '여정의 안내서'를 잃어버렸다. 하나님께서 친히 주신 말씀, 그들의 삶을 이끌어갈 언약의 말씀은 더 이상 마음을 비추는 등불이 되지 못했다.

하나님의 '언약'에 담긴 하나님의 비전

하나님의 말씀, 곧 '언약'(약속)에는 하나님의 비전이 담겨 있다. 약속은 하나님이 주신 특정한 말씀이나 보장을 의미하며, 이는 하나님의 뜻이나 계획을 실현하기 위해 사람들에게 주신 확신과 위로의 메시지다.

약속은 하나님과의 신뢰 관계를 형성하고, 믿음의 토대가 된다. 그리스도인들은 하나님의 약속을 믿고 그에 따라 삶을 살아가며, 그 약속의 성취를 인내하며 기다린다.

반면, 비전은 하나님이 주시는 미래에 대한 통찰과 목적을 의미한다. 이는 개인이나 공동체가 걸어가야 할 방향성과 사명을 제시하며, 신앙의 성장과 삶의 목적을 이끄는 원동력이 된다. 이처럼 약속과 비전은 신앙 안에서 서로 보완적이며 긴밀한 관계를 맺고 있다. 약속은 신자에게 확신을 주고, 비전은 그 약속을 향한 여정의 방향을 제시한다.

하나님과 이스라엘: 언약의 맥락에서 본 비전

성경에서 '여호와'라는 이름이 7,020회, '하나님'은 4,068회, '이스라엘'은 2,068회 등장한다. 특히 '여호와'라는 이름은 언약적 관계를 강조할 때 자주 사용된다. 하나님은 이스라엘을 애굽에서 구출하시고 시내산에서 언약을 맺으셨다. "나는 너를 애굽 땅, 종 되었던 집에서 인도하여 낸 네 하나님 여호와니라"(출 20:2)라는 말씀은 언약 관계의 핵심을 잘 보여준다. 이 십계명은 언약 증서이며, 하나님은 이스라엘과의 언약을 통해 역사하셨다.

하나님은 자기 뜻을 마음대로 이루지 않으시고, 언약을 기준으로 행동하신다. 이스라엘 백성이 언약을 어길 때, 하나님은 선지자들을 보내어 언약을 상기시키고 회개를 촉구하셨다. "주 여호와께서는 자기의 비밀을 그 종 선지자들에게 보이지 아니하시고는 결코 행하심이 없으시리라"(암 3:7)라는 말씀은 하나님의 언약 중심적 행위의 성격을 분명히 보여준다. 구약에는 1,239번, 신약에는 578번 언약(또는 약속)이 기록되어 있다. 이는 성경 전체의 25% 이상이 하나님의 약속과 관련되어 있다는 것을 뜻하며, 약속은 성경의 중심축이다.

비전과 언약: 인생 여정의 안내서

존 번연의 《천로역정》은 약속과 비전의 관계를 상징적으로 보여주는 작품이다. 천성을 향해 나아가던 그리스도인은 옆길로 빠져 절망과 의심의 성에 갇히게 된다. 그곳에서 절망과 의심에 시달리던 그는 마침내 자기 안에서 '약속의 열쇠'를 발견하고 감옥에서 탈출하게 된다. 이는 신자가 고난과 혼란 속에서 하나님의 언약을 붙들 때에야 비로소 진정한 회복과 인생의 방향을 찾을 수 있다는 신앙적 진리를 담고 있다.

하나님의 언약 안에는 그리스도인이 걸어가야 할 길, 어떻게 살아야 하는지에 대한 인생 설명서가 담겨 있다. 누군가 "행복이 무엇이냐?"라고 묻는다면, 하나님 언약의 길을 묵묵히 걷는 그 자체가 행복이라고 말할 수 있다. 이 세상의 모든 다른 길은 결국 신기루일 뿐이다. 언약의 길만이 가장 평화롭고 안전한 길이다.

인생의 광야, 가이드를 잃어버리다

출애굽한 이스라엘은 자유를 얻었지만, 그 자유의 목적을 알지 못했다. 그들에게 애굽 종살이의 기억은 남았고, 하나님의 약속은 흐릿해졌다.

이스라엘 백성이 하나님의 비전에서 눈을 돌리자, 이스라엘은 언약(말씀)이 아닌 감정에 따라 움직였다. 홍해 앞 원망(출 14:11-12), 만나와 메추라기 불평(민 11:5; 출 16장), 금송아지로 신앙을 형상화한 이스라엘의 불안과 불신(출 32장), 가나안 정탐 후 언약의 불신(민 13-14장), 모세와 지도자들에 대한 끊임없는 반역이 있었다. 이것은 약속의 나침반을 잃어버린 자의 방황하는 모습이었다.

비전을 잃어버린 이유가 무엇일까? 육신은 나왔지만 마음은 여전히 애굽에 붙들려 있었던 노예근성, 구원의 목적을 잊고 당장의 생존에만 집중한 영적 망각 때문이었다. 말씀을 따라 살기보다는 눈에 보이는 현실에 갇혔으며, 하나님이 세우신 질서와 통로를 인정하지도 않았다. 그들의 머리에 출애굽의 기억은 있었지만, 마음은 여전히 애굽에 묶여 있었다.

언약의 안내서를 다시 붙잡다

그럼에도 하나님은 이스라엘을 포기하지 않으셨다. 모세를 통해 다시 율법을 새기게 하시고, 언약궤를 회복하게 하셨다. 그들이 다시 말씀 앞에 무릎 꿇고 광야 생활의 의미를 되새길 때, 하나님은 그들을 약속의 땅으로 인도하셨다.

그리고 그 말씀은 오늘날 우리에게도 같은 질문을 던진다. "너는 지금 어디로 가고 있는가?" 하나님의 말씀은 여정의 지도이며, 비전은 그 여정의 방향이고, 순종은 그 길을 걷는 발걸음이다.

하나님의 비전과 언약: 하나 됨의 실제

이러한 차원에서 비전과 언약은 동전의 양면처럼 불가분의 관계에 있다. 하나님의 비전은 우리가 걸어가야 할 길을 제시하고, 언약은 그 길을 안전하게 인도하는 안내자 역할을 한다. 언약이 천성으로 이어지듯, 비전도 하나님 나라와 연결되어 있다.

언약 백성은 하나님의 자녀이며 천국을 상속받듯, 비전 있는 인생도 하나님 나라에서 상급을 받는다. 언약은 비전을 실현하기 위한 지침서이자 보호막이며, 그 안에서 사는 삶은 하나님의 뜻을 이루는 길이 된다.

언약을 붙드는 삶, 비전으로 나아가는 여정

결론적으로, 비전과 언약은 하나님과의 관계 안에서 결코 분리될 수 없는 요소들이다. 하나님의 비전은 우리가 걸어가야 할 방향을 제시하며, 언약은 그 여정이 혼돈과 절망 속에서도 결코 흔들리지 않도록 붙잡아 주는 하나님의 손길이다. 언약을 따라 사는 삶이야말로 참된 평안과 행복을 주며, 그것이 바로 하나님 나라와 연결된 삶이다.

이스라엘이 광야에서 잃어버린 것은 단지 길이 아니라 비전이었다. 그리스도인도 신앙 여정 속에서 방향을 잃지 않으려면, 날마다 하나님의 언약 안에 담긴 목적과 비전을 붙잡아야 광야를 건널 수 있다.

여호수아: 비전은 뜬구름이 아니라 현실에서 살아내야 할 삶의 목표

하나님의 비전은 뜬구름이 아니다. 그것은 현실 속에서 살아내야 할 구체적인 삶의 목표이다. 많은 이들이 인생을 "살다 보니 살아지더라"라고 말하지만, 비전은 그렇게 수동적으로 살아지는 것이 아니다. 따라서 비전은 '사는 것'이 아니라 '살아내는 것'이다. 왜냐하면, 비전은 내 것이 아니라 하나님의 것이기 때문이다. 하나님의 비전은 삶을 동반한 사명이요, 현실에서 반드시 실현되어야 할 약속이다.

비전은 싸움이다

하나님의 비전은 미래를 위한 소망이지만, 그것이 성취되기 위해서는 철저히 현재에서 치열한 싸움을 감당해야 한다. 여호수아 18장을 보면, 실로에 성막이 세워지고 다섯 지파는 기업을 얻었지만, 일곱 지파는 여전히 자신의 기업을 얻지 못한 상태였다. 그들은 자신에게 주어진 땅을 정복할 의지조차 없이 안주하고 있었다.

이때 여호수아가 그들을 향해 꾸짖는다. "너희가 너희 조상의 하나님 여호와께서 너희에게 주신 땅을 점령하러 가기를 어느 때까지 지체하겠느냐"(수 18:3). 이는 "줘도 못 먹느냐?"라는 책망이다. 적극적으로 땅을 요구하고 정복해 나간 지파들과 달리, 나머지 일곱 지파는 정복을 미루고 있었다.

여호수아는 그들을 다그치지도 않았고, 대신해 주지도 않았다. 그는 각 지파에서 세 명씩 사람을 뽑아 측량하게 하고, 남은 땅을 일곱 구획으로 나누어 그림을 그려오게 했다. 즉, 그들의 마음속에 잠든 비전을 다시 일깨우기 위해 '눈으로 보는 구체적인 그림'을 그리게 한 것이다. 그림을 제출하자마자 여호수아는 실로에서 제비를 뽑아 남은 땅을 나누어 주었다. 약속의 땅은 하나님이 주신 선물이지만, 동시에 싸워서 정복해야 할 사명의 땅이었다.

비전은 은혜이자 책임이다

하나님의 은혜는 값없이 주어지는 선물이지만, 그 은혜는 결코 가벼운 것이 아니다. 하나님의 은혜에는 하나님의 열심과 희생 그리고 우리에게 향한 기대가 담겨 있다. 무사안일주의에 빠진 사람은 은혜를 값싼 것으로 오해한다. 그러나 하나님은 은혜를 베푸시기 위해 독생자 아들의 죽음을 감수하셨다.

예수님이 간음하다 붙잡힌 여인을 정죄하지 않으셨을 때, 그것은 죄를 무시한 것이 아니라 그 죄를 자기 죽음으로 대신하겠다는 선언이었다. "나도 너를 정죄하지 아니하노니 가서 다시는 죄를 범하지 말라 하시니라" (요 8:11). 이 말씀에는 사랑과 용서, 동시에 변화의 요구가 함께 담겨 있다. 은혜를 받은 자는 그 은혜의 무게를 감당해야 한다.

비전은 그림이다

비전을 현실로 실현하기 위해서는 먼저 그림을 그려야 한다. 하나님이 솔로몬에게 "네 소원이 무엇이냐?"(왕상 3:5)라고 물으셨을 때, 솔로몬은 하나님을 기쁘시게 하는 답변을 준비하고 있었다.

비전은 막연한 기대가 아니라 구체적인 설계도이다. 하나님의 약속의 땅을 실제로 소유하고 경작하기 위해서는 내가 어디에 살고, 무엇을 해야 할지를 명확히 그릴 수 있어야 한다. 꿈의 지도가 없으면 아무것도 실행할 수 없다. 그러나 꿈의 설계도가 준비되어 있다면, 그것은 이미 하나님께서 허락하신 약속을 향한 믿음의 실천이 시작되었다는 증거이다.

비전에는 대가가 따른다

하지만 꿈을 그렸다고 해서 그 꿈이 자동으로 이루어지는 것은 아니다. 여호수아는 그림을 제출받은 후 제비를 뽑았다. 결국, 그 결정권은 하나님께 있었다. 우리는 꿈을 꾸되, 그 꿈의 성취는 하나님께 맡겨야 한다. 그리고 그 땅이 나의 기업으로 결정되었다면, 이제는 목숨을 걸고 싸워야 한다.

비전은 치열한 전쟁을 동반한다. 그 싸움의 대상은 외부의 적이 아니라, 내 안의 게으름, 미움, 자존심, 죄이다. 하나님의 비전은 내면의 전쟁을 이겨낸 자에게 주어진다.

하나님은 사람의 중심을 보신다. "보라 이는 참으로 이스라엘 사람이라 그 속에 간사한 것이 없도다"(요 1:47). 결과보다 과정을, 성취보다 태도를 더 귀하게 여기신다. 그래서 비전은 정직하고 순전한 마음으로 이루어져야 한다.

비전은 현실 속 실천이다

비전은 언젠가 이루고 싶은 이상이 아니라, 오늘의 선택과 행동으로 이루어 가는 삶의 방향이다. 비전은 실천 없이 존재할 수 없다. "행함이 없는 믿음은 그 자체가 죽은 것"(약 2:17)이라는 말씀처럼, 행동하지 않는 비전은 공허한 몽상일 뿐이다. 하나님의 비전은 오늘의 삶 속에서 구체적으로 살아낼 때 비로소 현실이 된다. 그 길이 아무리 힘들고 험해도, 비전은 현실 속에서 살아내야 할 하나님의 부르심이다.

비전의 특징을 한마디로 요약하면 다음과 같다. 비전은 하나님의 뜻을 따라 현실 속에서 치열하게 살아내야 할 사명이며, 비전은 하나님이 주신 약속을 삶으로 살아내는 믿음의 여정이다.

다윗과 솔로몬: 꿈이 비전 되기까지 거치는 '하나님의 검증'

다윗은 하나님을 향해 큰 꿈을 꾸었다. 그는 편안한 왕궁에 거하면서 하나님이 천막에 거하시는 것이 죄송하고 불편하다고 느꼈다. 그래서 하나님을 위해 성전을 건축하려는 꿈을 품게 된다. 그러나 하나님은 다윗의 소원을 거절하시고 그 이유를 분명히 하셨다. 다윗은 전쟁터에서 너무 많은 피를 흘렸기 때문에 성전을 건축할 자격이 없다는 것이다.

그렇다면 다윗의 꿈은 실패한 것일까? 아니다. 하나님은 다윗에게 그의 꿈이 어떻게 비전으로 변화될 수 있는지를 보여주셨다. "너는 그 성전을 건축하지 못할 것이요 네 몸에서 낳을 네 아들 그가 내 이름을 위하여 성전을 건축하리라 하시더니"(왕상 8:19). 다윗은 자신의 꿈이 거절되었지만, 그 꿈이 아들에게 허락된 것을 알고, 성전 건축에 필요한 모든 자재를 '힘을 다하여' 준비했다(대상 29:2).

다윗의 시각: 숲을 보고 나무를 준비하다

다윗의 이러한 행동은 숲을 보는 사람의 행동이다. 꿈이 거절되었을 때도 그는 더 멀리 보고 나아가는 방식을 선택했다. 그가 비록 직접 성전을 건축하지 못하지만, 그는 그 꿈을 이루기 위한 기초를 다졌다. 다윗의 마음속에는 '하나님의 비전'이 자리 잡고 있었다. 그는 자기 세상의 기준과 목표를 초월하여, 하나님이 주신 비전이 어떻게 실현될지를 생각하며 행동했다.

솔로몬의 시각, 나무를 보고 숲을 준비하다

그리고 솔로몬은 다윗의 아들로서 아버지의 꿈을 이어받았다. 다윗이 이루지 못한 성전 건축을 그의 아들 솔로몬이 이루었다. 솔로몬은 아버지 다윗의 비전을 실현하기 위해 '하나님이 보여주신 설계와 모형'대로 성전의 기초를 놓고, 7년 6개월 만에 성전 건축을 완공했다(왕상 6:38). 사실, 성전 건축은 솔로몬 자신이 꾼 꿈이 아니라 아버지의 꿈을 물려받아 이루어진 일이었다. 다윗의 꿈이 솔로몬을 통해 성취된 것이다.

꿈이 하나님의 비전으로 변화되는 과정

꿈은 누구나 꿀 수 있다. 그러나 그 꿈이 하나님의 비전이 되기 위해서는 꿈꾸는 사람의 자격을 심사하고 검증 절차를 거쳐야 한다. 하나님은 꿈을 가진 사람에게 그 꿈이 자아의 야망이나 욕망으로 흐르지 않게 하려고 그 꿈을 다듬어가신다. 꿈이 하나님의 비전으로 변화될 때, 그것은 단순한 개인적인 성공을 넘어, 하나님의 계획을 이루는 중요한 부분이 된다.

다윗은 자신의 꿈이 거절되었지만, 그 꿈이 하나님의 비전으로 변화될 수 있는 길을 열었다. 그리고 그 길을 솔로몬이 걸으며, 그 꿈은 성전 건축이라는 거대한 실체로 나타났다. 이는 하나님이 우리에게 주신 꿈이 어떻게 우리의 한계를 넘어, 하나님의 뜻을 이루어 가는 길로 이어지는지 보여주는 중요한 교훈이다.

비전의 지속적인 실현

다윗과 솔로몬의 이야기는 비전이 어떻게 개인적인 꿈을 넘어서 하나님의 꿈을 이루는 중요한 부분이 될 수 있는지를 잘 보여준다. 두 사람의 이야기는 '꿈 너머 꿈(비전)'이다. 다윗의 꿈은 거절되었지만, 그는 그 꿈을 아들 솔로몬을 통해 하나님 나라의 비전으로 이끌었다. 하나님은 꿈을 이루는 사람의 마음을 정화하고, 그 꿈을 더 큰 비전으로 이끌어 가신다.

우리 또한 하나님께서 주신 꿈을 통해 비전의 사람으로 살아가야 한다. 때로는 우리가 꾼 꿈이 거절될 수 있다. 그러나 그것이 하나님의 비전으로 바뀔 기회임을 믿고 나아가는 자가 되어야 한다. 하나님께서 우리에게 주신 비전은 단지 개인의 성공을 위한 것이 아니라, 하나님 나라를 확장하고 그분의 뜻을 이루기 위한 중요한 도전이 될 것이다.

요시야 왕: 비전은 하나님의 말씀에서 찾을 때 안전하다

하나님의 비전을 찾는 과정에서 많은 사람이 체험이나 감동을 통해 비전을 찾았다고 말하는 경우가 있다. 물론, 체험이나 감동은 신앙생활에서 중요한 부분을 차지할 수 있다. 그러나 하나님의 비전은 무엇보다도 하나님의 말씀을 통해 찾아야 가장 안전하고 확실하다. 성경 속에서도 하나님의 말씀으로 비전을 찾은 인물들이 있다. 그중 요시야 왕의 이야기는 매우 중요한 교훈을 준다.

요시야 왕과 율법책의 발견

여덟 살의 나이에 왕위를 오른 요시야는 아버지 므낫세가 더럽히고 내버려 둔 성전을 보수하던 중 우연히 율법책을 발견하게 된다. 이 율법책을 읽은 요시야는 자신과 나라의 죄를 깨닫고 깊은 회개와 비통함을 경험한다. 요시야는 하나님의 심판을 피할 수 없다는 사실을 깨닫지만, 하나님은 그의 진심 어린 회개를 보시고 나라의 운명은 되돌릴 수 없지만, 의인을 악인과 함께 심판하지 않겠다고 약속하신다(왕하 22장).

이 사건은 단순히 한 왕의 회개와 변화가 아니라, 하나님의 말씀을 통해 나라의 운명이 달라질 수 있음을 보여준다. 요시야는 율법책을 통해 하나님의 뜻을 깨닫고 이를 백성들에게 전하며 종교개혁을 일으킨다. 요시야의 종교개혁은 성전과 예루살렘을 중심으로 시작되어 유다와 북이스라엘 전 지역으로 확산되었으며, 이는 놀라운 역사적 사건으로 기록된다(왕하 23장).

율법책이 전하는 하나님의 뜻

요시야 왕의 종교개혁에서 가장 중요한 부분은 하나님의 말씀인 율법책을 통해 그가 하나님의 뜻을 깨달았다는 점이다. 하나님의 뜻을 알게 되면 그 반응은 자연스럽게 회개와 순종으로 이어진다. "왕이 자기 처소에 서서 여호와 앞에서 언약을 세우되 마음을 다하고 목숨을 다하여 여호와를 순종하고 그의 계명과 법도와 율례를 지켜 이 책에 기록된 언약의 말씀을 이루리라 하고…"(대하 34:31-33).

이 구절에서 요시야는 하나님의 말씀을 깨달은 후 그것을 실행에 옮기겠다고 결단한다. 그의 순종은 단지 그의 개인적인 변화에 그치지 않고, 그의 나라와 백성들에게까지 영향을 미친다. 하나님의 비전은 단순히 개인적인 영적 체험이나 감동에 의존하는 것이 아니다. 비전은 하나님의 말씀, 즉 성경을 통해 명확하게 드러난다.

비전은 성경을 통해 발견된다

하나님의 비전은 TV나 유튜브(YouTube), 일반 서적 등을 통해 얻을 수 있는 것이 아니다. 많은 사람이 다양한 매체에서 비전을 찾으려 하지만, 진정한 비전은 이미 성경 안에 기록되어 있다. 성경을 읽고 묵상하는 가운데, 우리는 하나님의 마음이 담긴 구절을 만나게 된다. 그때 비로소 하나님의 뜻이 깨달아지고, 그 비전이 우리 삶에 적용되는 순간이 온다.

비전은 개인의 욕망이나 이기적인 목표를 넘어서, 하나님의 뜻과 마음을 깨닫는 것이다. 하나님의 비전은 때로 우리의 십자가를 짊어지는 것이기도 하며, 그 비전은 우리에게 사명을 부여한다. 하나님의 말씀을 통해 우리는 그 비전이 무엇인지 분명히 알게 된다. 그리고 그 비전은 우리를 하나님과 더 깊은 관계로 이끌며, 우리가 살아가는 목적을 명확하게 정의해 준다.

하나님의 비전을 따라 살아가는 삶

하나님의 비전은 우리의 욕망이나 감동을 넘어서 하나님의 말씀을 통해 드러난다. 비전을 찾으려면 우리는 먼저 성경을 깊이 묵상하고 하나님의 뜻을 이해해야 한다. 요시야와 같이 하나님의 말씀을 통해 비전을 깨달은 사람은 그 말씀을 따르며, 하나님의 뜻을 이루어 가는 삶을 살아간다. 하나님의 비전은 단순히 개인적인 꿈이나 목표가 아니다. 그것은 하나님의 뜻을 이루고 그분의 나라를 확장하는 데 필요한 사명이자, 우리가 짊어져야 할 십자가이다.

따라서 우리는 하나님과의 관계에서 비전을 찾아야 하며, 그 비전을 통해 하나님의 뜻을 이루어 가는 삶을 살아가야 한다. 하나님의 비전은 이미 성경에 기록되어 있다. 성경을 읽고 묵상하며, 하나님의 마음을 이해하고 그 뜻을 깨달은 사람만이 참된 비전을 찾을 수 있다.

느헤미야(1): 거룩한 부담감에서 비전이 탄생하다

비전을 가지기 전, 대부분 사람은 부담감을 먼저 느낀다. 같은 상황에서도 어떤 사람은 무관심하게 지나치지만, 어떤 사람은 책임감을 느끼며 자신의 할 일을 인식한다. 남들보다 한 가지 더 가진 것이 자신에게 부담감이 되지만, 잘 풀면 그것이 비전으로 변화된다.

일제강점기 때, "삼천리 반도 금수강산, 일하러 가세, 일하러 가"라는 찬송가의 가사처럼, 남들은 느끼지 못하는데 나만 홀로 느낀다면 그것은 나에게 주어진 하나님의 비전일 수 있다. 그래서 이 부담감은 비전을 찾도록 인도하시는 하나님의 신호일 수 있다.

비전의 특징: 불편함과 대가 지불

이 부담감은 비전이 가진 중요한 특징을 나타낸다. 비전은 불편하고 부담스럽기도 하다. 편안하게 잠자면서 비전을 받거나 성취했다는 말은 성경 어디에도 없다. 비전에는 반드시 따르는 대가가 있다. 비전은 대개 자기희생과 큰 노력, 그리고 때로는 고통을 요구하는 과정이다.

부담감이 비전이 된 인물들

부담감이 비전으로 변화한 성경의 인물들이 있다. 모세는 애굽에서 노예로 고통받는 백성을 보며 큰 부담감을 느꼈고, 그 부담감이 출애굽의 비전으로 이어졌다. 다윗은 골리앗이 하나님을 모욕하는 것을 보고 가만히 있을 수 없었다. 그 부담감은 그가 이스라엘 왕으로 부름을 받아 통일 이스라엘을 건설하는 비전으로 발전했다. 예수님도 죄로 인해 멸망하는 인류를 보시고 깊은 부담감을 느끼셨다. 그 부담감이 십자가를 지는 비전으로 완성되었다.

이 중에서도 부담감으로 가장 깊은 인상을 준 인물이 느헤미야이다. 느헤미야가 가진 부담감은 큰 감동을 준다. 느헤미야는 페르시아 수산 궁의 술 맡은 관원이었다. 어느 날, 예루살렘에서 조카 하나니가 찾아와 예루살렘의 비참한 상황을 전했다. 그 소식을 들은 느헤미야는 슬퍼하며 울기 시작했다. 예루살렘에 있는 동족의 고통이 느헤미야에게 전해졌고, 이는 거룩한 부담감으로 변했다. 이 부담감은 곧 예루살렘 성벽 재건의 의지로 불타오르며, 하나님이 주신 비전으로 이어졌다.

부담감이 비전으로 이어지는 증거

느헤미야가 예루살렘으로 건너갈 때 모든 일이 순조롭게 풀리자, 그는 이 일이 하나님의 역사임을 깨달았다. 성벽 재건의 과정에서 기적이 일어나며, 결국 52일 만에 성벽이 완공되었다. 어려운 환경 속에서도 하나님의 비전을 공유한 백성들의 협력으로 이루어진 이 일은 하나님의 큰 역사였다.

느헤미야는 자신의 부담감이 단순한 감정이 아니라 하나님이 주신 '거룩한 부담감'임을 깨닫게 되었다. 하나님의 비전은 단지 개인적인 감정에서 출발하는 것이 아니라, 하나님이 주신 목적을 실현하기 위한 힘이 되어 간다.

일상의 사소한 일 속에서도 다른 사람들이 느끼지 못하는 거룩한 부담감을 느끼는 순간, 그것은 나에게 주어진 하나님의 비전일 수 있다. 비전은 신비한 기적이나 체험에서만 찾을 수 있는 것이 아니다. 때로는 평범한 일상생활 속에서, 힘들어하고 고통스러워하는 사람들 속에서 비전이 발견된다.

거룩한 부담감을 느끼는 준비된 자

중요한 것은, 먼저 하나님의 마음으로 준비된 자만이 '거룩한 부담감'을 느낄 수 있다는 것이다. 하나님의 마음으로 준비된 자는 자신에게 주어진 부담감을 단순히 고통으로만 받아들이지 않는다. 그 부담감은 곧 하나님의 뜻을 이루는 도전이자 기회가 된다. 그런 사람은 하나님이 주신 비전을 실현하기 위한 준비가 되어 있다.

이처럼 거룩한 부담감은 비전을 향해 나아가는 첫걸음이다. 그것이 비전으로 변화될 때, 하나님은 그 사람을 통해 놀라운 역사를 이루신다.

느헤미야(2): 비전은 목표 달성이 아니라 목표를 향해 나아가는 원동력

많은 사람이 비전을 자신의 목표로 이해하고, 목표를 성취하면 비전도 끝난다고 생각한다. 그러나 비전은 단지 하나의 목표가 아니라, 목표를 달성하고 또 다른 목표를 향해 나아가는 원동력이다. 비전은 한 번의 성취로 끝나는 것이 아니라, 계속해서 목표들을 연결해 가며 이끌어가는 힘이기 때문이다.

느헤미야의 비전과 목표

이러한 관점을 잘 보여주는 인물이 느헤미야이다. 느헤미야는 페르시아 왕의 술 맡은 관원이었지만, 예루살렘의 처참한 상황을 듣고 금식하며 기도하는 가운데 예루살렘 성벽 재건이라는 비전을 품게 된다. 이 비전은 단기적인 목표를 넘어서, 지속적으로 추진해야 하는 연속적인 목표들을 포함하고 있었다.

1차 목표는 아닥사스다 왕에게 예루살렘 성벽 재건을 허락받는 것이었다(느 2:5). 왕의 허락을 받으려면 명확한 계획과 설득이 필요했다. 이 목표를 성취한 후, 2차 목표는 예루살렘으로 가는 길에 필요한 통행증을 받고, 성벽 재건에 필요한 목재까지 왕에게 요구하여 허락받는 일이었다(느 2:8).

3차 목표는 예루살렘에 도착하여 백성들과 일치단결하여 성벽을 52일 만에 완공하는 일이었다. 많은 사람이 느헤미야가 성벽을 재건하는 것이 비전의 성취라고 생각할 수 있다. 그러나 느헤미야는 여기에서 그치지 않았다. 그는 4차 목표를 세운다. 바로 성벽을 지키기 위해 지도자들을 예루살렘으로 이주시킨 것과 제비뽑기를 통해 10분의 1의 인구를 이주시키는 일이었다(느 11-13장). 성벽을 재건하는 것보다 더 중요한 일은 그것을 유지하고 관리하는 일이었기 때문이다.

목표는 지속적으로 이어지는 비전의 일부

느헤미야는 5차 목표로 성벽을 재건한 백성들의 무너진 영적 성벽을 재건하는 일을 시작한다. 그는 에스라를 통해 백성들에게 영적 대각성운동을 일으키며, 그들의 마음을 회복시키는 작업을 진행한다. 이를 통해 느헤미야의 비전은 단순히 물리적 성벽의 재건을 넘어서, 영적 회복까지 포괄하는 큰 그림을 그린다.

6차 목표는 예루살렘 성전과 성벽을 정치적으로 개혁하여 참된 하나님의 성전으로 만들겠다는 계획이었다. 느헤미야의 비전은 계속해서 목표를 향해 나아가며 성취되는 과정으로 이어졌다. 만약 느헤미야서가 더많이 기록되었다면, 그의 비전은 계속해서 목표를 달성하며 나아가는 이야기로 가득했을 것이다.

비전은 목표를 추진하는 원동력

이처럼 느헤미야는 끊임없이 목표를 설정하고 성취하며, 비전이 그 목표들을 이끌어가는 원동력으로 작용했다. 비전은 단순한 목표 설정이 아니라, 목표를 이루어 나가는 추진력이다. 목표는 비전의 결과가 아니라, 비전을 이루기 위한 과정 중 하나에 불과하다. 비전은 목표들이 단지 성취되는 것이 아니라, 그 목표들을 통합하여 하나의 큰 방향으로 나아가게 하는 힘이다.

비전은 계속 이어지는 목표의 힘

비전은 목표 그 자체가 아니다. 비전은 목표들을 잇는 힘이며, 목표를 이루기 위한 원동력이다. 목표를 달성하고 나서 멈추는 것이 아니라, 비전은 새로운 목표를 향해 계속해서 나아가게 만든다. 느헤미야의 이야기는 비전이 어떻게 목표들을 하나로 연결하여, 지속적으로 추진하는 힘이 되는지를 잘 보여준다. 따라서 비전은 단회적인 목표 성취를 넘어, 그 목표를 이루기 위한 계속되는 과정이자, 우리가 앞으로 나아갈 방향을 제시하는 원동력이다.

요나: 하나님이 주신 비전과 끝까지 충돌하다

하나님의 비전은 때로 우리에게 축복처럼 다가오지만, 때로는 감당하기 어려운 고통으로 느껴질 수 있다. 요나의 이야기는 하나님의 뜻과 인간의 자기중심적 가치관이 충돌할 때 어떤 일이 벌어지는지를 보여주는 대표적인 사례다.

하나님은 요나에게 앗수르의 수도 니느웨로 가서 회개를 선포하라고 명령하셨지만, 요나는 이를 거부하고 정반대 방향인 다시스로 도망쳤다.

도망치는 요나: 하나님의 비전과 인간의 회피

요나는 이방 민족, 그것도 이스라엘의 원수인 니느웨가 구원받는 것을 원치 않았다. 그는 하나님의 명령을 정면으로 거부하고 배를 타고 다시스로 향했다. 하지만 하나님은 그를 포기하지 않으셨다. 요나가 탄 배에 폭풍이 몰아치자, 선장과 선원들은 환경이 아니라 사람에게 원인이 있음을 깨닫고 제비뽑기를 시행했고, 그 결과 요나가 뽑혔다. 요나는 자신의 불순종을 고백하였다. "자기가 여호와의 얼굴을 피함인 줄을 그들에게 말하였으므로 무리가 알고 심히 두려워하여"(욘 1:10).

결국, 요나는 바다에 던져졌고, 풍랑은 잔잔해졌다. 이 기적 앞에서 이방인 선장과 선원들은 여호와께 경외심을 품고 예배를 드린다. 이 장면은 요나가 원치 않았던 하나님의 구원 메시지가 이미 이방인에게 임하고 있음을 보여준다.

물고기 배 속의 회개: 항복하는 요나

하나님은 미리 준비한 큰 물고기로 요나를 삼키게 하셨고, 요나는 그 배 속에서 3일 밤낮을 지내며 고통 가운데 "구원은 여호와께 속하였나이다"(욘 2:9)라는 고백을 드린다. 이것은 단순한 절망의 표현이 아니라, 완전한 항복과 회개의 상징이다.

하나님은 이 고백을 들으시고 요나를 육지에 토하게 하신다. 물고기 배 속에서도 회개의 기적이 일어난다. 그러나 요나의 회개는 오직 고난의 순간을 모면하기 위한 일시적 항복이었고, 마음의 중심은 여전히 자기주장을 고수하고 있었다.

니느웨의 회개: 요나가 모르는 복음의 확산

하나님은 두 번째로 요나에게 니느웨로 가라고 말씀하신다. 요나는 마지못해 니느웨로 향했고, 성읍을 한 바퀴 도는 데에 3일이 걸리는 대도시에서 겨우 하루만 돌며 "40일이 지나면 니느웨가 무너지리라"라는 선언만 반복한다. 회개하라는 촉구도, 하나님의 긍휼도 담기지 않은 메시지였다. 물고기 배 속 지옥이나 악독이 가득한 니느웨에서의 두려움이나 상황은 비슷하다. 멸망을 외치는 요나는 이미 죽은 목숨이었다.

그런데 놀랍게도 니느웨 사람들은 요나의 말을 듣고 온 민족이 베옷을 입고 금식하며 회개한다. 이는 단순히 요나의 선포 때문만은 아니다. 앞서 요나를 태운 화물선의 선장과 선원들이 살아 돌아와 니느웨에서 요나와 하나님의 이야기를 전했을 것이다. 따라서 니느웨에는 '요나의 하나님'에 대한 경외심이 퍼져 있었다고 추측된다. 그때 요나가 다시 나타나 동일한 하나님의 심판을 선포하자, 폭풍을 이끌고 배를 깨뜨리시는 하나님이 니느웨도 심판하실 거라는 두려움에 회개한 것이다.

요나의 분노와 하나님의 인내

니느웨의 회개를 본 요나는 기뻐하지 않았다. 오히려 그는 니느웨의 회개가 일시적이라며 불신했고, 하나님의 용서를 이해하지 못한 채 성 밖의 산에 올라 니느웨의 멸망을 기다린다.

하나님은 요나를 위해 박넝쿨을 자라게 하여 그늘을 주시고, 다시 벌레를 보내 그것을 시들게 하심으로 요나의 불합리한 분노를 지적하신다. "하물며 이 큰 성읍 니느웨에는 좌우를 분변하지 못하는 자가 십이만여 명이요 가축도 많이 있나니 내가 어찌 아끼지 아니하겠느냐"(욘 4:11). 이 말씀은 인간의 편협한 민족주의와 자기중심주의를 넘어, 하나님의 보편적인 자비와 긍휼을 보여주는 복음의 정수다.

요나, 그리고 오늘의 그리스도인

요나는 하나님의 사람임에도 불구하고 하나님의 마음을 이해하지 못한 채 자신의 고집과 민족적 감정에 갇혀 있었다. 오늘날 우리 그리스도인도 종종 이와 비슷하다. 비전을 받았음에도 그것이 자신의 기대와 다를 때 도망치거나 억지로 순종하지만, 마음은 끝내 닫혀 있는 경우가 있다. '하나님의 뜻보다 내 생각이 앞설 때, 하나님과의 충돌은 불가피하다.'

누가복음 15장에 나오는 두 아들, 집을 나간 탕자와 집 안에 머무른 큰아들은 요나와 닮아 있다. 전자는 하나님을 떠났다가 돌아오고, 후자는 아버지 곁에 있으면서도 끝내 그 마음을 몰랐다. 요나는 그 두 아들의 그림자를 동시에 지닌다. 그는 하나님 앞에 있지만, 하나님의 마음에서 멀어져 있었다.

비전은 하나님의 심정이고, 그 심정을 따르는 길이다

비전은 단순한 과업이 아니라 하나님의 마음이 담긴 부르심이다. 이 부르심을 따라 살기 위해서는 먼저 '나'를 내려놓아야 한다. 자기주장을 고집한 채 비전을 따라가려 한다면, 요나처럼 하나님의 뜻과 충돌할 수밖에 없다.

요나를 반면교사 삼아, 오늘 우리는 하나님의 마음을 배우고, 그분의 비전을 순종함으로 받아들이는 삶으로 나아가야 할 것이다.

고라 자손: 목마른 심정으로 '예배 회복'을 꿈꾸다

"하나님이여 사슴이 시냇물을 찾기에 갈급함같이 내 영혼이 주를 찾기에 갈급하나이다"(시 42:1). 어두운 시대, 희망이 보이지 않던 시기. 성전은 멀었고, 하나님의 임재는 느껴지지 않았다. 고라 자손, 그들은 한때 성막에서 찬양과 예배를 섬기던 레위인의 후손이었다. "내가 전에 성일을 지키는 무리와 동행하여…그들을 하나님의 집으로 인도하였더니…"(시 42:4).

그러나 지금은 예루살렘 성전에서 떨어진 땅에서, 탄식과 함께 하나님을 부르고 있다. "사람들이 종일 내게 하는 말이 네 하나님이 어디 있느뇨 하오니…"(시 42:3). 마음이 약해진 그들의 입술에서 나온 고백은 곧 한 편의 기도, 절규 그리고 소망이었다. "내 눈물이 주야로 내 음식이 되었도다"(시 42:3).

그리고 이 갈급함은 단순한 감정의 동요가 아니라, 비전을 향한 영적 본능이었다. 예배를 잃은 자만이 예배의 가치를 안다. "내 영혼이 하나님 곧 살아 계시는 하나님을 갈망하나니…"(시 42:2).

갈급함은 하나님의 비전을 향한 영혼의 감각이다

비전은 단지 목표나 계획이 아니다. 비전은 하나님께서 우리 영혼 안에 주시는 거룩한 불씨이다. 그리고 그 불씨는 언제나 갈급한 심령 안에서 타오른다.

고라 자손은 성소에서 분리된 상황 속에서도 여전히 하나님의 임재를 갈망했다. 이 갈망은 그들을 무너지게 하지 않았고, 오히려 비전의 깊이를 더하게 했다. 하나님이 지금 어디 계신지, 왜 나를 이 자리에 두셨는지 묻는 그 순간, 그들은 더 이상 환경에 의존하는 예배자가 아니라, 내면에서부터 하나님을 찾는 영적 순례자가 되었다.

비전은 외적인 정보보다 내적인 갈망에서 시작된다. 그리고 이 갈망이 클수록, 하나님은 더 분명한 비전으로 응답하신다. 비전을 잃어버린 자리에서 더 깊은 비전이 태어난다.

갈급함은 하나님의 뜻을 분별하게 한다

고라 자손은 과거에 하나님의 집에서 섬기던 특권을 누렸다. 그러나 지금은 그것을 잃은 자리에서, 오히려 하나님의 임재에 대한 깊은 사모함을 고백한다. "내 영혼아 네가 어찌하여 낙심하며 어찌하여 내 속에서 불안해하는가 너는 하나님께 소망을 두라 그가 나타나 도우심으로 말미암아 내가 여전히 찬송하리로다"(시 42:5). 여기서 보이는 중요한 영적 흐름은 이것이다. '갈급함 → 낙심 → 묵상 → 소망 → 찬송 → 비전의 회복'이다.

하나님의 비전은 항상 어떤 일을 행하라는 명령이 아니라, 먼저 하나님을 향해 돌아서라는 부르심에서 시작된다. 비전은 먼저 하나님 자신에 대한 갈망으로 점화되고, 그다음에야 사명을 위한 구체적인 방향으로 이어진다.

고라 자손의 비전은 예배 회복, 임재 회복의 중심

시편 84편에서도 고라 자손은 이렇게 고백한다. "주의 궁정에서의 한 날이 다른 곳에서의 천 날보다 나은즉 악인의 장막에 사는 것보다 내 하나님의 성전 문지기로 있는 것이 좋사오니"(시 84:10). 이것은 단지 성전 복귀의 감상이 아니다. 그들은 예배 회복을 넘어, 하나님과의 관계 회복을 꿈꾸고 있었다. 그것이 바로 그들의 비전이었다.

비전은 하나님의 임재와 동행을 향한 갈망에서 시작된다. 고라 자손은 단절과 조롱의 시간을 지나면서, 단지 찬양이 아니라 하나님의 임재 자체를 갈망하는 자들이 되었다.

갈급함에서 나오는 비전의 실현

사람의 가장 큰 결핍은 하나님과의 관계에서의 단절이다. 고라 자손이 겪었던 가장 큰 고통은 고난 중에 하나님을 뵐 수 없는 단절감이었다. 이처럼 갈급한 심정은 우리의 삶에서 무엇인가를 간절히 원하거나 이루고 싶은 강한 마음에서 비롯된다. 이는 현재의 부족함이나 불안, 열망에서 비롯되며, 이러한 갈급함이 바로 비전의 씨앗이 된다.

갈급한 심정은 비전을 구체화하고 이를 실현하기 위한 동기와 계획으로 이어진다. 하나님은 우리가 비전을 구할 때, 우리의 심정을 아시고 그 비전을 성취할 수 있도록 돕기 위해 은혜를 베푸신다.

결국, 비전은 갈급한 심정에서 시작된다. 하나님은 비전을 구하는 자에게 그 비전을 주시며, 그 비전이 삶에 의미를 더할 수 있도록 도우신다. 하나님의 뜻에 맞는 비전은 우리의 삶을 인도하고, 하나님께서 주신 은혜와 능력으로 이를 실현해 나갈 수 있다. 갈급한 심정으로 비전을 찾고 구하는 사람에게 하나님은 그 비전을 주시며, 그 과정에서 하나님의 뜻이 이루어지도록 이끄신다.

고라 자손의 찬송은 고통에서 피어난 예배였고, 그들의 갈급함은 비전을 향한 영혼의 응답이었다. 하나님은 지금도 갈급한 자를 찾으신다. 목마른 사슴처럼, 진리의 시냇물을 찾아 헤매는 이에게 하나님은 반드시 말씀과 비전으로 응답하신다.

에스겔: 절망의 끝에서 하나님의 비전을 보다

에스겔은 하나님의 손에 이끌려 영으로 마른 뼈들로 가득한 골짜기에 이른다. 그리고 그곳에서 에스겔은 비전이 사라진 땅을 본다. 뼈들은 심히 말라 있었고, 생명의 가능성이 전혀 없어 보였다. 하나님은 에스겔에게 "이 뼈들이 능히 살겠느냐?"라고 물으셨다. 에스겔은 "주께서 아시나이다" 하며 겸손히 대답하였다.

하나님은 에스겔 선지자에게 말씀을 대언하라 하시고, 그가 말씀을 선포하자 뼈들이 움직이고, 힘줄과 살과 가죽이 덮이며, 마침내 생기(루아흐, 하나님의 영)가 들어가 살아나 큰 군대가 되었다. 이 환상은 바벨론 포로로 끌려간 이스라엘 민족의 회복에 대한 예언이지만, 동시에 절망에 빠진 하나님의 백성들에게 주시는 비전의 메시지이다.

비전이 사라진 땅, 비전은 인간의 조건이 아니라 하나님의 약속에서 시작된다

"아주 말랐더라"라는 말씀은 완전한 죽음 상태이다. 희망이 없고, 회복 가능성도 없어 보이는 영적 폐허를 상징한다. 이것은 비전 없는 상태, 하나님과의 관계가 단절된 상태이다.

말씀과 성령의 결합

"생기야 사방에서부터 와서 불어서 살아나게 하라"라는 말씀은 단순히 형태만 갖춘 존재가 아니라, 하나님의 숨(루아흐, 성령)이 들어가야 생명이 된다는 것이다. 말씀을 선포하고, 성령이 임할 때 비전이 실제가 된다. 따라서 말씀 없는 성령은 환상에 불과하고, 성령 없는 말씀은 껍데기에 불과하다. 말씀과 영이 함께할 때, 죽은 뼈도 하나님의 군대가 된다.

회복을 넘어 부르심으로

"극히 큰 군대더라"라는 말씀은 마른 뼈에서 살아나는 것은 단지 죽음에서 살아나는 수준이 아니라, '하나님의 군대'로 일어나는 정체성의 회복임을 나타낸다. 이것은 생존이 아니라 사명과 비전을 가진 존재로 다시 세워지는 것이다. 그러므로 비전은 단순한 회복이 아니라 사명을 향한 재탄생이다.

에스겔은 하나님의 영에 이끌려, 인간의 눈이 아니라 하나님의 관점으로 그 상황을 보게 되었다. 마른 뼈는 죽음과 끝이 아니라, 하나님의 말씀과 생기가 임할 때 살아날 가능성이 되었다. 인간 눈엔 불가능하지만, 하나님의 비전은 가능성으로 시작된다.

오늘날 그리스도인에게 주시는 비전

지금 아무리 마른 뼈 같은 현실일지라도, 하나님의 비전은 죽지 않았다. 지금도 말씀과 성령은 마른 뼈를 일으켜 세우신다. 하나님은 단지 '살게 하시는' 분이 아니라, '사명을 위해 살게 하시는' 분이다. 비전은 뼈가 살아나는 소리에서 시작된다. 말씀과 성령이 함께할 때, 절망의 골짜기가 하나님의 군대가 일어나는 전장이 된다.

다니엘과 세 친구: 비전은 고난을 부른다

신앙의 이유가 만사형통이라면, 이는 기복주의 신앙이다. 참된 신앙은 오히려 더 큰 고난을 감수하는 삶이다. 특히 비전을 품은 사람에게는 그 비전의 크기만큼 대가 지불의 무게도 커진다. 성경은 이를 반복적으로 증언한다.

바벨론에 포로로 끌려간 다니엘과 세 친구는 그 대표적 예다. 지혜와 총명으로 왕에게 인정받았지만, 이를 시기한 관리들은 이들을 무너뜨릴 기회를 노렸다. 느부갓네살 왕이 꾼 꿈은 하나님의 명백한 계시였으나 그는 이를 깨닫지 못하고 오히려 자신을 드러내기 위해 거대한 황금 신상을 세운다. 높이 27m, 너비 2.7m에 달하는 우상 앞에 모두 절하게 함으로써 충성을 강요했다(단 3:1-12).

그러나 사드락, 메삭, 아벳느고는 우상에게 절하지 않았다. 과거 왕의 음식조차 거절했던 그들은 이번에도 같은 결단을 내렸다. 왕의 분노는 극에 달했지만, 그들의 대답은 흔들림 없었다. "왕이여 우리가 섬기는 하나님이 계시다면 우리를 맹렬히 타는 풀무불 가운데에서 능히 건져내시겠고…그렇게 하지 아니하실지라도…절하지도 아니할 줄을 아옵소서"(단 3:17-18)

이들은 포로 신분이었지만, 하나님 앞에서 우상에게 무릎 꿇는 일이 조상의 실패를 반복하는 것임을 알고 있었다. 믿음을 지킨다는 것은 고난을 감수한다는 것이며, 그 고난은 오히려 하나님의 절대주권에 대한 신뢰를 드러낸다.

비전의 길은 고난의 길이다

하나님의 말씀대로, 믿음대로, 비전대로 살면 더 많은 고난이 찾아온다. 예수께서도 말씀하셨다. "세상이 너희를 미워하면 너희보다 먼저 나를 미워한 줄을 알라"(요 15:18).

비전 있는 삶은 마치 불 속을 걷는 삶이다. 고난은 비전을 불태워 현실로 만드는 도가니이며, 그 속에서 사람은 순결한 믿음으로 단련된다. 사도 바울은 이방인을 향한 복음 전파의 사명을 위해 자신의 인생을 불꽃처럼 태웠다. 그는 '예수의 흔적'을 자기 몸에 지닌 자였다. "내 몸에 예수의 흔적을 지니고 있노라"(갈 6:17).

이는 그저 고난의 상처가 아니라, 예수님을 위해 산 삶의 증거이며 자랑이다. 복음을 위해 흘린 피와 눈물은 그에게 있어 훈장이었고, 의인이 믿음으로 사는 삶의 방식을 보여주는 표지였다(딤후 1:8; 롬 1:16-17).

야성을 잃지 말라

호랑이가 아무리 사나워도 철창에 갇혀 사육되면 더 이상 맹수가 아니다. 주는 먹이를 받아먹으며 야성을 잃은 모습은 경건의 모양만 있고 능력은 부정하는 그리스도인의 모습과 닮았다. 맹수는 배가 고파야 울부짖고, 발톱을 드러낸다. 배고픔은 호랑이를 호랑이답게 만든다.

비전도 마찬가지다. 편안함에 길든 삶은 결코 비전을 낳지 못한다. 사도 바울은 생명의 위협을 무릅쓰고 복음의 푯대를 향해 전진했다. 그는 고난 속에서 상처 입은 몸으로 하늘의 부르심을 따라 올라가 결국, 그 푯대만큼 높은 사람이 되었다. 비전은 바라보는 만큼 사람을 끌어올리고, 품은 만큼 인생을 확장시킨다.

고난은 비전의 증거다

비전은 가벼운 꿈이나 몽상이 아니다. 현실에 뿌리내리기 위해선 반드시 대가가 필요하다. 고난은 그 대가이며, 그로 인해 믿음은 더욱 정련된다. 하나님은 모든 고난조차도 선으로 바꾸신다. "하나님을 사랑하는 자 곧 그의 뜻대로 부르심을 입은 자들에게는 모든 것이 합력하여 선을 이루느니라"(롬 8:28).

고난은 피하고 싶은 것이지만, 비전 때문에 당하는 고난은 오히려 축복이 된다. 그것은 인내를 낳고, 강인함을 길러내며, 하나님과의 관계를 더욱 분명히 비추어 준다. 고난은 당연하게 여겼던 것들의 소중함을 일깨우고, 작은 일에 감사하는 마음을 회복시킨다.

맺으며

비전은 삶을 불태우는 것이다. 고난은 그 불쏘시개다. 그래서 비전의 사람들은 더 많이 상처 입고, 더 많이 기도하며, 더 깊이 하나님을 신뢰한다. 고난 없이 얻는 비전은 없다. 불에 들어가기를 주저하지 않는 믿음, 그

불 속에서도 함께하시는 하나님을 신뢰하는 믿음, 그것이 곧 하나님 나라를 꿈꾸는 자의 자세다. 따라서 비전은 고난으로 증명된다. 그리고 고난은 믿음으로 이겨낸다.

2. 신약에서 찾은 비전의 사람들

세례 요한: 광야의 불도저로서 길을 닦는 비전

세례 요한은 정치적 혼란과 종교적 타락이 만연하던 시대에 하나님의 부르심을 받았다. 디베료 황제, 본디오 빌라도, 헤롯, 안나스와 가야바 등이 권세를 쥐고 있었지만, 하나님은 궁전이나 성전이 아닌 광야에 있는 요한을 택하셨다. 이는 인간 중심이 아닌 하나님 중심에서 역사를 이끄신다는 상징적 선언이다.

메시아의 길을 준비하는 광야의 사명자

요한은 선지자 이사야의 예언대로 "광야에서 외치는 자의 소리"가 되어 메시아의 길을 준비하였다. 하나님의 말씀이 요한에게 임했고, 이는 곧 비전이 되었다. 그는 광야에서 검소하고 겸손한 삶을 살며 '회개의 세례'를 베풀었고, 사람들에게 '회개에 합당한 열매'를 맺으라고 선포하였다. 그는 자신이 흥하는 것이 아니라, 예수님이 흥하시는 것이 자신의 사명임을 명확히 인식하고 있었다.

공의와 회개의 외침

세례 요한의 메시지는 철저히 공의와 회개를 촉구하는 외침이었다. 독사의 자식들, 도끼가 나무뿌리에 놓였다는 강한 어조로 사람들의 죄를 지적하고, 구체적 삶의 변화를 요구했다. 이는 공의의 하나님이 오신다는 기대 속에서 준비해야 할 정결한 삶을 강조한 것이었다.

감옥에서 흔들리는 비전: 오해와 의심

요한은 헤롯의 죄악을 꾸짖다가 감옥에 갇히게 된다. 그는 감옥 속에서 예수님이 자신이 기대했던 공의의 심판자와는 다른 모습으로 사역하시는 것을 보고 의문을 품게 된다. 세상은 여전히 그대로이고, 자신은 구출되지 않자 "오실 그이가 당신입니까?"라며 의심을 품는다. 이는 실족의 위기이자, 비전의 본질을 다시 묻는 질문이었다.

예수님의 응답: 은혜의 해가 시작되었다

예수님은 요한에게 구약의 예언대로 이루어지는 긍휼의 사역을 보여주신다. 맹인이 보고, 못 걷는 자가 걸으며, 가난한 자에게 복음이 전파되는 현실을 통해 예수님은 자신이 메시아이며 지금이 '은혜의 해'임을 선언하셨다. 예수님은 심판보다 구원을 먼저 이루시고, 새 창조의 시작을 선포하신다.

실족하지 않는 믿음: 의심을 넘어 확신으로

예수님은 요한에게 "나로 말미암아 실족하지 않는 자는 복이 있다"라고 말씀하신다. 이는 비전을 가진 자가 조심해야 할 경고이자 위로다. 비전은 현실과 충돌할 때 흔들릴 수 있다. 그러나 진정한 믿음은 실망 속에서도 예수님을 붙드는 것이다. 도마처럼 의심을 솔직하게 드러내고, 확신으로 나아가야 한다.

세례 요한의 순종과 침묵의 순교

요한은 결국 예수님에 대한 의심을 극복하고 침묵 속에 순교한다. 불평이나 원망 없이, 자신에게 주어진 사명을 완수하고 예수님을 증언한 자로 인생을 마감한다. 그는 광야에서 길을 닦았고, 어두운 시대의 한복판에서 빛을 향해 살았던 '광야의 불도저'였다.

비전을 따라 사는 이들에게도 흔들림과 의심은 찾아온다. 그러나 진정한 복은 예수님으로 인해 실족하지 않는 데 있다.

비전은 세상의 성공과 실패를 초월한다

"여자가 낳은 자 중에 세례 요한보다 큰 이가 일어남이 없도다 그러나 천국에서는 극히 작은 자라도 그보다 크니라"(마 11:11). 예수님이 이 말씀을 하신 이유는 분명하다. 요한은 예수 그리스도의 오심을 가장 가까이에서 준비한 자였기 때문이다. 세례 요한은 예언의 마지막 주자였고, 신약 시대의 문을 연 사람이었다. 그는 자신을 낮추고, 주님의 길을 평탄케 하는 데 모든 인생을 바쳤다.

비전을 가진 사람의 가장 중요한 변화는 마음가짐과 태도에서 나타난다. 세상의 가치를 따르기보다 하나님을 기쁘시게 하려는 마음이 우선된다. 예수님의 삶이나 제자들의 삶, 순교자들의 삶은 세상에서는 모두 실패한 자처럼 보였지만, 그들은 비전의 사람으로서 성공적인 삶을 살았다. 세상의 성공이나 실패는 하나님 나라에서는 의미가 없으며, 오직 하나님 앞에서의 충실함이 중요한 것이다.

하나님의 심판과 천국의 기준

하나님의 심판대 앞에서 "착하고 충성된 종아"라는 부름을 받을지, 아니면 "악하고 게으른 종아"라는 부름을 받을지에 따라 천국과 지옥은 갈라진다(마 25:14-30). 세상의 성공과 실패는 사실상 하나님의 부르심에 따라 결정된다. 결국, 우리는 하나님 앞에서의 충실함으로 천국과 지옥을 구별하게 될 것이다.

비전의 대가는 분명히 존재한다. 세상에서의 성공과 물질적 축복이 하나님 나라에서 성공을 보장하지 않는다. 진정한 비전의 사람은 돈과 성공을 추구하는 삶이 아니라, 하나님을 기쁘시게 하려는 마음으로 세상과 구별된 삶을 살게 된다.

예수님의 비전: 희년 회복

예수님의 희년 선언에 담긴 하나님의 비전은 다음의 말씀에 담겨있다. "주의 성령이 내게 임하셨으니 이는 가난한 자에게 복음을 전하게 하시려고 내게 기름을 부으시고 나를 보내사 포로 된 자에게 자유를, 눈먼 자에게 다시 보게 함을 전파하며 눌린 자를 자유롭게 하고 주의 은혜의 해를 전파하게 하려 하심이라 하였더라"(눅 4:18-19; 사 61장 인용). 예수님은 이 말씀을 읽은 뒤 이렇게 선언하신다. "이 글이 오늘 너희 귀에 응하였느니라" (눅 4:21).

희년은 단순한 제도가 아닌 하나님의 통치 선언

희년(레 25장)은 50년마다 돌아오는 회복과 자유의 해이다. 빚진 자는 면제받고, 노예는 자유를 얻고, 팔렸던 땅은 원래 주인에게 돌아간다. 이 제도는 인간이 만든 복지 시스템이 아니라, 하나님의 주권과 정의, 자비가 사회에 흐르도록 설계된 하나님 나라의 모델이었다.

그러나 실제 이 희년은 이스라엘 역사 속에서 거의 지켜지지 않았다. 그래서 예수님은 단지 과거의 이상을 회상하는 것이 아니라, 그 희년의 참된 실현이 바로 자신 안에서 이루어진다는 비전을 선포하셨다.

예수님의 희년 비전은 다섯 가지 핵심 회복을 포함한다

가난한 자에게는 복음으로 경제적 빈곤뿐 아니라 영적 공허를 채우는 기쁜 소식이다.

포로 된 자에게는 자유로 죄와 중독, 억압에 묶인 자에게 해방을 준다.

눈먼 자에게는 다시 보게 하여 물리적 치유뿐 아니라 영적 분별력을 회복하게 한다.

눌린 자에게는 자유로 사회적, 정신적, 영적 고통으로부터의 자유롭게 한다.

이제 은혜의 해를 다시 선포함으로 하나님의 긍휼과 회복의 시즌이 시작됨을 알린다. 이것은 단순한 윤리적 가르침이 아니라, 예수님의 존재와 사역 그 자체가 희년의 실현임을 말씀하시는 것이다.

희년은 '하나님 나라 비전'의 전면적 선언

예수님은 단지 몇몇 소외된 자를 돕는 자선가가 아니라, 이 땅의 통치 시스템을 거꾸로 뒤집는 비전을 선포하셨다.

억압받던 자가 주인이 되고, 죄로 포로 된 자가 자유인이 되며, 맹인이 선견자가 되며, 눌린 자가 찬양하게 되는 역전의 비전이다. 이것은 곧 하나님 나라가 도래했다는 선언이며, 예수님의 공생애는 그 비전을 실제 삶 속에서 실현한 것이었다.

희년은 지금도 그리스도인에게 열려 있다

"이 글이 오늘 너희 귀에 응하였느니라"(눅 4:21). 예수님은 희년을 과거의 제도가 아닌, 오늘의 현실로 선포하셨다. 그리고 그날부터 지금까지, 예수 그리스도 안에 있는 자는 이 희년의 백성이 된다.

비전이 꺾인 자에게 새로운 비전을 주시고, 억눌린 자에게 다시 설 수 있는 용기를 주시며, 잃어버린 자에게 소속과 회복을 주시는 예수님, 그분 안에서 우리는 참된 희년을 누릴 수 있다.

예수님의 비전: 교회, 구원, 생명, 기쁨

예수님의 메시아적 비전은 단순한 정치적 해방이 아니라, 다음과 같은 본질적 회복을 목표로 한다.

첫째, 예수님의 비전은 교회를 세우는 것이다. "또 내가 네게 이르노니 너는 베드로라 내가 이 반석 위에 내 교회를 세우리니 음부의 권세가 이기지 못하리라"(마 16:18). 교회는 예수님이 몸소 피 흘려 사신 '예수님의 소유'이다. 베드로 자신도 교회를 사유화할 수 없었다. 교회에 해악을 끼치는 자는 누구든 그 책임을 면하지 못할 것이다. 교회는 철저히 하나님의 주권에 순복하고, 하나님의 말씀대로 운영하며, 하나님을 바로 이해하고 순종하는 가운데 성장해야 한다.

둘째, 예수님의 비전은 심판이 아니라 구원이다. "하나님이 세상을 이처럼 사랑하사 독생자를 주셨으니 이는 그를 믿는 자마다 멸망하지 않고 영생을 얻게 하려 하심이라 하나님이 그 아들을 세상에 보내신 것은 세상을 심판하려 하심이 아니요 그로 말미암아 세상이 구원을 받게 하려 하심이라"(요 3:16-17). 하나님의 사랑은 자유를 빼앗아 구속하는 사랑이 아니라, 저주의 자리에 있는 인간들을 위해 아들을 내어주어 만든 자기희생의 사랑이다. 혈통이나 선민에게 주어지는 사랑이 아니라, 아들을 믿는 자에게 영생을 주시는 사랑이다.

셋째, 예수님의 비전은 풍성한 행복이다. "도둑이 오는 것은 도둑질하고 죽이고 멸망시키려는 것뿐이요 내가 온 것은 양으로 생명을 얻게 하고 더 풍성히 얻게 하려는 것이라"(요 10:10). 세상에 목자는 많아도 참목자요 선한 목자는 진정 예수님밖에 없다. 그 이유는 양에게 풍성한 생명을 누리도록 자기 목숨을 희생하셨기 때문이다.

넷째, 예수님의 비전은 충만한 기쁨이다. "내가 이것을 너희에게 이름은 내 기쁨이 너희 안에 있어 너희 기쁨을 충만하게 하려 함이라"(요 15:11). 인생은 후회와 눈물, 고통과 슬픔으로 얼룩져 있지만, 진정 하나님의 뜻은 인간의 기쁨이고 행복이다. 그 일을 위해 예수님은 오셨다. 그리고 그 방법으로 포도나무 가지가 포도나무에 '붙어 있는 싸움'을 말씀하셨다. 그래서 사도 바울은 이 비결을 알고 서신서 곳곳마다 '예수님 안에' 거할 때 인간은 세상이 알 수 없는 참기쁨과 평안을 누릴 수 있다고 말한다(롬 8:11; 고전 3:16; 고후 13:5; 빌 2:5, 4:13).

자신이 왜 태어났는지 아는 사람은 행복한 사람이다. 나를 향한 하나님의 계획과 목적을 아는 사람은 인생의 가치와 의미를 알기에 낭비하지 않는다.

예수님의 제자들: 고기 잡는 어부에서 사람 낚는 어부가 되다

모든 길이 로마로 통하던 시대, 예수님은 오셨다(갈 4:4). 세상의 중심이 된 로마제국 한복판에서, 예수님은 인간을 죄와 죽음에서 구속하시기 위한 하나님 나라의 시작을 선포하셨다. 그 나라는 칼과 정치가 아니라, 십자가로 세워질 나라였다. 그 왕은 예수님이시며, 그 백성은 십자가 아래서 회개하고 주님의 길을 따를 자들이었다.

이 사명을 위해 예수님은 일할 사람들을 부르셨다. 그러나 예루살렘의 종교 지도자나 지식인이 아닌, 갈릴리 호숫가에서 평범하게 고기 잡던 어부들을 택하셨다. 예수님은 베드로와 안드레에게 말씀하셨다. "나를 따라오라 내가 너희로 사람을 낚는 어부가 되게 하리라"(막 1:17; 마 4:19). 그 부르심 앞에 제자들은 그물과 배를 버렸고, 심지어 가족까지도 뒤로한 채 예수님을 따르기 시작했다. 제자의 첫걸음은 바로 '버림'과 '따름'이다. 자신의 안전과 의지를 내려놓고 예수님을 삶의 이유와 목적의 중심으로 삼는 일이다.

이 길은 손해가 아닌 축복이었다. 세상과의 단절이 아닌, 하나님 나라로의 입장이었다.

복음이라는 그물을 던지다

예수님의 제자들이 본격적으로 사람을 낚는 사역을 시작한 것은 예수님의 죽으심과 부활 이후였다. 이전에는 물고기를 낚기 위해 바다에 그물을 던졌지만, 이제는 복음이라는 그물을 세상에 던지게 되었다. 그 복음은 예수님의 십자가와 부활을 선포하는 메시지였다.

베드로는 오순절에 담대히 복음을 외쳤다. "너희가 회개하여 각각 예수 그리스도의 이름으로 세례를 받고 죄 사함을 받으라…그 말을 받은 사람들은 세례를 받으매 이날에 신도의 수가 삼천이나 더하더라"(행 2:38-41). 이처럼 사람을 낚는 최고의 도구는 복음이며, 이 비전을 붙든 제자들은 그 누구도 두려워하지 않았다. 그들은 생명을 걸고 사람을 낚았다.

제자들의 비전: 하나님 나라를 세우는 사역

예수님의 제자들은 단지 말씀을 가르치는 교사가 아니라, 하나님 나라를 실현해 가는 사역자였다. 그들은 복음을 통해 사람들을 회개하게 하고, 하나님의 백성으로 세웠다. 그 비전은 구체적으로 다음과 같은 사역 안에 실현되었다.

첫째, 하나님 나라 복음 전파이다. 제자들은 땅끝까지 복음을 전파하며(마 28:18-20), 사람들을 제자로 삼는 사명을 감당했다.

둘째, 사랑과 화해의 공동체 건설이다. 그들은 서로 사랑하고 용서하는 공동체를 이루며, 예수님의 말씀을 실천하는 모델을 세웠다.

셋째, 구원의 길 안내자이다. 회개하고 복음을 믿는 자들을 하나님께로 인도하며, 구원의 길을 가르쳤다.

넷째, 복음 중심의 비전 수행자이다. 제자들의 중심에는 언제나 예수 그리스도의 십자가와 부활이 있었다.

제자도의 본질: 예수님을 따르는 삶

제자도(Discipleship)는 단순히 예수님의 가르침을 지식으로 배우는 것이 아니다. 그것은 삶 전체를 예수님의 방식으로 살아내는 것이다. 제자도는 삶의 방향을 바꾸는 영적 여정이며, 그 핵심은 다음과 같다.

첫째, 예수님을 따름: "나를 따라오라"(막 1:17)라는 부르심은 제자도의 출발점이다.

둘째, 말씀에 순종함: "너희가 내 말에 거하면 참으로 내 제자가 되고 진리를 알지니 진리가 너희를 자유롭게 하리라"(요 8:31-32).

셋째, 영적 성장과 성숙: "범사에 그에게까지 자랄지라"(엡 4:15).

넷째, 공동체 안의 교제와 섬김: "그들이 사도의 가르침을 받아 서로 교제하고 떡을 떼며 오로지 기도하기를 힘쓰니라"(행 2:42).

다섯째, 사랑의 실천: "내가 너희를 사랑한 것같이 너희도 서로 사랑하라"(요 13:34-35).

여섯째, 복음 전파와 희생의 길: "누구든지 나를 따라오려거든 자기를 부인하고 자기 십자가를 지고 나를 따를 것이니라"(막 8:34).

이러한 제자도는 단순한 종교활동을 넘어 예수님의 길을 걷는 전인적 변화의 길이며, 복음을 전하며 살아가는 참된 신앙인의 삶이다.

그리스도인이 붙들어야 할 비전: 사람 낚는 어부

예수님께서 갈릴리 어부들을 부르셨듯, 오늘도 주님은 우리를 사람 낚는 어부로 부르신다. 그 부르심 앞에 우리는 무엇을 버려야 하며, 어떤 삶을 따라야 하는가?

제자도의 길은 희생과 고난이 따르지만, 그 길 끝에는 하나님의 영광이 있다. 복음은 오늘도 사람을 구원하는 하나님의 능력이며, 우리도 그 복음을 세상에 던지는 제자가 되어야 한다.

사도 바울⑴: '이방인을 위한 택한 그릇'이라는 비전을 가지다

다메섹으로 가는 길 위에서 예수님은 교회를 핍박하던 사울을 강권적으로 멈추신다. 눈부신 빛 속에서 사울은 땅에 엎드려 주님의 음성을 듣는다. 그 후 그는 아무것도 보지 못한 채, 먹지도 마시지도 못하고 사흘 동안 어둠 속에 머문다. 마치 요나가 물고기 배 속에서 하나님의 뜻을 깨달았듯, 사울은 자신을 무너뜨리는 영적 해체의 시간을 통과한다. 평생 확신했던 율법 중심의 신앙이 그릇된 것으로 판명되자, 그가 세워온 종교적 정체성은 한순간에 무너진다. 그의 열심은 민수기 25장의 비느하스처럼 하나님의 열심이 아니었다. 오히려 그것은 오도된 열심, 즉 '자기 열심'이었다.

이제 사울은 무기력과 죄책감, 두려움 속에서 오직 하나님께 기도하는 것 외에 아무것도 할 수 없는 상태에 놓인다. 그때 하나님은 아나니아를 보내셔서 예수의 이름으로 사울에게 안수하게 하신다. 그의 눈에서 비늘 같은 것이 떨어지고, 그와 동시에 율법의 어둠은 사라지며 은혜의 빛이 그의 영혼을 비춘다.

비전의 선포: 이방인을 위해 택함 받은 그릇

사울은 곧 하나님의 비전을 듣는다. "주께서 이르시되 가라 이 사람은 내 이름을 이방인과 임금들과 이스라엘 자손들에게 전하기 위하여 택한 나의 그릇이라"(행 9:15). 그 후 성전에서 기도하던 중 예수님이 환상 가운데 나타나시고, 그를 이방인에게 보내신다는 명확한 사명을 주신다(행 22:17-21). 이 사건은 단순한 회심을 넘어, 하나님의 구속 역사 속에서 이방 선교의 새로운 장을 여는 거대한 전환점이었다.

이 비전은 바울에게 단순한 임무가 아닌 생명을 걸 사명으로 새겨졌다. 그가 받은 은혜는 곧 선교적 삶으로의 초청이었으며, 그는 그 은혜에 응답했다. '은혜받은 자로 사는 것'과 '은혜에 반응하는 삶'은 다르다. 바울은 후자였다. 그는 이방인들을 복음이라는 구원 그릇에 담는 그릇으로 쓰임받는다.

사도 바울의 변화: 가치관의 전환

사도 바울이 '이방인을 위한 택한 그릇'이라는 비전을 받자마자 가장 먼저 일어난 것은 가치관의 변화였다. 이전에는 유대인의 선민의식을 생명처럼 여겼지만, 이제는 그것을 배설물처럼 여긴다(빌 3:8-9). 그는 율법이 아닌 복음을 위해 일한 것들만 자랑하겠다고 결심한다(롬 15:17-19). 예수 그리스도만이 그의 눈에 보였고, 예수로 인해 거룩하게 미쳐버렸다(고후 5:13).

사도 바울에게 있어 대가 지불은 과거의 자랑을 포기하는 것과 같았다. 그는 더 나은 것을 얻기 위해 이미 가지고 있던 열 개의 자랑거리를 버렸다. 이처럼 신앙은 '자기 부인'에서 시작된다. 자기를 부인할 수 있어야 십자가를 지고 예수님을 따를 수 있다. 예수님은 "누구든지 나를 따라오려거든 자기를 부인하고 자기 십자가를 지고 나를 따를 것이니라"(막 8:34)라고 말씀하셨다.

고난 속의 순종: 은혜의 비전, 생명으로 응답하다

하나님은 '박해하던 자'를 이제는 '박해받는 자'로 바꾸셨다. 바울은 사도로서 세 차례에 걸쳐 전도여행을 감당하며 로마에 이르기까지 복음을 전한다. 그의 삶은 고난의 연속이었다. "그들이 그리스도의 일꾼이냐 정신없는 말을 하거니와 나는 더욱 그러하도다…여러 번 죽을 뻔하였으니 유대인들에게 사십에서 하나 감한 매를 다섯 번 맞았으며…일 주야를 깊은 바다에서 지냈으며…동족의 위험과 이방인의 위험…거짓 형제 중의 위험…주리며 목마르고…춥고 헐벗었노라…"(고후 11:23-29).

그 고난 속에서 바울은 자신이 누구인지, 무엇을 위해 살아야 하는지를 명확히 깨닫는다. 그의 비전은 단지 어떤 과제를 수행하는 것이 아니라, 존재 전체를 불태우는 사명이었다.

이방인 선교를 할수록 유대인들의 핍박과 방해는 고달팠다. 비전의 대가 지불은 그의 몸과 마음에 큰 상처를 남겼다. 이 상처의 흔적은 비전이 얼마나 힘들고 고통스러운 대가를 요구하는지를 보여준다. 혹독한 겨울에 나뭇가지가 얼어붙은 상태에서 눈의 무게를 이기지 못하고 부러지듯이, 사도 바울의 몸과 마음도 현실의 고난을 통해 비전의 대가를 지불하는 과정에서 큰 상처를 입었다. 사도 바울은 이를 '그리스도의 흔적'이라고 표현했다(갈 6:17).

비전을 현실로 만드는 세 가지 도구

'세상에 공짜는 없다'는 말이 있다. 비전도 예외가 아니다. 비전에는 대가가 따른다. 그것은 좁고 험한 길을 가는 여정이며, 그 길에는 고통과 눈물이 함께한다.

눈을 감고 꿈을 꾸면 그것은 '개꿈'이 되지만, 눈을 뜨고서 꿈을 꾸면 그것은 비전이 된다. 왜냐하면 비전에는 '대가 지불'이 있기 때문이다. 그래서 비전은 눈을 뜨고 고통스러운 현실을 살아내야 하는 대가 지불의 꿈이다.

이런 의미에서 비전은 인간의 욕심이 들어간 야망이나 욕망이 아니다. 욕망과 야망은 자신이 주인이 되어 성공을 좇는 것이지만 비전은 자기를 죽이고 하나님의 뜻에 따라 움직이는 것이다. 세상은 자신이 원하는 꿈을 좇지만, 그리스도인은 하나님이 원하시는 꿈을 따라간다.

사도 바울은 비전을 현실로 만들기 위해 자신의 생명을 걸었다. 그는 고백한다. "내가 달려갈 길과 주 예수께 받은 사명, 곧 하나님의 은혜의 복음을 증언하는 일을 마치려 함에는 나의 생명조차 조금도 귀한 것으로 여기지 아니하노라"(행 20:24).

그렇다면 비전은 어떻게 현실이 되는가? 여기에는 세 가지 도구가 필요하다.

첫째, 지도: 꿈을 꾸어야 길이 보인다. 어떤 이야기가 있다. 매일 복권에 당첨되게 해달라고 기도하는 사람이 있었다. 하나님은 가슴을 치며 말씀하셨다. "먼저 복권부터 사라."

비전도 마찬가지다. 먼저 꿈을 꾸지 않으면 어떤 길도 열리지 않는다. 꿈은 인생의 지도가 된다. 어디로 가야 할지, 어떤 삶을 살아야 할지 방향을 제시하는 밑그림이 된다. 비전은 단지 마음속 희망이 아니라, 행동으로 옮길 수 있는 구체적인 방향이 되어야 한다.

둘째, 나침반: 방향이 올바르지 않으면 모든 수고가 헛되다. 열심히 사는 것만으로는 충분하지 않다. 방향이 틀리면 그 열심은 허공을 치는 수고가 된다. 지도에 길이 있어도 나침반이 없다면 방향을 잃는다. 비전은 열심보다 방향이다. 방향이 바르면 수고가 열매가 된다. 그러므로 1%의 비전은 99%의 노력보다 앞선다.

셋째, 시계: 시간을 아끼는 사람만이 꿈을 이룬다. 지도와 나침반이 있어도 시간을 관리하지 못하면 그 비전은 미루어진 채 끝난다. 비전이 있는 사람에게는 '게으름'이라는 단어가 어울리지 않는다. 그들은 시간을 소중히 여기고, 새벽을 깨운다. "내 영광아 깰지어다 비파야, 수금아, 깰지어다 내가 새벽을 깨우리로다"(시 57:8). 시간은 하나님이 주신 자원의 하나다. 비전 있는 사람은 그 시간을 사명으로 채운다.

비전의 능력: 성품을 바꾸는 은혜

사람은 바뀌지 않는다는 말이 있다. 쇼펜하우어는 성격과 기질은 절대 바뀌지 않는다고 말한다. 그러나 하나님의 비전은 사람을 변화시킨다. 단지 외적 행위가 아닌 내면의 성품을 근본적으로 새롭게 하신다.

바울은 그 대표적인 인물이다. 성격이 고쳐진 것이 아니라 성품이 변화되었다. 그의 변화는 단순한 개과천선이 아니라 은혜로 새로 태어난 것이다. "그리스도 예수께서 죄인을 구원하시려고 세상에 임하셨다 하였도다 죄인 중에 내가 괴수니라…본이 되게 하려 하심이라"(딤전 1:15-16). 그래서 사도 바울은 하나님의 은혜에 감동하여 의의 면류관을 받기 위해 승리를 목표로 절제하고 훈련하는 자였다. "내가 내 몸을 쳐 복종하게 함은…"(고전 9:27). 새로운 피조물이 된 사도 바울은 이제 자기 안에 있는 나태함을 내쫓고 교만을 이기며 유혹을 이겨 복음을 전할 자로 남기 위해 먼저 자기를 복음 앞에 복종시킨다. '자기 부인' 없이는 절대 예수 그리스도를 따를 수 없다는 것을 알고 있었다.

비전은 존재를 변화시킨다

비전은 단지 일거리나 사역의 방향이 아니다. 그것은 존재 자체를 새롭게 조각하는 하나님의 손길이다. 사울은 바울이 되었고, 교회를 무너뜨리려 했던 자였으나 교회를 세우는 사도로 쓰임받았다.

하나님의 비전은 지금도 여전히 사람을 부르시고, 변화시키시며, 세상을 향한 복음의 도구로 사용하신다. 그 부르심 앞에 응답하는 자는 누구나 새로운 존재로 다시 태어난다.

사도 바울(2): 비전은 장래희망이나 직업이 아니라 그 직업을 가져야만 하는 이유이다

세상에서 꿈은 보통 직업적 목표를 의미한다. 많은 사람은 자신이 이루고 싶은 직업을 '꿈'으로 정의하며, 그 꿈이 실현되면 모든 것이 끝났다고 생각한다. 그러나 그리스도인의 삶에서 꿈은 직업이 아니라 비전이다. 성경에서 말하는 비전은 직업을 넘어서는 깊고 넓은 의미를 지닌다.

직업과 비전의 본질적 차이

직업은 생계를 위한 노동이다. 이는 우리가 하루하루 살아가며 필요한 물질적 안정과 직결된다. 반면, 비전은 하나님의 기쁘신 뜻을 이루기 위한 헌신이다. 직업은 주로 '내가 무엇을 하는가?'(What I do)에 초점을 맞추지만, 비전은 '내가 왜 그것을 하는가?'(Why I do it)에 집중한다. 즉, 직업은 행위의 내용에 대한 질문이고, 비전은 존재의 목적에 대한 질문이다.

직업은 돈이라는 안정성에 동기부여를 받지만, 비전은 사명과 열정에 의해 이끌린다. 직업은 환경에 따라 변할 수 있지만, 비전은 하나님의 뜻에 따라 변화하지 않는다. 직업은 개인적인 이익에 초점을 맞추는 경우가 많지만, 비전은 개인뿐만 아니라 공동체와 세상까지 변화시키려는 영향력을 갖는다.

직업과 비전을 통한 하나님의 뜻 실현

성경에서 우리는 직업과 비전이 어떻게 연결될 수 있는지 보여주는 여러 인물을 만난다. 요셉은 이집트의 국무총리로서의 직업을 가졌고, 다윗은 목동에서 이스라엘 왕까지 직업을 변화시켰다. 바울은 텐트 메이커로 시작해 복음 전도자로서의 직업을 가졌다. 예수님은 목수로 일하다가 세상 구속의 사역을 이루셨다. 중요한 것은 그들의 직업이 하나님의 비전과 어떻게 연결되었느냐에 달려 있었다. 직업 자체는 하나님을 위한 비전으로 연결될 때 비로소 그 의미를 갖는다.

사도 바울의 직업과 비전

성경에서 직업과 비전의 관계를 잘 보여주는 이야기는 사도 바울의 고린도에서의 사역이다. 로마의 글라우디오 칙령으로 인해 유대인들이 추방된 후, 아굴라와 브리스길라 부부는 고린도에서 천막 만드는 일을 했다. 사도 바울도 이들과 함께 천막 만드는 일을 하며 고린도에 머물렀다 (행 18:2-3). 바울이 왜 천막 만드는 직업을 선택했는지에 대한 이유는 명확하다. 그가 이 직업을 통해 생계를 유지하면서도 고린도에서 복음을 전파할 수 있었기 때문이다. 바울은 주님의 환상을 보고 "이 성중에 내 백성이 많음이라"(행 18:10)라고 확신을 가졌고, 이를 실현하기 위해 18개월 동안 고린도에서 복음을 전했다. 천막 만드는 직업은 그가 복음을 전하는 중요한 도구가 되었다.

사도 바울에게 직업은 단순한 생계를 위한 일이 아니었다. 그의 직업은 비전을 실현하기 위한 수단이었으며, 바울은 천막 만드는 일을 결코 천하게 여기지 않았다. 직업은 비전을 이루는 도구로써 그 가치와 의미를 지닌다.

직업과 비전의 관계

직업은 비전을 이루기 위한 수단이자 통로이다. 직업은 일상에서 사명과 더 깊은 연관을 가지며, 그 자체로 하나님의 뜻을 이루는 도구가 된다. 존 칼빈은 '너의 소명이 무엇이냐?'라는 질문에 대해 소명을 '직업적 소명'(Vocation)으로 해석했다. 그는 직업을 단순히 생계를 위한 일이 아니라, 하나님께서 주신 '천직'(True vocation)으로 보았다. 직업이 하나님의 비전을 이루기 위한 수단으로 사명과 연결되었을 때, 그 직업은 고백적인 의미를 지닌다(fess-profession). 따라서 고백된 직업은 더 이상 생계를 위한 직업이 아니라 그 이상의 사명으로 이어진다.

사도 바울은 고린도에서 복음을 전하기 위해 천막 만드는 직업을 선택했다. 그가 직업을 선택한 이유가 바로 비전 때문이었다. 바울은 하나님께서 주신 비전을 이루기 위해 이 직업을 가질 수밖에 없었고, 이 직업을 통해 비전이 이루어지기를 기도했다. 다시 말해, 고린도 지역에 구원받을 하나님의 택한 백성이 많았기 때문이다(행 18장). 비전을 위해 일하는 사람에게 그 직업은 절대 실패하지 않는다. 직업과 비전은 하나로 이어지며, 직업은 비전을 실현하는 가장 강력한 도구가 된다.

비전과 직업은 서로 연결되어 있다

비전과 직업은 결코 분리될 수 없다. 직업은 비전을 실현하는 도구이자, 하나님의 뜻을 이루는 중요한 수단이다. 우리는 우리가 하는 일에서 하나님의 뜻을 이루어 가며, 그 과정에서 비전은 구체화한다. 우리의 직업이 비전과 일치할 때, 우리는 하나님의 뜻을 이루는 일에 동참하게 되며, 그 모든 일에서 하나님께 영광을 돌릴 수 있다. 비전과 직업이 하나로 결합할 때, 우리는 하나님 나라의 확장을 위해 중요한 역할을 하게 될 것이다.

사도 바울(3): 비전은 소명이나 사명과는 다르며, 이 둘을 연결하는 다리

비전에 대해 말할 때, 종종 소명이나 사명과 혼동하는 경우가 많다. 그러나 이 셋은 명확히 구분되며, 동시에 하나의 흐름 안에 놓인다. 소명은 부르심이고, 사명은 감당해야 할 일이며, 비전은 이 둘을 연결하는 하나의 가교다. 비전은 하나님의 부르심에서 출발한 사람에게 주어지는 분명한 방향이며, 결국 사명을 실현하는 통로가 된다.

사도 바울의 삶은 이 흐름을 명확하게 보여준다. 그의 인생 여정을 따라가다 보면, 소명에서 비전으로, 비전에서 사명으로 이어지는 하나님의 섭리를 발견할 수 있다.

소명: 부르심의 시작

바울의 소명은 그가 율법에 충성하며 예수 그리스도를 핍박하던 시절에 주어진다. 예루살렘 교회의 성도들이 흩어지자, 그는 그들을 끝까지 추적해 다메섹까지 나아간다(행 9:3). 그 여정에서 부활하신 예수 그리스도께서 바울 앞에 나타나신다. "사울아, 사울아, 네가 어찌하여 나를 박해하느냐?"(행 9:4, 22:7)라는 음성은 단지 경고가 아니라 구속사의 전환점을 알리는 소명이다. 이는 마치 호렙산에서 불타는 떨기나무 가운데서 모세를 부르신 하나님(출 3장)을 떠오르게 한다. 바울은 바로 그 자리에서 하나님의 부르심, 곧 소명을 받는다.

비전: 열린 눈과 새로운 세계

예수님과의 만남 이후 바울은 육체의 시력을 잃는다. 이는 단순한 육체적 변화가 아니라 과거의 율법 중심적 시각이 깨어지는 상징적 사건이다. 바울은 스스로 아무것도 할 수 없는 연약한 존재로 전환된다. 그때 주님은 아나니아를 보내 그의 눈을 회복시키신다. 바울의 눈에서 '비늘 같은 것'이 벗겨질 때(행 9:18) 그는 새로운 세상을 본다. 율법이 아닌 복음의 세계, 민족적 배타성이 아닌 이방인과 유대인이 함께하는 하나님의 구속 역사에 대한 통찰이 열린다. 아나니아는 그에게 '이방인과 임금들과 이스라엘 자손들에게 전하기 위하여 택함을 받은 그릇'(행 9:15)이라는 하나님의 비전을 전한다.

사명: 땅끝까지 이르는 복음 증거

눈이 열린 바울은 더 이상 이전의 그가 아니다. 그는 비전을 받은 자로서, 예수 그리스도의 증인이 된다. "모든 사람 앞에서 네가 보고 들은 것에 증인이 되리라"(행 22:15)라는 말씀처럼, 그는 이방인과 이스라엘 모두에게 복음을 전하는 사명을 감당한다. 바울의 사명은 단순한 설교가 아니라 땅끝까지 이르러 어둠에서 빛으로, 사탄의 권세에서 하나님께로 돌아오게 하는 구속 사역이었다(행 26:18). 그 사명은 비전을 본 자만이 감당할 수 있는 일이었다.

비전은 가교이다

이러한 흐름을 볼 때, 우리는 한 가지 분명한 진리를 발견하게 된다. 바로 비전은 소명과 사명을 연결하는 다리라는 것이다. 하나님은 바울을 부르셨고(소명), 그에게 뜻을 보이셨으며(비전), 그를 복음의 일꾼으로 세우셨다(사명). 이 순서가 뒤바뀔 수 없다. 소명 없이 비전을 받을 수 없고, 비전 없이는 사명을 향해 나아갈 수 없다.

오늘날 많은 사람이 비전을 말하면서도 소명 없이, 혹은 사명 없이 흔들린다. 그러나 하나님께서 주시는 비전은 단순한 꿈이나 욕망이 아니다. 그것은 하나님께서 주신 부르심(소명)에 응답한 자가, 하나님의 일에 동참하기 위한 청사진이다. 그리고 그 비전은 결국 실천적 삶의 현장, 곧 사명을 통해 구체화한다.

하나님의 흐름에 응답하라

우리가 바울처럼 하나님의 부르심에 응답한다면, 주님은 분명히 우리에게 비전을 주시고, 그 비전을 따라 살아갈 사명을 주실 것이다. 그러므로 우리는 소명 앞에 겸손히 서야 하고, 비전을 받을 준비가 되어 있어야하며, 받은 비전을 삶 속에서 실현하는 사명의 길을 걸어야 한다. 비전은 단지 개인의 이상이 아니라, 하나님의 뜻을 세상 속에 실현하기 위한 거룩한 길이다.

사도 바울(4): 은혜로 시작된 비전, 비전으로 응답하는 은혜

'비전'이라는 말은 교회 안팎에서 자주 쓰이면서 동시에 오해되곤 한다. 세속에서는 비전을 '야망'이나 '목표 달성'으로 이해하고, 그로 인해 불안을 유발하는 요소로 받아들여지기도 한다. "꿈은 인생을 불안하게 한다", "꿈꾸지 말고 꿈에서 깨라"라는 냉소적 말은 현실주의자들의 전형적인 반응이다.

이런 태도는 교회 안에서도 나타난다. 어떤 그리스도인들은 "미래보다는 현재 주어진 하나님의 은혜에 감사하며 하루를 충실히 살아야 한다"라고 강조한다. 하나님의 '무조건적 선택과 은혜'를 강조할수록 비전을 '인간의 의지'나 '야망'으로 오해할 수 있다. 마태복음 6장 34절 "내일 일을위하여 염려하지 말라 내일 일은 내일이 염려할 것이요 한 날의 괴로움은그날로 족하니라"라는 말씀으로 하나님의 은혜로 살아감을 강조한다. 그러나 이 말씀은 걱정하고 염려하는 일이 하나님의 나라를 구하는 삶과는 어울리지 않는다는 뜻으로 주셨다. 내일 일은 하나님의 은혜로 살아가라는 말씀보다 오히려 하나님이 주신 비전으로 살아가라는 말씀에 더 가깝다. 비전으로 사는 것을 은혜로 살지 못하는 것으로 여기거나 믿음이 부족한 것으로 여겨서는 안 된다.

이런 해석은 성경의 전체적인 메시지를 부분적으로만 받아들인 결과다. 하나님의 은혜는 단지 현재에 머무르지 않는다. 은혜는 미래를 열며, 그 미래는 반드시 하나님의 뜻에 부합한 비전을 포함한다.

은혜의 뿌리에서 자라나는 비전

사도행전 17장에서 사도 바울은 아테네의 수많은 우상을 보고 분노한다. 철학자들은 그를 '이방의 신을 전하는 자'라고 비난하며 아레오바고로 끌고 간다. 그 자리에서 바울은 '알지 못하는 신'에게 제단을 쌓아 예배하는 이들의 종교심을 들어 참된 하나님을 선포한다. 이 하나님은 "사람의 손으로 섬김을 받으시는 것이 아니니 만민에게 생명과 호흡과 만물을 친히 주시는 이"라고 말한다(행 17:25).

바울은 하나님이 자존하시고 자족하시는 분이라는 사실을 강조한다. 그 어떤 희생이나 헌신도 하나님의 결핍을 채우기 위한 것이 아니다. 따라서 신앙의 본질은 하나님을 위한 섬김이 아니라, 은혜에 대한 감사로 드러나는 자발적 사랑과 헌신이다.

그러나 여기서 멈출 수 없다. 하나님은 은혜로 예수 그리스도를 보내셨고, 예수님은 제자들에게 세상 끝까지 복음을 전파할 것을 명하셨다. 은혜는 사명을 수반하며, 그 사명은 결코 선택이 아닌 당위이다.

바울의 고백, 비전의 발견

바울이 다메섹 도상에서 부활하신 예수님을 만났을 때, 그 입에서 튀어나온 첫 질문은 "주님 무엇을 하리이까?"(행 22:10)였다. 이는 과거 율법주의자로서 자기 의로 살았던 삶의 습관적 반응이었을 수도 있고, 깊은 회개의 표현이었을 수도 있다.

그 질문에 대한 예수님의 대답은 바울이 인생의 비전을 찾는 계기가 된다. 주님은 "다메섹으로 들어가라 네가 해야 할 모든 것을 거기서 누가 이르리라"라고 하시고, 바울은 아나니아를 통해 자신이 '이방인을 위한 택한 그릇'이라는 사실을 듣게 된다.

그는 이제까지 복음을 핍박했던 자에서, 복음을 위해 박해를 감내하는 사도로 전환된다. 이 변화의 중심에는 하나님의 은혜가 있다. 디모데전서 1장 15-16절에서 바울은 자신을 '죄인 중에 괴수'라 부르며, 그런 자신을 사도로 세워주신 하나님의 은혜를 감사히 고백한다.

은혜와 비전은 동전의 양면이다

시편 116편 12절에서 시인은 "내게 주신 모든 은혜를 내가 여호와께 무엇으로 보답할까"라고 묻는다. 받은 은혜에 온전히 보답할 수는 없지만, 보답하고자 하는 마음은 은혜받은 자의 자연스러운 반응이다.

그리스도인은 하나님의 은혜로 구원받았으며, 그 은혜 안에는 예수 그리스도의 희생이 담겨 있다. 그렇기에 비전은 은혜의 산물이다. 은혜를 아는 자는 반드시 무언가를 '하리이다'라고 고백하게 된다. 바울이 선교 여행을 마치고 "그러나 내가 나 된 것은 하나님의 은혜로 된 것이니 내게 주신 그의 은혜가 헛되지 아니하여 내가 모든 사도보다 더 많이 수고하였으나 내가 한 것이 아니요 오직 나와 함께하신 하나님의 은혜로라"(고전 15:10)라고 한 고백은, 은혜와 비전이 분리될 수 없음을 단적으로 보여준다. 바울의 정체성과 사역, 그리고 그 모든 것의 근원이 하나님의 은혜임을 고백한 위대한 선언이다. 은혜가 나를 만들었고, 은혜가 나를 붙들고, 은혜가 나를 앞으로도 인도하였다는 사도 바울의 고백이다. 사도 바울에게 있어서 은혜는 비전의 시작이며, 비전은 은혜에 대한 응답이었다.

은혜 위에 세워진 비전의 삶

하나님은 먼저 은혜를 베푸신다. 그리고 은혜받은 자는 하나님의 비전을 깨닫고 사명을 감당한다. 성경의 인물들은 하나같이 이 순서를 따른다. 은혜를 받으면 반드시 사명에 눈을 뜨게 되고, 그 사명에 생명을 걸게 된다.

비전은 단순한 목표가 아니다. 그것은 은혜를 깨달은 자가 하나님께 보답하고자 하는 거룩한 응답이며, 그 응답은 헌신과 열정, 그리고 땀과 눈물로 나타난다.

비전은 인간의 야망이 아니다. 비전은 하나님의 은혜에 대한 응답이며, 은혜로부터 비롯된 소명이다. 그래서 비전과 은혜는 분리되지 않는다. 은혜는 비전을 낳고, 비전은 은혜를 증명한다. 이것이 하나님의 나라에서 일하는 자들의 본질적인 모습이다.

비전은 은혜에 대한 책임 있는 응답이다

은혜는 공짜지만, 값싼 것이 아니다. 진짜 은혜를 경험한 사람은 그 은혜에 응답하고 싶어진다. 바울은 은혜를 헛되이 받지 않기 위해 모든 사도보다 더 많이 수고했다. 예수님이 발을 씻어주신 베드로는 그 은혜에 목숨을 바쳐 복음을 전했다.

비전은 '내가 무엇을 하고 싶은가'가 아니라 '하나님이 내게 왜 은혜를 주셨는가'를 묻는 데서 시작된다. 하나님은 비전을 주실 뿐 아니라, 그 비전을 이루도록 '은혜의 힘'을 함께 주신다. 그래서 비전은 은혜에 대한 책임 있는 응답이다.

사도 요한: 우레의 아들에서 사랑의 사도로, 절망의 밧모 섬에서 희망의 비전을 보다

예수님은 야고보와 요한, 세베대의 두 아들을 '보아너게'라 부르셨다. 이는 "우레의 아들"(막 3:17)이라는 뜻으로, 두 사람의 불같고 직선적인 성격을 그대로 드러내는 별명이었다. 예수님의 별명이 '임마누엘'(마 1:23)인 것처럼, 이 별명에는 그들의 기질과 운명이 함께 함축되어 있다.

요한과 그의 형제 야고보의 어머니 살로메는 예수님이 예루살렘에 입성하실 때 정치적 메시아로 즉위하실 것이라 오해하고, 자기 아들들이 예수님의 좌우편에 앉기를 요청한다(마 20:20-22). 이 요청은 그들의 속마음을 드러낸다. '크고자 함', 곧 인간적인 야망이다. 그러나 예수님은 "너희 중에 누구든지 크고자 하는 자는 너희를 섬기는 자가 되고…종이 되어야 하리라"(막 10:43-44)라고 말씀하신다. 이는 하나님의 나라가 권력이나 야망이 아니라 '섬김'과 '희생' 위에 세워진다는 본질을 선포하신 것이다.

성령의 불, 성격의 불을 태우다

예수님께서 승천하신 후, 제자들은 오순절 마가 다락방에 모여 기도하였고, 그때 불같은 성령의 역사가 임했다. 바로 그 불같은 성령이 불같은 성격의 요한을 변화시켰다. 불을 불로 다스리신 것이다. 이 사건 이후 요한은 '사랑의 사도'로 거듭난다. "하나님이 우리를 사랑하시는 사랑을 우리가 알고 믿었노니 하나님은 사랑이시라"(요일 4:16). 이 고백은 단순한 선언이 아니라 삶의 증언이었다.

요한의 형 야고보는 예루살렘 교회의 지도자로 섬기다가 첫 번째 순교자가 되었고(행 12:1-3), 요한은 끝까지 살아남아 가장 깊은 계시를 받은 사도가 되었다.

사도 요한의 저술 세계: 사랑, 변증, 비전

요한이 남긴 저술은 요한복음, 요한 1·2·3서, 그리고 요한계시록이다. 이 다섯 권은 사도 요한의 내면 여정과 신앙의 정수를 증거한다.

첫째, 사랑의 신학: 요한 서신이 있다. 요한 1·2·3서는 교회 안팎의 혼란과 이단적 가르침 속에서 '사랑'이라는 본질을 다시 세운다. "하나님은 사랑이시라"(요일 4:16)라는 선언은 단지 감성적인 표현이 아니다. 이것은 요한이 체험한 하나님의 본질이며, 기독교 신앙의 핵심이다.

둘째, 변증의 복음: 요한복음이 있다. 요한복음은 '말씀 중심'의 기록이다. 요한은 단순히 예수님의 행적을 나열하지 않고, 예수님의 말씀과 그 의미를 중심으로 영적 진리를 깊이 조명한다. 당시 영지주의자들은 "영은 선하고 육은 악하다"고 주장하며, 예수 그리스도의 성육신을 부인하였다. 요한은 이에 대한 변론으로 복음을 집필했다.

요한은 성육신의 진리를 힘주어 선언한다. "말씀이 육신이 되어 우리 가운데 거하시매"(요 1:14). 예수님은 죄 없으신 몸으로 오셔서 피와 물을 쏟으며 희생제물이 되셨고, 그 피로 우리는 자녀의 권세를 얻었다(요 1:12). 요한복음은 그래서 기독교 변증학의 정수라 할 수 있다.

셋째, 종말론적 비전: 요한계시록이 있다. 요한계시록은 단순한 묵시문학이 아니다. 이 책은 '종말을 준비하는 교회'에 주는 환상의 서신이다. 요한은 밧모 섬에서 하나님의 말씀과 예수를 증언하였으므로 말미암아 유배되었다(계 1:9). 고된 노역과 추위 속에서 요한은 성령에 감동되어 예수 그리스도의 승리를 보는 환상을 받는다. "어린 양과 더불어 싸우려니와… 그와 함께 있는 자들도 이기리로다"(계 17:14).

요한이 본 환상은 절망 속에서 환희를, 핍박 속에서 비전을 제시한다. "이기는 자"라는 표현은 요한계시록에 무려 여덟 번이나 등장한다. 요한 일서에도 두 번 나타난다. 이 말은 단순한 도전이 아니다. 끝까지 믿음을 지킨 자에게 하나님께서 승리를 약속하신다는 강력한 선언이다.

밧모 섬에서 천성까지: 요한과 존 번연

요한의 계시록 정신은 후대 신앙의 유산으로 이어진다. 대표적인 인물이 존 번연이다. 1678년 그의 걸작 《천로역정》은 요한계시록의 영적 여정을 재해석한 작품이다. 천국으로 가는 길은 고난의 길이며, 믿음 없이는 도달할 수 없다. 그러나 이 길 끝에는 영광의 천성이 있다. 요한이 밧모 섬에서 본 비전이 번연에게는 문학으로 표현되었고, 오늘 우리에게는 신앙의 여정으로 이어진다.

비전이 사람을 살린다

지친 성도들에게 가장 필요한 것은 '비전'이다. 돈이나 음식이 아니라, 하나님 나라의 환상을 보는 것이다. 요한은 그가 본 환상을 일곱 교회에 보냈고, 그 메시지는 단 하나다. 끝까지 믿음을 지키라. 핍박과 박해 속에서도 배교하지 말라. 왜냐하면, 결국 이기는 이는 예수 그리스도이시며, 그와 함께 있는 자들도 이기기 때문이다.

사도 요한은 사랑의 사도이며, 동시에 종말의 비전을 선포하는 사도다. 요한복음에서는 진리를 지키는 변증의 교사였고, 요한계시록에서는 영적 전쟁에서 우리를 이끄는 천국의 가이드였다. 무엇보다 그는 절망 속에서 비전을 본 사람이다.

오늘날 우리에게도 같은 도전이 있다. 사랑 안에 거하고, 진리를 수호하며, 끝까지 믿음을 지켜 승리하라. 이것이 요한이 우리에게 남긴 영원한 권면이다.

멘토링 시각으로 본
시냇가에 심은 나무

시냇가에 심은 나무의 성장원리(2): 나무 원줄기(기둥)
– 인생의 형통원리에서 지주대 설치는 멘토링이다

멘토링의 사람들: 혼자보다 함께 걷는 길이 행복하다

시냇가에 심은 나무의 성장원리(2): 나무 원줄기(기둥) – 인생의 형통원리에서 지주대 설치는 멘토링이다

비전에서 멘토링으로 연결하기

앞에서 '시냇가에 심은 나무'의 뿌리 구조를 '비전의 원리'로 살펴보았다. 나무는 뿌리를 깊이 내리고, 시냇물을 향해 넓게 뻗어갈수록 건강하게 자란다. 그러나 시냇가에 심긴 나무라도 성장하는 동안 예기치 못하는 위기를 만날 수 있다. 특히 태풍과 같은 외부 변수는 나무를 단번에 부러뜨릴 수 있다.

이러한 외부 환경에 대비하여 반드시 필요한 것이 있다. 그것은 바로 나무를 위한 '지주대'(支柱臺) 설치이다. 지주대는 나무가 바람에 흔들릴 때 넘어지지 않도록 붙잡아 주는 지지대 역할을 한다. 특히 옮겨 심은 나무에게는 필수적인 보호장치다. 아직 뿌리가 제대로 자리를 잡지 못한 상태에서 지주대는 생존을 위한 최소한의 안전장치다. 일반적으로

한 나무에는 서너 개의 지주대가 필요하며, 곧고 튼튼해야 나무를 바르게 세울 수 있다.

성경은 이스라엘을 '시냇가에 심은 나무'로 비유한다(시 1편). 이스라엘은 출애굽을 통해 이집트를 떠나 홍해를 건너 광야를 지나 가나안에 이르렀다(출 12, 14장; 수 1, 3장).

그러나 가나안 땅에 뿌리를 내렸음에도 불구하고 이스라엘은 끊임없이 흔들렸고 넘어졌다. 사사기의 표현처럼 수많은 전쟁으로 인한 '엔 샬롬'(평화 없음)의 반복이었다. 그 이유는 바로 이스라엘을 붙들어 줄 지주대가 없었기 때문이다. 그래서 그들은 이방 나라처럼 왕을 세워 달라고 끈질기게 요청하였다.

이 요청에는 여러 가지 복합적인 요소들이 있다. 하나님이 왕으로 계셨지만 하나님의 통치를 믿지 못하는 불신앙이었든지, 아니면 하나님의 대리자가 있음에도 불구하고 리더십 부재였든지, 아니면 또 세상의 유혹 즉 우상숭배와 부의 축적이라는 자기 욕심에 마음을 빼앗겼든지, 그 모든 책임을 이방 나라처럼 힘 있는 왕이 없었기 때문이라고 말한다.

비전의 길에서 반드시 필요한 지지대: 멘토링

우리의 인생 여정도 마찬가지다. 비전을 품었다고 해서 그 길이 자동으로 평탄해지는 것은 아니다. 오히려 비전을 가진 사람은 그렇지 않은 사람보다 훨씬 더 많은 시련과 유혹, 인내의 터널을 지나야 한다. 비전이 크면 클수록 그에 상응하는 대가와 고통도 크기 때문이다.

이때 필요한 것이 있다. 바로 멘토링이다. 멘토링은 흔들리는 나무를 붙잡아주는 지주대처럼, 비전의 길에서 흔들리는 사람을 붙잡아주는 사명의 막대기다. 비전의 대가를 감당하기 어려워 쓰러지거나 포기하려는 순간, 멘토링은 그를 다시 붙들고 방향을 일깨우며 위로와 지지를 제공한다.

많은 사람이 비전을 꿈꾸지만 그 꿈은 대부분 계획대로 이루어지지 않는다. 오히려 모든 것이 착착 맞아떨어진다면 그것은 '비전'이 아니라 자기 계획일 수 있다.

성경과 역사를 돌아봐도 비전을 온전히 성취한 사람은 극히 드물다. 왜냐하면, 하나님의 비전은 인간의 능력이나 계산이 아니라 하나님의 뜻과 방법이라는 순종을 통해서 완성되기 때문이다. 따라서 이 어려운 비전의 길을 걷는 이에게 반드시 필요한 것이 멘토링이다.

함께 걸어가는 은혜: 멘토링의 본질

멘토링을 한마디로 정리하면, 비전을 품은 사람을 돕기 위해 하나님이 붙여주신 '도움의 사람과의 연결'이다. 그 연결을 통해 비전을 가진 사람은 인도와 지도, 협력과 공급, 용기와 격려, 돌봄과 섬김을 받는다. 마치 어린나무가 뿌리를 잘 내리도록 여러 각도에서 지주대를 받쳐주는 것과 같다.

비전이 있는 사람이 처음에는 잘 가다가 중간에서 멈추는 가장 큰 이유는 방향을 몰라서가 아니라 혼자 가기 때문이다. 비전은 분명히 방향성이다. 그러나 방향을 아는 것만으로 비전이 성취되지 않는다. 그 방향으로 갈 때 '함께 걸어가 줄 누군가가 있는가?'이다.

하나님의 역사를 보면, 언제나 사람을 통해 사람을 돕는다. 멘토링은 바로 그런 하나님의 방법 중 하나이다.

비전의 뿌리가 땅에 정착하도록 하고, 그 방향이 시냇가로 향하게 하며, 비바람이 몰아쳐도 그 나무가 흔들리지 않도록 붙잡아주는 일, 그것이 멘토링이다. 멘토링은 비전이 생존하고 성장하도록 돕는 은혜의 지주대이다.

따라서 하나님의 비전을 품은 자들에게 필요한 것은 멘토링이라는 손길, 사람들의 관리가 필요하다.

멘토링의 원리

인간은 나무와 같다. 나무가 뿌리, 줄기, 가지, 잎, 열매라는 여러 기관이 유기적으로 연결되어 하나의 생명체로 자라나듯, 사람 또한 신체와 정신, 감정이 조화를 이루며, 환경과 관계 속에서 성장해 간다. 멘토링은 바로 이 유기적 성장의 여정을 동반하는 사역이다.

나무의 성장원리는 사람의 성장과 놀랍도록 닮았으며, 이를 통해 우리는 멘토링의 본질과 방법을 더 깊이 이해할 수 있다.

첫째, 성장하는 데는 적절한 환경이 필요하다. 나무가 건강하게 자라기 위해서는 좋은 토양, 적당한 물과 햇빛이라는 환경적 조건이 조화를 이루어야 하는 것처럼 사람도 성장을 위해 적절한 환경이 필요하다.

멘토는 멘티가 성장할 수 있도록 영적·심리적·사회적 환경을 조성해 주는 역할을 감당해야 한다. 바울이 디모데를 에베소 교회에 세운 것도 그에게 사역의 장을 마련하고, 실제적인 성장의 기회를 제공한 것이었다(딤전 1:3). 성장하는 환경은 우연히 만들어지지 않는다. 그것은 의도적이고 관계적인 노력의 산물이다. 따라서 비전을 가진 자에게 필드(현장)를 주는 일은 중요하다.

둘째, 지속적인 돌봄과 관리가 필요하다. 나무는 지지대를 세우고, 물을 주고, 가지를 치고, 병충해를 방지하는 꾸준한 손길 속에서 자란다. 사람의 성장도 마찬가지다. 한 사람의 인격과 비전 성취를 위해서는 지속적인 피드백과 돌봄이 필요하다.

멘토는 단순한 조언자가 아니라 때로는 교정하고, 때로는 위로하며, 멘티의 성장을 인내로 도와야 한다. "모든 성경은…교훈과 책망과 바르게 함과 의로 교육하기에 유익하니"(딤후 3:16). 멘토링에서 하나님의 말씀 가운데 조언하고 지도하는 지속적인 관계가 필수적이다.

셋째, 시간과 인내가 필요하다. 나무는 단기간에 자라지 않는다. 싹을 틔우고, 뿌리를 내리고, 줄기를 세우며, 결국 열매를 맺기까지 오랜 시간이 걸린다. 사람도 마찬가지다. 즉각적인 성과를 기대하기보다는, 실패와 시행착오를 겪으며 천천히 성장해 나간다. 멘토링은 인내의 사역이다. 멘토는 조급함을 내려놓고, 멘티가 자신의 속도로 성장할 수 있도록 기다려 주는 동반자가 되어야 한다. 사람의 성장은 시간 속에서 빚어진다.

넷째, 상호작용과 관계의 힘을 통해 성장한다. 나무는 다른 식물과의 경쟁, 동물과의 상호작용 속에서 자란다. 사람도 마찬가지다. 인간은 관계 안에서 배우고, 다듬어지고, 회복된다.

멘토링은 관계를 통해 성장의 길을 여는 과정이다. 멘토와 멘티 간의 신뢰와 소통은 단지 도구가 아니라 성장의 핵심 자산이다. 진정한 멘토링은 말보다 삶을 나누는 것이고, 그 안에서 멘티는 보호받고 도전받으며 또 성장하게 된다.

다섯째, 방향성과 목표에 따라 성장이 달라진다. 나무는 햇빛을 향해 가지를 뻗고 뿌리를 깊이 내리며 생명력을 유지한다. 이러한 방향성은 나무가 존재 목적을 향해 나아감을 상징한다. 사람의 성장도 마찬가지다. 명확한 목표 없이는 성장할 수 없다.

멘토는 멘티가 자신의 비전과 소명을 발견하도록 도와야 한다. 방향 없는 열심은 쉽게 지치지만, 분명한 목적이 있는 여정은 고난 속에서도 견뎌내는 힘을 준다. 멘토링은 멘티가 '왜 사는가?'를 발견하도록 돕는 것이다.

여섯째, 결과와 성취라는 열매가 있다. 성숙한 나무는 열매를 맺고, 그 열매는 다른 생명을 살린다. 멘토링의 궁극적 목표는 멘티가 열매 맺는 인생을 살아가도록 돕는다. 한 사람의 성장은 자기만을 위한 것이 아니라 타인과 공동체를 유익하게 만드는 결과로 이어져야 한다. 비전을 성취한 사람은 내면의 기쁨뿐 아니라 세상에 선한 영향력을 남긴다. 건강한 멘토링은 멘티를 '열매 맺는 자'로 세운다.

성장의 길에 함께하는 동반자

나무의 성장은 혼자 이루어지지 않는다. 끊임없이 공급받고 돌봄을 받으며 환경과 상호작용하며 자라난다. 사람의 성장도 마찬가지이기 때문에 멘토링은 그 유기적 성장의 여정에 동반자로 함께하는 사명이다. 나무를 돌보는 정원사처럼 멘토는 멘티가 뿌리내리고 가지를 뻗고 마침내 열매를 맺도록 돕는 존재이다.

멘토링은 단지 기술이 아니라 생명에 대한 깊은 이해와 헌신이다. 그리고 그 이해는 나무처럼 자라는 한 사람을 통해 세상을 변화시키는 진정한 열매로 이어질 것이다.

시냇가에 옮겨 심은 나무는 '사람의 관리'가 필요하다

깊은 산골짜기에 자생하는 나무들은 대부분 구부러졌거나 곁가지가 많은 잡목이다. 목재로서의 가치가 낮고, 건축 자재나 가구로도 쓰기 어렵다. 이는 사람들이 돌보지 않았기 때문이다.

많은 이들이 성경 속 '시냇가에 심은 나무'를 떠올릴 때 그것이 자동으로 아름답게 자라날 것이라 기대한다. 그러나 아무리 좋은 자리에 심긴 나무라도 곧고 튼튼하게 자라기 위해서는 끊임없는 돌봄이 필요하다. 특히 어린 나무일수록 더 많은 손길이 필요하다. 가지를 솎아주고, 병충해를 막아주며, 지지대를 세워주는 사람의 손길이 없다면 그 나무는 결국 잡목이 되고 만다.

비전의 사람도 이와 같다. 꿈을 품었다고 해서 그 꿈이 저절로 자라는 것은 아니다. 거기에는 반드시 누군가의 돌봄과 지도가 필요하다. 그 꿈을 실현하기까지는 수많은 사람의 지도와 가르침, 기도와 헌신, 지지와 배려가 필요하다.

한 사람의 비전이 열매 맺기까지는 수많은 사람의 기도와 눈물이 필요하고, 가르침과 책망, 격려와 위로가 필요하다. 혼자 꾸는 꿈은 망상으로 끝날 수 있지만, 함께 가꾸는 꿈은 현실이 된다.

나무는 돌보는 자가 있어야 곧게 자라고, 사람은 양육하는 스승이 있어야 바르게 성장한다. 신앙의 여정, 인생의 사명, 그리고 비전의 성취는 결코 혼자의 힘으로 이루어지지 않는다. 깊은 산속의 잡목이 아닌 생명을 품은 나무로 자라기 위해서 그리스도인은 누군가의 손길이 필요하다. 그리고 또 누군가의 성장을 위해 손을 내밀 준비가 되어 있어야 한다.

사람의 관리(1): 나무가 곧게 자라도록 지주대(지지대)를 설치

어린 나무와 지주대: 돌봄의 시기

나무를 옮겨 심는 일만큼이나 옮겨 심은 나무가 새로운 토양에 잘 정착하도록 돕는 일 또한 중요하다. 특히 어린 나무일수록 줄기가 약하고 뿌리가 아직 깊지 않아 바람에 쉽게 휘어지고 쓰러질 수 있다. 이때 지주대를 설치해 나무의 중심을 잡아 주는 것이 중요하다. 일반적으로 3개 정도의 지주대를 삼각형 형태로 세워 나무를 고정한다. 하지만 이 지지대는 영구적인 것이 아니다. 1~2년 후 나무가 자립할 수 있게 되면 제거해야 한다.

사람도 마찬가지다. 홀로 설 수 없는 어린 시기는 교육의 최적 시간이다. 이스라엘 백성이 애굽에서 나와 가나안 땅에 옮겨 심어졌을 때, 하나님은 연약한 그들을 세심히 돌보셨다. 모세는 "이스라엘아 들으라"(신 6:4)로 시작되는 쉐마 교육을 통해 하나님 사랑과 율법 준수의 중요성을 가르쳤다. 이처럼 사람은 환경과 교육, 멘토링의 손길이 어우러져야 올곧게 자랄 수 있다.

요아스와 여호야다: 멘토의 부재가 만든 비극

성경은 요아스 왕의 성장 과정을 통해 멘토의 중요성을 명확히 보여준다. 악한 아달랴의 손에서 살아남은 어린 요아스는 고모부인 제사장 여호야다의 손에 의해 보호받고 양육되었다. 여호야다는 그에게 신앙과 통치의 기준을 심어주었고, 요아스는 그가 살아 있는 동안 여호와 보시기에 정직하게 행했다(왕하 12:2). 여호야다는 요아스에게 있어서 지주대 같은 존재였다. 하지만 여호야다가 죽자 상황은 급변했다. 요아스는 곧바로 악한 고관들과 어울리며 우상숭배에 빠지고, 하나님의 말씀으로 책망하던 선지자 여호야다의 아들 스가랴까지 돌로 쳐 죽이는 죄까지 저지른다(대하 24:21-22).

시편 1편 1절은 이렇게 말한다. "복 있는 사람은 악인들의 꾀를 따르지 아니하며 죄인들의 길에 서지 아니하며 오만한 자들의 자리에 앉지 아니하고." 요아스는 복 있는 사람의 길을 떠나 오만한 자들의 자리에 앉고 말았다.

요아스는 결국 하나님께 버림받았고, 아람의 침공 중 상처를 입은 후 신하들의 손에 죽임을 당했다(대하 24:25). 그의 인생은 여호야다가 있었을 때와 없었을 때의 명암이 너무나도 극명하게 갈린다.

인생의 길에서 누구와 함께 걷고 있는가?

인생은 시작과 끝이 있는 여정이며, 우리는 그 여정을 누구와 걷는가에 따라 전혀 다른 길에 도달하게 된다. 때로는 자신의 힘만으로는 결정할 수 없는 선택의 순간들, 혼란과 갈등 속에서 방향을 잃을 때가 있다. 그때 필요한 존재가 바로 멘토이다. 신뢰할 수 있는 멘토는 인생의 길 위에서 보호자요 인도자이며, 지주대와 같아서 늘 곁을 붙잡아 주는 존재이다.

지주대는 나무가 똑바로 자라도록 돕고 형태를 잡아 주는 임시적이지만 결정적인 장치이다. 인간관계에서도 비전을 가진 사람의 곁에서 지지하고 격려하며 중심을 잡아 주는 이가 바로 멘토이다. 인생의 방향과 성패는 종종 '누구와 함께 있느냐'에 따라 결정된다.

곁에 있어 주는 지지대 같은 사람

지주대는 나무에게 있어 곁에서 뿌리를 내릴 수 있도록 도와주는 존재이다. 멘토가 비전의 사람에게 그러하다. 특히 어린 시기, 혹은 인생의 전환기에 더욱 그러하다. 여호야다와 요아스의 관계, 하나님과 이스라엘의 관계, 우리와 우리의 멘토들 사이에는 이처럼 본질적인 의미가 흐른다.

비전은 혼자 이룰 수 있는 것이 아니다. 나무가 뿌리내리고 줄기를 뻗으며 자라 열매를 맺기까지는 지주대가 필요하듯이 어떤 사람의 성장과 성취 뒤에도 늘 묵묵히 곁을 지켜준 누군가가 있다. 그 누군가가 되어주는 것, 혹은 그런 사람을 만나는 것이 곧 멘토링이며, 삶의 축복이다.

사람의 관리(2): 지주대를 세워도 줄(노끈)로 묶어야 한다

시냇가, 물가를 언약으로 비유하였다. 그렇다면 나무에게 또 다른 언약과 같은 관계가 있다. 바로 나무와 지주대를 묶는 줄, 노끈이다.

하나님과 인간 사이의 관계는 단순한 종교적 구속이 아니라 생명과 성장을 위한 깊은 유기적 연결이다. 그것은 마치 연약한 나무가 지주대에 묶여 바람에도 쓰러지지 않도록 보호받고 똑바로 자라날 수 있도록 도와주는 노끈과 같다.

언약 안에 순종의 줄(노끈)

이 노끈을 사용할 때 주의 사항이 있다. 이 노끈은 나무의 성장에 따라 주기적으로 풀고 묶기를 반복해야 한다. 마치 하나님과 인간 사이에 한 번 맺은 언약과 같다. 단순한 과거의 체결로 그치는 것이 아니라, 시대에 따라 후손에게 재인식되고 갱신되어야 하는 생명의 끈이 바로 언약이다.

시냇가에 옮겨 심은 나무와 지주대 그리고 줄(노끈)의 이미지를 통해 언약의 의미와 기능 그리고 옛 언약에서 새 언약으로의 전환이라는 하나님과 인간, 언약의 상호작용을 탐구할 수 있다.

노끈, 나무, 지주대: 성장의 삼중 구조

줄(노끈)은 나무가 바람에 쓰러지지 않도록 지주대에 묶어주는 역할을 한다. 그러나 이 노끈은 나무가 성장함에 따라 조절되어야 한다. 나무가 굵어졌는데도 노끈을 풀어주지 않으면 나무를 파고들어 성장에 장애를 일으킨다. 바람에도 쉽게 부러지게 한다. 그러므로 줄은 필수적이지만 동시에 유연성과 관리가 요구된다.

나무의 뿌리에 있어서 시냇가가 언약이라면 나무 원줄기와 지주대를 묶은 줄 노끈은 또 다른 언약이다. 뿌리는 시냇가로 향해야 하고, 원줄기와 지주대는 묶고 푸는 반복을 할 때 나무가 거목이 된다. 나무는 시냇물로 자라며 지주대와 묶은 줄로 곧게 아름답게 자란다. 묶고 푸는 것을 반복하는 것이 또 다른 언약의 순종이다.

하나님의 언약: 줄의 신학적 의미(순종)

언약은 하나님과 인간 사이를 묶는 신성한 줄과 같다. 이 줄은 나무가 곧게 자라고 안정적으로 설 수 있도록 돕는다. 그러나 줄이 지나치게 조이면 해가 되듯, 언약도 강제적 억압이 되어서는 안 되며, 하나님의 사랑과 은혜 안에서 유연하게 작동해야 한다.

하나님의 언약은 역사 속에서 여러 차례 나타났다. 아브라함과의 언약(창 12, 15, 17장), 시내산 언약(출 19-24장), 그리고 예수 그리스도를 통한 새 언약(렘 31:31-34; 마 26:28)은 모두 하나님의 신실하심을 증거한다. 이 언약은 하나님의 자녀로서의 정체성을 부여하고, 구원과 생명의 약속을 제공한다.

언약의 쌍면성: 복(순종)과 징계(불순종)

인간의 시각으로 보면, 언약은 분명히 축복의 도구이지만 동시에 징계의 수단이 될 수 있다. 순종하면 생명과 평안이 주어지지만, 불순종하면 경고와 징벌이 따른다. 이스라엘의 역사 속에서 언약에 대한 불순종은 우상숭배, 교만, 영적 타락으로 이어졌고, 이는 곧 파멸을 불러왔다.

그러나 그 속에서도 언약은 하나님께로 돌아오게 하는 교정의 줄 역할을 하였다. "사람의 언약이라도 정한 후에는 아무도 폐하거나 더하거나 하지 못하느니라"(갈 3:15)라는 말씀처럼, 언약은 불변하며 반드시 그 조항대로 시행된다. 신명기 28장에는 언약의 말씀에 순종할 때 받을 복과 불순종할 때 받을 재앙이 있다.

옛 언약에서 새 언약으로

언약은 시대에 따라, 인물에 따라 갱신되었다. 마치 나무가 성장할 때마다 노끈을 조절해야 하듯, 인간의 신앙도 시대적, 인격적 성숙에 따라 언약을 새롭게 적용해야 했다.

그러나 바리새인과 서기관들은 율법이라는 옛 언약에 머물러 새 언약을 거부하였다. 율법은 돌판에 새겨진 문자였고, 희생 제사를 통한 외적인 정결이었다. 그러나 그 한계는 명백했다. 인간의 내면을 변화시키지 못했다.

따라서 하나님은 예레미야 선지자를 통해 새 언약을 예고하셨다. "내가 나의 법을 그들의 속에 두며 그들의 마음에 기록하여 나는 그들의 하나님이 되고 그들은 내 백성이 될 것이라"(렘 31:33). 이는 율법의 외적 강제가 아니라 내면의 자발적 순종을 의미한다.

그리고 이 새 언약을 성취하기 위해 예수님은 오셨다. 최후의 만찬에서 예수님은 포도주를 주시며 "이 잔은 내 피로 세우는 새 언약"(눅 22:20)이라 하셨다. 이 새 언약은 다음과 같은 네 가지 특징을 갖는다. 첫째, 죄의 용서와 구원이다. 예수님의 희생은 단번에, 영원히 모든 죄를 속량하였다(히 10:14). 둘째, 영원한 생명의 약속이다. 예수 그리스도를 믿는 자는 하나님의 자녀로 영생을 누린다(요 1:12). 셋째, 하나님의 법이 마음에 새겨졌다. 성령은 율법을 내면화시켜 자발적 순종을 이끌어낸다(렘 31:33). 넷째, 성령의 내주와 인도하심이다. 성령은 믿는 자 안에 거하시며, 순종의 능력을 부여하신다(고후 3:6).

언약이라는 줄로 갱신하다

지금의 그리스도인은 언약이라는 줄로 하나님께 묶인 존재이다. 이 줄은 억압이 아니라 생명의 연결이며, 혼란한 세상 속에서도 흔들리지 않고 곧게 서도록 돕는다.

그러나 줄은 고정된 것이 아니다. 나무의 성장에 따라 조절되듯, 인간의 영적 성장과 시대적 상황에 따라 언약의 적용도 갱신되어야 한다. 옛 언약에 머무르면 종교적 형식주의에 갇히게 되며, 새 언약의 은혜를 받아들이면 자유롭고 능동적인 신앙이 된다.

나무와 지주대 사이를 연결하는 줄처럼, 하나님과 우리를 연결하는 언약은 신앙의 본질이다. 우리는 날마다 이 언약을 기억하고, 점검하고, 갱신하며 살아야 한다. 갱신이란 새로운 언약 체결이 아니라, 하나님의 신실하신 언약을 다시 기억하고, 백성들이 스스로 그 언약 안에 살 것을 결단하는 신앙적 의식이다. 다시 말해, 기존 언약을 다시 확인하고, 결단과 순종으로 새롭게 다짐하는 것을 말한다.

언약 갱신의 대표적인 인물로 모세(신 29장)와 여호수아(수 24장), 느헤미야(느 9-10장)가 있다. 그중에 여호수아의 언약 갱신을 보면, 여호수아가 가나안 정복을 마친 후 노년기에 이스라엘 온 회중을 세겜에 모아놓고 언약을 갱신하는 장면이 있다. 기존 시내산 언약의 갱신이다. 이스라엘 백성들에게 "너희가 섬길 자를 오늘 택하라"(수 24:15)라고 결단을 촉구한다. 백성들은 "우리가 여호와를 섬기겠나이다"라고 고백하며 언약을 새롭게 다짐한다(수 24:16-18). 여호수아는 증거로 언약의 돌을 세우고(수 24:26-27), 율법책에 그 말을 기록하여 언약 갱신의 증거로 남긴다. 이 장면은 언약

관계의 지속적 갱신을 강조한 장면이다. 마치 지주대에 나무 원줄기를 다시 묶어주는 모습처럼, 관계의 회복과 새 출발을 떠올리게 한다.

사람의 관리(3): 구부러진 나무 – 지주대와 줄(노끈)로 곧게 펴다

우리는 모두 '구부러진 나무'처럼 인생의 어느 시점에서 성장하기를 멈추어 버렸다. 때로는 어린 시절의 상처 때문에, 때로는 예상치 못한 실패와 배신 때문에, 또 때로는 혼란한 세상 속에서 길을 잃고 자신감을 잃어버리기도 한다. 이 시대의 많은 사람이 외롭게 흔들리며 자라고 있다. 마음 한편에는 '나를 제대로 이끌어 줄 누군가가 있었더라면…' 하는 아쉬움이 남는다.

이 세상에 홀로 온전하게 자라는 인생은 없다. 우리는 누군가의 지주대가 되어야 하고, 또 누군가의 지지 속에 성장하고 있다. 누군가의 곁에 서주는 일, 멘토가 되는 일은 단순한 조언이나 감정적 위로를 넘어서, 하나님의 역사에 동참하는 영적 동역이다.

구부러진 나무와 인생

구부러진 나무도 튼튼한 지주대와 줄(노끈)만 있다면 곧게 펴서 자라게 할 수 있다. 나무는 바람, 햇빛, 경사, 흙의 상태 등 환경의 영향을 받기 때문에 길이나 산에서는 구부러져 자라는 나무를 흔히 볼 수 있다. 구부러진 나무를 곧게 펴기 위해서는 나무의 굵기와 휜 정도에 따라서 오랜 시간이 필요하다.

인간도 마찬가지다. 사람은 홀로 바르게 성장하기 어렵다. 가정에서는 바른 부모를, 학교에서는 좋은 스승과 친구를, 직장에서는 인격 있는 상사를, 결혼생활에서는 신실한 배우자를 만나야 바르게 성장할 수 있다. 바른 만남이 지속적인 동행으로 이어질 때 우리는 이를 '멘토링'이라 부를 수 있다. 사람은 누구를 만나고, 누구와 함께 가느냐에 따라 삶의 복과 저주가 결정될 수 있다. 도움의 손길이 결핍될 때 인생은 쉽게 구부러진다.

청소년의 구부러짐: 멘토링의 필요성

비행 청소년의 사례를 보면, 인생이 얼마나 쉽게 구부러질 수 있는지를 실감하게 된다. 정서적·사회적·환경적·교육적 요소들이 인간을 끊임없이 뒤틀리게 만든다. 청소년기의 구부러짐은 성인기의 왜곡된 삶으로 이어질 수 있다.

사람은 다양한 요소에 의해 언제든지 구부러질 수 있다. 정서, 환경, 교육 등 모든 영역에서 지주대가 되는 존재, 곧 멘토가 절실하다. 한 나무가 바르게 성장하기 위해 서너 개 정도의 지주대가 필요하듯, 인생도 인생의 환난 때마다 붙잡아줄 수 있는 세 명 이상의 멘토가 필요하다.

성경 속 멘토링 이야기: 룻과 나오미

성경에는 구부러진 인생을 곧게 펴는 멘토링의 사례가 등장한다. 룻과 나오미의 이야기이다. '떡집'이라는 뜻의 베들레헴에 흉년이 들자 엘리멜렉은 가족을 이끌고 모압 땅으로 이주한다. 그러나 그는 오래 지나지 않아 죽고, 결혼한 두 아들도 후에 자식 없이 죽는다.

나오미는 절망의 끝에서 베들레헴에 풍년이 왔다는 소식을 듣고 고향으로 돌아가기로 결심한다. 그리고 두 며느리에게 각자의 길을 가라 한다. 오르바는 눈물을 머금고 떠나지만, 룻은 시어머니를 버리고 갈 수 없어서 끝까지 따르겠다고 결단하며 신앙고백한다. "어머니께서 가시는 곳에 나도 가고 어머니께서 머무시는 곳에서 나도 머물겠나이다…어머니의 하나님이 나의 하나님이 되시리니"(룻 1:16). 룻은 단순히 정을 따라간 것이 아니다. 그는 모압의 신을 버리고 이스라엘의 하나님을 받아들이는 영적 결단을 내린 것이었다.

이 두 사람의 관계는 시어머니와 며느리 즉 고부 관계이다. 성경은 이제 아무것도 가진 것이 없는 이 두 사람이 사는 방법을 보여준다. 서로 의지하고 위로해야만 살아갈 수 있는 특별한 관계인 이들은 자연스럽게 서로를 채워주고 서로를 세워주는 멘토링 관계가 되었다.

나오미의 '쓴맛 나는 인생'을 '꿀맛 나는 인생'으로 세울 수 있는 사람이 바로 룻이었고, 또한 저주 아래 있는 모압 족속인 룻을 저주 아래서 끌어내 바른 양지에 세울 수 있는 사람이 나오미였다. 이미 구부러진 모압 족속의 룻과 비참한 환경에 의해 쓴맛 나는 인생으로 구부러진 나오미가 서로 구부러진 채로 기대고 서 있다.

그러나 구부러진 두 사람을 서로 묶는다고 해서 곧게 펴지는 것은 아니다. 그래서 하나님은 구부러진 두 인생을 곧게 펼 수 있도록 사람을 붙여주셨는데, 그 사람이 바로 보아스였다.

언약의 완성자 고엘, 멘토링의 예표

하나님은 이 둘의 인생을 더욱 곧게 펴기 위해 '보아스'라는 줄(노끈)을 사용하신다. 그래서 보아스는 나오미 집안의 '고엘'이 되었다. 고엘은 되찾고 구속하고 다시 매매하는 자로서, 멘토이자 보호자의 역할을 한다. 그는 룻과 결혼함으로 엘리멜렉의 가문을 회복시키고, 나오미와 룻의 인생을 다시 곧게 편다.

'고엘'은 히브리어로 '무르다, 되찾다, 구속하다'를 의미한다. 그는 어려움에 빠진 친족을 대신해 회복시킬 의무와 권리를 가진 자이다(룻 2:20; 신 25:5-6). 이런 의미에서 보아스는 룻과 나오미에게 회복의 손길이었고, 하나님의 때를 따라 돕는 은혜의 도구였다(히 4:16). 이것이 바로 하나님과 이스라엘 백성이 맺은 신실한 언약이다. 고엘은 언약 안에서 자기 백성을 책임지고 회복시키는 가까운 구속자이며 돌보는 자이다(잠 23:11; 욥 19:25).

하나님의 방법, 멘토링

하나님은 우리 인생의 구부러짐과 부러짐을 결코 방관하지 않으신다. 때로는 한 문이 닫힐 때마다 또 다른 한 문을 여시며, 그 문을 통해 '하나님이 예비하신 사람'을 만나게 하신다. 그리고 그 만남을 통해 다시 일으켜 세우신다. 이처럼 하나님은 축복의 사람, 멘토를 통해 우리를 돕고 곧게 하신다.

그러므로 구부러진 인생에도 소망은 있다. 구부러진 나무가 지주대를 통해 바로 서듯이, 인생도 하나님의 지혜로 붙여진 멘토를 통해 다시 곧게 설 수 있다. 이것이 멘토링이고, 하나님의 때를 따라 돕는 은혜이다(히 4:16).

사람의 관리(4): 자라는 어린 나무 주위의 잡초와 잡목을 제거하라

어린 나무일수록 주위에 자라는 잡초나 잡목을 제거하는 일이 시급하다. 나무가 시냇가에 옮겨 심어지는 순간부터, 그 나무가 건강하게 자라기 위해 반드시 필요한 작업이다. 잡초를 내버려 두면 나무의 양분을 빼앗기고, 잡목을 제거하지 않으면 나무보다 더 높이 자라 햇볕을 가려 결국 시냇가에 심긴 나무는 정상적으로 자라지 못한다.

이것은 영적 성장을 준비하는 사람들에게도 동일하게 적용된다. 마치 어떤 학생이 집에서 학교까지 가는 길에 호기심을 자극하는 불건전한 유혹이 연달아 있다면, 그는 끝내 학교에 도달하지 못할 것이다. 혹 도착하더라도 돌아오는 길에는 느슨해진 마음으로 유해시설에 발을 들일 가능성이 크다. 이런 이유로 교육 당국은 초중고 주변에 유해시설이 들어서지 못하도록 법적으로 금지하고 있다. 건강한 성장에는 반드시 위험 요소를 제거한 '안전한 환경'이 필요하다.

세상의 유혹은 어린아이들만의 문제가 아니다. 남녀노소를 가리지 않기에 누구에게나 '영적 안전장치'가 필요하다. 그 안전장치가 하나님의 말씀이며, 사람과 환경을 신중하게 선택하는 지혜이다.

멘토링의 본질: 잡초를 제거해 주는 사람

성경에는 수많은 인물이 등장하는데, 그들 대부분은 어린 시절부터 영적 스승과 긴밀한 관계 속에서 양육받은 사람들이다. 단순한 지식 전달이 아닌 인격적인 돌봄 속에서 이루어진 그 관계는 오늘날 우리가 말하는 '멘토링'의 본질이다. 이것은 인생의 성패가 단지 재능이나 능력에 있는 것이 아니라 '누구와 함께 있느냐'에 좌우된다는 사실을 증명한다.

요아스 왕은 제사장 여호야다와 함께할 때는 형통했으나, 그가 죽은 후 악한 자들과 어울리면서 인생이 무너졌다. 이는 단순한 역사적 사실을 넘어 오늘날을 살아가는 우리에게 깊은 통찰을 준다.

인생에는 반드시 곁에 있어야 할 사람이 있는가 하면, 결코 가까이해서는 안 되는 사람들도 있다. 이 둘을 구분하는 통찰력이 없을 때는 곁에 지혜가 있는 사람이 필요하다(시 1:2).

쉐마 교육: 말씀으로 삶을 통제하라

이런 통찰력을 키우기 위해 이스라엘은 '쉐마 교육'을 실천했다. 구약에서 말하는 쉐마(들으라) 교육은 자녀들에게 신앙과 삶을 통합적으로 가르치는 교육 방식으로, 부모가 일상 속에서 끊임없이 말씀을 가르치고 삶으로 보여주는 것을 핵심으로 하였다. "오늘 내가 네게 명하는 이 말씀을 너는 마음에 새기고…손목에 매어 기호를 삼으며 네 미간에 붙여 표로 삼고 또 네 집 문설주와 바깥 문에 기록할지니라"(신 6:6-9)라는 말씀처럼, 이 쉐마 교육은 개인, 가정, 사회 전 영역에서 하나님의 말씀을 기준으로 살아야 함을 강조한다. 특히 '마음'은 지성과 감정과 의지가 자리하는 핵심 공간으로, 마음을 다하고 뜻을 다해 하나님과 이웃을 사랑해야 하는 자리이다. 또한, 마음은 세상의 시험과 유혹을 받는 곳이기도 하다.

오늘날도 동일하다. 하나님의 말씀을 매일 묵상하지 않으면 자연스럽게 악인의 꾀에 끌리고, 죄인의 길에 들어서며, 오만한 자의 자리에 앉게 된다. 말씀을 내면화하는 훈련만이 세상의 타락한 문화와 사고방식에 휩쓸리지 않고 영적으로 자랄 수 있는 길이다. 말씀을 내면화하는 훈련이란, 단순히 성경 말씀을 머리로 아는 데 그치지 않고, 그것이 삶의 중심 가치와 태도, 습관, 인격이 되도록 말씀을 마음에 새기고, 묵상하고, 순종하며 살아내는 훈련을 말한다. 이런 가르침에 부모만큼 좋은 멘토는 없다.

가나안 족속의 제거: 구별의 원칙

멘토는 제자 주위에 있는 세속적 잡초를 하나님의 말씀으로 제거해 주는 사람이다. 그 한 예가, 하나님께서 가나안 땅에 들어가는 이스라엘 백성에게 "가나안 족속을 진멸하라"라고 명령하신 사건이다(신 20:17).

그 이유는 분명하다. "그들이 그 신들에게 행하는 모든 가증한 일을 너희에게 가르쳐 본받게 하여 너희가 너희의 하나님 여호와께 범죄하게 할까 함이니라"(신 20:18). 우상숭배와 이방 문화는 신앙의 순수성을 해칠 수 있기에 하나님은 철저한 구별을 명하셨다. 이것은 오늘날 우리가 세상 속에서 살아가되, 세상의 가치관을 그대로 받아들이지 말아야 할 이유이기도 하다.

모세는 이스라엘 백성에게 가나안 땅에서 풍요로움을 누리되, 하나님의 은혜를 잊지 말고 겸손히 살 것을 권면했고(신 8:11-18), 생명과 죽음, 축복과 저주 사이에서 올바른 선택을 하라고 촉구했다(신 30:15-20). 여호수아도 마지막 유언처럼 이렇게 외쳤다. "오직 나와 내 집은 여호와를 섬기겠노라"(수 24:15).

비전의 동반자: 누구와 함께 가는가?

결국, 비전의 성패는 단지 방향성의 문제만이 아니라 그 길을 누구와 함께 걸어가느냐의 문제다. 사도 바울의 사역도 그 혼자만의 역사가 아니다. 그의 여정 속에는 수많은 '도움의 얼굴들'이 함께했다. 마치 모자이크 작품이 작은 조각들로 아름다운 그림을 만들어내듯, 비전도 다양한 사람들과의 협력을 통해 완성된다.

사람은 사회적 존재이기 때문에 타인과의 관계 속에서 정체성과 삶의 방향을 형성한다. 특히 멘토나 역할 모형(Roll Model)을 통해 배우는 삶의 가치관, 태도, 행동방식은 개인의 성장을 가속화시킨다. 긍정적인 관계를 통해 서로 좋은 영향을 주고받을 때 그 인생은 더욱 깊고 단단해진다.

공존이 아닌 구별: 지혜로운 관계 선택

사람과의 관계에서 중요한 것은 '차별'이 아니라 '구별'이다. 잡초와 잡목은 나무와 공존할 수 없다. 그저 두는 것이 아니라 뽑아내야 한다. 인간관계도 마찬가지다. 악한 사람의 사고방식이나 행동은 쉽게 전염된다. 그들과 가까이 있으면 갈등과 불신, 그리고 불안이 끊임없이 따라올 것이다.

지혜로운 멘토는 제자에게 '누구와 함께 있어야 하는가'를 가르쳐주는 사람이다. 가르침과 인도, 지지와 격려를 아끼지 않는 스승 멘토와의 만남은 비전의 길을 더욱 행복하게 만든다. 결국, 비전은 혼자서 이룰 수 있는 것이 아니다. 누구와 함께 걷느냐에 따라 그 길이 실패의 길이 될 수도, 형통의 길이 될 수도 있다.

멘토링의 사람들: 혼자보다 함께 걷는 길이 행복하다

혼자 성공하는 인생은 없다

이 세상에 통용되는 진리 가운데 하나는 '성공에 공짜는 없다'는 말이다. 하지만 또 하나의 중요한 진리는, 아무리 유능하고 탁월한 사람일지라도 혼자서는 결코 성공할 수 없다는 사실이다. 사람은 결코 독립된 섬처럼 홀로 존재할 수 없는 사회적 존재이기 때문이다.

고대 철학자 아리스토텔레스는 "인간은 사회적 동물이다"라고 말했다. 우리는 태어나면서부터 가정이라는 조직에 들어가고, 자라면서 학교, 직장, 교회, 사회 공동체의 '구성원'(構成員) 또는 '회원'(member)이 된다. 이처럼 인간은 관계 안에서 살아가며, 서로 돕고 의지하는 공동체적 삶을 살아가게 된다.

그렇기에 인생에서 위기와 시련을 맞이했을 때 나를 도와줄 사람이 있는가, 없는가는 승패를 좌우하는 결정적인 요소가 된다. 더 나아가, 인생의 성취와 만족, 나눔과 보람을 누릴 가능성도 결국 사람과의 관계 속에서 결정된다.

사람이 희망이다: 사람을 키우는 멘토링의 회복

과거 일제강점기, 우리 민족이 나라의 주권을 되찾기 위해 가질 수 있었던 자원은 오직 '사람'뿐이었다. 그래서 독립운동가들과 해외 선교사들은 학교와 병원을 세우고, 젊은 인재들을 유학까지 보내며 인재 양성에 전념했다. 그들에게 사람을 키우는 일은 나라를 되찾는 길이었고, 희망의 유일한 씨앗이었다.

하지만 8·15 광복 이후, 6·25 전쟁과 5·16 군사정변을 거치며 이 땅의 인재 양성은 점점 외면받기 시작했다. 신뢰는 불신으로, 관심은 무관심으로 바뀌었고, 사람을 키우려 했던 자들이 역으로 자신의 자리를 위협받는 일들을 겪으며 사회 전반에 회의감이 자리 잡았다. "내가 호랑이 새끼를 키웠다", "머리 검은 짐승은 남의 공을 모른다"는 말은, 사람에 대한 신뢰의 단절과 인재 양성에 대한 부정적 인식을 상징하는 말로 유행했다.

요즘 반려동물을 키우는 사람들이 많아졌다. 단지 먹이만 줘도 주인을 알아보고 반기는 동물들과 달리, 사람은 기대와 은혜를 쉽게 잊는다. 성경은 이런 현실을 정확히 진단한다. "소는 그 임자를 알고 나귀는 그 주인의 구유를 알건마는 이스라엘은 알지 못하고 나의 백성은 깨닫지 못하는도다"(사 1:3).

이 말씀은 하나님의 은혜를 망각한 백성에 대한 질책이자, 사람에게 실망한 하나님의 탄식이다. 기대가 큰 만큼 실망도 큰 법이다. 사람을 향한 신뢰가 배신으로 돌아올 때, 그것은 단순한 실망을 넘어 깊은 상처가 된다. 요즘 사람을 양육하기보다 애완동물을 키우는 시대를 보면서 인간관계의 멘토링이 얼마나 부정적으로 인식되고 있는지 알 수 있다.

사람을 부려먹는 시대: 그럼에도 멘토링이 필요한 이유가 있다

오늘날 우리는 리더의 부재와 신뢰의 결핍 속에 살아가고 있다. 과거의 잘못된 유산은 여전히 사회 곳곳에 남아, 사람을 키우기보다는 부려먹고,

자기 말에 복종하는 존재로 만들려는 경향이 존재한다. 이에 따라 '갑질'과 '텃세'라는 사회적 병폐가 여전히 기승을 부리고 있다.

과거의 부모 세대는 못 먹어도 자식만은 공부시켜 가난을 끊고자 했다. 지금도 여전히 우리나라가 가진 자원은 풍부한 천연자원이 아닌 사람이다. 따라서 다시금 사람에게 관심을 기울이고, 사람을 키워야 한다. 세상에는 환난당한 자, 상처받은 자, 억울한 자, 원통한 자들이 넘쳐나고 있으며, 그들에게 필요한 것은 바로 진정한 멘토링이다.

멘토링은 단순한 가르침이나 조언을 넘어 관심과 사랑, 위로와 격려, 치유와 회복, 성장과 성숙을 돕는 사역이다. 그러므로 멘토링의 본질은 인재 양성에 있으며, 이는 곧 세대를 잇는 희망의 통로이다.

하나님은 여전히 사람을 통해 역사하신다

성경에는 하나님의 부르심을 받은 위대한 인물들이 많이 등장하지만, 이들은 결코 혼자 성장하거나 사역하지 않았다. 그들 뒤에는 반드시 선한 영향력을 끼친 사람들이 있었다. 바울은 바나바를 통해 세워졌고, 디모데는 바울을 통해 훈련받았다. 엘리야는 엘리사를 세웠고, 모세는 여호수아를 후계자로 남겼다.

이러한 멘토링의 역사는 곧 하나님의 사람을 예비하시고 연결하시는 섭리의 역사이다. 성경은 처음부터 끝까지 '만남의 책'이며, 이는 곧 멘토링의 원리로 관통된다. 하나님은 늘 사람을 통해 사람을 세우셨고, 축복의 만남은 곧 인생의 전환점이 되었다.

좋은 사람과의 만남은 단순히 성공을 위한 수단이 아니다. 그것은 하나님의 섭리 안에서 이루어지는 축복 그 자체이며, 인생의 방향을 정해주는 나침반과 같고, 캄캄한 인생의 바다를 항해할 때 한 줄기 빛을 비추는 등대와 같다.

멘토링은 생명의 순환이다

바울은 디모데에게 이렇게 권면했다. "또 네가 많은 증인 앞에서 내게 들은 바를 충성된 사람들에게 부탁하라 그들이 또 다른 사람들을 가르칠 수 있으리라"(딤후 2:2).

이는 단순한 네트워크 이상의 개념이다. 멘토링은 영적 유산을 다음 세대에 전수하는 생명의 순환이며, 하나님의 구속사적 흐름 안에서 끊임없이 이어져야 할 거룩한 사명이다.

성경 속 멘토링의 사례들을 살펴보면, 한 사람과의 만남이 그 사람의 인생뿐 아니라 한 민족과 시대를 바꾸는 결정적 전환점이 되었음을 알 수 있다. 그 만남은 단순한 조언이나 도움을 넘어 정체성과 사명을 깨닫게 하고, 하나님의 뜻 안에서 쓰임받는 도구로 변화시키는 거룩한 연결이었다.

성공의 길에는 반드시 사람이 있다

결국, 인생에서 진정한 성공이란 '누구와 함께 걸어가느냐'에 달려 있다. 나의 재능만으로는 완성될 수 없는 일이 있고, 오직 만남을 통해서만 이루어질 수 있는 일이 있다. 내가 받은 은혜와 경험을 나누며 다음 세대를 세우는 일, 그것이 바로 멘토링이며, 이 시대가 가장 절실히 요구하는 사명이다.

이제 우리는 다시금 질문해야 한다. "나는 지금 누구와 함께 걷고 있는가?", "나는 누군가에게 멘토가 되어주고 있는가?"

성경에서 찾은 멘토링의 유형들

[십자가 멘토링 원리 그림]

[위로] 하나님 / 부모 끌어주다, 밀어주다		
[왼쪽 옆으로] 직장 불신자 이웃 전도하다, 인도하다	✝ [안] 자아 예수 닮음, 변화하다	[오른쪽 옆으로] 가정 / 부부 교회 / 교인 지지하다, 돕다
[아래로] 자녀 / 제자 가르치다, 지도하다		

하나님과 함께하는 멘토링: 가장 완전한 동행

인생이라는 여정에는 수많은 갈림길과 장애물이 존재한다. 누구나 인생의 길에서 길을 잃기도 하고, 멈춰 서기도 하며, 때로는 다른 이의 조언이 간절할 만큼 막막한 상황을 마주하게 된다. 이러한 여정 가운데 참된 멘토의 존재는 삶을 올바른 방향으로 이끄는 중요한 열쇠가 된다. 그중에서도 하나님은 인류에게 가장 완전한 멘토가 되시는 분이다.

하나님을 멘토로 삼는다는 의미

하나님과 함께하는 멘토링은 삶의 방향과 목적을 하나님의 말씀과 인도하심을 통해 발견하고 실천하는 과정을 뜻한다. 하나님은 최고의 멘토이시다. 그분은 완전한 지혜와 사랑, 인내와 공의를 지니셨고, 인간의 필요를 아시며 최선의 길로 인도하신다. 이와 같은 멘토링은 단순한 조언의 전달을 넘어서 하나님의 뜻을 분별하고 그분의 말씀에 따라 삶의 문제를 풀어가며 영적으로 성장하는 여정이다.

성경은 하나님과 그분의 백성 사이의 관계를 다양한 비유를 통해 설명하고 있다. 이러한 비유들은 하나님께서 멘토로서 어떤 방식으로 인간을 인도하시는지를 상징적으로 보여준다.

첫째, 목자와 양의 관계이다. 하나님은 이스라엘을 보호하고 인도하시는 목자, 이스라엘은 그분의 인도를 받는 양이다(시 23:1; 사 40:11).

둘째, 포도원과 농부의 관계이다. 하나님은 이스라엘을 포도원으로 돌보시며 열매를 기대하시지만 불순종하면 심판하신다(사 5:1-7; 요 15:1-2).

셋째, 아버지와 아들의 관계이다. 하나님은 아버지로서 이스라엘을 양육하고 보호하시지만 불순종하면 징계하신다(출 4:22).

넷째, 남편과 아내(신랑과 신부)의 관계이다. 하나님은 이스라엘을 신부로 사랑하시지만 우상숭배는 영적 간음으로 책망받는다(호 2:19-20).

다섯째, 토기장이와 진흙의 관계이다. 하나님은 이스라엘을 마음대로 빚으실 수 있는 토기장이이시며, 이스라엘은 그분의 뜻에 따라 만들어지고 변화된다(사 64:8; 렘 18:1-6).

여섯째, 독수리와 새끼의 관계이다. 하나님은 이스라엘을 광야에서 보호하시고 훈련시키며, 독립할 수 있도록 도우신다(신 32:11).

일곱째, 어머니와 자녀의 관계이다. 하나님은 이스라엘을 따뜻하게 돌보시고 위로하시는 어머니 같은 존재이시다(사 66:13).

이 비유들은 모두 하나님과 백성 사이의 언약적 관계, 사랑, 훈련, 인도, 징계, 회복을 상징적으로 보여준다. 멘토링은 이처럼 단순한 정보의 전달이 아니라 인격적 관계 속에서 실현되는 인도이다.

하나님과 함께하는 멘토링의 방식

하나님은 다양한 방법을 통해 하나님의 사람을 멘토링하신다.

첫째, 말씀을 통한 멘토링이다. 성경은 하나님의 멘토링이 가장 분명하게 나타나는 통로이다. 하나님의 말씀은 인생의 등불이자 길의 빛이다.

매일 말씀을 묵상하고 삶에 적용하는 것은 하나님의 인도하심을 따르는 중요한 행위이다. "주의 말씀은 내 발에 등이요 내 길에 빛이니이다"(시 119:105).

둘째, 기도를 통한 멘토링이다. 기도는 하나님과의 대화이며, 멘토와의 직접적인 소통이다. 고민과 감사, 회개와 간구를 통해 하나님의 뜻을 구하며 그분의 응답을 듣는다. 예수께서 가르치신 기도는 인간의 뜻이 아니라 하나님의 뜻이 이루어지기를 바라는 자세를 강조한다(마 6:9-10).

셋째, 성령의 인도하심을 통한 멘토링이다. 성령은 인간의 내면에서 진리를 깨닫게 하시고 삶의 방향을 제시하시는 하나님의 영이시다. 성령의 음성에 귀를 기울일 때 하나님의 뜻을 분별하고 그에 따른 실천이 가능해진다. "진리의 성령이 오시면 그가 너희를 모든 진리 가운데로 인도하시리니…"(요 16:13).

넷째, 믿음의 공동체를 통한 멘토링이다. 교회와 신앙 공동체는 하나님의 멘토링이 실제로 구현되는 삶의 현장이다. 서로를 격려하고 위로하며, 때로는 책망과 교정을 통해 공동체 안에서 성장하게 된다. "서로 돌아보아 사랑과 선행을 격려하며"(히 10:24).

다섯째, 삶의 경험을 통한 멘토링이다. 하나님은 인간의 모든 경험을 통해 가르치신다. 실패와 고난, 성공과 기쁨을 통해 하나님은 우리를 연단하시며 소망을 심어주신다. "우리가 환난 중에도 즐거워하나니 이는 환난은 인내를, 인내는 연단을, 연단은 소망을 이루는 줄 앎이로다"(롬 5:3-4).

하나님과 함께할 때 나타나는 결과

하나님의 멘토링을 통해 나타나는 열매는 매우 구체적이며 실질적이다.

첫째, 영적 성장이 일어난다. 하나님의 말씀과 인도하심을 통해 믿음이 성장하고, 영적으로 성숙해진다.

둘째, 삶의 지혜가 충만해진다. 하나님의 가르침을 통해 삶의 문제를 해결하고, 현명한 결정을 내릴 수 있다.

셋째, 평안과 확신을 얻는다. 하나님과 깊은 관계 속에서 평안을 누리며, 그분의 약속에 대한 확신을 갖게 된다.

하나님과 함께하는 멘토링은 그리스도인이 성숙하고 풍성한 삶을 살아가기 위한 본질적인 길이다. 하나님은 우리를 목자로, 농부로, 아버지로, 신랑으로, 토기장으로, 어머니로 인도하시는 분이시며, 그분의 멘토링 안에서 우리는 진정한 정체성과 소명을 발견하게 된다. 이 여정은 단지 신앙적 영역을 넘어서, 인생 전체를 변화시키는 동행이 된다. 하나님은 모든 세대의 가장 완전하고 신실한 멘토이시다.

부모와 함께하는 멘토링: 부모는 첫 번째 멘토다

한때는 아버지, 어머니, 형, 언니, 누나, 삼촌, 고모, 이모 등 가까운 가족을 통해 자연스럽게 삶을 배우는 멘토링이 일상이었다. 그러나 산업화와 도시화가 진행되면서 가족은 점점 흩어졌고, 핵가족화는 가정 내 교육의 중심을 약화시켰다.

그 결과 가정에서 일어나는 많은 문제가 사회에 드러났다. 특히 자녀와의 대화 단절은 가정에서 보편적인 위기로 나타났다. 모든 세대가 서로 조율하고 의논해야 할 일들이 넘쳐나는 이 시대에, 멘토링은 단지 사회적 필요가 아니라 가정 회복의 해답이 될 수도 있다.

부모는 첫 번째 교사이자 멘토다

부모는 자녀에게 있어 첫 번째 교사이며 가장 가까운 멘토다. 그들은 자녀의 성장과 발전을 위해 삶의 경험과 지혜를 나누며, 그 가르침은 단순한 정보 전달을 넘어 인격과 가치관을 형성하는 데 결정적인 영향을 미친다. 멘토링의 목표는 바로 부모의 가르침을 통해 삶의 문제를 풀고, 성숙하며, 미래를 준비하는 것이다.

부모와의 멘토링을 위한 다섯 가지 방법

첫째, 경험을 통한 교훈의 전수이다. 부모의 삶에는 실패와 성공, 눈물과 웃음이 담겨 있다. 그들의 이야기는 단순한 회상이 아니라 지혜의 보고이며, 자녀는 이 경험을 통해 인생의 길을 배운다. "네 부모를 공경하라 그리하면 네 하나님 여호와가 네게 준 땅에서 네 생명이 길리라"(출 20:12).

둘째, 대화를 통한 깊은 소통이다. 진정한 멘토링은 대화를 통해 이루어진다. 부모와의 대화는 삶의 고민과 꿈을 나누는 통로이며, 자녀는 그 안에서 위로와 방향을 찾는다. "너희 자녀를 노엽게 하지 말고 오직 주의 교훈과 훈계로 양육하라"(엡 6:4).

셋째, 지속적인 관심과 지원이다. 부모의 관심과 격려는 자녀에게 최고의 응원이다. 이 지속적인 지원은 자녀의 자존감과 도전정신을 세우는 힘이 된다. "아버지가 자식을 긍휼히 여김같이 여호와께서는 자기를 경외하는 자를 긍휼히 여기시나니"(시 103:13).

넷째, 공동의 목표 설정이다. 부모와 자녀가 함께 목표를 세우고 노력하는 과정은 관계를 더욱 단단하게 만든다. 협력과 동행 속에서 가족은 하나의 팀이 되어 성장하게 된다. "두 사람이 뜻이 같지 않은데 어찌 동행하겠으며"(암 3:3).

다섯째, 존중과 감사의 표현이다. 부모의 조언과 가르침에 대해 존중하고 감사를 표현하는 것은 멘토링의 완성이다. 이러한 태도는 관계를 깊게 하고, 신뢰의 토대를 다진다. "네 아버지와 어머니를 공경하라 이것은 약속이 있는 첫 계명이니 이로써 네가 잘되고 땅에서 장수하리라"(엡 6:2-3).

부모 멘토링의 열매

부모와의 멘토링은 단지 조언을 듣는 차원을 넘어 삶 전체에 영향을 미친다. 자녀는 삶의 문제를 해결하고 성숙해지며, 준비된 미래를 맞이하게 된다. 그리고 부모와의 관계가 더욱 친밀해지고, 서로에 대한 이해와 존중이 깊어진다. 그러므로 부모의 지혜를 통해 자녀는 평안과 확신을 얻게 된다.

가정은 멘토링의 첫 장소다

가정 치료학자 버지니아 사티어(Virginia Satir)는 《사람 만들기》에서 "가정은 사람이 만들어지는 공장이며 어른은 사람을 만드는 자"라고 말한다. 가장 필연적으로 멘토링이 시작되는 곳은 가정이다. 멘토링을 원하든 원치 않든, 가정은 이미 멘토링이 일어나는 현장이다. 부모는 자녀가 태어나는 순간부터 멘토가 되고, 자녀 역시 의식하지 못한 채 멘티가 된다. 그 영향이 선하든 악하든, 자녀는 부모의 삶에서 직접 배우며 자란다.

따라서 부모로서의 삶은 단순한 보호자의 역할을 넘어, 인생을 가르치는 멘토로서의 사명이다. 가정에서 이루어지는 멘토링이 바로 인생 전체를 이끄는 방향키가 되는 것이다.

부부관계 멘토링: 아담과 하와-가정 회복의 새로운 길

오늘날은 흔히 '가정의 위기' 시대라 불린다. 산업화와 핵가족화의 급속한 진전은 부모와 자녀, 남편과 아내 간의 유대를 약화시켰고, 그 결과 가정 안에서는 다양한 문제가 터져 나오고 있다. 부모가 자녀 양육에 대한 지식 없이 방임하거나, 부부간 성격 차이와 재정 문제, 신앙 갈등, 알코올 중독, 불륜 등으로 인해 가정은 점점 해체 위기로 치닫고 있다. 이혼은 더 이상 이례적인 사건이 아니라 일상적 풍경이 되어버렸다.

이러한 위기의 시대에, 우리는 가정을 새롭게 회복할 수 있는 길을 모색해야 한다. 그 길 중 하나가 바로 '부부 멘토링'이다. 이는 단지 좋은 관계를 유지하기 위한 심리적 기술이 아니라, 성경이 말하는 영적 원리에 기반한 동행의 관계다. '멘토링'은 배우자를 변화시키기 위한 전략이 아니라, 서로를 세우고 하나님의 언약 안에서 함께 성장하는 사명적 여정이다.

아담과 하와, 최초의 멘토링 커플

가정이 온전히 서기 위해서는 부부관계만큼 중요한 관계도 없다. 부부 관계를 멘토링 관계로 바라본다면 어떤 모습일까? 남편과 아내, 아내와 남편 사이에 생각하는 관점이 달라질 것이다. 경쟁이 아닌 협력과 보완으로 서로 지지하고 사랑하는 관계가 될 수 있다.

하나님은 천지창조의 마지막 날, 인간을 창조하시며 모든 것을 예비하셨다. 하나님은 흙으로 사람을 빚으시고 생기를 불어넣으심으로 생령이 되게 하셨는데, 그가 바로 아담이다. 히브리어로 '아담'은 단지 남성을 뜻하는 것이 아니라 '사람'을 의미한다.

아담이 동물들의 이름을 지어줄 때 모든 피조물에는 짝이 있었지만, 아담에겐 그 짝이 없었다. 이 모습을 보신 하나님은 말씀하신다. "사람이 혼자 사는 것이 좋지 아니하니 내가 그를 위하여 돕는 배필을 지으리라"(창 2:18).

하나님은 아담을 깊이 잠들게 하신 후 그의 갈빗대로 여자를 지으셨고, 그 여자를 아담에게 데려오신다. 여기서 등장하는 "돕는 배필"이라는 표현은 히브리어로 '에제르'이다. 이 단어는 단순히 보조적 역할을 뜻하는 것이 아니다. 에제르(עזר, ezer)는 하나님의 도우심을 표현할 때 사용하는 단어이며, 실제로 다음과 같이 사용된다. "나의 도움이 어디서 올까? 나의 도움은 천지를 지으신 여호와에게서로다"(시 121:1-2).

이처럼 '에제르'는 능력이 부족한 자가 베푸는 도움이 아니라, 상대를 세울 수 있는 충분한 능력을 지닌 자의 도움, 구조, 구원을 의미한다. 돕는 배필은 단순한 보조자가 아니라, 함께 인생의 사명을 이루는 '파트너'인 것이다. 이 말은 곧 부부관계에는 높고 낮음, 지시자와 종속자의 구분이 아니라, 상호 협력과 동등한 책임이 있다는 것이다.

하나님은 멘토, 아담과 하와는 멘티

아담과 하와의 결혼 장면은 단순한 최초의 혼인 서약이 아니다. 이것은 하나님과 사람 사이의 멘토링 구조가 가장 이상적으로 구현된 장면이다. 하나님께서는 먼저 아담과 하와의 결혼식에 선물로 에덴동산을 주신다.

이 에덴동산에서 아담은 하나님과 팔장을 끼고 들어오는 하와를 맞이한다. 그리고 사랑을 고백한다. "이는 내 뼈 중의 뼈요 살 중의 살이라 이것을 남자에게서 취하였은즉 여자라 부르리라"(창 2:23). 이것은 인간 최초의 감동이며 감탄이다.

이어서 하나님은 주례를 하신다. "동산 각종 나무의 열매는 네가 임의로 먹되 선악을 알게 하는 나무의 열매는 먹지 말라 네가 먹는 날에는 반드시 죽으리라"(창 2:16-17). 이 언약은 단지 금지 명령이 아니라, 삶을 위한 기준이자 관계의 기반이었다.

그리고 이제 하나님은 '성혼 선언문'을 선포하시며 이 두 사람의 결혼을 완성시키신다. "이러므로 남자가 부모를 떠나 그의 아내와 합하여 둘이 한 몸을 이룰지로다"(창 2:24; 마 19:6).

이 모든 과정은 단순한 혼례의 절차가 아니라, 하나님이 멘토로서 아담과 하와 부부를 지도하시는 과정이다. 그리고 아담과 하와는 멘티로서 하나님의 말씀에 순종하며 동행하는 부부가 된다. 이것이 멘토링 구조이다. 멘토링은 무엇보다 관계를 중요시한다.

부부 멘토링의 본질: 헬퍼십(Helper-ship)의 능력

리더십이 강조되는 시대에 헬퍼십이라는 단어는 종종 오해된다. 그러나 돕는 자는 결코 약한 존재가 아니다. 리더가 혼자 할 수 없는 일을 수행할 수 있기에 돕는 자는 오히려 더 강한 영향력을 발휘할 수 있다. 아내는 남편을 돕는 존재이며, 동시에 남편 역시 아내를 돕는 존재이다. 이처럼 부부는 서로서로 멘토이자 헬퍼인 상호 멘토링 관계이다.

이러한 멘토링 관계는 단순한 '잘 지내기'의 수준을 넘어, 하나님의 언약 안에서 이루어지는 신령한 동역이다. 서로를 지지하고, 격려하며, 하나님의 말씀에 함께 순종하는 관계 속에서만 참된 평안과 행복이 자라난다.

위기의 시대, 부부 멘토링이 필요한 이유

현대 가정의 위기는 단순히 소통의 부족이나 가치관의 차이에서 비롯된 것이 아니다. 그것은 하나님의 질서와 언약적 관계가 깨어졌기 때문이다.

세상은 부부관계를 '영혼'이라고 말한다. 이것은 성경에서 부부를 "한 몸"이라고 말하는 것과 동일하다. 단순한 육체적 결합만이 아닌, 영혼·정신·삶의 결합을 뜻한다. 그러나 '하나님이 짝지어 주신 것을 사람이 나누지 못하는 부부'의 결혼을 법적인 이혼 절차로 깨뜨린다. 이것은 영적 연합의 해체이다.

한때 '한 몸'이었던 두 사람이 이제는 따로 떨어진 두 존재, 곧 남남이 된다. 이혼하면 서로의 삶에 관여할 권한이 사라진 먼 타인이 된다. 법적으로도, 관계적으로도 더 이상 하나가 아니다.

이러한 현실의 문제를 해결할 수 있는 것이 '부부 멘토링'이다. 부부 멘토링은 질서를 회복하는 하나님의 처방이다. 서로에게 멘토가 되어주는 삶은, 서로를 고치려는 시도 이전에 하나님의 뜻을 함께 묻고 순종하려는 겸손의 여정이다.

그러나 한 가지 분명한 조건이 있다. 이 멘토링은 믿음이 있는 자들만이 제대로 누릴 수 있다. 부부 사이에 문제가 생겼을 때, 서로를 바꾸려 하기 전에 먼저 부부의 멘토 되시는 하나님 앞에 나아가야 한다. 믿음 안에서 이뤄지는 멘토링은 관계를 넘어서 영혼을 살리는 회복의 도구가 된다.

부부 멘토링은 단순한 상담 기법이 아니다. 그것은 성경이 말하는 가정의 본질을 회복하는 영적 여정이며, 하나님과의 언약 아래에서만 가능하다. 아담과 하와의 이야기에서 우리는 하나님이 디자인하신 결혼의 본질과 그 안에서 이뤄지는 멘토링의 위대한 가능성을 본다.

부부 멘토링은 오늘날 위기 가정의 대안이 될 수 있다. 그리고 그 출발점은 언제나 하나님이 멘토가 되시는 자리에서 시작된다.

장인과 사위의 멘토링: 이드로와 모세의 관계 – 영적 조언의 힘

광야의 한가운데, 모세는 막대한 책임을 짊어진 채 홀로 씨름하고 있었다. 호렙산에서 하나님의 부르심을 받은 그는, 이집트의 압제 아래 신음하던 이스라엘 백성을 끌어내라는 소명을 받았고, 그들을 약속의 땅 가나안으로 인도하는 비전을 부여받았다.

하나님은 그의 부족함을 아셨기에 입이 둔한 모세에게 언변 좋은 형 아론을 붙여주었고, 열 가지 재앙을 통해 이집트의 우상숭배를 무너뜨리며 출애굽을 가능케 하셨다. 이스라엘은 하나님의 기적으로 홍해를 건너 완전한 구원을 경험하였다. 그러나 광야라는 결핍의 현실 앞에서 백성들은 불만을 토로했고, 분쟁과 갈등이 끊이지 않았다.

모세는 이러한 상황을 모두 감당하려 했다. 백성들의 문제를 일일이 듣고 재판하며 해결하려 했지만 결국 그는 지치고 말았다. 그는 모든 문제를 혼자 감당할 수 없는 한계를 드러냈고, 백성들 또한 긴 시간 대기해야 하는 불편을 겪어야 했다(출 18:13-18).

장인의 조언, 멘토의 지혜

이때 등장하는 인물이 바로 이드로다. 그는 모세의 장인이자 미디안의 제사장이었다(출 2:16, 21). 그는 모세의 분주한 모습과 불합리한 행정구조를 보며 깊이 고민하였고, 단순한 가족의 역할을 넘어 모세에게 실질적인 조언을 제공한다. 그의 조언은 두 가지 핵심으로 요약된다(출 18:13-26).

첫째, 위임의 원리이다. 모세 혼자서 모든 재판을 감당하지 말고, 하나님을 경외하는 유능한 사람들을 세워 천부장, 백부장, 오십부장, 십부장으로 임명하라는 것이다(출 18:21). 일반적인 문제는 이들이 처리하게 하고, 모세는 중대한 문제에 집중하라는 역할 분담의 제안이었다.

둘째, 예방 교육의 필요성이다. 그는 모세에게 기본적인 법과 규례를 백성에게 미리 가르쳐, 불필요한 분쟁을 줄이도록 권면했다. 교육만큼 강력한 예방책은 없다는 통찰이 담긴 조언이었다.

겸손은 위대한 리더의 조건

모세는 이드로의 조언을 귀담아들었고, 실제로 그의 제안을 실천에 옮겨 행정체계를 개혁하였다. 이 장면에서 중요한 것은 아무리 훌륭한 조언이라도 받아들이는 사람의 마음가짐이 결정적인 영향을 끼친다는 사실이다. 모세는 자신의 한계를 인정했고, 장인의 지혜를 겸손히 수용할 줄 아는 열린 지도자였다.

이드로 역시 자신의 권위를 세우려는 의도가 아닌, 사랑과 섬김의 태도로 조언했기에 모세가 거리낌 없이 이를 받아들일 수 있었다. 이에 따라 모세는 업무의 부담에서 벗어날 수 있었고, 이스라엘 공동체는 더 효율적이고 건강한 구조로 운영될 수 있었다.

관계는 멘토링의 통로다

현대의 사위와 장인 관계는 때로 어색하고 불편할 수 있다. 그러나 멘토링의 관점에서 보면, 장인은 가족이자 인생의 조언자로서 중요한 위치에 있다. 장인은 부모 다음으로 깊이 있는 조언을 해줄 수 있는 존재이며, 돈으로 살 수 없는 삶의 지혜와 경험을 나눌 수 있는 멘토가 될 수 있다.

모세와 이드로의 관계는 단순한 가족 관계를 넘어, 영적 멘토링과 행정적 멘토링이 교차하는 복합적인 멘토링의 전형을 보여준다.

첫째, 영적으로는 모세가 이드로를 하나님께 인도한 멘토였다. 둘째, 행정적으로는 이드로가 모세에게 조직 운영과 리더십을 가르친 멘토였다.

이러한 상호보완적인 멘토링은 오늘날에도 여전히 유효하다. 우리가 누구의 조언을 듣고, 어떻게 받아들이며, 어떤 자세로 그것을 실천하느냐에 따라 인생의 방향과 공동체의 미래가 크게 달라질 수 있다.

멘토링, 인생을 바꾸는 하나님의 도구

이드로는 단순히 모세의 장인이 아니었다. 그는 모세의 리더십을 정비하게 한 영적 조력자요, 전략적 멘토였다. 그의 조언은 한 사람의 리더십을 바꾸었고, 결국 하나님의 백성 전체의 시스템을 개혁하는 열쇠가 되었다.

우리도 삶의 여정에서 누군가의 조언이 필요할 때가 있다. 또한 누군가에게 조언을 줄 수 있는 자리에 서기도 한다. 사위와 장인, 부모와 자녀, 선배와 후배, 리더와 구성원 간의 경계를 넘는 멘토링은 하나님의 나라를 세우는 중요한 방식이다.

그렇다면 오늘 우리는 누구의 조언을 듣고 있는가? 그리고 누군가에게 조언할 수 있는 멘토의 자리에 서고 있는가?

고부 관계 멘토링: 나오미와 룻 – 역지사지의 심정으로 배려하다

세상은 딸 같은 며느리, 엄마 같은 시어머니를 꿈꾼다. TV 프로그램에서도 이런 이상적인 고부 관계를 다루곤 하지만, 현실은 다르다. 꿈은 꿈일 뿐, 시어머니가 엄마가 될 수는 없는 법이다. 시어머니가 며느리를 딸처럼 대하고자 한다면, 딸처럼 출생해야 하고, 딸이 성장하면서 겪는 갈등과 고민을 함께 통과해야 한다. 또한 자기 딸과 며느리는 다르다는 사실을 인정하고, 지나친 기대를 내려놓아야 한다. 한 집에서 수십 년을 살아온 딸과도 늘 좋은 관계를 유지하기 어려운 법인데, 하물며 아들의 아내를 딸처럼 바라본다는 것은 지나친 욕심일 수 있다. 며느리가 딸이 될 수 없는 것처럼, 시어머니 또한 엄마가 될 수 없다.

그러나 성경에는 이러한 현실적 한계를 초월한 고부 관계의 멘토링 사례가 등장한다. 바로 나오미와 룻의 이야기이다. 이들의 관계는 단순한 가족 관계를 넘어, 신앙과 삶의 지혜를 나누는 진정한 멘토링의 본질을 보여주는 감동적인 모델이다.

신앙 없는 선택, 신앙의 징계

룻기의 시작은 고통으로 점철된 한 가정의 이야기다. 예루살렘에 흉년이 들자 엘리멜렉은 가족을 이끌고 모압으로 이주한다. 하지만 그는 그곳에서 얼마 살지 못하고 죽고 만다. 두 아들 말론과 기룐도 모압 여인들과 결혼하지만, 그들 역시 자식 없이 허망하게 세상을 떠난다. 결국, 나오미는 이방 땅에서 남편과 두 아들을 모두 잃는 고통을 겪는다.

나오미는 이 시련을 단순한 불운으로 받아들이지 않는다. 그녀는 "여호와의 손이 나를 치셨다"라고 고백하며(룻 1:13), 자신의 선택이 하나님의 뜻을 거스른 불순종이었다는 것을 인정한다. 그녀는 "내가 풍족하게 나갔더니 여호와께서 내게 비어 돌아오게 하셨느니라"(룻 1:21)라고 하면서 하나님 앞에 자신을 낮춘다.

엘리멜렉 가족이 떠난 예루살렘은 단순한 고향이 아니라, 하나님이 언약으로 주신 땅이다. 아무리 기근이 찾아왔다 하더라도 그 땅은 포기하고 떠날 수 있는 곳이 아니었다. 하나님의 징계는 회개하라는 부르심이지, 피신하라는 명령이 아니었기 때문이다. 이스라엘이 바벨론 포로 생활 70년을 통해 정화된 것처럼, 고난은 회복을 위한 도구였다. 그러나 엘리멜렉의 가족은 기근에 도망쳤고, 그 선택은 결과적으로 죽음이라는 대가로 돌아왔다.

하나님은 침묵하시지만 일하고 계신다

우리는 종종 하나님의 침묵에 당황한다. 고난의 시간을 지날 때, 하나님이 보이지 않는 것 같고, 아무 일도 일어나지 않는 것처럼 느껴질 때가 있다. 그러나 침묵은 무관심이 아니라, 오히려 하나님이 일하고 계시는 시간일 수 있다.

축구 경기를 보면, 가장 재미없는 경기는 심판이 주인공이 되는 경기이다. 반대로 심판이 눈에 띄지 않을수록 경기는 매끄럽고 흥미롭다. 하나님 역시 마찬가지다. 우리 인생에서 하나님이 모든 것을 간섭하신다면, 우리는 자신의 삶을 살아갈 수 없을 것이다. 하나님은 우리가 경험을 통해 깨닫고 성숙하기를 원하신다. 그래서 때로는 숨으신다.

그러나 고통을 견딘 사람들의 이야기가 우리에게 감동을 준다. 넘어지고 일어나기를 반복하면서도 포기하지 않았던 이들의 인생에는 깊이가 있다. 나오미의 고통 역시 하나님의 뜻이 있었기에 허락된 것이다. 고통이 이해되지 않을 때는 고통이지만, 그 뜻을 깨달은 순간, 고통은 축복으로 바뀐다. 지금 현실에서 받기 싫은 선물처럼 보이지만, 그 상자를 열면 하나님의 축복이 가득 들어 있는 것이다.

돌아온 결심과 룻의 헌신

나오미는 고통 속에서 들려온 희망의 소식을 듣는다. "여호와께서 자기 백성을 돌보시사 그들에게 양식을 주셨다 함을 듣고"(룻 1:6). 그녀는 고향으로 돌아가기로 결심한다. 마치 탕자가 아버지 집으로 돌아가듯, 그녀도 인생의 쓴맛을 인정하며 예루살렘으로 돌아간다. "나를 나오미(기쁨)라 부르지 말고 나를 마라(쓴맛)라 부르라"(룻 1:20)라는 그녀의 고백은 철저한 회개의 표현이다.

나오미는 며느리들에게 각자의 고향으로 돌아가라고 권한다. 오르바는 돌아가지만, 룻은 나오미와 함께 가겠다고 결심한다. "어머니의 하나님이 나의 하나님이 되시리니…내가 죽는 일 외에 어머니를 떠나면 여호와께서 내게 벌을 내리시고 더 내리시기를 원하나이다"(룻 1:16-17). 이 고백은 단순한 가족애를 넘어선 신앙의 고백이었다.

우연을 가장한 하나님의 필연

룻기에서 반복적으로 나오는 단어가 있다. "우연히"(룻 2:3), "마침"(룻 2:4). 이 단어들은 겉보기에 우연처럼 보이지만 하나님의 섭리를 담고 있다. 같은 일이 반복되면 그것은 단순한 우연이 아니라 우연을 가장한 필연이다. 하나님은 이 두 여인을 보이지 않는 손길로 인도하셨고, 보아스를 만나게 하신다.

보아스는 룻의 구속자(기업 무를 자)가 되었고, 그녀와 결혼해 아들 오벳을 낳는다. 오벳은 이새를 낳고, 이새는 다윗을 낳는다. 룻은 이방 여인이었지만 예수 그리스도의 족보에 이름을 올리는 영광을 얻었다. 나오미는 비어 있던 품에 오벳을 안으며 인생의 기쁨을 회복한다. 작은 가정의 이야기는 결국 하나님의 구원 역사로 이어지는 장엄한 드라마가 되었다.

고부 관계, 신앙 멘토링의 본질

나오미와 룻의 고부 관계는 감정의 갈등보다 서로를 위한 헌신과 배려가 앞섰다. 이들의 관계는 단순한 가족의 틀을 넘어, 진정한 신앙적 멘토링의 본질을 보여준다. 나오미는 룻에게 신앙과 삶의 지혜를 전수했고, 룻은 그 가르침을 따름으로써 하나님의 구원 역사에 중요한 역할을 감당했다.

오늘날에도 이 같은 멘토링은 가정에서 가능하다. 시어머니와 며느리, 어머니와 딸 사이에 신앙과 삶의 이야기를 나누는 멘토링은 다음 세대를 세우는 중요한 도구가 된다. 더 나아가 교회 공동체 안에서도 경험 많은 신앙인이 젊은 세대에게 신앙을 전수함으로써 건강한 공동체를 세울 수 있다. 이를 통해 신앙은 하나님을 모르는 '다른 세대'로 단절되지 않고, 하나님을 아는 '다음 세대'로 이어질 수 있다.

끝이 아니라, 새로운 시작

룻기의 메시지는 분명하다. '하나의 문이 닫혀도 또 다른 하나의 문은 열린다.' 지금 당장은 고난과 침묵의 시간이 길어져도 하나님은 여전히 일하고 계신다. 절망의 밑바닥에서 두 팔을 들고 항복할 때, 하나님은 예비된 사람을 만나게 하시며, 새 희망을 시작하게 하신다.

그러므로 그리스도인은 고난 속에서도 결코 먼저 포기해서는 안 된다. 하나님이 포기하지 않으시는 이상, 그 누구도 자신의 인생을 포기할 수 없다. 인생의 긴 어둠의 시간이 왔다면, 그것은 포기하는 시간이 아니라 더 큰 은혜를 위한 인내의 시간이다.

사촌지간의 친척 관계 멘토링: 모르드개와 에스더 – 신앙과 전략이 만난 멘토링의 모델

위기 앞의 신앙과 전략

모르드개와 에스더는 성경 속에서 특별한 멘토-멘티 관계를 보여준다. 이들의 관계는 단순한 가족적 유대를 넘어선다. 신앙적 지도, 전략적 조언, 그리고 위기 속 용기를 통해 하나님의 구원 역사를 이루어낸 대표적인 사례이다.

이야기의 배경은 페르시아 제국이다. 유대인 모르드개는 아말렉 후손 하만에게 절하지 않았고, 그것이 하만의 분노를 사서 유대 민족 전체의 말살 위기로 이어졌다(에 3:8-9). 아말렉은 출애굽 당시 이스라엘을 뒤에서 공격했던 민족으로, 하나님은 "여호와가 아말렉과 더불어 대대로 싸우리라"(출 17:16) 하셨다. 하만은 이러한 민족의 후예로, 유다인을 모함하며 그들을 모두 죽일 것을 아하수에로 왕에게 요청했고, 왕은 그의 제안을 수락하며 인장 반지를 내어주었다.

하만은 "12월 13일, 모든 유다인을 남녀노소 가리지 말고 죽이고 재산을 몰수하라"는 조서를 온 페르시아에 공포했다. 이 조서는 제국의 공적 법령으로, 각 지방의 언어로 번역되어 널리 배포되었다.

위기 속에 드러난 멘토의 영향력

조서가 내려지자 모르드개는 상복을 입고 통곡하며 성문 앞에 앉았고, 전국의 유다 백성들도 함께 금식하고 애통하였다. 이때 모르드개가 의지한 이는 사촌이자 양딸처럼 키운 에스더였다.

모르드개는 하만의 계략을 상세히 알리며, 죽음을 무릅쓰고 왕 앞에 나아가 유다 민족을 위해 간청하라고 요청한다. 사실 에스더는 왕후로 발탁되기 전, 모르드개의 조언에 따라 유대인의 정체성을 숨겼고(에 2:10), 궁중에 적응하도록 지속적인 지도를 받았다. 그는 지금도 왕후 에스더에게 단호히 말한다. "네가 왕후의 자리를 얻은 것이 이때를 위함이 아닌지 누가 알겠느냐?"(에 4:14). 이 구절은 요셉의 고백과 유사하다. "하나님이 생명을 구원하시려고 나를 당신들보다 먼저 보내셨나이다"(창 45:5). 모르드개는 에스더가 하나님의 섭리를 깨닫고 그 부르심에 응답하길 바랐다.

죽음을 무릅쓴 결단

하지만 왕궁의 현실은 간단하지 않았다. 에스더는 한 달 동안 왕을 보지 못한 상태였고, 왕이 부르지 않았는데 먼저 나아가는 것은 사형에 해당하는 법률 위반이었다. 모르드개의 요청은 에스더에게 큰 위험이었다. 그러나 에스더는 이내 결단한다. "수산에 있는 모든 유다인을 모아 나를 위하여 금식하라. 나도 시녀들과 더불어 삼 일 동안 금식한 후에 왕에게 나아가겠다. 죽으면 죽으리이다"(에 4:16). 에스더는 규례를 어기고라도 하나님의 때를 위한 부르심에 응답하겠다는 신앙적 결단을 내렸다.

그녀는 죽음을 각오하고 왕에게 나아갔고, 이는 단순한 용기의 문제가 아니라 '자신이 죽어서 민족이 사는 길'을 선택한 믿음의 행동이었다. 죽으면 죽으리라는 결단은 하나님의 구원 역사를 여는 '신의 한 수'였다.

멘토링의 불꽃이 공동체를 살리다

모르드개의 민족 사랑과 신앙이 에스더에게 불붙었고, 에스더의 믿음이 다시 유대 백성 전체에게 전파되었다. 이 일치된 마음 위에 하나님의 놀라운 구원이 임했다. 결국, 하만과 그의 세력은 제거되었고, 모르드개는 왕의 총애를 받아 높은 자리에 올랐으며 유다인은 구원받았다.

이 사건은 멘토 한 사람의 영향력이 멘티의 인생을, 더 나아가 민족의 운명을 바꾸는 결정적 힘이 될 수 있음을 보여준다. 모르드개는 단지 정보나 조언을 제공하는 수준이 아니라, 에스더의 사명과 정체성을 일깨우며, 그녀가 위기의 순간에도 흔들리지 않도록 방향을 제시한 진정한 신앙의 멘토였다.

오늘날을 향한 교훈

이 이야기에서 우리는 멘토링의 본질을 본다. 멘토링은 단순한 조언이나 정서적 지지에 머물지 않는다. 하나님의 비전을 분별하고, 그것을 향한 결단을 내릴 수 있도록 돕는 신앙적 지도이며, 현실적 위기 속에서도 하나님의 섭리를 붙드는 용기를 심어주는 사역이다.

특히 모르드개와 에스더는 사촌 관계였음에도 멘토-멘티 관계가 성립될 수 있음을 보여준다. 오늘날 핵가족화와 단절된 친척 관계 속에서, 이러한 멘토링의 모범은 새로운 가능성과 회복의 메시지를 전해 준다.

에스더와 모르드개의 이야기는 고대의 정치적 위기를 넘어, 오늘날 신앙 공동체가 어떻게 하나님의 뜻에 참여할 수 있는지를 보여주는 강력한 본보기다. 하나님은 위기의 시대에 사람을 부르시고, 그 부르심에 응답하는 자를 통해 역사를 새롭게 하신다. 그리고 그 중심에는 언제나 진실한 멘토와 결단하는 멘티가 있다.

친구 관계의 멘토링: 다윗과 요나단 – 신앙적 동반자이자 멘토링의 전형

다윗과 요나단의 관계는 성경 속에서 가장 아름답고 감동적인 우정의 모델로 꼽힌다. 이들의 관계는 단순한 친구를 넘어 신앙적 동반자이자 영적 멘토링 그리고 희생적 사랑의 본질을 보여준다.

사울 왕이 시기와 질투로 다윗을 죽이려 할 때마다 다윗은 위기를 벗어난다. 그 과정에서 요나단은 다윗을 자기 생명처럼 사랑하며 위기마다 그를 구해준다(삼상 18:1, 19:1). 특히 다윗이 라마에서 도피한 후 요나단을 찾아 자신의 위급한 상황을 이야기하는 장면(삼상 20:1-4)은 요나단에게는 아버지 사울의 악행을 듣는 고통스러운 순간이었고, 다윗에게는 억울함을 하소연하며 위로받는 시간이기도 했다.

하나님 앞의 언약으로 맺어진 우정

다윗은 요나단에게 사울 왕과의 식사 자리에 자신이 나타나지 않을 경우, 왕의 반응을 살펴 달라고 조심스럽게 부탁한다. 요나단은 사울의 반응에 따라 다윗에게 '화살이 네 앞쪽에 있다'는 신호를 보내기로 한다. 이들은 하나님 앞에서 언약을 맺으며 서로에 대한 충성과 믿음을 확인한다(삼상 23:18).

다윗과 요나단의 관계는 이성 간의 사랑보다 더 깊은 동성 간의 신앙적 우정으로, 참된 친구란 무엇인가를 성경적으로 정의하는 예라 할 수 있다.

요나단, 신앙적 멘토로서의 세 가지 역할

첫째, 요나단은 다윗의 지지자이다. 사울의 미움을 받던 다윗을 끝까지 보호하며, 사울의 의도를 알려주어 다윗의 생명을 지켰다(삼상 19:1-3). 그는 자신의 왕위 계승 가능성보다 하나님의 뜻을 더 우선시하였다.

둘째, 요나단은 신앙적 조언자였다. 그는 다윗에게 하나님의 약속을 상기시키며 그가 이스라엘의 미래 왕이 될 것임을 확신시켰고(삼상 23:17), 믿음의 길을 견디도록 격려했다.

셋째, 요나단은 희생적 사랑의 본을 보였다. 그는 자신이 사울의 후계자였음에도 불구하고 다윗이 하나님께서 선택하신 왕임을 인정하며, 불의한 아버지 편에 서지 않고 하나님의 뜻에 순종하였다. 이에 따라 요나단은 다윗을 질투하지 않고 도리어 헌신했다.

배신과 속임이 일상인 세상에서 요나단은 결코 다윗을 배신하지 않았다. 그의 삶은 진정한 친구란 어떤 존재인지를 오늘날 우리에게 깊은 울림으로 전해 준다.

다윗의 반응과 요나단의 신앙적 위대함

다윗은 요나단의 섬김과 사랑을 깊이 간직하며, 요나단을 '형제 이상'이라 부른다(삼하 1:26). 또한, 그와의 언약을 지켜 요나단의 아들 므비보셋을 왕궁으로 불러 돌본다(삼하 9:1-13). 이는 다윗이 요나단과의 우정을 끝까지 신실하게 지켰음을 보여준다.

다윗이 광야에서 육신의 고난을 겪었다면, 요나단은 마음속 유혹과 시험을 이겨낸 인물이었다. 아버지 사울과 자신의 욕망을 따라가지 않고, 오직 하나님의 뜻을 좇은 요나단의 믿음은 더욱 위대하다. 육신의 고통보다 마음의 유혹을 이기는 것이 더 어렵기 때문이다.

오늘날을 향한 질문: 참된 친구란 누구인가?

오늘날 자신의 이익에 따라 어제의 친구도 쉽게 적이 되는 시대에, 다 윗과 요나단은 참된 친구란 어떤 존재인가를 성경적으로 답해 준다. 이성 간의 감정보다 더 진한 동성 간의 믿음의 우정은 하나님 중심의 영적 멘 토링 관계로 승화되며, 하나님의 뜻을 이루는 일에 쓰임받는다.

다윗과 요나단의 관계는 개인의 감정이나 이해관계를 넘어, 하나님의 섭리 안에서 서로를 세우고 하나님의 구원 역사에 참여하는 삶의 본보기 이다. 이러한 관계야말로 오늘날 우리가 회복해야 할 참 우정이자, 신앙 공동체 안에서의 영적 멘토링의 진정한 모습이다.

스승과 후계자 관계의 멘토링: 엘리야와 엘리사 - 성경 속 멘토링 의 본질

성경은 스승과 제자의 관계, 곧 멘토링을 매우 중요하게 다룬다. 하나 님 나라의 지도자는 단지 자신의 사명을 감당하는 데 그치지 않고, 다음 세대를 준비시키는 데 초점을 맞춘다. 모세에게는 여호수아가 있었고, 엘 리야에게는 엘리사가 있었다. 그들은 단순한 계승자가 아니라, 사명의 무 게를 이어받은 신앙의 후계자였다.

북이스라엘의 역사에서 가장 악한 왕 아합과 그의 부인 이세벨은 백성 들을 우상숭배로 이끌었다. 이에 맞서 고독하게 하나님의 뜻을 외친 인 물이 바로 엘리야다. 이제 인생의 마지막을 준비하는 그는, 자신의 후계 자 엘리사와 함께 이스라엘 신앙의 주요 장소들을 찾아간다. 길갈, 벧엘, 여리고, 요단강이라는 이 네 장소는 단지 지리적 위치가 아니라, 신앙과 하나님의 언약이 역사 속에 새겨진 현장이었다.

길갈 - 언약의 시작

첫 번째 장소는 길갈이다(수 5장). 이곳은 이스라엘 백성이 가나안 땅에 들어온 후 처음으로 할례를 행한 곳이며, 하나님의 언약 백성으로서의 정체성을 회복한 출발선이었다. '길갈'은 '굴려버리다'라는 의미가 있다. 이집트에서 받은 수치가 굴러가고, 새 언약의 삶이 시작된 곳이다. 이는 후계자가 사명을 시작할 때 무엇보다 하나님의 언약에 뿌리를 내려야 함을 상징한다.

벧엘 - 하나님의 집에서 받은 소명

두 번째는 벧엘이다(창 28장). 야곱이 도망 중 잠이 들었던 그곳에서, 그는 하늘과 땅을 잇는 사다리를 보고 하나님의 음성을 들었다. 그가 깨어나 "이곳은 하나님의 집이요, 하늘의 문"이라 부른 이 장소는, 하나님의 임재와 소명을 경험한 자리다. 선지자 엘리사 역시 하나님의 동행과 보호하심 없이는 그 사명을 감당할 수 없음을 이 장소에서 배운다. 소명은 하나님의 동행을 전제로 한다.

여리고 - 순종으로 얻는 승리

세 번째 장소는 여리고 성이다(수 6장). 이곳은 이스라엘이 가나안 땅에 진입하여 처음으로 직면한 난공불락의 성이었다. 이곳에서의 승리는 무력이 아닌 순종을 통해 얻은 영적 전쟁의 결과였다. 엘리사는 이곳에서 배운다. 선지자의 길은 자신의 능력이 아니라 하나님 말씀에 대한 절대적 순종을 통해 열려 있다는 것을. 오늘날 우리의 인생도 마찬가지다. 승리는 순종에서 온다.

요단강 - 종말론적 신앙의 문턱

마지막으로 그들은 요단강에 이른다(수 3장). 광야 40년의 결산이자 약속의 땅으로 들어가는 입구였던 이 강은 하나님의 기적으로 갈라졌고, 이스라엘은 마른 땅을 건넜다. 엘리야에게도 요단강은 단지 강이 아닌, 하나님 나라로 승천하는 마지막 관문이었다. 엘리야가 죽음을 경험하지 않고 회오리 바람을 타고 하늘로 오르는 장면은(왕하 2장), 종말론적 신앙을 가진 성도의 삶과 닮아 있다. 우리는 모두 약속의 나라를 향한 여정을 살아가는 중이다.

승계의 공개 선언과 제자의 확신

이 네 장소는 단순한 순례가 아니라, 엘리야가 엘리사에게 선지자 직무의 역사성과 영적 무게를 체득하게 하는 훈련이었다. 동시에 이는 각 지역의 제자들에게 엘리야의 후계자가 엘리사임을 공식적으로 알리는 일이기도 했다. 하나님의 사역은 공동체 안에서 투명하게 계승되어야 한다는 교훈이 담겨 있다.

구원이라는 이름의 계승

모세가 여호수아를 후계자로 세운 것처럼, 엘리야는 엘리사를 후계자로 세웠다. 흥미로운 사실은 여호수아('여호와는 구원이시다')와 엘리사('하나님은 구원이시다')의 이름 모두에 '구원'이라는 의미가 담겨 있다는 점이다. 지도자의 계승은 단지 행정적 교체가 아니라, 구원의 메시지를 다음 세대에 전하는 사명의 계승이다.

제자는 만들어지는 존재다

엘리야는 엘리사에게 타락한 북이스라엘의 회복을 부탁하고 하늘로 올라간다. 예전에 탈진한 나머지 죽기를 구하던 그가, 이제는 죽음을 보지 않고 승천한다. 이 장면은 예수 그리스도께서 제자들에게 "내 증인이 되리라"라는 사명을 주신 후 승천하신 사건(행 1:8-9)을 떠올리게 한다.

스승이 후계자를 세우는 것은 결국 자신과 같은 제자를 만드는 일이다. 엘리야가 사라졌을 때 엘리사는 절망했으나 곧 사명을 이어받았음을 깨닫고, 엘리야에게 임한 성령이 갑절로 자신에게 임하기를 간구한다. 이는 장자에게 유산의 갑절이 돌아가는 관례에 따라, 자신이 정통 후계자임을 고백한 것이다.

멘토링에서 가장 보편적이고 강력한 형태는 스승과 제자의 관계다. 훌륭한 제자는 우연히 태어나는 것이 아니라 훌륭한 스승에 의해 길러지는 존재다. 성경은 이를 우리에게 강력히 증언하고 있다.

스승과 제자 관계의 멘토링: 예수님과 열두 제자 - 사랑으로 세워지는 길

하늘 영광을 버리신 겸손의 리더십

예수 그리스도는 하늘의 영광을 비우시고(케노시스, 빌 2:6-8), 사람의 몸으로 이 땅에 오셔서 가장 낮은 자리에서 섬기셨다[성육신(成肉身), 인카네이션-Incarnation]. 그래서 예수님의 오심은 단순한 교훈 전달이 아니라 삶 전체를 통해 보여주는 '섬김의 본'이다.

예수님은 이 세상의 권위나 지위를 좇지 않으셨고, 제자를 선택할 때도 인간적인 기준과는 전혀 다른 방식으로 사람들을 부르셨다. 평범한 어부, 혈기 많은 사람, 세리, 열심당원 등 세상 기준으로는 자격 미달인 이들을 택하셨다. 그러나 바로 그들을 통해 하나님 나라의 기초를 세우셨다.

친밀한 동행, 예수님의 제자 양육 방식

예수님의 3년 공생애는 제자들과 함께 동고동락한 친밀한 동행의 시간이었다. 이는 단순한 교사와 학생의 관계가 아니라, 영혼과 삶을 나눈 동반자적 관계였다. 예수님은 제자들을 향해 "너희는 내가 명하는 대로 행하면 곧 나의 친구라"(요 15:14)라고 하셨고, "이제부터는 너희를 종이라 하지 아니하리니…너희를 친구라 하였노니"(요 15:15)라고 말씀하셨다. 이는 제자를 수직적 명령 관계가 아닌, 수평적 신뢰와 사랑의 관계로 세우시는 예수님의 교육철학을 드러낸다.

예수님이 가장 심혈을 기울인 것이 '모범을 보이는 삶'이었다. 예수님이 보여주신 사랑의 모본은 여러 가지 중요한 의미를 지니고 있다.

첫째, 섬김의 본보기를 보여주셨다. 예수님은 제자들의 발을 씻기심으로써 진정한 사랑은 섬김에서 나온다는 것을 보여주셨다. 이는 권위와 힘이 아닌, 겸손과 희생을 통해 사랑을 실천하는 방법을 가르친 것이다.

둘째, 무조건적인 사랑을 실천하셨다. 예수님은 제자들이 완벽하지 않음에도 불구하고 그들을 선택하고 사랑하셨다. 이는 조건 없이 사랑하는 것이 진정한 사랑임을 의미한다. 제자들의 약점과 결점을 받아들이고 사랑하는 자세를 보여주셨다.

셋째, 생명으로 사랑의 행동을 실천하셨다. 예수님은 사랑이 단순한 감정이나 말이 아니라 행동으로 나타나야 한다고 강조하셨다. 십자가보다 더 큰 사랑의 실천은 없다. 사랑은 실천을 통해 보이며 모든 사람에게 깊은 감동을 준다.

넷째, 신앙 공동체를 형성하셨다. 예수님의 사랑 모본은 제자들 사이에 깊은 유대감을 형성하고, 그들이 서로 사랑하고 섬기는 공동체를 이루는 기초가 되었다. 이는 오늘날의 신앙 공동체에서도 중요한 가치로 여겨진다.

다섯째, 삶의 목적을 가르치셨다. 예수님의 사랑은 신앙인의 삶의 목적이 되었다. 그 사랑을 본받아 서로를 사랑하고, 세상에 희망과 위로를 전하는 삶을 살아가야 한다.

이러한 예수님의 삶을 본받은 제자들은 예수님의 사역을 확장하였다. 세계 각지로 복음을 전파하며 교회의 기초를 세웠다. "너희는 가서 모든 민족을 제자로 삼아"(마 28:19)의 대사명을 감당하였다.

사랑의 계명과 모범으로 양육하신 스승

예수님은 단지 말씀으로만 사랑을 가르치신 것이 아니라 삶으로 보여 주셨다. 그 절정은 제자들의 발을 씻기신 사건이다(요 13장). 이것은 종이 주인에게 행하는 가장 낮은 섬김의 행위였으며, 스승이 제자에게 할 일이 아니었다. 그럼에도 예수님은 친히 발을 씻기심으로써 "내가 너희에게 행한 것같이 너희도 행하게 하려 하여 본을 보였노라"(요 13:15) 말씀하셨다. 강요가 아닌 본으로 사랑을 가르치신 것이다.

또한 예수님은 "새 계명을 너희에게 주노니 서로 사랑하라 내가 너희를 사랑한 것같이 너희도 서로 사랑하라"(요 13:34) 하시며, 제자 공동체가 세상의 가치와는 다른 원리로 세워지기를 바라셨다. 서로 사랑하는 것이 예수님과의 '친구 관계'의 증거이며, 제자 공동체의 정체성이었다.

사랑의 실천: 무조건적이고 희생적인 사랑

예수님은 제자들이 완전하지 않음에도 불구하고 그들을 끝까지 사랑하셨다. 이는 조건 없는 사랑, 곧 아가페 사랑의 실천이었다. 심지어 배신할 가룟 유다조차 마지막 만찬까지 함께하셨다. 예수님은 사랑을 말이 아닌 행동으로 보이셨고, 그 절정은 십자가에서 자신의 생명을 내어주신 사건이었다. "사람이 친구를 위하여 자기 목숨을 버리면 이보다 더 큰 사랑이 없나니"(요 15:13). 이는 단지 감정이 아닌 생명으로 실천된 사랑이었다.

신앙 공동체의 기초와 목적

예수님의 사랑은 제자들 사이에 깊은 유대감을 형성하고, 신앙 공동체의 기초를 이루었다. 서로 사랑하고 섬기는 공동체는 오늘날 교회가 지향해야 할 본질적인 모델이 된다. 제자들은 예수님의 모범을 따라 서로를 섬기며 사랑의 공동체를 이루어갔다. 이러한 사랑은 단지 공동체 유지를 위한 윤리가 아니라 신앙인 삶의 궁극적 목적이 되었다.

사명을 부여하시고 세상으로 보내신 스승

예수님은 제자들에게 사랑의 삶만을 요구하신 것이 아니라 세상을 향한 사명을 주셨다. "너희는 가서 모든 민족을 제자로 삼아"(마 28:19)라는 명령은 단지 복음 전파가 아닌 사랑과 섬김으로 세상을 변화시키라는 초대였다. 제자들은 이 명령에 따라 세계 각지로 흩어져 복음을 전했고, 대부분 순교의 길을 택했다. 그들의 피는 로마제국의 문화를 흔들었고, 인류 역사에 지울 수 없는 흔적을 남겼다.

제자는 만들어지는 존재다

예수님과 제자의 관계는 단순한 스승과 제자의 관계를 넘어서, 사랑과 헌신의 멘토링 모델을 제시한다. 제자는 태어나는 것이 아니라 스승의 본과 섬김을 통해 만들어진다. 예수님의 모범을 따라 제자들은 신뢰하게 되고, 닮아가게 되며, 마침내 스승의 길을 이어간다. 그 길은 과거의 사건이 아니라 오늘날 우리가 여전히 따르고 실천해야 할 길이다. 사랑과 섬김으로 제자를 세우셨던 예수님의 방식은 오늘날에도 가장 본질적이고도 강력한 멘토링의 길이며, 진정한 제자도(Discipleship)의 핵심이다.

여성(동성) 관계의 멘토링: 엘리사벳과 마리아 – 여성 간의 멘토링이 필요한 시대

신약성경 누가복음에는 특별한 동성 간 멘토링의 본보기가 등장한다. 바로 예수님의 어머니 마리아와 세례 요한의 어머니 엘리사벳의 이야기다. 이 둘의 만남은 단순한 친척 간의 재회가 아니라, 하나님의 섭리와 은혜 가운데 나누는 깊은 영적 교제이며, 여성 간 멘토링의 아름다운 모델이다.

하나님의 뜻 가운데 만난 두 여인

엘리사벳에게 세례 요한의 출생을 알린 가브리엘 천사는, 이제 마리아에게 나타나 성령으로 아들을 잉태하게 될 것이라는 놀라운 소식을 전한다(눅 1:31). 혼인 전 처녀인 마리아에게 임신 소식은 당혹스럽고 두려운 현실이었다. 그러나 천사는 마리아를 "은혜받은 자"라고 부르며, 하나님께서 친히 그녀를 통해 뜻을 이루실 것임을 밝힌다.

믿기 힘든 소식을 들은 마리아는 "어찌 이 일이 있으리이까"라며 질문한다. 그때 천사는 불임이었던 친척 엘리사벳이 하나님의 능력으로 이미 임신한 지 여섯 달이 되었음을 말하며, 하나님에게는 불가능이 없다는 확신의 말씀을 전한다(눅 1:26-38).

위로와 확신을 주는 멘토의 존재

천사의 말에 힘입어 마리아는 곧장 유대 산골 마을로 향해 엘리사벳을 찾는다. 엘리사벳을 만난 마리아에게 놀라운 일이 일어난다. 엘리사벳의 태중의 아기가 기쁨으로 뛰놀고, 엘리사벳은 성령의 감동을 받아 마리아를 "주의 어머니"라고 칭하며 축복한다. 이는 마리아가 겪고 있던 불안과 두려움을 해소시켜 주는 멘토의 확언이었다.

엘리사벳은 나이가 많고 오랫동안 불임이었던 여성으로, 하나님의 기적적인 역사로 요한을 잉태했다. 마리아는 처녀의 몸으로 하나님의 아들을 잉태하게 되었고, 이 둘은 각자의 임신이 하나님의 섭리 가운데 이루어진 것임을 깨닫고 깊은 교제를 나눈다. 그들의 만남은 단순한 혈연 이상의 영적 동역이었고, 여성 간의 섬세한 감정과 신앙이 오가는 멘토링의 장이었다.

진정한 소통이 있는 동성 간 멘토링

마리아와 엘리사벳은 서로의 상황을 깊이 이해하고 신앙의 눈으로 해석하며 위로와 격려를 나눈다. 이는 단순히 정보의 전달이 아닌 삶의 본질을 나누는 대화였으며, 남성들과는 나누기 어려운 임신과 출산이라는 여성 고유의 경험을 함께한 점에서 더욱 특별하다. 엘리사벳은 마리아에게 하나님의 신실하심을 상기시켜 주며 신앙의 길로 인도했고, 마리아는 그로 인해 찬양으로 응답한다.

마리아의 찬양, 신앙의 절정

마리아는 엘리사벳과의 만남을 통해 자신이 하나님의 특별한 계획 가운데 선택되었음을 확신하게 된다. 이후 그녀는 "내 영혼이 주를 찬양하며 내 마음이 하나님 내 구주를 기뻐하였음은"(눅 1:46-47)으로 시작되는 '마리아의 찬가'(Magnificat)를 부른다. 이 찬가는 단지 개인적인 감격의 표현이 아니라, 하나님께서 이 땅의 낮은 자들을 돌보시고 하나님의 나라를 이루어 가시는 위대한 은혜에 대한 고백이다.

여성 간 멘토링의 본질

이 사건은 동성 간 멘토링이 가지는 진정성과 효용을 보여준다. 특히 여성들은 임신, 불임, 낙태와 같은 주제를 다룰 때 동성 간의 섬세한 공감과 대화로 더 깊은 치유와 용기를 줄 수 있다. 남성이 이해하기 어려운 여성의 내면과 경험은 여성 멘토를 통해 더 효과적으로 전달되며, 이는 동성 간 멘토링의 강점을 보여주는 부분이다.

오늘을 위한 여섯 가지 교훈

마리아와 엘리사벳의 관계에서 얻을 수 있는 교훈은 여러 가지가 있다.

첫째, 상호 지원과 격려를 배울 수 있다. 마리아와 엘리사벳은 서로의 상황을 이해하고 지지하며, 어려운 시기에 큰 힘이 되어주었다. 이는 우리가 서로를 돕고 격려하는 공동체의 중요성을 상기시킨다.

둘째, 신뢰와 믿음을 배울 수 있다. 두 사람은 하나님께서 자신들에게 주신 사명을 믿고 받아들였다. 이는 신뢰와 믿음이 어려운 상황에서도 중요한 역할을 한다는 것을 보여준다.

셋째, 여성 간의 깊은 소통을 이해할 수 있다. 마리아와 엘리사벳은 서로의 경험을 나누며 진솔한 대화를 나누었다. 이는 동성 간의 소통이 얼마나 중요한지를 보여주며, 특히 여성들이 서로의 문제를 나누고 이해하는 것이 큰 위로가 될 수 있음을 강조한다.

넷째, 하나님의 뜻을 이루는 동역의 삶을 배울 수 있다. 두 사람은 개인적인 어려움에도 불구하고 하나님의 뜻을 이루기 위해 노력했다. 이는 우리의 삶에서도 하나님의 계획을 신뢰하고 따르는 것이 중요하다는 교훈을 준다.

다섯째, 소망과 기쁨의 나눔을 배울 수 있다. 마리아와 엘리사벳은 서로의 축복을 확인하고 기뻐했다. 이는 우리가 소망과 기쁨을 나누는 것이 얼마나 큰 힘이 되는지를 일깨워준다.

여섯째, 시련을 통한 성장을 배울 수 있다. 두 사람은 모두 어려운 상황 속에서도 성장하고 발전하는 모습을 보여준다. 이는 시련이 우리를 더욱 강하게 하고 믿음을 깊게 할 수 있음을 시사한다.

이러한 교훈은 오늘날 신앙 공동체 속에서 동성 간 멘토링이 지니는 중요성과 가능성을 잘 보여준다. 한 사람의 삶의 경험이 다른 사람에게 큰 용기와 위로가 될 수 있다. 엘리사벳과 마리아의 관계는 단순한 나이 차이를 넘어서, 하나님의 구속 사역을 함께 이룬 영적 동역의 모범이다.

이처럼 성경 속 여성 간 멘토링은 오늘날 우리에게 깊은 통찰을 제공하며, 신앙 안에서 더욱 진실하고 효과적인 멘토링의 길을 제시해 준다.

동역자 관계의 멘토링 – 사도 바울과 그의 동역자들
사역이 크고 넓어질수록 많은 사람을 만나 도움을 받아야 한다. 바울의 모든 사역은 수많은 동역자와의 멘토링을 통해 꽃피고 열매를 맺은 결과였다. 1차, 2차, 3차 선교 및 로마까지의 사역을 살펴보면, 모두 동역자와 함께한 사역이라는 것을 알 수 있다. 그래서 바울의 서신서마다 마지막에 축복하는 사람들의 이름으로 가득하다. 하나님의 사역은 프로그램이 아니라 사람이며, 특히 동역자와 협력자들과의 만남과 도움으로 이루어진다.

바울의 사역을 보면, 하나님의 위대한 비전을 품고 하나님이 예비하신 수많은 사람과의 만남이 있었다. 그들의 도움과 협력이 있었기에 비전 성취가 가능했다. 바울이 핍박자에서 전도자로 변화한 것은 전적으로 하나님을 통해 일어난 일이었다. 하나님이 주신 비전과 사명은 하나님이 예비하신 사람들의 도움으로 가능하였다.

바울의 위대한 점은 자기 능력뿐만 아니라 선교여행 중 여러 교회를 방문하며 헌금을 모아 어려운 교회를 도운 점이다. 그러나 이보다 더 중요한 점은 진퇴양난의 선교 길에서도 동역자를 세우고 협력한 점이다. 이것이 바로 동역자 멘토링이다.

아나니아와 바울(1) – 사역의 시작을 열어준 신실한 멘토, 하나님의 비전을 전달한 예언자 아나니아

예수님의 제자들을 체포하기 위해 다메섹으로 향하던 사울은 길 위에서 갑작스러운 하나님의 부르심을 받는다. 눈부신 빛 가운데 예수님을 만난 사울은 시력을 잃고 땅에 엎드러졌다. 예수님의 음성은 사울에게 그가 지금껏 자신이 섬긴다고 믿었던 하나님을 오히려 핍박해 온 자였음을 깨닫게 한다. 사울은 이후 며칠 동안 보지 못한 채 아무것도 먹지 않고 오직 기도에 전념한다. 그의 인생은 급격한 전환점에 들어선다.

그 순간, 하나님은 사울을 회복시키는 중대한 임무를 다메섹에 있는 무명의 제자 아나니아에게 맡기신다. 사울을 직접 찾아가 눈을 뜨게 하고 앞으로의 사명을 전하라는 명령이다. 그러나 아나니아는 사울이 어떤 인물인지 너무나 잘 알고 있었다. 그는 그동안 예수 믿는 사람들을 잡아들이던 핍박자였다. 아나니아는 두려움 속에서 주님께 반문하지만, 예수님의 뜻은 확고하다. "주께서 이르시되 가라 이 사람은 내 이름을 이방인과 임금들과 이스라엘 자손들에게 전하기 위하여 택한 나의 그릇이라"(행 9:15).

아나니아는 결국 주님의 말씀에 순종하여 사울을 찾아간다. 그에게 손을 얹고 "형제 사울"이라 부르며 예수님의 메시지를 전한다. 기도하자 사울의 눈에서 비늘 같은 것이 떨어지고, 다시 보게 된다. 그리고 아나니아는 사울에게 세례를 베푼다. 짧지만 깊은 이 만남은 사울의 인생과 사역의 출발점이 되었다.

두려움을 이긴 순종, 사역을 여는 멘토링

아나니아의 순종은 단순한 복종이 아니었다. 그는 현실적인 두려움을 안고도 말씀에 대한 신뢰로 행동했다. 그의 손길과 축복의 말, '형제'라는 호칭은 단순한 인사 이상의 무게를 지닌다. 그것은 사울의 회심을 하나님과 사람 앞에 증명해 주는 행동이었으며, 이후 사도 바울로 살아갈 그의 길에 든든한 신앙의 뿌리를 심어주는 순간이었다.

비록 성경은 아나니아와 사울의 관계를 길게 설명하지 않지만, 이 한 번의 만남은 평생을 간다. 두 사람 사이에는 신뢰와 순종, 하나님의 뜻을 향한 동역의 정신이 흐르고 있었다. 바울이 훗날 자신의 사도성을 의심받을 때마다, 아마도 그의 내면 깊은 곳에서 아나니아의 손길과 말씀을 되새겼을 것이다. 단 한 번의 만남이 인생 전체를 바꾸는 멘토링이 될 수 있음을 이 이야기는 증언한다.

한 사람의 순종이 다른 한 사람의 비전을 여는 열쇠

우리 인생에도 아나니아 같은 멘토가 필요하다. 눈이 멀어 길을 잃은 사람에게 다가가 주고, 두려움 속에서도 하나님의 말씀을 품고 순종하며 '형제'라 불러주는 사람. 아나니아는 스스로 큰 인물이 아니었지만 하나님의 계획을 이루는 데 있어서 없어서는 안 될 인물이었다. 그의 작은 순종은 바울이라는 큰 그릇을 세우는 결정적 통로가 되었다.

멘토링은 단순한 가르침이나 조언을 넘어, 하나님께서 세우신 비전을 함께 확인하고 격려하는 동역의 사역이다. 때로는 지속적인 관계보다도 한 번의 진심 어린 동행이 더 강력한 영향을 미친다. 아나니아는 그러한 만남의 모범을 보여준다. 그의 믿음과 순종은 오늘날 우리의 멘토링에도 깊은 울림을 준다.

바나바와 바울(2) – 안디옥 교회에서 바울과 협력하여 '팀 목회'를 이루다

예루살렘 교회에 대한 박해는 초대교회에 큰 위기였지만, 그 핍박은 오히려 복음의 지경을 넓히는 계기가 되었다. 스데반 집사의 순교 이후, 교인들은 흩어져 유대와 사마리아를 넘어 베니게, 구브로, 안디옥 등 이방 지역으로 흘러 들어갔다. 이들의 발걸음과 함께 복음도 전파되었고, 그중 안디옥에서는 이방인을 중심으로 한 교회가 세워지게 되었다(행 11:19-21).

안디옥 교회는 성령의 역사로 인해 놀라운 부흥을 경험했다. 이 소식을 들은 예루살렘 교회는 바나바를 파송하여 그들을 돕게 하였다. 바나바가 목회를 시작하자 교회는 더욱 견고해졌고, 많은 이들이 믿게 되었다. 교회의 부흥 앞에 바나바는 자기 혼자 이를 감당하지 않기로 결정한다. 그는 과거 다소로 피신해 있던 바울을 기억해 냈고, 그가 '이방인을 위해 택한 그릇'(행 9:15)이라는 주님의 말씀을 따라 직접 그를 데려온다.

바나바와 바울은 안디옥 교회에서 함께 1년간 머물며 말씀을 가르쳤고, 이 시기 안디옥 교회는 폭발적인 성장을 이루었고, 당시 사람들은 이 교회 성도들을 '그리스도인'이라고 처음 부르게 되었다. 이는 단순한 별칭이 아니라, 삶과 공동체의 정체성이 분명해진 결과였다.

동등한 동역, 시너지를 낳은 팀 목회

안디옥 교회에서 주목할 점은 '팀 목회'라는 새로운 목회 모델이다. 바나바와 바울은 상하관계가 아닌 동등한 동역자로 사역했다. 단독 목회자가 모든 사역을 감당하는 기존 구조에서 벗어나, 서로의 은사와 사역의 전문성을 존중하고 협력했다. 그 결과, 각자의 강점이 시너지를 이루어 복음을 효과적으로 증거하고, 다양한 이방 문화 안에서도 선한 영향력을 펼칠 수 있었다.

이들의 목회는 단순한 역할 분담을 넘어 '한 팀'(one team)으로서 교회를 세워가는 멘토링 목회였다. 바나바는 처음부터 바울을 이끌고 세웠지만, 곧 그와 동등하게 교회를 섬기며 하나님 나라의 사명을 감당했다. 갈등 없이, 질서 속에 이루어진 협력은 팀 사역의 모범이 되었고, 그들로 인해 안디옥 교회는 지역을 넘어선 복음의 전초기지가 되었다.

위기를 넘어, 교회를 향한 헌신

그 무렵 온 땅에 기근이 들어 예루살렘 교회가 큰 어려움을 겪자, 안디옥 교회는 바나바와 바울을 통해 구제 헌금을 전달했다(행 11:30). 이는 단지 물질의 전달을 넘어, 복음 공동체로서의 연합과 책임을 실천하는 행동이었다. 바나바와 바울은 교회의 부흥뿐 아니라 연약한 교회를 돌아보는 사랑의 리더십을 실현한 것이다.

이처럼 두 사람은 함께 울고 함께 웃는 멘토와 멘티를 넘은 동역자 관계였다. 비록 제2차 선교여행을 앞두고 마가를 둘러싼 의견 차이로 인해 갈라지는 일이 있었지만, 그전까지 안디옥 교회 내에서의 그들의 사역에는 흔들림이 없었다.

오늘날 교회를 향한 메시지: 팀 목회와 멘토링의 회복

현대 교회, 특히 다양한 문화와 세대가 공존하는 시대 속에서 단독 목회자는 모든 사역을 감당하기 어렵다. 모세에게 아론과 훌이 있었고, 여호수아가 있었듯이, 목회자에게도 함께하는 동역자가 필요하다. 바나바가 바울을 초청했던 것처럼, 한국 교회도 이제는 목회자 간 멘토링과 팀 사역의 중요성을 다시금 회복해야 할 시점에 와 있다.

대형 교회에서 각 분야별로 목회자를 배치하는 시스템은 있지만 여전히 계급적 구조와 위계가 강한 것이 현실이다. 바나바와 바울처럼, 서로를 높이기보다 세워주는 수평적 멘토링과 사역적 동역이 필요하다. 이는 단지 효율의 문제가 아니라 하나님의 뜻을 함께 이뤄가는 성경적 원리이다.

목회자는 사역자를 부리는 자리가 아니라 함께 사역자를 세우고 나누는 자리에 서야 한다. 은사에 따라 각자의 자리를 마련하고, 그 자리가 사명으로 열매 맺을 수 있도록 격려하는 것이 진정한 멘토링 목회다. 바나바와 바울이 보여준 팀 목회의 정신은 오늘날 한국 교회에 새로운 방향을 제시해 주는 모델이다. 이제는 '바나바와 바울의 팀 목회'를 우리 교회의 미래로 삼을 때이다.

바울과 디모데(3) – 멘토링의 결정판, 믿음으로 낳은 참아들 디모데

멘토링의 목표: 온전함

사도 바울은 제자들을 온전하게 세우는 것을 그의 목회철학의 핵심으로 삼았다. 마태복음 5장 48절에서 예수님은 "하늘에 계신 너희 아버지의 온전하심과 같이 너희도 온전하라"라고 말씀하셨다. 성경에서 '온전하다'라는 구절은 자주 등장하며, 이는 단순한 도덕적 완전함을 넘어서, 하나님께서 사람을 완전하게 준비시키시고 세우시려는 뜻을 내포하고 있다. 바울은 에베소서 4장 12절에서 "성도를 온전하게 하여 봉사의 일을 하게 하며 그리스도의 몸을 세우려 하심이라"라고 말하면서, 성도의 온전함이 교회의 성장과 사역을 위한 필수적 요소임을 강조했다.

이 '온전함'은 단순히 부족함이 없는 상태를 의미하는 것이 아니다. 그리스도 안에서 성도들이 온전해지면, 그들은 하나님께서 예비하신 사역을 온전히 감당할 수 있는 준비가 된다. 이는 하나님께서 성도들에게 주신 기름 부음과 은혜를 통해 이루어지는 과정이다. 따라서 멘토링의 궁극적인 목표는 제자가 온전하게 세워지는 것에 있으며, 이는 단지 지식의 전달을 넘어서 삶의 변화와 하나님께서 주신 사명에 대한 확신을 심어주는 일이다.

믿음으로 낳은 참아들

사도 바울의 사역을 말할 때 디모데를 빼놓고 설명할 수 없다. 그는 단순한 동역자를 넘어 바울의 분신처럼 그의 곁에 있었으며, 사역의 거의 모든 국면에서 함께했다. 어떤 때는 바울이 '믿음 안에서 낳은 참 아들'이라 부를 만큼 친밀했고(딤전 1:2), 또 어떤 때는 '형제요 하나님의 일꾼'으로 소개될 만큼 동등한 목회자로 인정받았다(살전 3:2).

이 둘의 관계는 '아버지와 아들' 같기도 하고, '형과 동생' 같기도 하며, 동시에 서로를 신뢰하고 의지하는 목회적 동역자 관계이기도 했다. 디모데는 바울의 곁에서 단순한 조수가 아니라 같은 비전과 목표를 품고 손과 발이 되어주는 진정한 멘티였다. 바울과 디모데는 마치 한 몸처럼 움직였으며, 이는 성경 속 가장 강력하고 모범적인 멘토링 관계의 예라고 할 수 있다.

사도 바울의 멘토링 원리: 세 가지 단계

사도 바울은 디모데와의 관계를 통해 멘토링의 원리를 잘 보여주었다. 이 과정은 오늘날 우리에게도 큰 교훈을 준다.

첫 번째 단계는 영적 출산이다. 바울은 고린도전서 4장 15절에서 "그리스도 예수 안에서 내가 복음으로써 너희를 낳았음이라"라고 말하며, 제자들을 자신의 자녀처럼 양육하는 역할을 했음을 강조한다. 바울은 단지 교리나 가르침을 전달하는 스승이 아니라 고난을 함께 견디며 제자들의 영적 아버지로서 그들을 돌보았다. 오늘날 교회에서도 이와 같은 영적 아버지의 마음을 품은 멘토가 필요하다. 멘토는 제자들의 영적 출산을 돕고, 그들이 신앙 안에서 뿌리내리도록 이끌어야 한다.

두 번째 단계는 삶으로 가르침이다. 사도 바울은 고린도전서 11장 1절에서 "내가 그리스도를 본받는 자가 된 것같이 너희는 나를 본받는 자가 되라"라고 권면했다. 이는 단순히 교리를 가르치는 것만이 아니라 자신이 그리스도를 본받아 살아가는 모습을 제자들에게 보여주는 것이다. 바울은 자신의 삶을 통해 제자들에게 신앙의 모델을 제시했으며, 제자들은 바울을 본받아 살아가도록 격려받았다. 이처럼 멘토는 말로만 가르치는 것이 아니라 자신의 삶을 통해 제자들에게 신앙을 실천하는 모습을 보여줘야 한다.

세 번째 단계는 재생산이다. 바울은 디모데에게 "네가 많은 증인 앞에서 내게 들은 바를 충성된 사람들에게 부탁하라 그들이 또 다른 사람들을 가르칠 수 있으리라"(딤후 2:2)라고 말하며, 제자들에게 다른 제자를 양육하는 책임을 부여했다. 멘토링의 궁극적인 목적은 제자가 온전해져서 다른 사람들을 양육하고, 그들의 믿음을 재생산하는 것이다. 이는 복음의 전파와 교회의 확장에 중요한 역할을 한다.

디모데의 응답: 존경과 순종으로 이어진 헌신

디모데는 바울의 가르침을 단순히 듣고 흘려보내지 않았다. 그는 존경과 사랑으로 스승을 따랐고, 그 삶을 본받아 목회적 리더십을 형성해 갔다. 바울이 감옥에 갇혔을 때도 끝까지 그의 곁을 지켰고, 바울의 지시대로 여러 교회를 돌보며 사역을 수행했다.

디모데는 복음 사역의 최전선에 서면서도 바울의 정신과 가르침을 잊지 않았고, 교회의 유익을 위해 헌신했다. 그는 바울의 훈련을 통해 영적으로 성숙해졌으며, 결국 바울의 사명을 이어받는 목회자가 되었다.

멘토링의 목적: 온전한 제자 육성

멘토링은 제자를 온전하게 세우는 일이다. 바울은 복음이 전수되고 확대되기 위해서는 제자들이 또 다른 제자를 양육하는 과정이 필요함을 강조했다. 복음은 한 사람에게서 다른 사람으로, 세대에서 세대로 전수되어야 한다. 이를 위해 멘토는 자신의 제자를 길러내는 데서 그치는 것이 아니라, 제자가 또 다른 제자를 양육하는 책임을 다하게 해야 한다.

오늘날 교회를 향한 교훈: 세대 간 멘토링의 회복

바울과 디모데의 관계는 오늘날 교회와 신앙 공동체가 회복해야 할 멘토링의 본질을 보여준다. 그것은 일방적인 지시나 명령이 아니라 신뢰와 사랑을 기반으로 한 관계 속에서 지혜와 삶이 전수되는 과정이다.

현대 교회는 세대 간 단절, 사역자 간 경쟁, 목회자의 고립이라는 문제 앞에 서 있다. 그러나 바울이 디모데를 양육하고 디모데가 바울을 따르며 사역했던 이 모델은, 목회자와 사역자 사이의 바른 관계가 어떤 것인지를 실천적으로 보여준다.

멘토는 진리를 전하고 멘티는 존경으로 응답하며, 둘은 복음이라는 한 방향을 향해 나아간다. 이것이 바로 교회가 살아나고 다음 세대가 일어나는 방식이다.

바울과 브리스길라, 아굴라 부부(4) - 비전에 묶여 서로 '동업'(직업)하다

사도 바울의 편지들에는 자주 언급되는 한 부부가 있다. 바로 브리스길라(브리스가)와 아굴라이다(행 18:2, 18, 26). 바울이 아테네를 떠나 고린도에 도착했을 때 하나님은 이 부부를 만나게 하셨다. 로마에서 추방당한 이 유대인 부부는 고린도로 이주했고, 하나님의 섭리 속에서 바울과 동역의 인연을 맺었다. 이후 이들은 에베소에서도 바울과 함께 복음을 위해 헌신하였다.

바울과 이 부부 사이에는 몇 가지 중요한 공통점이 있었다. 첫째는 직업이었다. 셋 다 천막을 만드는 기술자였고, 함께 노동하며 바울은 경제적 자립을 유지할 수 있었다(행 18:3). 그러나 이들의 관계는 단순히 직업적 유사성에서 멈추지 않았다. 오히려 이 공통점은 더 깊은 관계로 발전할 수 있는 출발점이었다.

직업보다 더 중요한 것: 비전의 일치

멘토링은 종종 같은 직업, 같은 환경에서 시작되지만, 그것을 지속시키고 의미 있게 만드는 것은 공유된 비전이다. 브리스길라와 아굴라는 바울과 마찬가지로 단순히 생계를 위한 기술자가 아니라 그들의 삶의 목적을 복음 전파에 두고 있었다. 즉, 직업은 도구일 뿐이며, 복음은 목표였다. 이 부부는 로마에서 쫓겨난 이후에도 믿음을 저버리지 않고 바울과 함께 교회를 세우고 성도들을 돌보는 일에 헌신했다.

이런 점에서 이들의 관계는 단순한 사역적 협력 이상이다. 그것은 비전으로 맺어진 멘토링 관계였으며, 때로는 바울이 이 부부를 멘토처럼 신뢰하고 의지했을 만큼, 상호 성장과 영향을 주고받는 깊은 동역이었다.

다섯 단계로 보는 복음 멘토링의 모형

바울과 브리스길라·아굴라 부부의 관계는 다음의 다섯 가지 단계를 통해 멘토링의 참모습을 보여준다.

첫째, 공통의 직업을 가졌다. 바울과 아굴라, 브리스길라는 모두 천막 제작이라는 공통의 직업을 가지고 있었다. 이에 따라 자연스럽게 서로의 생활을 공유하며 친밀한 관계를 형성할 수 있었다. 바울은 이 부부와 함께 일하며 경제적 지원을 받았고, 그들과의 협력은 그의 사역에 큰 도움이 되었다.

둘째, 신앙의 공통점이 있다. 그들은 모두 그리스도인으로서 같은 믿음을 가지고 있었다. 이 신앙의 공유는 그들 간의 관계를 더욱 깊고 의미 있게 했다. 복음의 진리를 함께 나누고, 서로의 신앙을 격려하며 성장할 수 있는 환경이 조성되었다.

셋째, 동역의 경험이 있다. 아굴라와 브리스길라는 바울과 함께 복음을 전파하며 직접적으로 동역하였다. 그들은 바울을 도와 에베소에서 교회를 세우고, 바울이 고린도에서 사역할 때도 함께했다. 이러한 공동의 경험은 서로 간의 신뢰와 유대감을 강화시켰다.

넷째, 서로의 지원이 있다. 아굴라와 브리스길라는 바울이 어려운 상황에 부닥쳤을 때 그를 지원하고 도왔다. 특히 그들은 바울이 로마 감옥에 갇혔을 때 그의 안위를 걱정하며 헌신적인 사랑을 보여주었다. 이러한 헌신은 그들의 관계를 더욱 깊게 만들었다.

다섯째, 멘토링과 성장이 있다. 아굴라와 브리스길라는 직업 면에서는 바울에게 멘토 역할을 하기도 했고, 그들의 지혜와 경험은 바울의 사역에 큰 영향을 미쳤다. 또한, 바울은 그들을 통해 새로운 사역의 방향을 모색하고, 그들을 지도하여 복음의 사역자로 인도하여 교회를 세우는 데 도움을 주었다.

오늘날 그리스도인을 향한 메시지

오늘날 많은 신앙 공동체가 관계의 단절, 세대 간 소통 부재, 또는 일방적인 리더십 구조로 인해 어려움을 겪고 있다. 그러나 바울과 브리스길라·아굴라 부부의 관계는 비전으로 연결된 건강한 멘토링의 가능성을 보여준다.

멘토링은 단지 지식을 나누는 것이 아니라 같은 비전을 품고 서로의 삶을 나누는 여정이다. 바울과 이 부부처럼 하나의 목표를 바라보면 어떤 일이든 함께 동업할 수 있다. 만약 직업이나 환경이 달라도 하나의 목표로 마음을 같이한다면 누구라도 멘토링이 가능하다. 바른 멘토링은 서로를 성장시키고 건강하게 한다.

영성의 시각으로 본
시냇가에 심은 나무

시냇가에 심은 나무의 성장원리(3): 나뭇가지와 잎
– 나뭇가지와 잎은 인생의 형통원리에서 영성이다

영성의 사람들: 깨어지고 다듬어지면서 하나님의 향기를 품은 사람들

시냇가에 심은 나무의 성장원리(3): 나뭇가지와 잎 – 나뭇가지와 잎은 인생의 형통원리에서 영성이다

멘토링에서 영성으로 연결하기: 멘토링을 넘어서는 홀로서기

앞 장에서는 나무의 원줄기에 지주대를 세워 곧게 자라도록 돕는 원리에 대해 살펴보았다. 이 원리는 곧 인생의 '멘토링' 원리와 닮았다. 비전을 품은 사람이 그 비전을 이루기 위해 대가를 지불할 때 그를 돕고 지지해주는 관계망이 바로 멘토링이다.

멘토링은 하나님의 섭리 속에서 예비된 사람들을 통해 이루어질 때 때를 따라 돕는 하나님의 은혜를 받을 수 있다. 그리고 인생의 갈림길마다 하나님의 도우심을 받고 전하는 축복의 통로가 된다. 그러므로 멘토링은 형통한 삶으로 나아가는 중요한 통로가 될 수 있다.

그러나 멘토링만으로는 충분하지 않다. 아무리 많은 도움을 받아도 비전을 품은 당사자가 자신의 의지를 갖추고 대가를 지불하는 힘이 없다면 성장할 수 없다.

실제로 이식한 나무도 지주대가 필요한 기간은 1~2년에 불과하다. 나무가 자란 이후에는 오히려 지주대를 제거해야 더 큰 성장을 이룰 수 있다. 비전을 가진 사람도 마찬가지다. 언제까지나 누군가의 도움에만 의존할 수는 없다.

이 지점에서 우리는 멘토링을 넘어서는 다음 단계의 원리, 곧 '영성' (Spirituality)을 마주하게 된다.

홀로서기의 훈련: 영성의 의미

영성이란, 멘토링을 통해 얻은 지혜와 영향을 자신 안에 내면화시키는 과정이다. 그것은 단순한 의존이 아니라 '홀로서기'의 훈련이다. 그래서 영성은 훈련의 성격이 강하다. '내공'(內功, Mastery)이라는 단어가 상징하듯, 영성은 훈련과 경험을 통해 내면에 축적된 실력과 기운이다.

영성은 단순히 하나님에 대해 아는 것을 넘어서, 하나님과 깊은 교제를 통해 형성되는 인격적 능력이다. 시냇가에 심어진 나무라고 해서 물이 자동으로 뿌리에 들어오는 것이 아니듯이 영성은 저절로 이루어지지 않는다. 나무가 스스로 뿌리를 뻗어야만 물을 흡수할 수 있듯이 우리는 영적 생명을 스스로 하나님께 연결해야 한다.

이 시기의 나무는 뿌리를 내리는 데서 멈추지 않고 가지를 뻗으며 잎을 내고 꽃을 피우며 열매 맺을 준비를 한다. 이는 마치 영성의 시기에 영혼이 더 깊은 생명력으로 확장되는 모습과 같다.

하나님을 향한 자립: 영성의 절정

영성의 시기는 더 이상 지지대가 필요 없는 시기다. 나무의 원줄기를 곧게 세우는 작업은 끝이 났다. 이제는 하나님을 향한 철저한 의존과 세상에 맞서는 독립적 내적 힘이 요구되는 때이다. 사람에게 의지하던 시기를 지나 이제는 하나님께 전적으로 의지하는 때이다.

이것이 바로 예수님과 세례 요한이 광야에서 보낸 시간의 의미이다. 그들은 쉬기 위해 광야에 간 것이 아니다. 고난과 사명을 감당할 내면의 힘을 준비하고, 하나님의 뜻에 전적으로 헌신하기 위해 하나님과 홀로 있는 시간을 가진 것이다.

누구에게나 이러한 영성의 시간이 필요하다. 언제나 곁에 멘토가 있을 수는 없기 때문이다. 만일 도움에만 의존하고 자기계발을 게을리한다면 결국 무능한 삶에 머무를 수밖에 없다.

성경의 사례: 요아스의 실패

이 원리를 잘 보여주는 성경 인물이 있다. 바로 요아스와 그의 고모부 여호야다의 이야기다. 어린 요아스는 여호야다의 지도와 도움을 통해 종교개혁을 이끌었다. 그러나 여호야다가 죽자 그는 신속히 무너지고, 악한 신하들의 영향을 받아 악한 왕이 되고 말았다.

이것은 여호야다의 멘토링이 아무리 훌륭했다 하더라도 요아스 자신의 내면에 영성이 형성되지 않았기 때문이다. 이제까지 모든 개혁은 결국 물거품이 되었다. 훌륭한 도움을 받는 것은 중요하다. 그러나 도움을 받는 그 시기에 자기 안에 '믿음'과 '실력'을 반드시 구축해야 한다. 그래야만 영성이 형성되고, 형통한 삶으로 나아갈 수 있다.

이 부분은 뒷장에서 더 구체적으로 다루어 보겠다.

통합적 형통원리로서의 영성

형통한 인생을 위한 네 가지 원리는 각각 독립적이면서도 상호 의존적인 통합적 구조를 이룬다. 비전, 멘토링, 영성, 리더십은 따로 떼어 생각할 수 없다. 하나가 실패하면 다른 모든 것도 흔들릴 수 있다. 요아스는 멘토링에 성공했지만 영성의 내면적 성장이 없었기에 결국 리더십과 비전도 함께 무너졌다.

그러므로 멘토링은 반드시 영성으로 이어져야 한다. 타인의 도움을 통해 얻은 지혜와 사랑은 내면의 힘으로 발전되어야 한다. 영성은 외적 형통을 내면의 근거로 뿌리내리게 하는 결정적인 힘이며, 모든 형통 원리의 중심축이다.

영성에서는 열매를 맺기 전의 준비: 나뭇가지에 집중

겨울을 견디는 나무, 살아 있는 생명력

생명력은 살아 있는 존재가 생존을 지속하고 성장해 나가는 내적인 힘이다. 겨울철 산과 들을 찾아가 보면 많은 나무가 마치 죽은 것처럼 보인다. 잎은 모두 떨어지고 메마른 가지들만 앙상하게 남아 있을 뿐이다. 그러나 봄이 오면 죽은 것 같았던 나무에도 새순이 돋고 꽃이 핀다.

겉으로는 죽은 듯 보여도 나무의 뿌리가 살아 있으면 살아 있는 것이다. 그러므로 어떤 나무도 봄이 오기 전까지는 미리 잘라내거나 뿌리째 뽑아서는 안 된다. 겉모습만 보고 판단하게 되면 그 안에 살아 숨 쉬는 생명력을 놓치게 된다. 고목이라도 봄이 오면 꽃을 피운다.

열매 맺도록 나뭇가지를 가꾸어야 한다

시냇가에 심은 나무가 열매를 맺기 위해 가장 집중하는 곳이 바로 나뭇가지이다. 가지는 수많은 잎을 내고, 꽃을 피우며, 마침내 열매를 맺는다.

생명이 꽃 피우는 곳이 가지이고, 열매 맺는 곳이 가지이다. 그러므로 나뭇가지는 중요하다. 인생도 마찬가지이다. 꽃을 피우고 열매 맺는 삶, 곧 영향력 있는 삶을 살기 위해서는 영성이 필요하다. 생명력을 꽃피우고 열매 맺는 영성이 없다면 공허한 인생이 될 뿐이다.

나뭇가지 관리의 중요성

나무에 있어서 나뭇가지는 단순히 잎과 열매를 매다는 구조물 이상으로, 생명과 성장, 교류의 중요한 통로이자 기능적·상징적으로 매우 중요한 역할을 한다.

첫째, 나무의 뿌리에서 흡수된 물과 영양분은 줄기를 통해 가지로, 그리고 잎과 열매로 전달된다. 가지는 생명 순환의 통로이다. 그리고 잎이 가지에 넓게 퍼짐으로써 햇빛을 더 잘 받아 광합성을 최대화할 수 있다.

둘째, 가지는 무엇보다 열매를 맺는 공간이다. 가지는 열매가 맺히는 자리이며, 성장의 결과가 드러나는 지점이다.

셋째, 나무가 건강하기 위해서는 가지치기를 해야 한다. 특히 병든 가지나 빽빽한 가지를 잘라줌으로써 전체 나무의 건강을 유지하고 열매의 질과 양을 향상시킬 수 있다. 그리고 가지를 다듬어 나무의 모양을 잡고, 바람과 빛이 잘 통하게 하여 건강한 생장 환경을 조성한다.

넷째, 나뭇가지가 사방으로 뻗어 나가듯, 가지는 생명과 영향력의 확장을 상징한다. 이것은 가족과 계보의 상징으로도 쓰인다. '가계도'에서 가지는 가족 구성원의 확장을 표현하는 데 사용되기도 한다.

다섯째, 나뭇가지를 신앙적으로 적용하면 가지치기의 아픔은 성장의 기회가 된다. 하나님은 때로 우리 삶의 가지를 치시며 더 큰 열매를 위해 다듬으신다. 그리고 가지는 줄기에서 떨어지면 생명을 잃는다. 요한복음 15장에서처럼 가지가 포도나무에 붙어 있어야 열매를 맺듯, 우리는 그리스도 안에 거해야 참된 생명을 누릴 수 있다.

이상으로, 나뭇가지란, 생명의 연결선이자 열매 맺음의 무대이며, 다듬어질 때 더욱 풍성해지는 성장의 통로가 된다.

영성 가꾸기(1)/ 성장하는 나무는 지주대를 제거한다

처음 나무를 심을 때 나무 옆에 두세 개의 지주대를 세운다. 그것은 연약한 줄기를 바람으로부터 보호하기 위해서이고, 곧고 건강하게 뿌리를 내리도록 도와주기 위해서이다.

하지만 나무가 자라서 더 이상 흔들리지 않을 때는 계속해서 지주대에 묶어두면 안 된다. 그렇게 되면 오히려 스스로 서는 법을 잊게 된다. 따라서 성장은 외형이 아니라, 지주대가 지탱하지 않아도 쓰러지지 않는 상태를 말한다.

홀로 설 수 있는 나무는 지주대를 푼다

나무 한 그루가 자란다. 처음에는 가느다랗고 연약하다. 바람이 불면 휘청거리고, 빗줄기가 세차게 내리면 쓰러질 것 같다. 그래서 누군가는 나무 옆에 지주대를 세운다. 넘어지지 않도록 붙들어주고, 바른 방향으로 곧게 자라도록 돕는다.

시간이 흐르고, 나무는 점점 뿌리를 깊이 내린다. 햇살을 머금고, 바람을 견디며, 비를 맞으며 자란다. 어느덧 그 나무는 지주대 없이도 당당히 설 수 있을 만큼 자라났다. 그때, 지주대를 조용히 푼다. 더 이상 나무를 붙잡지 않는다. 나무가 홀로 설 수 있게 되었기 때문이다.

'홀로 설 수 있는 나무는 지주대를 푼다'는 이 짧은 문장은 인생의 중요한 원리를 담고 있다. 인간은 누구나 약할 때가 있다. 어린 시절에는 부모의 보호가, 인생의 초입에는 선배의 조언이, 신앙의 초신자 시기에는 멘토의 격려가 절실하다. 그 도움 없이는 제대로 설 수도 없다. 그러나 그 도움에만 의존한다면 영원히 자라지 못한다. 성장은 외부의 보호를 넘어서 자기 안의 중심을 세우는 과정이다.

지주대를 푼다는 것은 성장과 자립을 의미한다. 더 이상 누군가에게 기대지 않고 스스로 판단하고 선택하며, 그 결과에 책임지는 삶이다. 때로는 두렵고 외롭고 흔들릴 수 있다. 그러나 그런 시간 속에서 진짜 '내 뿌리'는 깊어진다. 진짜 나무는 바람 없는 온실 속에서 자라지 않는다. 바람과 비, 계절의 순환 속에서 살아남은 나무만이 튼튼해진다.

좋은 멘토는 멘티가 자립할 수 있도록 도와야 한다. 멘티가 '홀로 설수 있는 나무'가 되었다면, 멘토는 지주대를 풀고 조용히 물러서야 한다. 마치 예수께서 제자들에게 말씀하시던 순간처럼, 스스로 걸어갈 수 있도록 한 걸음 물러선다. 그리고 세상으로 제자를 파송하신다(마 28:19-20; 행 1:8; 요 20:21).

스스로 서야 하는 시기에 신앙과 훈련이 있다. 초신자는 많은 돌봄이 필요하지만, 시간이 지나고 말씀과 기도로 뿌리내리면 스스로 주 앞에 바로 서는 신앙의 나무가 되어야 한다. 성숙이란 의존에서 자립으로, 보호받던 자리에서 보호하는 자리로. 그리고 결국, 사랑하며 놓아주는 자리로 나아가는 것이다. 홀로 설 수 있는 나무는 지주대를 푼다.

멘토링에서 영성으로 도약

신앙생활도 이와 같이 적용할 수 있다. 처음 신앙생활을 시작했을 때 말씀, 멘토, 공동체, 규율에 의지해 적응한다. 이것은 하나님의 지혜요, 보호이다. 그러나 영적으로 자라난 다음에도 여전히 누군가의 말만 따라가고 매 순간 의존하려 든다면, 그것은 진정으로 성장한 모습이 아니다.

성경에는 이러한 환경에서 실패한 인물과 성공한 인물을 제시한다. 멘토링에서 영성으로 연결고리가 성공하느냐, 실패하느냐에 따라 개인과 국가에 어떤 영향을 미치는지를 극명하게 보여준다.

요시야와 다윗, 그리고 히스기야: 신앙의 전승, 영적(간접) 스승 멘토링

요시야는 8세에 왕위에 올라 31년 동안 유다를 통치하였다(왕하 22:1). 그의 할아버지 므낫세와 아버지 아몬은 여호와 보시기에 악을 행하였으나 그는 세속적 가문을 뛰어넘었고, 타락한 전통을 끊었으며, 말씀을 지켰다. "요시야와 같이 마음을 다하며 뜻을 다하며 힘을 다하여…여호와께로 돌이킨 왕은 요시야 전에도 없었고 후에도 그와 같은 자가 없었더라"(왕하 23:25).

초기 요시야는 8세에 왕위에 올라(대하 34:1) 16세부터 여호와를 찾기 시작하였다(대하 34:3). 그리고 20세에 우상을 제거하면서 26세에 성전 수리 중 율법책을 발견하였다. 이 시기까지 성경은 "그 누구의 인도도 없이" 요시야가 자발적으로 하나님을 찾았다고 기록하고 있다. "아직도 어렸을 때 곧 왕위에 있은 지 팔 년에 그의 조상 다윗의 하나님을 비로소 찾고…"(대하 34:3). 따라서 요시야의 영성은 '멘토 기반'이라기보다는 '말씀 기반'의 홀로서기 영성이었다.

요시야 말기 통치에 비로소 예레미야 선지자가 활동을 시작한다(렘 1:2). 또한 스바냐, 나훔, 하박국 선지자도 하나님의 뜻을 선포하고 말씀의 분위기를 형성한 배경인물이다. 그래서 요시야의 삶을 통해 멘토를 찾는다면 율법책을 발견하고 해석해 준 간접적 멘토는 여선지자 훌다였고, 예레미야나 스바냐 등은 시대적 동역자로만 보인다.

그러나 요시야에게는 참멘토가 분명히 있었다. 바로 '조상 다윗'이다. 그는 눈에 보이지 않지만 역사책에 기록된 다윗을 따라 개혁하고 말씀 중심으로 행하였다. 그래서 요시야의 진정한 멘토는 바로 지금은 곁에 없지만 그의 정신적 멘토가 되어 준 다윗이었다. "아직도 어렸을 때 곧 왕위에 있은 지 팔 년에 그의 조상 다윗의 하나님을 비로소 찾고…"(대하 34:3). 진짜 영성은 누가 시켜서가 아니라 하나님을 향한 갈증에서 시작된다. 요시야는 홀로서기의 첫걸음을 다윗과 함께한 것이었다. "요시야가 여호와 보시기에 정직히 행하여 그의 조상 다윗의 모든 길로 행하고 좌우로 치우치지 아니하였더라"(왕하 22:2). 요시야 왕은 신앙의 본보기로 다윗을 계승하였기에 왕과 후계자 관계 중심의 멘토링으로 보인다.

그리고 요시야 왕에게는 또 다른 한 명의 멘토가 있었다. 요시야보다 약 70~80년 앞서 남유다를 개혁한 히스기야 왕이다. 요시야는 히스기야처럼 성전 정화, 유월절 회복, 전국적 신앙 개혁을 단행하였다. 요시야는 개혁적 실천의 모델로서 히스기야를 계승하였다. 그래서 요시야에게 히스기야는 멘토이다.

이러한 멘토링의 유형을 로버트 클린턴(Robert Clinton) 교수는 '역사적 (Historical) 멘토링'이라고 말한다. 현재 모델을 찾기 어려울 때 지나간 세대의 사람들에게서 배울 수 있는 것을 의미한다. 위대한 인물의 전기를 읽으며 그들의 삶과 인격에 감화받아 정신적 가르침을 받는 경우이다.

그러므로 요시야는 다윗의 마음으로 히스기야의 개혁을 따랐기에 두 명의 멘토가 있었던 것이다. 이 두 사람의 멘토를 따름으로 성경은 요시야 왕을 이렇게 평가한다. "요시야와 같이 마음을 다하며 뜻을 다하며 힘을 다하여 모세의 모든 율법을 따라 여호와께로 돌이킨 왕은 요시야 전에도 없었고 후에도 그와 같은 자가 없었더라"(왕하 23:25).

멘토링에서 영성으로의 도약에 실패한 인물: 요아스 왕과 대제사장 여호야다

아달랴의 정권 찬탈 당시, 요아스는 여호야다와 그의 아내 여호세바에 의해 성전에 숨겨져 보호받았다(대하 22:10-12). 7세에 왕위에 오른 요아스는 여호야다의 지도로 성전을 수리하고 예배를 회복하였다(대하 24:1-14).

그러나 여호야다가 죽은 후, 요아스는 악한 신하들의 영향을 받아 하나님을 버리고 우상을 숭배하기 시작하였다(대하 24:17-18). 그리고 고모부 여호야다의 은혜를 잊고 여호야다의 아들 선지자 스가랴의 경고에도 불구하고 스가랴 선지자를 성전 뜰에서 죽였다(대하 24:21-22). '악한 자도 성전에서 죽이지 말라'는 하나님의 말씀까지 외면하였다. 결국 하나님은 아람 군대를 통해 유다를 징계하셨다(대하 24:20-24). 요아스는 반역한 신하들에게 암살당하고 왕들의 무덤에도 묻히지 못하는 신세가 된다(대하 24:25).

비교 분석: 멘토링의 지속성과 개인의 책임

요시야와 요아스 두 사람은 모두 위기의 시대에 왕으로 세워졌고, 모두 어린 나이에 왕이 되었다. 이들의 삶은 신앙과 통치에 있어 멘토링의 지속성과 개인의 신앙 책임이 얼마나 중요한지를 깊이 생각하게 만드는 대표적 사례라 하겠다.

먼저, 멘토링의 중요성은 요아스와 여호야다의 관계에서 분명히 드러난다. 여호야다는 요아스를 어릴 때부터 보호하고, 성전 수리와 우상 제거 같은 개혁을 주도하며 요아스의 신앙과 리더십을 이끌어갔다. 그러나 이러한 멘토링은 요아스의 내면에까지 깊이 뿌리내리지 못했다. 여호야다가 죽은 후, 요아스는 신앙의 길에서 급격히 벗어나고 만다. 이는 멘토링이 일시적인 지도에만 그칠 경우, 외적인 변화는 가능하지만 내적인 성숙은 보장되지 않음을 보여준다.

이에 비해 요시야는 힐기야 제사장에게 다윗 왕에 대한 이야기를 들었을 것이고, 마음의 중심을 다윗에게 맞춘다. 그는 영적 멘토의 지도에 의존하는 것이 아니라, 하나님의 말씀을 자기 신앙의 기초로 삼고 개혁을 주도하였다. 또한 히스기야를 알고 히스기야를 따라 유월절을 회복하고, 유다의 우상숭배를 제거하며 끝까지 신실한 믿음을 지켰다. 마치 좌로나 우로나 치우치지 않는 여호수아처럼 중심 잡힌 신앙을 가졌다.

이것은 단지 정보를 전수하는 것이 아니라, 말씀을 중심으로 자립적인 신앙을 세우도록 돕는 것이 진정한 멘토링임을 보여준다.

요시야 왕과 요아스 왕은 많은 공통점이 있음에도 불구하고 성경적 평가는 너무나 달랐다. 요아스는 믿음을 잃은 채 죽었고, 요시야는 믿음을 지키며 죽었다.

요아스의 실패가 주는 중요한 교훈이 있다. 신앙의 지속성은 외부의 영향뿐만 아니라 개인의 내면에서 끊임없이 유지되어야 한다는 것이다. 여호야다의 지도하에서 잠시 개혁을 이루었던 요아스는, 그가 죽은 뒤 악한 신하들의 영향에 쉽게 휘말려 하나님을 떠났고, 결국에는 하나님의 경고를 무시하고 선지자 스가랴를 죽이는 죄까지 범하게 된다. 이는 주변 환경의 악한 영향이 신앙을 무너뜨릴 수 있음을 보여주는 동시에, 결국 신앙의 책임은 타인이 아니라 개인에게 있다는 진리를 강조한다.

반면, 요시야는 하나님의 율법을 자기 삶 중심에 두고, 주변의 악한 관행을 제거하며 오히려 환경을 바꾸는 지도력을 보였다. 그는 하나님의 말씀을 듣고 진심으로 회개하며, 신앙 개혁의 주체로 나섰다. 그에게 있어서 신앙은 누군가의 지도 아래서만 유지되는 것이 아니라 내면 깊이 각인된 하나님의 말씀에 기초한 삶이었다.

요시야는 다윗과 히스기야의 신앙을 내면화함으로써 멘토링이 자립으로 이어진 성공 모델이다. 그러나 요아스는 탁월한 멘토 여호야다의 지도로 일시적으로는 신앙을 유지했지만, 스스로 신앙을 세우지 못해 멘토 사후 급격히 무너진 실패 모델이다.

요아스와 요시야의 비교는 결국 하나의 결론으로 모아진다. 신앙은 멘토가 대신 세워줄 수 없다. 멘토는 길을 보여주고 이끌어 줄 수는 있지만, 그 길을 걷는 것은 각자의 선택과 책임이다. 신앙은 외적인 지도나 환경에 의해서가 아니라, 내면의 회개와 말씀에 대한 순종을 통해 지속되어야 한다. 요시야는 영적 멘토를 통해 자립적인 신앙으로 나아간 반면, 요아스는 여호야다 멘토의 죽음과 함께 신앙도 무너진 비극적인 인물로 남았다.

이 비교는 오늘날 교회와 가정, 그리고 공동체 내에서의 멘토링이 단지 지식 전달이나 외형적인 변화에 그치지 않고, 개인의 내면에서 말씀과 믿음이 뿌리내리도록 돕는 깊은 동반자 관계로 발전해야 함을 강조한다.

또한 신앙의 여정은 누군가의 손에 이끌려 걷는 길이 아니라, 하나님의 말씀에 자발적으로 순종하며 스스로 걸어가는 길임을 깨닫게 한다.

영성 가꾸기(2) / 시냇가에 심은 나무는 매년 가지치기를 한다

유실수와 영성의 비유

'시냇가에 심은 나무'는 단순히 보기 좋은 관상수가 아니라 유실수이다. 유실수로서 매년 가지치기를 통해 열매를 맺는 과정을 반복한다.

멘토링의 시기에는 원줄기를 곧게 세우기 위해 지주대를 세우지만, 영성의 시기에는 가지치기를 통해 꽃과 열매를 풍성히 맺도록 하는 작업이 필요하다. 나뭇가지가 바로 열매의 통로이기 때문이다.

김월수 교수의 과일나무 이야기에 따르면, 유실수는 7~8년이 지나면 뿌리와 가지 사이의 세력 균형이 무너지게 된다고 한다. 가지치기는 이 균형을 회복하고 영양분이 뿌리에서 원줄기에만 머무르지 않고 가지와 열매로 향하도록 돕는 필수 작업이다. 이처럼 영성은 단순히 내면의 감정이나 열정이 아니라 열매를 위한 훈련과정이다.

공의로운 가지: 성경의 가지치기 신학

성경도 가지의 중요성을 강조한다. "그날 그때에 내가 다윗에게서 한 공의로운 가지가 나게 하리니 그가 이 땅에 정의와 공의를 실행할 것이라"(렘 33:15). 이는 다윗의 뿌리에서 나오실 '공의로운 가지'이신 예수 그리스도를 가리킨다.

하나님은 땅을 갈고 좋은 포도나무를 심으셨지만(사 5:2) 결국 들포도를 맺은 이스라엘에게 실망하셨고, 예수님을 참포도나무로 보내셨다. 그분 안에 접붙인 가지들, 곧 성도들에게는 농부이신 하나님이 매년 가지치기를 하신다. "무릇 내게 붙어 있어 열매를 맺지 아니하는 가지는 아버지께서 그것을 제거해 버리시고 무릇 열매를 맺는 가지는 더 열매를 맺게 하려 하여 그것을 깨끗하게 하시느니라"(요 15:2). 이 구절은 가지치기의 이중적 목적을 분명히 밝힌다.

가지치기의 두 종류: 제거와 정결

나무들이 성장하면서 간격이 좁아지면 나타나는 현상을 '밀식'이라고 한다. 밀식은 햇빛을 받기 위해 서로 위로만 높이 자라는 것이다. 당연히 뿌리와 가지의 균형이 깨지고, 외형은 빈약해진다. 이러한 때에 가지치기를 통해 각자의 자리를 확보해야 서로 싸우지 않고 뿌리와 열매가 조화를 이룰 수 있다. 그리고 나무의 건강에 도움이 된다.

가지치기는 두 종류가 있다.

그 한 가지는 '아이레이'(αἴρει)로 불필요한 가지를 제거하는 작업이다. 나무는 매년 곁가지가 생기는데, 이 가지들은 열매를 맺지 못하고 영양분만 소모시킨다. 이를 제거하지 않으면 잎만 무성하고 열매 없는 나무가 된다.

그리고 또 한 가지는 '카다이레이'(καθαίρει)로, 열매를 더 맺게 하기 위한 정결의 가지치기이다. 병든 가지, 상처 입은 가지, 해충에 감염된 가지는 건강한 성장을 막는다. 이런 나무에 가지치기는 나무의 질병을 예방하고 건강한 열매를 위한 환경을 조성한다. 때로는 전염된 가지를 불태우기까지 해야 한다.

예수님의 가지치기 사역

예수님의 사역을 보면, 형식주의, 인본주의, 외식주의라는 가지들이 나올 때마다 제자든, 종교지도자든 누구를 막론하고 가지치기를 하셨다.

첫째, 예수님은 하나님의 뜻보다 앞서는 인본주의를 잘라내셨다. 제자들에게 십자가의 길을 가르치자 베드로가 이를 막아섰다. 이에 예수님은 "사탄아, 내 뒤로 물러가라" 하시며(막 8:33), 인본주의적 열정이 하나님의 뜻을 방해할 수 있음을 경고하셨다.

둘째, 예수님은 율법의 본질을 왜곡한 전통의 가지를 제거하셨다. 바리새인들은 손 씻는 전통을 지키지 않는 제자들을 비난했지만(막 7:5), 예수님은 "무엇이든지 밖에서 사람에게로 들어가는 것은 능히 사람을 더럽게 하지 못하되 사람 안에서 나오는 것이 사람을 더럽게 하는 것이라"라고 말씀하셨다. 외형보다 내면의 정결을 강조하신 것이다.

셋째, 종교지도자들은 '고르반'이라는 제도를 내세워 부모 봉양의 책임을 회피했다(막 7:11). 예수님은 이를 통해 하나님의 계명을 전통으로 폐하는 위선을 꾸짖으셨다.

넷째, 제자들이 안식일에 밀 이삭을 자르는 일로 비난받았을 때(막 2:23-24), 예수님은 "안식일이 사람을 위하여 있는 것이요 사람이 안식일을 위하여 있는 것이 아니니"(막 2:27)라고 하시며, 안식일의 본질이 쉼과 구원에 있음을 밝히셨다.

이러한 모든 가지치기의 결론은 하나다. 겉모양은 신앙 같지만 본질을 잃은 위선자들을 향해 "화 있을진저"라고 외치시며, 진정한 참열매를 맺도록 예수님이 꾸짖으신 것이다.

가지치기 없는 영성은 없다

영성은 감정이 아니다. 영성은 곁가지를 제거하고, 병든 부분을 다듬고, 공간을 확보하여 생명의 열매를 맺도록 하는 '가지치기'의 계절이다. 때로는 아프고 외롭고 무력한 과정을 견뎌야 한다. 그러나 이 과정을 지나야만 진정한 열매가 맺힌다.

시냇가에 심긴 나무는 가지치기를 통해 해마다 열매를 맺는다. 그리스도인의 삶도 그러하다. 영성의 계절은 곁가지를 잘라 나뭇가지를 튼튼하게 하고, 뿌리에서 올라온 생명의 진액이 열매로 온전히 맺히도록 가지치기라는 고통을 통해 하나님의 손길을 받는 은혜의 시간이다.

영성 가꾸기(3)/ 시냇가에 심긴 나무의 방어력: 유혹과 시험을 이기는 영적 피톤치드

자연의 원리와 신앙의 원리

나무는 해충으로부터 자신을 보호하기 위해 두 가지 방식으로 대응한다. 하나는 외부에서 뿌리는 화학적 살충제이다. 그리고 다른 하나는 스스로 내뿜는 피톤치드와 같은 천연 방어물질이다.

이 두 가지 방식은 인간의 삶과 신앙에서도 그대로 적용된다. 외부로부터 오는 시험과 유혹에 대처하기 위해 우리는 외적 규제(율법, 공동체의 경계)를 두기도 하고, 내면에서 나오는 영적 자각과 거룩함이 있다.

해충 피해와 성경의 해석

성경에서도 해충의 피해는 하나님의 심판 수단으로 등장한다. 이의 재앙(출 8:16), 파리의 재앙(출 8:20), 메뚜기의 재앙(출 10:1)은 단순한 자연현상이 아니라, 하나님의 주권적 역사 속에서 인간의 교만과 죄에 대한 징계이다. 모세는 이와 같은 재앙 앞에서 하나님께 기도하고, 이스라엘을 보호하기 위해 중보의 사명을 감당했다.

좋은 환경이 늘 좋은 결과를 보장하지 않는다

시냇가에 심긴 나무라고 해서 항상 좋은 조건만 누리는 것은 아니다. 물이 풍부하다는 것은 곧 다양한 생명체들이 몰려든다는 것이고, 그만큼 해충의 위험도 커진다. 이는 인생에서 성공, 인기, 물질, 명예와 같은 '좋은 환경'이 도리어 유혹의 통로가 될 수 있음을 말해 준다.

영적 해충: 세 가지 유혹

세상은 공중 권세 잡은 자가 통치하고 있다. 첫 사람 아담과 하와를 시험하였고(창 3:4), 하나님의 아들이신 예수님도 시험하였다(마 4:3). 그리고 이제 예수님을 믿는 그리스도인을 넘어뜨리려 한다. 마귀는 아담과 하와를 시험한 방식대로 예수님을 똑같이 시험하였고, 이제 똑같은 방식으로 그리스도인을 시험한다.

이 방식에서 자유로운 사람은 이 세상에 아무도 없다. 이 방식이 바로 육신의 정욕, 안목의 정욕, 이생의 자랑이라는 세 가지 유혹과 시험이다. "이는 세상에 있는 모든 것이 육신의 정욕과 안목의 정욕과 이생의 자랑이니 다 아버지께로부터 온 것이 아니요 세상으로부터 온 것이라"(요일 2:16).

첫째, 육신의 정욕은 인간의 육체적 욕망으로써 본능적 쾌락 추구를 의미한다. 현대로 표현하면, 성적인 문란함(외도, 음란물 소비, 성적 중독), 중독적인 쾌락 추구(마약, 술, 도박), 자극적인 미디어 소비(자극적인 드라마, 음악, 게임, SNS), 과도한 음식(폭식, 미식, 음주, 먹방), 소비주의(자기 즐거움)에 있다. 내가 원하는 대로를 넘어서 내가 느끼고 싶은 대로, 즐기고 싶은 대로 추구하는 유혹이다.

둘째, 안목의 정욕은 '눈으로 보고 욕심내는 것'으로서 겉으로 보기에 좋아 보이는 것을 소유하고 싶어 하는 욕망이다. 현대로 표현하면, 시각적 자극을 통해 생기는 물질주의(명품 차, 고급 아파트), SNS 비교중독(라이프스타일, 여행, 연애, 재산), 광고와 소비 욕망, 외모 지상주의(지나친 성형, 과도한 꾸밈, 몸매 집착)가 있다. 내게 필요한 것보다 내 눈에 보기 좋아서 선택하게 만드는 유혹이다.

셋째, 이생의 자랑은 자기 인생의 성취나 위치를 자랑하고 싶은 마음이다. 현대로 표현하면, 학벌, 직장, 스펙을 자랑하고, 남보다 앞서고 싶은 성공 중심의 사고방식이다. 그리고 지위나 명성을 통해 인정받고 싶어 하며,

자기중심적인 삶이 최고라고 여기는 태도이다. 돈의 맛을 보았던 사람이 가지기 쉬운 권력의 맛이다. 그러므로 돈과 권력을 가지고 하나님을 의지하며 살아가기는 더 힘들어진다.

이런 모든 것들이 죄라기보다는 하나님보다 더 큰 중심이 되거나 영적 성장에 방해가 될 수 있다는 것이다. 육체나 안목이나 이생이 나쁘다는 것이 아니라 절제되지 못한 정욕과 자랑이 영적 삶을 흐리게 만드는 방향이 될 수 있다는 경고이다.

마귀가 잘 쓰는 전술이기 때문에, 특히 비전의 대가를 지불하는 젊은 이들에게 더 치명적인 유혹과 시험으로 다가온다. 음란에 자유로운 사람은 세상에 그 어디에도 없다. 성경에 음란한 자를 따라가는 자를 '마치 소가 도살장으로 가는 것 같고, 새가 올가미 속으로 뛰어 들어가는 것 같다'고 말한다(잠 7:22-23). 이런 유혹과 시험 앞에 가장 확실한 것은 비전의 사람이 세상 사람보다 더 많은 유혹과 시험, 고난과 고통이 따른다는 사실이다.

이 모든 것은 본질적으로 '하나님보다 더 중심이 되는 것'이며, 결국 믿는 자를 병들게 만든다.

방어하는 자의 삶: 피하라, 붙잡아라, 생각하라

사탄은 절대 칼을 들고 찾아오지 않는다. 오히려 달콤한 사탕을 가지고 유혹한다. 죄는 생각으로 들어와서 마음에 욕심과 불만, 탐욕과 원망으로 가득 채워 행동으로 유도한다. 그러므로 영적 전쟁에서 1차 싸움은 '생각과의 싸움'이다. 그리고 2차 싸움은 '마음과의 싸움'(잠 4:23)이다. 마지막으로 3차 싸움은 '행동과의 싸움'이다. 생각과의 싸움에서는 거룩함을 생각해야 하고, 마음과의 싸움에서는 하나님의 말씀을 채워야 하며, 행동과의 싸움에서는 하나님과 동행해야만 승리할 수 있다. 첫째, 피하라. 요셉은 성적인 유혹 앞에서 '도망'쳤다(창 39:9). 둘째, 붙잡아라. 예수님은 말씀으로 유혹과 시험을 '대적'하셨다(마 4장). 셋째, 생각하라. 생각의 게으름으로 하와와 아담은 마귀의 거짓말에 넘어갔고, 가룟 유다는 예수님을 팔 생각을 하였다. 그래서 사도 바울은 빌립보서 4장 8절에서 "참되고, 정결하고, 사랑받을 만한 것들을 생각하라"라고 명령한다.

생각은 마음의 방향이다. 부정한 유혹을 피하는 것만으로는 부족하다. 좋은 것, 선한 것, 하나님이 기뻐하시는 것을 의식적으로 생각하고, 말씀을 붙잡으며, 거룩한 행동을 해야 한다. 이것이 '영적 피톤치드'이다.

비전 있는 자의 고난과 훈련--흔들리는 세상, 붙잡아야 할 말씀

비전 있는 사람에게 유혹과 시험은 더 강력하게 다가온다. 그 이유는 마귀가 하나님 나라의 일을 방해하기 때문이다. 하지만 이때 우리는 믿음의 방패와 구원의 투구, 성령의 검인 말씀을 가지고 맞서야 한다(엡 6:10-17).

흔들리는 세상에서 흔들리지 않으려면 하나님의 말씀을 붙잡아야 한다. 흔들리는 버스 안에서 넘어지지 않기 위해서는 버스 손잡이를 붙잡아야 한다. 마찬가지로 흔들리는 세상 속에서 쓰러지지 않기 위해서는 하나님의 진리 말씀을 붙잡아야 한다. 그것도 하나님 앞에서(코람데오 신앙) 살아야 한다.

영성 가꾸기(4)/ 인생의 고랑: 축복을 흘려보내는 고랑의 은혜

고랑이 있어야 나무가 산다

나무가 자라기 위해서는 반드시 갖추어야 할 필수 조건들이 있다. 적당한 강수량, 풍부한 일조량, 온화한 기후, 영양분이 충분한 토양, 바람이 잘 통하는 지형, 그리고 직사광선을 받을 수 있는 개방된 환경 등이 그것이다.

그러나 이 모든 조건을 갖추었다 하더라도 결정적으로 중요한 한 가지가 있다. 바로 '물'이다. 물을 공급받지 못하면 나무는 마르고 죽는다. 그런데 아이러니하게도 물이 너무 많아도 문제가 된다. 뿌리가 썩고 영양분을 제대로 흡수하지 못해 도리어 병들어버리기도 한다.

그래서 농부는 나무를 심을 때 '배수'를 고려한다. 물 빠짐이 좋은 토양에 심고, 폭우가 내릴 경우를 대비하여 고랑을 판다. 밭에서 작물 사이에 만든 좁고 얕은 골이다. 두둑한 두 땅 사이의 좁고 깊은 고랑은 물이 고이지 않고 자연스럽게 흘러나가게 해준다. 일정량의 수분은 토양에 머물게 하되, 넘치는 물은 흘려보내는 고랑의 역할이다. 나무의 생존과 건강의 핵심이다. 고랑은 단순한 배수 구조가 아니라, 생명을 살리는 지혜다.

넘침이 파멸을 부를 때

이 원리는 인생에도 동일하게 적용된다. 인생의 실패는 대부분 '없어서'가 아니라 '너무 많아서' 비롯된다.

성경을 보면, 지나친 힘과 성공, 부유함으로 인해 무너진 인물들을 여럿 볼 수 있다. 끊임없는 힘의 충만함 속에서 자제 못하는 삼손, 급작스레 왕이 되어 교만해진 사울, 세상의 모든 부귀영화를 누렸던 솔로몬, 보물 자랑하다 바벨론이라는 재앙을 초래한 히스기야, 돈에 눈이 멀어 은 삼십에 스승까지 팔아넘긴 가룟 유다, 재산을 팔아 거짓으로 바치며 존경을 사려고 했던 아나니아와 삽비라 부부, 이들 모두는 부족해서가 아니라 오히려 넘침으로 인해 자신을 제어하지 못해 몰락했다.

세상에도 이와 비슷한 예가 많다. 로또에 당첨된 이들 가운데 상당수가 인생을 망가뜨리고 '차라리 당첨되지 않았더라면 더 좋았을 텐데'라고 후회한다. 왜일까? 과유불급(過猶不及), 즉 '지나친 것은 미치지 못한 것과 같다'는 진리가 인생에서도 통용되기 때문이다. 균형을 잃고 넘치는 것을 흘려보내지 못하면 그것은 도리어 독이 되어 돌아온다.

영적 고랑이 필요한 이유

그래서 사람은 자기 삶의 현장에 '영적 고랑'을 반드시 파야 한다. 넘치는 복과 기회, 명예와 권력, 물질과 정보 속에서 자신을 지킬 수 있는 도랑, 곧 절제와 겸손과 분별력으로 넘치는 것을 흘려보낼 수 있는 신앙의 공간이 필요하다. 영적 고랑이 없으면 시험과 유혹이라는 홍수 앞에 뿌리가 썩어 무너진다.

가장 극적인 사례가 바로 솔로몬이다. 그는 잠언, 전도서를 집필했고, 하나님께서 주신 지혜로 강력한 왕국을 세웠다. 그러나 그는 부와 권세, 지혜가 넘치는 상태에서 그것을 흘려보낼 고랑을 마련하지 못했다. 결국, 이방 여인들과의 정략결혼을 통해 우상을 들여왔고, 예루살렘은 혼합주의와 우상의 온상이 되었다. 또한, 솔로몬은 하나님이 아브라함에게 약속하신 갈릴리의 땅을 히람 왕에게 선물로 내어주었고, 진멸하라는 명령을 어기고 원주민들을 노예로 삼았다. 이 모든 불순종은 '영적 고랑 부재'의 결과였고, 그 여파는 북이스라엘과 남유다의 분열이라는 비극으로 이어졌다.

헛됨의 고백, 고랑의 교훈

이러한 솔로몬의 몰락은 단지 실패의 기록이 아니다. 그는 전도서에서 "헛되고 헛되도다 모든 것이 헛되도다"(전 12:8)라고 고백한다. 이는 단순한 허무주의가 아니라, 자신에게 주어진 복을 잘 관리하지 못하고 흘려보내지 못한 채 썩게 만든 인생에 대한 참회이자 고백이다.

우리는 여기서 중요한 교훈을 배운다. 복은 넘칠 때 더욱 조심해야 한다. 넘치는 것을 흘려보내야 그것이 생명이 되고 축복이 된다. 움켜쥐고 썩히면 그것은 독이 되어 인생을 무너뜨린다. 인생의 고랑은 이런 의미에서 반드시 필요하다.

세계정책연구소(World Policy Institute, WPI) 소장 미셸 부커(Michele

Wucker)가 2013년 세계경제포럼(World Economic Forum, WEF, 다보스포럼)에서 제시한 '회색 코뿔소'(Gray Rhino) 개념이 있다. 2톤에 달하는 덩치, 크게 흔들리는 땅의 진동과 소리로 인해 코뿔소가 다가오는 것을 그 누구나 인지할 수 있다. 이 비유는 어떠한 위험의 징조가 지속해서 나타나면 사전에 충분히 예상할 수 있음에도 불구하고, 그 영향을 간과하여 온전히 대응하지 못하는 상황을 '회색 코뿔소'(Gray Rhino)라 말한다. 회색 코뿔소라고 불리는 상황은 주로 위험 신호를 무시하고 위기에 대한 사전 예방을 대수롭지 않게 여기는 시스템, 우선순위를 설정하는 어려움, 책임성 결여 등으로 인해 발생한다고 강조했다. 당장은 달려들지 않으나 확실히 위험한 존재이다. 개연성이 높고 엄청난 파급력이 있는 위험이지만 사람들은 그것을 간과한다. 그래서 회색 코뿔소는 위험의 소지를 충분히 예상할 수 있었음에도 이를 간과하여 결국 큰 위험에 처하게 되는 상황을 가리키는 용어이다.

솔로몬은 하나님이 주신 지혜와 덤으로 받은 부귀나 명성, 장수를 충분히 조절할 수 있었다. 그러나 솔로몬은 정략결혼으로 인해 우상숭배하는 이방 여자들을 아내로 끌어들였고, 우상숭배를 허락함으로 하나님이 주신 지혜를 제대로 사용하지 못하였다. 지혜의 왕이었지만 말년에 쓸쓸하게 퇴장하였다. 시작은 좋았지만 끝이 흐지부지한 인생이 되고 말았다.

인생의 고랑이 주는 지혜

지혜롭고 어리석은 사람, 부유하고 가난한 사람의 공통점은 죽음을 피할 수 없다는 것이다. 인생을 행복하게 살려면 종말론적 신앙으로 죽음을 항상 자각하며 세속의 의미 없고 가치 없는 것을 흘려보내야 한다.

세상은 자기 잘난 맛에 살아간다. 자기 중심성이 너무 강하다. 그러므로 잘난 체하거나 아는 체하지 말고, 자기를 낮추고 내세우지 않는 겸허(謙虛, humble)한 마음이 필요하다. 빠르다고 경주에 이기는 것도 아니고,

똑똑하다고 부자가 되는 것도 아니며, 지혜롭다고 권력을 얻는 것도 아니다(전 9:11). 또한, 착하다고 복 받는 것도 아니고, 악하다고 벌을 받는 것도 아니다.

인생은 답이 없다. 이 부조리한 세상에서 다 이해하고 살 수 없으므로, 인생은 겸손하게 살아야 한다. 내 것이 아닌 것은 모두 흘려보내야 한다.

모든 사람은 이기적 성향이 있기에 반드시 자신을 겸손 앞에 점검해야만 교만에서 벗어날 수 있다. 자신을 너무 낮추는 '자기비하'도 겸손이 아니며, 자기 자신에게 너무 빠져버리는 '자기도취'도 겸손이 아니다. 자신을 자신 그대로 볼 줄 아는 사람이 자신을 자신답게 만들 수 있다. 이런 사람이 바로 '겸손한 사람'이다.

언제, 어떻게 될지 알 수 없는 것이 인생이다. 오직 확실한 것은 인생이란 내 마음대로 되지 않는다는 것이다. 그러니 우리는 살아 있는 동안 기쁨과 즐거움을 누릴 줄 알아야 한다. 땀 흘린 만큼 받은 수입으로 먹고 마시며 베풀고, 자기에게 주어진 자리에서 욕심을 부리지 말고, 불공정한 세상에서도 너무 불평하지 말며, 어떤 사람을 만나더라도 나보다 남을 더 낮게 여기며 주어진 하루하루를 충실하게 살아가는 것이 보람된 인생이다. 내 분수 이상의 것은 나 자신이 살기 위해서라도 흘려보내야 한다.

실존적 겸손: 존재와 삶의 의미를 진지하게 성찰하는 태도

미국 호프 대학교 심리학자 대릴 반 통게렌(Daryl Van Tongeren)은 《겸손의 힘》(Humble)이라는 책에서 겸손의 네 가지 유형을 제시한다. 첫째, 관계적 겸손이다. 타인을 이해하고 포용하는 태도이다. 둘째, 지적 겸손이다. 배움의 자세에서 오류를 인정하는 마음이다. 셋째, 문화적 겸손이다. 다양한 문화와 관점을 수용하는 자세이다. 넷째, 실존적 겸손이다. 자신보다 훨씬 더 크고 무한한 존재(우주의 질서, 자연, 하나님 등) 앞에 있을 때 느끼는 겸손이다. 자신의 삶이나 지식이 절대적이지 않다는 인식이다. 이처럼 겸손은 또 다른 이름의 영적 고랑이다. 이 겸손의 힘이야말로 인생의 고랑이며, 축복이 고여 썩지 않게 하는 신앙의 통로다. 헛된 것을 흘려보내는 인생의 고랑이 주는 가르침이 있다.

오늘의 시대는 고랑을 파야 할 때

시냇가에 심은 나무의 뿌리가 시냇물을 전부 흡수하지 않는다. 오히려 필요한 만큼만 흡수하고, 나머지는 고랑을 따라 흘려보낸다. 논의 벼가 여물기 위해서는 마지막에 물을 빼야 하듯, 인생의 열매도 적절한 절제 속에서 익어간다.

물질이 넘치는 시대를 사는 우리는 오히려 열매 맺지 못할 수 있다. 시냇가에 있다고 안심할 수 없다. 가뭄이나 폭풍 같은 인생의 변수를 막기 위해선 가지를 치고, 고랑을 파야 한다. 넘침을 흘려보낼 수 있는 지혜, 그것이 바로 절제이고 겸손이며, 영혼의 건강을 지키는 길이다.

결국, 고랑 없는 밭의 나무는 시냇가에 심겨 있어도 물 때문에 죽을 수 있다. 시냇가에 있는 나무처럼 살기 위해선, 반드시 인생의 고랑을 파야 한다. 따라서 우리에게 필요한 것은 더 많은 것이 아니라, 넘치는 것을 흘려보낼 수 있는 '고랑의 지혜'이다.

영적 도랑이 있는 인생은 복을 흘려보내고 교만을 씻어내며 하나님 앞에 날마다 새로워질 수 있다. 오늘 우리는 삶의 자리에서 고랑을 파야 한다. 그것이야말로 시냇가에 심긴 나무처럼 시들지 않고 열매 맺는 인생의 비결이다.

영성 가꾸기(5)/ 시냇가에 심은 나무의 성장통과 나이테

나무의 성장통이란?

'성장통'은 사람이 자라며 겪는 아픔을 표현한 말이지만, 나무도 실제로 성장 과정에서 통증에 해당하는 스트레스와 적응 과정을 겪는다.

나무의 성장통은 가지치기(전정)의 상처나 바람, 가뭄, 병충해 등 외부 환경과 지지대 제거 후 홀로서기 및 수분과 양분 부족으로 인해 나무에게 고통이자 성장에 자극이 된다.

사람도 마찬가지다. 아이들이 자라며 겪는 신체적 성장통은, 사실 건강하게 성장하고 있다는 증거다. 3세에서 12세 사이에 나타나는 이 통증은 주로 근육에서 발생하며, 보통 다리에서 더 많이 나타난다. 이 시기를 지나면서 아이는 이전보다 더 강인한 몸과 정신을 얻게 된다.

비전을 품은 사람도 마찬가지다. 멘토링을 통해 도움을 받던 시기를 지나면, 이제는 직접 하나님의 임재 안에서 훈련받아야 한다. 이제부터는 인간적 관계보다 하나님과의 관계 속에서 내적인 힘, 영적인 힘을 키워야 한다.

고통이 길러낸 영성의 나이테

나무의 성장을 나타내 보이는 것이 바로 나이테(Tree Rings)이다. 나이테는 나무의 나이를 나타내는 연륜인데, 단순한 숫자의 표시가 아니라 그 나무가 겪은 환경의 기록이다. 나이테의 두께는 그해의 성장 정도를 보여주고, 어두운 나이테는 추운 겨울, 성장 정지를 보여준다. 그리고 가늘고 밀도 높은 나이테는 혹독한 시기에 어떻게 자랐는지 보여주고, 비정상적 패턴은 나무의 병, 상처, 가지 제거, 혹은 불균형을 보여준다.

이렇듯 성장의 아픔은 나이테에 '흔적'으로 남고, 그 흔적은 회복의 역사이자 강인함의 증거이다.

영적 비유: 신앙과 인생에서도 마찬가지

나무의 성장통을 인간의 삶에 비유하면 다음과 같다. 첫째, 가지치기는 하나님의 훈련, 불필요한 것을 제거하는 것이다. 둘째, 외풍과 가뭄은 삶의 시련, 고난의 혹독함을 말한다. 셋째, 나이테는 그리스도인의 신앙 이력, 하나님과 함께 걸은 여정을 보여준다. 넷째, 외상 흔적은 치유받은 상처, 그러나 흔적은 여전히 남아 있다.

성장의 흔적은 아픔의 흔적이다. 나무는 상처를 기록하며 단단해지고, 사람은 고난을 지나며 깊어진다. 따라서 나이테는 단지 나이의 표시가 아니라 생존과 회복의 연대기다. 이 모든 것을 주관하시는 하나님은 가지를 잘라내실 때 더 풍성한 열매를 준비하신다.

청년, 영성의 씨앗을 심는 시기

청년의 시기는 영성 훈련의 결정적 시기이다. 그러나 오늘날 청년들은 '3D업종'(3D jobs), 즉 더럽고(Dirty), 위험하고(Dangerous), 어려운(Difficult) 일을 피하고 싶어 한다. 편안하고 안정적인 삶을 추구하는 심리는 이해되지만 이것이 지속되면 내면이 자라지 않는다. 오히려 이 시기에는 고난을 자원해서라도 체험하며 자기 안을 다져야 한다. "도둑질 빼고 다 해보라"라는 말이 있다. 경험은 돈으로 살 수 없는 지식이자 지혜이기 때문이다.

영성이란 결코 편안함 속에서 피어나는 꽃이 아니다. 그것은 결핍과 열망, 고난의 시간 속에서 피어나는 진주와 같다.

영성은 광야에서 자란다

하나님께 쓰임받은 사람들은 대부분 광야를 거쳤다. 광야는 단순한 지리적 개념이 아니라 시험, 연단, 훈련, 준비의 장소이다. '광야의 푯말'은 이렇게 말한다. "생명을 가진 자여, 희망을 포기하라." 그만큼 철저한 결핍과 목마름의 공간이다.

그렇기에 광야에서 하나님을 만난 사람들은 강한 영성을 갖게 되었다. 바울은 말한다. "십자가의 도가 멸망하는 자들에게는 미련한 것이요 구원을 받는 우리에게는 하나님의 능력이라"(고전 1:18). 고난의 정점에서 예수 그리스도의 십자가를 바라본 자만이 진정한 복음을 이해한다.

그리고 고난의 깊이만큼 사람은 성숙하고, 삶의 말과 행동이 달라진다. "고난당한 것이 내게 유익이라 이로 말미암아 내가 주의 율례들을 배우게 되었나이다"(시 119:71). 고난은 단지 아픈 경험이 아니다. 그것은 우리의 시선을 바꾸고 내면을 갈고닦으며 영성을 일으키는 도구이다. 그래서 고난은 가치 중립적이다. 어떻게 해석하느냐에 따라 그것은 쓰라린 패배가 되기도 하고, 찬란한 은혜가 되기도 한다.

영성을 키우는 길: 하나님의 말씀

이 시기에 가장 중요한 훈련은 하나님의 말씀을 깊이 묵상하는 것이다. 시편 기자는 말한다. "오직 여호와의 율법을 즐거워하여 그의 율법을 주야로 묵상하는도다"(시 1:2). 묵상은 비전이 하나님의 말씀에 뿌리내리도록 돕는 영적인 행위이다.

하나님은 말씀으로 천지를 창조하셨고(히 11:3), 지금도 그 말씀으로 만물을 붙잡고 계시며(히 1:3), 그 말씀은 살아 있고 운동력이 있어서(히 4:12), 우리를 교훈하고 책망하며 바르게 하고 의로 교육하신다(딤후 3:16).

그러므로 성장한다는 것은 곧 영성이 깊어진다는 뜻이다. 하나님의 말씀을 통해 하나님과 깊은 관계를 통해 자라나는 힘이 영성이다. 말씀을 묵상하면 그것이 머리에서 가슴으로, 가슴에서 손과 발로 이어져 온몸으로 삶을 살아가게 한다. 곧 하나님의 말씀을 가지고 세상을 살아가게 하는 삶의 방식이 영성이다.

이사야 선지자는 말했다. "주 여호와께서 학자들의 혀를 내게 주사 나로 곤고한 자를 말로 어떻게 도와줄 줄을 알게 하시고 아침마다 깨우치시되 나의 귀를 깨우치사 학자들같이 알아듣게 하시도다"(사 50:4). 이 말씀처럼, 영적인 사람은 아침마다 말씀을 통해 깨우침을 받으며, 세상을 살아갈 지혜를 얻게 된다. 성장기의 아이들이 이유식을 먹으며 영양을 섭

취하듯이, 영성의 시기에도 하나님의 말씀을 지속적으로 '먹는' 묵상이
필요하다.

묵상은 그 말씀을 입에서 꼭꼭 씹어 목구멍으로 꿀꺽 삼키는 것이다.
따라서 묵상은 하나님의 말씀을 마음에 저장하고, 삶으로 살아내게 하
는 영적 호흡이다. 묵상만큼 내 영혼을 살찌우는 방법은 없다. "내가 입
을 벌리니 그가 그 두루마리를 내게 먹이시며 내게 이르시되 인자야 내
가 네게 주는 이 두루마리를 네 배에 넣으며 네 창자에 채우라 하시기에
내가 먹으니 그것이 내 입에서 달기가 꿀 같더라"(겔 3:2-3).

고난 끝에 맺는 영성의 열매

시편 1편과 예레미야 17장은 영성으로 준비된 자의 미래를 이렇게 묘
사한다. "그 잎이 청청하며 가무는 해에도 걱정이 없고 결실이 그치지 아
니함 같으리라"(렘 17:8; 시 1:3). 삶의 환경은 우리를 형성한다. 그러나 결국
어떤 선택을 하느냐가 우리 인생의 방향을 결정한다. 고난은 반드시 필요
한 과정이다. 그것이 없었다면 우리는 아직도 얕은 삶에 머물러 있을 것
이다.

논에서 물을 뺀 뒤 햇볕을 받아야 벼가 여물듯, 인생은 고난을 통해
성숙해지고 견고해진다. 고난은 영성이라는 열매를 맺게 하는 하나님의
도구다. 그러므로 고난은 두려움의 대상이 아니라 은혜의 통로다.

열매 맺는 리더십의 근원, 영성

결국, 리더십이란 가지에서 열매를 맺는 일이지만, 그 열매는 뿌리에서
나오는 생명력이 아니고서는 결코 이룰 수 없는 일이다. 눈에 보이지 않
는 뿌리에서 시작된 생명력이 원줄기(기둥)를 거쳐 나뭇가지로 올라올 때
꽃이 피고 열매가 맺힌다.

그러므로 지금 아무런 변화가 보이지 않는다고 해서 자신의 영성을 포

기하거나 단정 짓지 말아야 한다. 겨울을 견디는 나무처럼 때를 기다리며 고통을 인내할 때 하나님께서 허락하신 생명의 봄날은 물론 풍성한 수확의 가을이 온다.

영성의 사람들: 깨어지고 다듬어지면서 하나님의 향기를 품은 사람들

십자가 영성의 5단계

예수께서는 그리스도인을 세상의 소금과 빛으로 부르셨다. 이 부르심에는 단순한 비유를 넘어선 깊은 의미가 담겨 있다. 세상 속에서 소금과 빛의 사명을 감당하기 위해서는, 먼저 소금과 빛의 존재가 되어야 한다. 존재가 사명을 가능케 한다. 사역이 먼저가 아니라 존재가 우선이다. 존재의 변화 없이는 그 어떤 개혁도 실현될 수 없다.

	하나님 1단계	
이웃 불신자 3단계	나 5단계	교회 성도 2단계
	환경 문화 4단계	

인생의 형통원리 (십자가 나무의 영성 5단계)

일부 사람들은 '세상을 뒤엎고, 세상을 하나님 나라로!'라는 구호를 외치지만, 이러한 외침이 실제가 되려면 반드시 조건이 따른다. 그것은 바로 '나'라는 존재의 변화이다. 변화된 존재만이 세상을 변화시킬 수 있다.

어느 노인이 들려준 이야기가 있다. 그는 젊었을 때 혁명가로서 하나님께 '세상을 변화시킬 힘'을 달라고 기도했다. 그러나 세상을 바꾸지 못한 채 중년이 되었다. 그는 기도의 방향을 바꾸어 '내가 만나는 사람들만이라도 변화시켜 달라'고 간청했다. 그러나 그 역시 변화시키지 못한 채 세월이 흘렀다. 노년이 되어 그는 마침내 이렇게 기도하게 되었다. '하나님, 저 하나만이라도 변화시켜 주소서.' 러시아의 대문호 톨스토이 역시 "젊었을 때 세상이나 친구를 변화시키기보다 나 자신을 변화시켜 달라고 기도했더라면 인생이 달라졌을 것"이라고 후회했다.

기도의 사람으로 알려진 남아프리카의 성자 앤드류 머레이는 다음과 같이 말했다. "사람들은 하나님께 세상을 바꿔 달라고 기도하지만, 하나님은 기도하는 그 사람을 바꾸시기를 원하신다." 많은 이들이 세상의 변화를 원하지만, 정작 자기 자신을 바꾸는 일에는 소홀하다. 10대에는 '세상'을, 20대에는 '나라'를, 30대에는 '가정'을, 40대에는 '직장'을, 50대에는 '친구'를 변화시키려 한다. 그러나 자신이 변화되지 않는 한 어떤 것도 바꿀 수 없다. 오늘의 내가 어제와 같은 모습이라면, 내일의 다른 삶을 기대하는 것은 욕망일 뿐이다.

비전을 가진 사람은 자신의 존재에 대한 분명한 인식이 있어야 하며, 사명을 행하려는 사람은 먼저 자기 안에 거룩한 변화가 일어나야 한다.

영성: 형통을 위한 근본 원리

영성은 비전과 멘토링의 연속선상에 있는 핵심 원리이다. 영성은 존재를 변화시키는 내적 힘이며, 그 변화된 존재는 세상을 향해 하나님의 뜻을 실현하는 사명을 감당한다.

성경은 영성의 본질을 시냇가에 심은 나무의 이미지로 보여준다. "그는 시냇가에 심은 나무가 철을 따라 열매를 맺으며 그 잎사귀가 마르지 아니함 같으니 그가 하는 모든 일이 다 형통하리로다"(시 1:3). "그는 물가에 심어진 나무가 그 뿌리를 강변에 뻗치고 더위가 올지라도 두려워하지 아니하며 그 잎이 청청하며 가무는 해에도 걱정이 없고 결실이 그치지 아니함 같으리라"(렘 17:8).

이 두 구절은 시냇가에 심은 나무의 영성을 묘사하고 있다. 하나는 '철을 따라 열매를 맺게 하는 힘'이고, 다른 하나는 '더위가 올지라도 그 잎사귀가 마르지 않도록 푸르게 하는 힘'이다. 건강한 나무는 자연스럽게 성장하고 열매를 맺는다. 시냇가에 심은 나무는 멀리서 보아도 아름답고, 가까이서 보아도 병들거나 벌레 먹은 흔적 없이 온전하다.

십자가 나무: 온전한 영성의 상징

시냇가에 심은 온전한 나무의 영성을 대표하는 상징으로 '십자가 나무' (Cross Tree)를 제시할 수 있다. 십자가는 예수 그리스도 사역의 목적이자 절정이며, 신적 영성이 가장 온전히 드러난 사건이다. 하나님은 인간과의 관계 회복을 위해 자신의 생명을 십자가에서 내어주셨다. 십자가는 하나님의 사랑이 인간에게 부어지는 현장이며, 죄 사함과 구원의 열매가 맺히는 나무다. 이 생명의 나무 아래서 인류는 죄 사함을 받고, 구원을 얻으며, 영생의 길로 들어서게 된다.

따라서 십자가 나무는 그리스도인의 존재 이유이자 삶의 목표이다. 이것을 통해 그리스도인은 하나님과 관계, 교회 공동체와 관계, 이웃과 관계, 세상 문화, 사회와 관계를 가진다. 그리고 이 모든 관계에서 예수 그리스도를 닮은 변화된 자아로 살아가게 된다.

십자가 영성: 관계와 실천의 영성

형통의 축복을 받는 시냇가에 심은 나무 같은 인생이 되기 위해서는 '십자가 영성'(Cross Spirit)이 반드시 필요하다. 십자가 영성은 하나님과 관계에서 경배드리고, 교회와 이웃을 섬기며, 환경과 문화를 변화시키는 삶으로 이어진다. 이러한 과정에서 자아는 다듬어지고, 예수 그리스도를 닮아가는 방향으로 나아간다.

십자가 영성은 단지 개인의 내면 문제에 머물지 않는다. 예수님의 고난과 희생을 따르는 삶이며, 좁은 문으로 들어가는 영생의 길이다. 이것은 나의 유익을 위한 고통이 아니라 타인을 위해 대신 지는 고통이며, 타인에게 유익을 주는 사랑의 실천이다.

십자가 영성은 철저히 자기중심적 존재에서 타자 중심의 존재로 변화를 이끌어낸다. 하나님 중심, 이웃 중심의 삶으로 살아가게 하는 힘이 바로 십자가 영성이다.

십자가 영성지수 측정: 관계를 통해 드러나는 영적 성숙의 지표

오늘날 인간의 다양한 능력을 수치화하려는 시도는 여러 분야에서 이루어지고 있다. 지능지수(IQ)는 지적 능력을, 감성지수(EQ)는 정서적 공감 능력을 측정한다. 이처럼 영적인 성숙과 역량 또한 측정 가능한 영역으로 인식되며, 이를 '영성지수'(Spirituality Quotient; SQ)라고 부른다. 영성지수는 단순한 신앙생활의 열심이나 외형적 경건성에 국한되지 않고, 하나님과의 인격적 관계 속에서 이루어지는 삶의 총체적인 변화를 반영한다.

영성 신학자 권택조 교수는 영성지수를 영적 지능이라 말하며, 인간이 하나님과의 관계 안에서 성령님의 능력을 공급받고, 기독교 교육을 통해 자아가 그리스도를 닮아가는 과정을 계량화한 개념이라 설명한다. 이 개념은 영성을 단지 개인적 신앙의 깊이로만 보지 않고, 관계성과 변화의 지표로 이해한다.

즉, 영성지수는 위로는 하나님과의 관계, 옆으로는 공동체와 이웃과의 관계, 아래로는 자연과 문화와의 관계 그리고 중심에는 자기 자신과의 관계를 포함한다.

하나님과의 관계에서는 기도와 말씀을 통한 교제, 교회 공동체 안에서는 헌신과 봉사, 이웃과의 관계에서는 사랑과 용서의 실천, 자연과 문화와의 관계에서는 책임 있는 보존과 개혁의 자세가 그 핵심 내용이다. 이러한 다차원적인 관계 속에서 자신이 얼마나 예수 그리스도를 닮아가고 있는지를 측정하는 것이 바로 영성지수다.

결국, 영성지수는 변화된 삶의 총체적인 모습이다. 이는 단순히 숫자로 환산된 결과가 아니라, 내면의 성숙과 실천적 삶이 균형을 이루고 있는지를 점검하는 거울과 같다. 자신을 중심으로 맺는 다양한 관계 속에서 얼마만큼 의미 있고 진실한 변화가 일어났는지를 돌아보는 과정이 바로 영성지수 평가의 본질이다.

이러한 개념을 좀 더 구체화한 것이 바로 '십자가 영성지수'다. 십자가는 위와 아래, 좌우로 뻗은 구조를 통해 하나님과의 관계(위), 세상과의 관계(아래), 이웃과 공동체와의 관계(좌우)를 상징적으로 드러낸다. 이 십자가 구조 안에서 이루어지는 관계의 깊이와 실천의 변화를 종합적으로 측정하는 것이 '십자가 영성지수'라 할 수 있다.

십자가 영성지수는 나의 신앙이 단지 개인적 체험에 머무는가, 아니면 관계를 통해 드러나는 진정한 복음의 능력으로 나타나고 있는가를 묻는다. 그리고 그것은 단지 나 자신을 점검하는 데 그치지 않고, 교회와 사회, 자연과 미래 세대에 대한 책임으로 이어지는 성숙한 신앙의 실천으로 확장된다.

지금은 이 시대의 신앙이 '얼마나 알고 있는가?'보다 '얼마나 닮아가고 있는가?'에 초점을 맞추어야 할 때다. '십자가 영성지수'는 바로 그 질문 앞에서 모든 그리스도인들이 자신을 겸손히 돌아보게 만드는 소중한 도구가 될 것이다.

십자가 영성의 단계

십자가 영성은 삶의 총체적인 변화를 추구하며, 5단계로 진행된다.

1단계 십자가 영성, 위로: 하나님을 닮아간다

시냇가에 심은 나무가 하늘을 향해 자라는 이유는 하늘에 태양이 있기 때문이다. 나무는 태양이 높이 뜨는 만큼 더 높이 자라려 한다. 마찬가지로 그리스도인의 삶도 하나님이라는 '태양'을 향해 자라나는 여정이다. 영적으로 성장하는 삶은 하나님의 임재와 빛을 향해 끊임없이 나아가는 수직적 관계에서 출발한다.

십자가 영성의 첫 단계는 바로 하나님과의 수직적 관계에 있다. 하나님께 나아가는 이 여정은 단순한 종교 행위가 아니라 존재 전체를 하나님께 드리는 삶의 방식이다.

거룩하신 하나님과 만난 횟수와 깊이는 주변 사람들과 환경에 큰 영향을 미친다. 하나님과의 만남을 통해 자기 자신과의 관계도 거룩하게 변화된다. 이러한 만남은 단순한 종교적 경험을 넘어 전 인격과 존재를 변화시키는 영적인 사건이다.

하나님을 닮아가는 길

하나님을 닮고자 하는 삶은 시냇가에 심긴 나무가 태양을 향해 자라듯 자연스러운 방향이다. "하나님을 가까이하라 그리하면 너희를 가까이하시리라 죄인들아 손을 깨끗이 하라 두 마음을 품은 자들아 마음을 성결하게 하라"(약 4:8). 이것이 바로 형통한 인생의 시작이다.

날마다 하나님 은혜의 보좌 앞에 나아가는 것은 친밀한 교제의 회복이며, 참된 기쁨의 근원이 된다. 하나님과 가까이하는 만큼 우리의 삶도 변화된다. 그리고 그것은 하나님을 기쁘시게 하는 인생이 된다.

2단계 십자가 영성, 오른쪽 옆으로: 믿음의 공동체

건강한 나무는 원줄기에서 2~3개의 균형 잡힌 가지가 나올 때 모양이 보기 좋고 안정적이다. 그런 나무는 풍성한 잎사귀와 좋은 열매를 맺는다. 이처럼 비전을 품은 사람도 하나님과의 관계뿐 아니라, 믿는 사람들과의 인간관계에서도 균형을 이루어야 한다. 다시 말해, 수직적 관계(하나님과의 관계)와 수평적 관계(사람과의 관계)가 조화를 이룰 때, 인생은 아름답고 의미 있는 열매를 맺을 수 있다.

초대교회: 수직과 수평의 모범

이 균형의 가장 아름다운 본보기는 초대교회에서 찾을 수 있다. 초대교회는 위로는 하나님이 기뻐하시는 성령 충만한 공동체였고, 아래로는 세상의 경쟁과 비교를 초월한 섬김과 나눔의 공동체였다. 교인들은 함께 모여 교제하고, 말씀을 배우며 찬양하고, 물건과 돈을 자발적으로 공유했다(행 2:42-47). 이들은 하나님으로부터 받은 수직적인 은혜를 수평적인 관계 속에서 나누고 베풀었다. 하나님께 대한 헌신은 이웃을 돌보고 섬기는 구체적인 실천으로 나타났다.

하나님과의 관계는 곧 이웃과의 관계로 드러난다

하나님과의 관계가 친밀해질수록 성도들 간의 관계도 친밀해진다. 반대로 하나님과의 관계가 소원해지면 성도들 사이도 점점 소원해진다. 이 친밀함은 단순한 감정의 문제가 아니라 교회의 건강에 직결된다. 건강한 교회는 성도들의 신앙을 건강하게 하고, 나아가 가정과 삶의 현장도 건강하게 만든다. "그러므로 우리는 기회 있는 대로 모든 이에게 착한 일을 하되 더욱 믿음의 가정들에게 할지니라"(갈 6:10).

친밀한 공동체가 교회의 사명을 이룬다

교회는 단순한 모임이 아니다. 그리스도의 몸이며, 세상 속에 그분의 사랑과 복음을 드러내야 할 사명을 지닌 공동체이다. 이 사명을 감당하기 위해 교회는 무엇보다 성도들 간의 친밀함을 회복해야 한다. 수직의 관계와 수평의 관계가 균형을 이루는 교회, 그것이 바로 초대교회가 보여준 본질이며, 오늘날 우리가 회복해야 할 길이다.

3단계 십자가 영성, 왼쪽 옆으로: 불신자와 관계 – 복음의 통로가 되는 삶

성도와 불신자의 관계는 기독교 신앙에서 매우 중요한 주제다. 이 관계는 단순한 인간적 연결을 넘어, 한 영혼이 생명으로 옮겨지는 복음의 관문이 되기 때문이다. 예수님께서 지상명령으로 주신 "모든 족속으로 제자로 삼아" 복음을 전하라는 사명(마 28:18-20)은, 구원받은 성도들이 불신자와의 관계 속에서 어떻게 살아야 하는지를 분명히 보여준다.

하나님과의 수직적인 관계가 깊어질수록 이웃과의 수평적인 관계는 자연스럽게 사랑과 섬김, 헌신과 봉사로 넘쳐난다. 이는 단순한 감정적 교류가 아니라, 하나님을 사랑하는 자가 이웃을 사랑할 수밖에 없다는 성경적 원리다. 불신자에게 베푸는 친절과 관심은 결국 영혼을 사랑하는 마음에서 비롯된다. "원수를 갚지 말며 동포를 원망하지 말며 네 이웃 사랑하기를 네 자신과 같이 사랑하라 나는 여호와이니라"(레 19:18). "이르시되 우리가 다른 가까운 마을들로 가자 거기서도 전도하리니 내가 이를 위하여 왔노라 하시고"(막 1:38).

예수님의 삶에 나타난 불신자와의 관계

예수님의 삶과 가르침은 불신자에게 어떻게 다가가야 하는지를 보여주는 완전한 본보기이다.

첫째, 예수님은 모든 사람을 사랑하셨고, 특히 죄인과 소외된 자들에게 긍휼을 베푸셨다. 그것은 상대방을 변화시키기 위한 조건부 사랑이 아니라, 있는 그대로 받아들이는 무조건적인 사랑이었다.

둘째, 불신자 역시 하나님의 형상대로 지음받은 존귀한 존재다. 그러므로 그들의 문화, 생각, 배경을 존중하고 이해하려는 태도는 복음 전도의 시작점이 된다.

셋째, 그리스도인은 자신이 죄인 중 괴수임을 인정하고(딤전 1:15), 늘 겸손한 자세로 불신자를 섬겨야 한다. 예수님이 제자들의 발을 씻기신 것처럼 말이다.

넷째, 진리는 분명히 전하되, 정죄나 비난이 아닌 사랑과 존중의 태도로 접근해야 한다. 진리는 사랑 안에서 더욱 설득력을 갖는다.

관계를 통한 전도의 본질

그리스도인은 불신자와의 관계 안에서 그리스도의 사랑을 자연스럽게 흘려보내는 삶을 살아야 한다. 복음은 논리와 말의 문제가 아니라, 사랑과 삶의 방식에서 비롯되는 증거이기 때문이다. 결국, 전도와 선교는 단순한 종교적 의무가 아닌, 하나님의 마음을 품고 영혼을 긍휼히 여기는 삶의 열매다.

이런 이유로, 불신자와의 관계는 단순한 만남이 아닌, 구원의 역사가 시작되는 거룩한 통로다. 소금과 빛으로 세상에 선한 영향력을 끼치며, 사람들을 구원의 길로 이끄는 것이 우리의 사명이다.

4단계 십자가 영성, 아래로: 자연과 환경, 사회와 문화와의 관계 – 개혁과 보존으로 창조세계 회복

타락한 욕망과 자연의 비명

오늘날 지구 곳곳에서 발생하는 기상이변과 재난은 단순한 자연현상이 아니다. 인간의 끝없는 욕심으로 인한 무분별한 개발과 환경오염은 하나님의 창조 질서를 왜곡시켰고, 그 결과 자연은 고통의 신음을 내고 있다. 성경은 이를 분명히 진단한다. 인간의 타락은 피조세계를 허무에 굴복하게 만들었고(롬 8:20), 썩어짐의 종 노릇 하게 하였다. 이것은 누구의 탓이 아니라, 모든 인류가 하나님 대신 자신의 욕심을 좇은 데에서 비롯된 결과이다.

자연뿐만 아니라 문화 역시 인간의 타락한 욕망 때문에 심각하게 오염되었다. 창조 질서가 무너진 자리에는 마치 둑이 터진 것처럼 죄악이 세상을 뒤덮는다. "곧 모든 불의, 추악, 탐욕, 악의가 가득한 자요…하나님께서 미워하시는 자요…"(롬 1:29-32).

성경의 경고처럼, 세상은 혼돈과 물질주의, 우상숭배와 성적 타락, 가족 해체와 인간성 상실 속에서 하나님의 진노를 자초하고 있다.

창조 질서를 향한 회복의 소명

피조세계를 돌보는 일은 하나님의 창조 명령이며(창 1:28), 그리스도인에게 맡겨진 중요한 소명이다. 그러나 타락한 욕심은 자연을 관리하는 사명을 왜곡시켜 파괴와 오염의 주체가 되게 했다. 그 결과 자연은 탄식하며 회복을 기다리고 있다. "피조물이 다 이제까지 함께 탄식하며 함께 고통을 겪고 있는 것을 우리가 아느니라"(롬 8:22).

이 시대는 환경 파괴와 문화 타락이라는 이중 위기에 직면해 있다. 말세의 징조들이 곳곳에 나타나고 있으며(마 24:1-24; 딤후 3:1-5), 이는 단지 세상의 문제가 아니라 교회와 성도의 책임이기도 하다. 하나님의 자녀로 새롭게 창조된 성도는 단지 교회 안에 머무르지 않고, 세상의 고통과 자연의 탄식에 응답해야 한다.

화목하게 하는 직분과 십자가 영성

십자가 영성은 세상을 등지거나 회피하는 신앙이 아니다. 오히려 세상 한복판에서 하나님의 사랑과 정의를 실천하며 살아가는 영성이다. 이는 곧 화목하게 하는 직분을 감당하는 삶이다. "모든 것이 하나님께로서 났으며 그가 그리스도로 말미암아 우리를 자기와 화목하게 하시고 또 우리에게 화목하게 하는 직분을 주셨으니"(고후 5:18).

예수 그리스도는 화목제물로 오셨고(요일 2:2), 우리는 그분의 뒤를 따라 자연, 문화, 인간관계 모두를 하나님과 화목하게 하는 사명을 감당해야 한다. 이것이 바로 십자가 영성이 지향하는 실천적 방향이다. 강한 세속의 유혹 속에서도 타협하지 않고, 오히려 그 속에서 예수 그리스도의 화평과 생명의 복음을 실현해내는 것이 십자가 영성의 본질이다.

하나님의 나라를 향한 문화적 실천

영성의 네 번째 단계는 아래로 내려가는 영성이다. 자연과 환경, 사회와 문화를 하나님의 말씀으로 비추어 회복시키는 것이다. 이는 단지 보존이나 방어 차원이 아니라, 문화를 새롭게 창조하고 확장하는 적극적 실천이다. 결국, 하나님의 통치가 이 땅에 이루어지게 하는 것이 영성의 목적이며, 이는 예수 그리스도를 본받아 살아가는 그리스도인다움으로만 가능하다.

하나님의 계획은 인간의 구원에만 머물지 않는다. 온 피조세계가 회복되기를 원하신다. 따라서 우리는 피조물의 탄식에 응답하는 책임 있는 존재가 되어야 한다. 교회는 교회 안에 머무르는 것이 아니라, 세상으로 들어가 문화와 환경을 변혁시키는 그리스도의 제자가 되어야 한다. 이것이 야말로 오늘날 시대가 요청하는 십자가 영성의 삶이다.

5단계 십자가 영성, 안으로: 나 중심에서 십자가 중심으로 변하다

5단계에서는 십자가 중심으로 모든 관계가 나를 변화시킨다. 위로는 하나님과의 관계, 옆으로는 교회와 성도, 그리고 불신자와의 관계, 아래로는 자연과 사회, 문화와의 관계 속에서 나 자신이 변모하고 새로워진다. 이 모든 변화의 원동력은 성령님의 능력이며, 방향은 오직 하나이다. 예수 그리스도를 닮아가는 것이다.

결국, '십자가 나무 영성'은 형통한 인생으로 나아가는 길이다. 형통하면 웃을 수 있고, 웃을 수 있는 사람은 행복하다. 그리스도인이 행복해하는 것, 이것이 바로 하나님의 기쁨이며, 인간을 창조하신 하나님의 목적이다.

십자가 영성의 5단계 적용

뿌리, 줄기, 가지, 꽃, 열매의 구조처럼, 십자가 영성은 한 사람의 내면이 어떻게 하나님을 닮아가며, 세상 속에서 그분의 향기를 나타내는지 보여주는 모형이다. 이 모형은 단순한 추상적 개념이 아니라, 성경 인물들의 실제 삶에서 확인할 수 있는 구체적 영성의 여정이다.

이것을 통해 우리는 이렇게 질문할 수 있다. 나는 어떤 영성의 단계에 서 있는가? 나는 어떤 향기를 내고 있는가? 그리고 나의 삶은 하나님의 향기를 다른 사람에게 전하고 있는가? 이러한 질문은 단지 자기성찰에 그치지 않는다. 우리는 이 질문을 통해 하나님과 깊은 만남을 갈망하게 되고, 결국 '하나님 나라의 사람'으로 성장하는 여정을 시작하게 된다.

구약/모세의 영성 – 산과 광야를 넘나들던 사람

* 십자가 영성의 1단계 – 위로 하나님과의 관계에서, 산의 영성을 지닌 모세

하나님과 모세의 만남은 성경 전체에서 매우 중대한 의미를 지닌다. 하나님은 모세를 친구처럼 대하시며 친밀히 말씀하셨고, 이 만남을 통해 모세의 얼굴에서는 하나님의 영광이 광채로 나타났다. 모세는 하나님과 이스라엘 백성 사이에서 중보자로 부름받은 지도자였다. 모세가 하나님을 만난 사건들은 주로 '산' 위에서 일어났으며, 이는 그의 영성이 수직적 관계, 곧 하나님과 깊은 만남을 기반으로 한 '십자가 영성'의 시작임을 보여준다.

우리는 모세의 삶을 통해 십자가 영성의 1단계, 즉 위로 하나님과의 관계 속에서 영성이 어떻게 시작되고 자라나는지를 깊이 이해할 수 있다.

호렙산의 불붙은 떨기나무 아래에서: 부르심과 소명의 시작

모세가 하나님의 부르심을 받은 것은 인생의 황혼기인 80세였다. 그는 광야에서 장인의 양을 치는 목자로 살며, 한때의 열정과 꿈을 모두 내려놓고 있었다. 그런 그에게 하나님은 호렙산 떨기나무 불꽃 속에서 임하신다(출 3:2). 불에 타지 않는 떨기나무는 모세의 주목을 끌었고, 하나님은 그 불꽃 속에서 모세의 이름을 부르셨다. 이 부르심은 단순한 사명이 아닌, 이스라엘의 고통에 응답하시는 하나님의 긍휼에서 비롯된 것이었다.

하나님은 모세에게 이집트로 돌아가 이스라엘을 구출하라고 명하신다. 그러나 모세는 "내가 누구이기에?"라는 질문으로 자신의 무가치함을 먼저 고백한다. 하나님의 사자임을 증명하라는 요구에 대해 하나님은 "나는 스스로 있는 자"(여호와)라고 말씀하신다. 이는 인간 중심의 메시지가 아닌, 하나님의 정체성과 일치성에 기초한 거룩한 자기 선언이다.

모세는 떨기나무처럼 자신을 무의미하고 보잘것없는 존재로 인식하고 있었지만, 하나님은 그의 식은 마음에 다시 불을 붙이신다. 모세의 첫 번째 영적 각성은 바로 이 자리, 떨기나무 아래에서 시작된다. 이는 과거의 실패와 상처를 넘어 하나님의 비전을 받는 자리였다. 우리가 흔히 비전을 받으면 곧 열정이 타오를 것이라 기대하지만, 요나처럼 도망치기도 하고, 모세처럼 망설이기도 한다. 영성은 그렇게 자신의 연약함을 직면하면서 시작된다.

시내산에서의 광채: 하나님과 깊은 교제

모세는 두 번째 산, 시내산에서 하나님께 십계명을 받는다(출 20장). 이 언약은 하나님의 백성이 되는 정체성과 삶의 방향을 규정하는 하나님의 법이다. 그러나 그 과정은 순탄치 않았다. 모세가 산에 올라간 사이, 백성들은 금송아지를 만들어 우상숭배를 하였고, 모세는 이를 보고 십계명 돌판을 깨뜨린다. 이후 다시 시내산에 올라 40일 금식하며 하나님의 말씀을 받고, 하나님의 영광이 모세의 얼굴에 나타나 광채가 나게 된다.

이 광채는 단순한 외적 변화가 아닌, 하나님의 마음과 뜻에 동화된 결과다. 첫 번째 시내산에서 내려왔을 때는 광채가 없었지만, 두 번째에는 하나님의 심정을 품고 내려온 후 얼굴에 광채가 있었다. "신부에게 빛나고 깨끗한 세마포 옷을 입도록 허락하셨으니 이 세마포 옷은 성도들의 옳은 행실이로다"(계 19:8). 이처럼 하나님의 말씀에 따라 옳은 행실을 할 때 광채는 자연스럽게 따라온다. 스데반 역시 죽음 직전 하나님의 영광을 보고 그 얼굴이 천사의 얼굴처럼 변하였다(행 6:15).

그리스도인은 모세처럼 하나님의 영광에 참여하길 원한다. 그러나 광채는 하나님과의 깊은 교제, 금식, 순종, 의로운 행실 속에서 주어지는 은혜다. 세상이 추구하는 물광 화장보다 더 강한, 하나님의 광채는 착한 행실에서 비롯된다. "너희 빛이 사람 앞에 비치게 하여 그들로 너희 착한 행실을 보고 하늘에 계신 너희 아버지께 영광을 돌리게 하라"(마 5:16).

모세의 영성은 해와 달처럼 하나님의 빛을 받아 비추는 '반사 영성'이 었다. 그는 하나님께 가까이 나아갈수록 더욱 광채를 발하며 세상에 하나님을 드러냈다.

느보산의 마지막 장면: 사명의 완성과 영광의 유산

모세는 마지막으로 느보산에 오른다. 하나님은 그에게 약속의 땅 가나안을 보여주셨지만 들어가게 하시지는 않았다(신 34:1). 그러나 이는 처벌이 아니라 선물이었다. 하나님은 모세가 인도한 백성이 도달하게 될 땅을 눈으로 확인하게 하심으로써 그의 사명이 성취되었음을 확인시켜 주신 것이다.

모세는 120세에 죽었지만 그의 기력과 시력은 정정했다. 이는 노화로 인한 죽음이 아닌, 하나님의 사명을 마친 영광스러운 죽음이었다. 비전의 사람은 비전으로 태어나고, 비전을 따라 살며, 비전 가운데 죽는다. 예수님의 생애 역시 마찬가지다. 하나님으로부터 시작된 삶은 그분께 돌아가는 여정이며, 이 여정의 중심에는 비전이 있다.

모세가 하나님과 만난 곳은 대부분 '산'이었다. 호렙산에서 부르심을 받고, 시내산에서 율법을 받으며, 느보산에서 약속의 땅을 보았다. 산은 흔들림 없는 하나님의 성품을 상징한다. "온갖 좋은 은사와 온전한 선물이 다 위로부터 빛들의 아버지께로부터 내려오나니 그는 변함도 없으시고 회전하는 그림자도 없으시니라"(약 1:17). 모세는 그 산에서 변함없는 하나님의 부르심을 받고, 자신 또한 산처럼 흔들림 없는 삶을 살았다.

그는 성막에서도 하나님과 대면하여 이야기했고(출 33:11), 하나님의 영광을 보여달라고 요청하기도 했다. 하나님은 그에게 자신의 '등'을 보이셨다. 이는 모세가 하나님과 얼마나 깊은 관계를 맺었는지를 상징적으로 보여준다. 모세처럼 하나님과 대면한 인물은 성경에서도 유일하다.

하나님이 부르시는 곳은 산이고, 모세는 산에서 하나님을 만났다

모세의 영성은 단회적 체험이 아니라 일생을 통틀어 하나님과의 만남 속에서 자라난 산의 영성이었다. 하나님의 부르심(소명), 비전의 수용, 사명의 성취까지 이어지는 여정에서 그는 자신이 누구인지, 하나님이 누구신지 깨달아 갔다. 영성의 첫걸음은 하나님과의 인격적 만남이며, 이는 끊임없는 부르심과 응답, 교제와 순종의 순환 속에서 깊어진다.

그리스도인도 모세처럼 하나님의 산에 초청받은 자들이다. 비전은 감정이나 야망이 아닌 하나님과의 만남에서 비롯된다. 그리고 그 만남은 우리를 변화시키고 세상을 변화시키는 광채로 이어진다. 하나님께 향한 첫걸음을 모세처럼 떼는 것, 그것이 십자가 영성의 시작이다.

* 십자가 영성의 2단계 – 옆으로 믿음의 사람들과 관계에서, 이스라엘의 중보자가 되다

출애굽한 이스라엘 백성이 시내산에 도착했을 때, 하나님은 모세를 다시 산 위로 부르셨다. 모세는 백성에게 "기다리라"는 말을 남기고 하나님의 부르심을 따라 시내산으로 올라간다. 그러나 그는 무려 사십 일 동안 산에서 내려오지 않았다(출 24:14, 18). 기다림에 지친 백성은 광야라는 불확실한 공간에서 생존에 대한 불안과 영적 혼란에 빠지고 만다.

금송아지 사건: 불신에서 비롯된 타락

이스라엘 백성은 모세가 사라진 광야에서 두려움과 공허함을 이기지 못하고, 아론에게 자신들을 인도할 신을 만들어 달라고 요구한다. 이에 아론은 금고리를 모아 송아지 형상을 만들었고, 백성은 그 우상을 가리켜 "우리를 이집트에서 이끌어낸 신"이라 선언한다. 더 나아가 그들은 이 우상에게 제사를 지내며 그날을 '여호와의 절일'로 선포했다(출 32:1-6).

이 사건은 단순한 우상숭배를 넘어 하나님의 본질을 왜곡하는 심각한

신성 모독이었다. 그들은 여호와의 이름을 빌렸지만 실상은 자신들의 욕망을 신격화한 것이다. 하나님의 구원을 송아지 형상으로 바꾸고, 은혜를 조롱거리로 만든 그 행위는 영적 타락의 극치였다.

하나님의 진노와 모세의 중보

이러한 배도의 현장을 내려다본 하나님은 진노하셨고, 언약을 저버린 이스라엘을 멸하시겠다고 선언하신다. 그러나 이때 모세는 하나님의 진노 앞에 담대히 나아가 백성을 위한 중보기도를 드린다. 출애굽기 32장에 기록된 이 기도는 세 가지 점에서 특별하다.

첫째, 그는 하나님의 영광을 위해 간구한다. "애굽 사람들이 하나님이 자기 백성을 광야에서 죽이려고 데려왔다고 조롱할 것입니다." 모세는 하나님의 이름이 열방 가운데 조롱거리가 되어서는 안 된다고 기도한다(출 32:12).

둘째, 그는 하나님의 언약을 상기시킨다. "주께서 아브라함과 이삭과 이스라엘에게 하신 맹세를 기억하소서." 언약의 신실하심을 붙든 이 기도는 하나님의 성품에 호소하는 신학적 근거를 담고 있다(출 32:13).

셋째, 모세는 백성을 대신하여 자기 생명을 내놓는다. "그들의 죄를 사하시옵소서 그렇지 아니하시오면 원하건대 주께서 기록하신 책에서 내 이름을 지워 버려 주옵소서"(출 32:32). 이는 단순한 동정이 아니라 하나님과의 관계를 통해 이루어진 철저한 자기 부인의 표현이다.

하나님은 이에 대해 "누구든지 내게 범죄하면 내가 그를 책에서 지우리라"라고 응답하신다. 비록 모세의 자기희생을 받지는 않으셨지만, 그의 중보기도를 들으시고 백성을 멸하지 않으신다. 이후 모세는 백성을 인도하라는 명령을 다시 받고, 하나님의 사자가 그들 앞서가리라는 약속을 받는다(출 32:33-34). 하지만 백성은 여전히 아론이 만든 송아지로 인해 하나님의 징계를 받는다(출 32:35).

모세, 참된 중보자의 모습

이 사건에서 모세는 죄를 범한 이스라엘 백성과 진노하시는 하나님 사이에서 진정한 중재자의 역할을 감당했다. 그는 마땅히 죽어야 할 백성을 위해 자신의 생명을 걸고 기도함으로써, 하나님과 사람 사이에 서는 중보자의 본질을 보여주었다. 단순한 지도자가 아니라, 자신의 유익을 내려놓고 타인의 생명을 위해 자신을 던지는 영적 리더십의 전형이었다.

중보적 영성: 옆으로 향한 십자가의 팔

십자가 영성의 두 번째 단계는 옆으로 향한 팔처럼, 타인과의 관계 속에서 드러나는 중보적 영성이다. 믿음은 개인적 경험에 머무르지 않는다. 참된 믿음은 공동체 속에서 형성되고, 타인을 위해 기꺼이 희생할 수 있을 때 비로소 그 깊이를 드러낸다.

모세는 이스라엘의 범죄에도 불구하고 그들을 포기하지 않았으며, 끝까지 하나님의 뜻 안에서 그들을 살리기 위해 중보자의 자리를 떠나지 않았다.

중보자의 영성은 가장 낮은 곳에서, 가장 외로운 자리에서 피어나는 영광이다. 그것은 나의 이름이 지워질지라도, 하나님의 이름이 드러나고 백성이 회복되기를 바라는 간절한 마음에서 비롯된다.

* 십자가 영성의 3단계 – 불신자와의 관계에서, 열 가지 재앙을 선포하고 능력 있는 자가 되다

이스라엘이 이집트에서 보낸 400년은 민족적 절망과 영적 침체의 시간이었고, 희망을 잃기에 충분한 시간이었다. 그러나 하나님은 이들을 버리지 않으셨고, 아브라함과 맺으신 언약을 기억하셔서 그 약속을 성취하신다(창 15:14).

하나님은 모세를 지도자로, 아론을 대언자로 세우시고, 이집트에 열 가지 재앙을 선포하게 하신다(출 7-11장). 이 재앙을 통해 하나님의 권능은 드러나고, 모세는 능력 있는 하나님의 사람으로 세워진다.

열 가지 재앙과 하나님의 구별

열 가지 재앙은 다음과 같다: ① 나일강 물이 피로 변함, ② 개구리, ③ 이, ④ 파리, ⑤ 가축의 죽음, ⑥ 악성 종기, ⑦ 우박, ⑧ 메뚜기, ⑨ 흑암, ⑩ 장자의 죽음.

이 재앙들에는 몇 가지 중요한 신학적 의미와 특징이 있다.

첫째, 이 재앙들은 이집트 전역을 뒤덮었지만, 이스라엘이 거하던 고센 땅은 예외였다. 하나님은 자기 백성과 이방인을 구별하셨고, 이는 하나님의 절대적 주권과 보호하심을 보여준다.

둘째, 이스라엘은 출애굽 직전 이집트 사람들에게서 많은 재물을 얻는다(출 12:35-36). 이는 하나님께서 그들에게 회복과 제사에 쓸 물질을 준비시키신 것이다.

셋째, 재앙은 하나님의 즉각적 심판이 아니라 회개의 기회를 주기 위한 유예였다. 바로는 재앙마다 하나님의 경고를 들었으나 마음을 돌이키지 않았다.

넷째, 모세와 아론은 하나님의 말씀을 충실히 전달했을 뿐, 설득하거나 타협하지 않았다. 그들의 사명은 말씀을 대언하는 것이지, 결과를 책임지는 것이 아니었다. 이 점은 오늘날 사역자와 신자들에게도 동일한 원칙이다.

다섯째, 하나님은 바로의 마음을 완악하게 두심으로 더 큰 이적과 권능을 드러내셨다. 단순히 한 나라를 심판하시려는 것이 아니라, 그분의 이름을 온 땅에 알리려는 구속사적 계획이었다.

여섯째, 재앙은 단순한 자연재해가 아니라 이집트의 신들과의 영적 전쟁이었다. 나일강, 개구리, 태양 등 이집트의 주요 신들은 하나님의 재앙 앞에 무력함을 드러냈다. 이는 오직 여호와만이 참신임을 증명하는 사건이었다.

일곱째, 바로는 모세에게 타협안을 제시하며 이집트 땅에서 예배를 드리라고 권유한다. 이는 사탄이 오늘날에도 사용하는 전략이다. 그러나 모세는 하나님의 명령에 타협하지 않았다. 하나님의 말씀은 협상의 대상이 될 수 없다.

여덟째, 바로의 완악함은 곧 그가 받을 심판의 원인이 되었다. '완악함'은 단순한 고집이 아니라 하나님을 부인하는 죄의 결과이며, 회개하지 않는 자가 맞닥뜨리는 가장 무서운 심판이다.

아홉째, 재앙을 경험한 이집트인들은 결국 하나님의 존재를 인정했으나 믿음이 아니라 두려움 속에서의 인정이었다. 참된 회개는 단순한 죄의 고백이 아닌 삶의 변화로 나타난다.

열째, 하나님의 재앙은 경고의 수준을 넘어 심판의 실현이다. 장자의 죽음이라는 마지막 재앙은 비극적 종말이며, 이는 믿음 없는 자의 마지막 결말을 상징한다.

불신자의 완악함과 모세의 변화

하나님의 능력이 드러나도 불신자들이 더 강퍅해지는 이유가 도대체 무엇일까? 그것은 스스로 신이 되려는 교만 때문이다. 그리고 자신의 약함을 인정하지 않으려는 자존심 때문이다. 그리고 마지막으로 마음을 내려놓지 않기 때문이다. 회개하는 척할 수 있다. 그러나 진정한 회개가 없다면 결국 죄의 자리로 돌아가는 것이다.

그러나 모세는 재앙을 선포하는 과정에서 완전히 달라진다. 처음 부르심을 받을 때 그는 "내가 누구이기에 이 사명을 감당하겠습니까?" 하며, 말이 둔하고 자신이 없다며 하나님의 부르심을 거절하려 했다(출 3:11, 4:10, 13). 그러던 모세가 열 가지 재앙을 선포하고 겪으면서 담대해지고, 하나님의 말씀을 선포하는 권위자로 성장한다. 또한 하나님과 깊은 교제를 통해 영적으로 더욱 성숙한 지도자가 된다.

모세는 단순히 민족의 구원을 이끈 자가 아니라, 그 과정에서 스스로 가장 큰 은혜의 수혜자가 되었다. 그는 하나님의 능력을 체험하며 '능력 있는 영성'의 사람으로 거듭난다.

영성은 훈련으로 완성된다

영성(Spirituality)은 단순한 지식이 아니다. 그것은 하나님의 능력을 직접 경험하고, 믿음으로 실천하며 자라나는 것이다. 모세가 그러했듯, 영성은 강의실에서 배우는 이론이 아니라 훈련과 실천을 통해 삶 속에서 형성된다. 따라서 십자가 영성은 불신자 앞에서 하나님의 권능을 담대히 드러내는 능력의 영성이며, 이는 행동 없는 신앙으로는 결코 성장하지 않는다. 하나님의 말씀을 삶으로 실천하는 자만이 참된 영성의 사람으로 자라날 수 있다.

* 십자가 영성의 4단계 – 아래로 환경과 문화와의 관계에서, 한 민족의 신앙과 삶의 문화를 새롭게 정립하는 역할을 하다

모세에게 주어진 문화적 사명은 단순히 이스라엘 백성을 이집트에서 탈출시키는 정치적 해방자 역할을 넘어, 한 민족의 신앙과 삶의 문화를 새롭게 정립하는 역할이었다.

언약 공동체의 문화 형성자

모세는 시내산에서 하나님으로부터 율법(토라)을 받아 이스라엘 백성에게 전달했다. 이 율법은 단순한 종교 규범이 아니라 이스라엘 사회 전체의 가치관, 윤리, 예배, 가족, 노동, 정의 체계를 포함한 전인적 문화의 기초였다.

모세는 하나님의 백성으로 살아가는 삶의 방식, 즉 '하나님의 백성다운 문화'를 형성한 문화적 창조자였다.

기억의 문화, 이야기의 문화 창조자

모세는 창세기부터 신명기까지 오경을 기록하며, 이스라엘 백성의 기원을 설명하고 하나님의 역사 속에서의 정체성을 정립했다. 그는 하나님의 구원 역사를 기억하게 하는 서사문화(스토리텔링)를 만든 인물이다. 이것은 공동체 정체성의 핵심이다. "너희는 자녀에게 이 모든 일을 이야기하라"는 신명기의 명령처럼, 신앙과 문화는 세대를 넘어 전수되어야 했다.

장소 중심의 문화에서 말씀 중심의 문화로 전환

이집트에서의 문화는 장소, 신전, 우상 중심이었다. 반면, 모세는 보이지 않는 하나님, 말씀과 언약 중심의 문화로 이끌었다. 보이는 형상이나 우상 없이, 하나님의 음성과 율법만으로 삶을 조직하는 전인적 문화 혁신이었다.

예배와 성막 중심의 예배 문화 형성

모세는 하나님의 지시에 따라 성막의 설계와 제사법, 예배 절차를 전수했다. 단순한 종교 의례를 넘어 하나님 중심의 시간(안식일), 공간(성막), 공동체 질서(제사장 제도)를 형성하는 거룩한 문화 구조였다.

출애굽의 해방 정신, 자유의 문화

모세는 이스라엘을 노예의 문화에서 자유인의 문화로 옮겨 심었다. 그러나 이 자유는 방종이 아니라 하나님과의 언약 속에서 책임을 다하는 자유였다. 즉, '자유하되 거룩하게 살아가는 문화'를 정립한 것이다.

모세의 문화적 사명은 단순한 리더십을 넘어서, 하나님의 백성으로서의 삶의 전 영역—신앙, 윤리, 공동체, 예배, 교육—을 새롭게 정립하는 문화 설계자의 사명이었다.

* 십자가 영성의 5단계 - 안으로 자기 자신과의 관계에서, 모세만큼 파란만장한 삶을 산 사람은 드물다. 그리고 변하였다

모세만큼 파란만장한 삶을 산 인물은 성경에서도 드물다. 한 인간이 지도자로 세워지기까지 겪는 변화와 성장의 여정은 모세의 삶에서 유독 극명하게 드러난다. 그는 자기 자신과의 끊임없는 싸움 속에서 하나님의 사람으로 빚어졌다.

모세의 변화된 모습들

첫째, 모세는 강한 자가 아니라 부름받은 자였다. 미디안 광야에서 한낱 목자에 불과했던 모세, 입술이 둔하고 말주변도 없던 모세를 하나님은 부르셨다. 하나님의 부르심에는 후회가 없으시다.

둘째, 광야는 모세의 학교였다. 왕궁의 부요함에서 미디안의 광야로, 40년의 기다림과 침묵은 모세를 낮추고 다듬는 시간이었다. 그곳에서 모세는 하나님의 음성을 듣는 법을 배웠다.

셋째, 모세는 백성을 사랑하되 하나님을 더 두려워했다. 이스라엘 백성은 거듭 원망하고 반역했지만 모세는 그들을 위해 무릎 꿇고 기도했다. 언제나 하나님의 영광과 뜻이 우선이었다(출 32:32).

넷째, 모세는 가나안보다 하나님을 원했다. 약속의 땅보다 더 귀한 것은 하나님의 임재였다.

다섯째, 모세는 온유했지만 완전하지는 않았다. 때로 분노했고, 실수도 했다. 바위 앞에서 감정을 이기지 못한 대가는 가나안 입성의 실패로 이어졌다. 그러나 그는 하나님의 판단에 순복하는 자가 되었다.

여섯째, 하나님은 우리의 영원한 거처이심을 믿었다. 모세가 배운 가장 깊은 진리는 인생은 연기 같고, 하나님은 영원하시다는 것이었다(시 90:1, 10).

일곱째, 모세는 하나님의 사람으로 살았다. 마지막 순간, 모세는 느보 산 위에서 약속의 땅을 바라보았다. 비록 그의 발은 그 땅을 딛지 못했지만, 하나님의 얼굴을 뵈었고, 하나님의 말씀을 대언하였으며, 하나님의 뜻에 순종한 삶을 살았다.

미운 오리 새끼에서 거룩한 백조로

모세의 삶은 어린 시절 두 민족, 두 어머니, 두 문화 사이에서 정체성의 혼란을 겪은 '미운 오리 새끼'와 같았다. 그러나 그는 하나님의 부르심 속에서 자신의 정체성을 회복하고, 하나님 앞에서 자기 존중과 자신감을 회복하였다. 성경은 그를 "여호와께서 대면하여 아시던 자"(신 34:10)라고 칭한다.

지도자의 교훈: 은혜로 살아가는 삶

모세의 인생은 격변의 연속이었다. 노예의 아들에서 공주의 아들로, 다시 목동으로, 끝내는 민족의 지도자로 살아간 그는, 자신을 넘어뜨릴 수 있는 가장 큰 적이 자만과 교만이라는 사실을 가르쳐 준다. "그런즉 선 줄로 생각하는 자는 넘어질까 조심하라"(고전 10:12)라는 말씀처럼, 자신을 신뢰하는 것이 아니라 하나님을 신뢰해야 한다.

모세가 위대한 지도자가 될 수 있었던 것은 전적으로 하나님의 은혜 덕분이다. 바울의 고백처럼, "내게 능력 주시는 자 안에서 내가 모든 것을 할 수 있느니라"(빌 4:13)라는 말씀이 그의 삶에도 그대로 적용된다.

그리스도인 역시 자신과의 내면적 싸움을 통해 하나님의 사람으로 빚어질 수 있다. 모세의 이야기는 그 가능성을 우리에게 보여준다.

신약⑴/ 베드로의 영성 - 고기 잡는 어부에서 사람 낚는 제자로, 양을 치는 목자로 서다

* 십자가 영성의 1단계 - 위로 하나님과의 관계에서, 베드로는 예수님을 만나고서 진정한 자기 정체성을 찾았다

십자가 영성은 단순한 신앙의 감정이나 철학이 아니다. 그것은 하나님과의 깊은 만남에서 시작하여, 정체성이 새롭게 정의되고, 인격이 성숙하며, 결국 공동체를 향한 비전으로 확대되는 여정이다. 이 첫걸음은 위로 향하는 '하나님과의 만남'에서 출발한다.

신약성경의 인물 베드로는 그 여정을 고스란히 보여주는 대표적인 인물이다. 그는 예수 그리스도를 만난 후 영적으로 새롭게 태어나고, 갈등과 연단의 성장기를 거쳐, 결국 양을 치는 목자의 사명을 감당하는 성숙한 그리스도인으로 변화되었다.

베드로의 영적 출생기—예수님을 만나 삶의 정체성이 새롭게 태어나다

베드로의 첫 번째 인생 전환점은 '소명의 부르심'이다. 그는 단순한 어부였다. 그러나 어느 날, 갈릴리 해변을 지나시던 예수님이 그를 부르셨다. "나를 따라오라 내가 너희를 사람을 낚는 어부가 되게 하리라"(마 4:19). 이 말씀은 그의 존재 이유를 송두리째 바꾸는 소명이었다. 베드로는 "곧 그물을 버려두고 예수를 따르니라"(마 4:20)는 단순한 순종을 통해, 물고기 비린내 나는 삶에서 사람 냄새 나는 삶으로 탈바꿈했다.

예수님의 이 부르심은 단지 직업의 변화가 아니라 '존재의 전환'을 뜻한다. 사도행전에서 베드로는 성령의 능력으로 복음을 선포하고 수천 명을 회개로 이끄는 사도가 된다(행 2:41). 이것은 한 인간의 영적 출생이 단순한 감정적 체험을 넘어서, 하나님의 나라를 세우는 사명의 자리로 나아가는 놀라운 전환임을 보여준다.

베드로의 성장기—신앙고백과 실패 속에서 훈련되다

베드로는 예수님과 함께한 3년의 공생애 기간 동안 신앙의 성장을 경험했다. 그 성장의 핵심은 '신앙고백'이다. "주는 그리스도시요 살아 계신 하나님의 아들이시니이다"(마 16:16)라는 베드로의 고백은, 예수님의 교회 세움의 토대가 된다. 하지만 이 위대한 고백 이후, 곧이어 그는 예수님의 고난 예고에 반발하며 "그리 마옵소서"라고 반응하고, 예수님께 '사탄'이라는 책망을 듣는다(마 16:23).

이러한 대조적인 사건은 베드로의 내면에 있는 긴장을 보여준다. 그는 예수님을 '메시아'로 고백했지만, 그 의미를 정치적 해방의 도구로 이해한 것이다. 즉, '그리스도'에 대한 그의 고백은 이스라엘의 정치적 독립을 이루는 이데올로기적 구호로 변질되었고, 결국 그것은 하나님의 일이 아니라 사람의 일이 되었다.

베드로의 성장기는 이처럼 '칭찬과 책망', '고백과 오해'를 반복하는 불완전한 여정이었다. 천국과 지옥을 오가듯, 그는 복음의 본질을 배워가는 제자도의 과정 가운데 있었다. 이 시기는 영적 성장이 결코 직선적이지 않으며, 하나님은 연약한 인간을 인내로 양육하신다는 진리를 보여준다.

베드로의 장년기—실패 속에서 다시 부르심을 받아 목자가 되다

베드로의 인생에서 가장 깊은 고비는 예수님을 세 번 부인한 사건이다. 그는 고난받는 스승을 외면했고, 두려움에 사로잡혀 믿음을 저버렸다. 그리고 다시 고기 잡는 어부로 돌아갔다(요 21:3). 처음의 결단과 비전은 사라지고, 실패와 수치, 자기혐오가 그를 지배했다.

그러나 예수님은 그를 포기하지 않으셨다. 부활하신 예수님은 베드로가 처음 부름받았던 갈릴리로 다시 찾아오셨다. 그리고 숯불가에서 그를 맞이하셨다. 이는 베드로가 예수님을 부인하던 자리를 재현하신 것으로, 철저한 회복을 위한 하나님의 '심리적 복원' 장치였다. 예수님은 세 번 "나를 사랑하느냐?"(요 21:15-17)라고 물으심으로, 베드로의 부인을 사랑의 고백으로 치유하셨다. 여기서 예수님은 베드로에게 다시 사명을 주신다. 이제는 단순히 사람을 낚는 어부가 아니라 "내 양을 먹이라"는 명령을 받는다. 이는 '전도자'에서 '목자'로의 변화이며, 비전의 질적 성장을 뜻한다. 사람을 끌어오는 것이 전도의 사명이라면, 사랑으로 품고 인도하는 것은 목자의 사명이다.

이때 예수님은 그를 '베드로'가 아니라 본래 이름인 '시몬'이라 부르셨다. 이는 그가 성공한 사도가 아닌, 연약한 본연의 자아로 설 것을 요구하신 것이다. "버러지 같은 너 야곱아"(사 41:14)라는 말씀처럼, 하나님은 인간의 연약함을 통해 일하시며, 자기 착각을 버린 자에게 사명을 주신다. 이처럼 하나님의 치유는 실패의 현장을 재현하고, 상처를 정확히 짚어내며, 그 자리에서 다시 새로운 비전을 주시는 방식으로 이뤄진다.

비전은 상처받은 사람을 일으키는 하나님의 방법이다

하나님은 베드로에게 두 번 찾아오셨고, 그때마다 비전을 통해 치유하셨다. 처음에는 사람을 낚는 어부로, 두 번째는 양을 치는 목자로 세우셨다. 그리고 오순절 성령 강림 이후, 베드로는 교회의 반석(마 16:18)으로서 사명을 완수한다. 그의 이름대로 그는 초대교회의 지도자요, 전도자요, 목자가 되었다.

오늘날도 수많은 이들이 신앙과 삶의 자리에서 상처받고 주저앉는다. 교회 안팎에서 서로를 시기하고 질투하며, 조그만 말에도 흔들리는 '유리 멘탈'의 사람들이 가득하다. 그들에게 필요한 것은 단순한 위로나 동정이 아니다. 상처보다 더 큰 하나님의 비전이다. 지금 받은 상처보다 더 큰 꿈과 사명, 하나님 나라의 의미를 깨달을 때, 사람은 다시 일어설 수 있다.

만남이 깊을수록 비전은 멀리 나아간다

하나님과의 만남이 깊을수록 삶의 방향은 더욱 분명해지고, 비전은 더 넓게 퍼진다. 베드로의 여정은 그 사실을 입증한다. 만남의 구심력이 강할수록 사명이라는 원심력도 더욱 멀리 퍼져 나간다. 베드로는 예수님과의 만남을 통해 정체성이 회복되었고, 실패 속에서 다시 부르심을 받아 사명을 완수한 인물이 되었다. 이 영성의 여정은 오늘날 우리 모두에게 주는 하나님의 치유이자 부르심이다.

* 십자가 영성의 2단계 – 옆으로 믿음의 사람과의 관계에서, 예수님의 이름의 권세로 치유하고 살리다

십자가 영성의 두 번째 단계는 하나님과의 수직적 관계에서 한 걸음 더 나아가, 이웃과의 수평적 관계 속에서 예수님의 이름으로 치유하고 살리는 사역으로 확장된다. 베드로는 성령 충만함을 입은 이후, 더 이상 연약한 자가 아니라 예수님의 성품과 권세를 삶으로 드러내는 자가 되었다. 이는 이웃을 향한 긍휼과 사랑, 치유와 생명의 역사로 나타났고, 그것은 지금 우리에게도 동일하게 주어진 성도의 사명임을 말해준다.

베드로, 나면서부터 걷지 못한 자를 예수의 이름으로 고치다

사도행전 3장은 베드로의 변화를 상징적으로 보여주는 사건으로 시작한다. 베드로와 요한은 오후 기도 시간이 되어 성전으로 향하던 중, 성전 미문 곁에서 구걸하던 한 사람을 만난다. 당시 유대 사회에서 성전은 '정결'의 상징이었고, 장애인이나 병자는 부정한 자로 간주되어 대부분의 사람들에게 철저히 외면당했다.

그러나 베드로와 요한은 이 사람을 자선의 대상이 아닌 하나님의 형상을 지닌 구원의 대상으로 바라본다. 베드로는 말한다. "은과 금은 내게 없거니와 내게 있는 이것을 네게 주노니 나사렛 예수 그리스도의 이름으로 일어나 걸으라"(행 3:6). 그가 오른손을 잡아 일으키자 발과 발목이 곧 힘을 얻고 뛰어 서서 걸으며 성전으로 들어가면서 하나님을 찬송하였다 (행 3:7-8).

구걸하던 자는 예수의 이름으로 치유받자 찬양하는 자가 되었다. 이 장면은 긍휼 없는 종교가 생명을 회복시키지 못함을, 반면 예수의 이름이 한 영혼을 완전히 변화시킬 수 있음을 강력히 보여준다. 베드로의 영성은 긍휼의 마음에서 시작된 치유의 기적이었다.

애니아를 고치고, 다비다를 살리다

베드로는 예수님의 공생애 사역을 계승한 대표적인 인물이다. 예수님께서 38년 된 병자를 고치셨고(요 5:1-9), "달리다 쿰"(소녀야, 일어나라, 막 5:41)이라고 외치사 죽은 소녀를 살리신 것처럼, 베드로도 중풍병으로 8년째 누워 있던 애니아를 "예수 그리스도께서 너를 낫게 하신다"(행 9:34)라고 선포하여 일으켰다.

또한 베드로는 욥바에서 선행과 구제로 유명한 여제자 다비다가 병으로 죽자, "다비다야, 일어나라"라고 외치며 다시 살리는 기적을 행한다(행 9:40). 이는 예수님의 '달리다쿰'을 그대로 이어받은 장면이며, 베드로가 예수님의 성품과 능력을 온전히 본받은 삶을 살았음을 보여준다.

과거 칼을 휘두르고 예수님을 세 번이나 부인했던 베드로가, 이제는 하늘의 자비와 능력으로 무장한 '작은 예수'가 되어, 이웃을 향한 치유와 생명의 통로로 쓰임받고 있는 것이다.

기도의 중요성을 전하는 베드로

한때 겟세마네 동산에서 예수님이 고통 속에 기도하실 때 잠에 빠졌던 베드로는, 그 연약함의 대가로 예수님을 세 번이나 부인하는 실패를 겪었다. 이 깊은 상처의 기억은 후일 성도들에게 기도의 절실함을 증언하는 권면이 되었다.

그는 베드로전서에서 이렇게 경고한다. "근신하라 깨어라 너희 대적 마귀가 우는 사자같이 두루 다니며 삼킬 자를 찾나니"(벧전 5:8). 베드로는 기도하지 않으면 마귀의 밥이 된다고 단언한다. 기도 없는 경건은 무방비이며, 기도는 시험을 이기는 유일한 길임을 강조한다.

베드로는 또한 성도들에게 믿음의 성장을 촉구한다. "그러므로 너희가 더욱 힘써 너희 믿음에 덕을, 덕에 지식을, 지식에 절제를, 절제에 인내를, 인내에 경건을, 경건에 형제 우애를, 형제 우애에 사랑을 더하라"(벧후 1:5-7). 믿음은 정체되는 것이 아니라 자라나야 하며, 그 자람은 관계 속에서 드러난다는 사실을 역설한다.

그리고 환란 가운데 있는 성도들에게는 고난조차 믿음을 정금같이 연단시키는 과정임을 일깨운다. "너희 믿음의 확실함은 불로 연단하여도 없어질 금보다 더 귀하여 예수 그리스도께서 나타나실 때에 칭찬과 영광과 존귀를 얻게 할 것이니라"(벧전 1:7).

베드로의 고백은 단순한 조언이 아니라 자신의 실패를 통해 얻은 눈물 어린 진리이다. 그는 십자가의 길에서 주님을 닮아가며, 이제는 다른 이들을 위로하고 일으키는 자로 변화되었다.

* 십자가 영성의 3단계 – 옆으로 불신자와의 관계에서, 공동체 안의 성결과 첫 열매의 영성

초대교회는 성령의 임재 아래 나눔과 구제가 활발히 이루어졌으며, 그 중심에는 바나바가 있었다. 그는 자기의 밭을 팔아 그 대금을 사도들 앞에 가져다 놓고 가난한 자들을 도왔다. 이 행위는 공동체 내에서 칭찬과 존경을 불러일으켰다. 그러나 이를 지켜본 아나니아와 삽비라 부부는 외형적인 헌신을 흉내 내어, 밭을 팔되 일부 금액을 숨기고 전부를 바친 것처럼 거짓말하였다(행 5:1-2).

그들의 죄는 단순한 거짓의 문제가 아니었다. 교회 공동체의 태동기,

즉 하나님의 새 시대를 여는 첫 시점에서 이 거짓은 공동체의 본질을 훼손하는 일이었다. 이 행위는 사도뿐 아니라 성령을 속인 것으로, 하나님은 이를 자신을 속인 죄로 간주하셨다. 베드로는 이 사건을 통해 성도들에게 '거짓은 성령 앞에서 감춰질 수 없다'는 사실을 엄중하게 알렸고, 교회의 영성 역시 성결해야 함을 분명히 했다(행 5:3-4).

성결은 '첫 열매'의 표징이다

하나님은 언제나 '처음'을 중요하게 여기신다. 그분의 구속사는 종종 첫 사건을 통해 전체의 방향성과 본질을 드러내신다. 여리고 성 전투는 가나안 정복의 첫 전쟁이었고, 승리는 칼이나 창이 아닌 하나님의 말씀에 대한 전적인 순종으로 주어졌다(수 6:20). 그러나 아간은 하나님의 명령을 어기고 여리고의 전리품 중 일부를 훔쳐 숨겼고, 그 결과로 이스라엘 공동체 전체가 하나님의 진노를 경험했다(수 7장).

이는 초대교회에서 아나니아 부부의 죄가 단호히 심판받은 이유와 동일한 원리이다. 하나님의 공동체는 첫 시작에서부터 성결함을 지켜야 하며, 그 성결은 공동체의 생명이다. 하나님은 성과가 아니라 성결을 원하신다. 아간과 아나니아 부부 모두 공동체를 오염시킨 죄로 인해 제거되었으며, 이는 단지 심판이 아니라 공동체를 살리기 위한 하나님의 경고요, 정결의 행위였다.

첫 열매로 드리는 공동체

구약성경에서 '첫 열매'는 하나님께 드리는 감사와 헌신의 상징이었다. 첫 열매를 드린다는 것은 하나님께서 모든 것의 주권자이심을 인정하며, 하나님의 은혜를 먼저 고백하는 행위였다(출 23:19; 레 23:10-11; 신 26:2). 신약에서는 예수님을 '죽은 자들 가운데서 다시 살아나신 첫 열매'로 묘사하며(고전 15:20), 성도 역시 하나님의 뜻에 따라 '첫 열매'로 부르심을 받은 자들이라고 말한다(약 1:18).

그러므로 첫 공동체로 세워진 예루살렘 교회는 하나님께 드려지는 첫 열매와 같았다. 이 공동체는 거룩하고 순결해야 했으며, 하나님은 이 교회가 보여줄 성령의 역사와 공동체 정신이 왜곡되지 않기를 원하셨다. 이 점에서 아나니아와 삽비라의 사건은 단지 개인의 심판이 아니라 공동체 전체를 위한 신적 개입이자 보호였다.

하나님의 심판은 경고이자 사랑이다

하루에 동시에 죽고 장례를 치른 자는 자살자, 출교자, 국가 반역자 등 사회적으로 큰 죄를 저지른 자들뿐이다. 아나니아와 삽비라가 이와 같은 심판을 받은 것은, 그들이 단지 사람을 속인 것이 아니라 공동체의 본질을 훼손하고 성령을 속였기 때문이다. 하나님은 단호한 심판을 통해 초대교회에 경각심을 심어주셨고, 그로 인해 공동체는 더욱 성결한 방향으로 나아갈 수 있었다.

하나님의 경고는 단지 두려움을 주기 위한 것이 아니다. 경고는 언제나 회복과 생명을 위한 하나님의 사랑이다. 경고는 위험한 길에서 돌이키게 하며, 사람들로 하여금 자기 자신을 성찰하게 만든다. 성경에서의 심판은 종종 언약 백성에게 주시는 하나님의 징계이자 보호이며, 더 깊은 거룩으로 초대하는 하나님의 방식이었다.

십자가 영성은 단순히 개인의 경건함에 머무르지 않는다. 그것은 공동체 안에서 드러나는 성결과 진실함, 그리고 성령을 속이지 않는 정직함을 포함한다. 초대교회에서 베드로는 성령을 위하여 공동체를 정결하게 지키는 데 앞장섰으며, 이는 오늘날 교회가 회복해야 할 본질이기도 하다. 우리는 바나바처럼 위로와 권면의 사람이 될 것인가, 아니면 아나니아와 삽비라처럼 성령을 속이는 위선자가 될 것인가. 공동체를 살리는 첫 열매의 삶은 바로 이 물음에 대한 응답에서 시작된다.

* 십자가 영성의 4단계 – 아래로 환경과 문화와의 관계에서, 복음의 확장

하나님은 베드로에게 하늘에서 내려온 보자기 안의 온갖 짐승들을 보여주시며 "베드로야, 일어나 잡아먹으라"(행 11:7)라고 말씀하신다. 이 환상은 단지 음식에 관한 것이 아니었다. 유대교적 전통 안에서 거룩함과 속됨을 구별하던 율법적 틀을 허물기 위한 하나님의 직접적인 개입이었다(막 7:19). 여전히 유대 전통에 매여 있던 베드로와 예루살렘 교회 성도들에게 하나님은 더 이상 음식처럼 사람 사이에도 차별이 없다는 사실을 명확히 하셨다.

이 환상은 단순한 시각적 체험이 아닌, 유대인 중심이었던 복음의 지평을 이방 세계로 확장하는 신학적 전환점이었다. 베드로는 고넬료의 초청에 응하여 가이사랴로 가고, 그곳에서 고넬료와 그의 가족, 친지들에게 복음을 전할 때 성령이 임하였다. 이는 유대인들만의 전유물로 여겨졌던 구원과 성령의 역사, 즉 하나님의 임재가 이방인에게도 동일하게 주어졌음을 보여주는 사건이었다.

이방인 선교의 문이 열리다

고넬료 사건 이후, 이방인 선교에 대한 논의가 본격화된다. 당시 일부 유대 그리스도인들은 이방인들이 구원받기 위해서는 먼저 할례를 받고 유대인으로 귀화해야 한다고 주장했다. 그러나 베드로는 자신이 직접 목격한 고넬료 집의 성령 강림 사건을 근거로 반박한다. 그는 '우리에게 주신 것과 같이 저희에게도 주셨다'며, 이방인과 유대인 사이에 하나님께서 차별을 두지 않으심을 증언한다(행 11:17).

이 주장에 바울과 바나바도 동조한다. 그들은 1차 전도여행에서 경험한 이방 세계의 복음 열매를 예루살렘 회의에서 보고하며, 이방인들에게 일어난 기적과 변화의 증거를 공유한다. 이 논의의 결론을 맺은 이는 야고보였다. 그는 예레미야, 아모스, 이사야의 예언을 인용하며, "이방인들로 주를 찾게 하려 함이라"(행 15:17)라는 하나님의 계획 안에서 이방인에게 율법의 멍에를 지우지 말 것을 결정한다. 이 사건은 이방인 선교가 단순한 가능성을 넘어서 하나님의 섭리라는 사실을 교회 전체가 공식적으로 인정한 것이었다.

복음은 문화를 바꾸는 힘이다

베드로의 환상과 예루살렘 회의의 결의는 복음이 단지 종교적 교리를 전파하는 데 그치지 않음을 보여준다. 복음은 인간의 삶의 방식, 사고방식, 심지어 문화의 구조 자체를 변화시키는 능력을 지닌다. 바울이 유럽으로 건너가 복음을 전했던 마케도니아의 빌립보에서도, 복음은 어둠의 땅을 생명의 땅으로 바꾸는 역사적 변화를 일으켰다. 이는 단지 개인의 회심에 그치지 않고 사회적 정의, 경제 질서, 공동체 윤리에까지 영향을 미쳤다.

복음은 세상 가운데 파고들어 그 사회의 중심 가치를 재구성한다. 바울은 고린도나 에베소, 데살로니가 같은 도시들에서도 문화와 충돌하면서도 복음의 생명력으로 사람들의 삶을 변화시켰다. 초기 교회는 복음을 통해 문화적 편견, 사회적 차별, 종교적 장벽을 무너뜨리며 새로운 공동체의 질서를 세워나갔다.

하나님의 복음은 모든 민족을 향한 것이다

하나님은 처음부터 특정 민족만을 구원하려 하신 것이 아니다. 창세기 12장에서 아브라함에게 약속하신 "모든 족속이 너로 말미암아 복을 얻을 것이라"(창 12:3)라는 말씀이, 이제 베드로의 환상과 바울의 선교를 통해 구체적으로 성취되어 가고 있다. 성경은 민족과 언어, 지역과 문화의 장벽을 넘어서서, 모든 피조물이 하나님 앞에 나아오게 하려는 하나님의 구속사적 계획을 일관되게 증거한다.

그러므로 '복음의 문화화'를 이야기할 때, 그것은 복음이 타 문화에 의해 왜곡되거나 순응하는 것이 아니라, 그 문화를 생명의 문화로 변화시키는 능동적 작용을 의미한다. 복음은 문화 위에 군림하지도, 문화 아래 굴복하지도 않는다. 대신 하나님의 진리로 문화를 새롭게 하며, 모든 삶의 방식에 영적 재구성의 가능성을 부여한다.

이외에도 베드로의 문화 선교적 사명

첫째, 문화와 복음의 긴장 속에서 균형을 모색하였다. 베드로는 갈라디아서 2장에서 바울과 충돌할 만큼 유대적 율법 전통에 익숙했으나, 동시에 이방인을 향한 복음적 관용과 수용성을 배워갔다. 자신의 전통과 타 문화 사이에서 복음의 본질을 지키되, 타 문화 안으로 들어가 그들을 배려하는 선교의 문화적 접근이었다.

둘째, 베드로전서는 흩어진 디아스포라를 위한 문화선교이다. 베드로전서의 수신자는 본도, 갈라디아, 갑바도기아, 아시아, 비두니아 등 헬라-로마 문화권에 흩어진 유대인 및 이방 그리스도인들이다. 이들에게 낯선 땅에서의 이방인 정체성을 격려하며, "너희는 왕 같은 제사장, 거룩한 나라, 하나님의 소유된 백성"이라는 문화 속 정체성의 재정립을 선포한다. 세상 문화 속에 있지만 거룩한 문화를 살아내야 하는 사명을 부여하는 것이다.

셋째, 십자가와 고난의 문화이다. 베드로는 세상의 가치와 충돌하는 고난의 문화, 낯선 자의 문화를 이해하고, 고난을 "은혜의 통로"로 해석했다. 그는 복음으로 인해 핍박받는 자들에게 고난을 견디는 신앙적 문화를 세우도록 격려하였다. 이것은 세속 문화 속에서의 거룩한 저항과 문화적 승화의 메시지이다.

넷째, 문화 선교자로서의 리더십을 발휘했다. 오순절 설교(행 2장)에서 베드로는 다양한 지역에서 온 사람들의 언어와 문화를 초월하여 복음을 선포했다. 다문화 환경 속에서 복음이 어떻게 공공 언어가 될 수 있는지를 보여주는 장면이다. 그는 지역문화(예루살렘), 언어(방언), 민족(이방인) 사이를 가로지르며 복음의 보편성과 문화의 다양성을 조화롭게 연결한 문화선교자였다.

* 십자가 영성의 5단계 – 안으로 자기 자신과의 관계에서, 바위 베드로에서 반석 베드로로 다듬어지다

예수님은 시몬을 처음 부르실 때 그의 현재가 아닌 미래를 바라보셨다. "네가 요한의 아들 시몬이니 장차 게바라 하리라"(요 1:42). '게바'는 아람어로 '바위'라는 뜻이며, 헬라어로는 '베드로'이다. 주님은 시몬의 가능성과 잠재력을 보시고 '반석'이라는 이름을 주셨고, 훗날 그가 신앙고백을 했을 때 말씀하셨다. "너는 베드로라 내가 이 반석 위에 내 교회를 세우리니 음부의 권세가 이기지 못하리라"(마 16:18).

예수님은 그때부터 베드로를 '반석'으로 다듬으시기 시작했다. 석공이 거친 바위를 정과 망치로 쪼고 깎아 조각을 완성하듯이, 예수님은 베드로의 의심, 인본주의, 자만심을 치열하게 다듬으셨다. 그 치열한 공정 속에서 베드로는 진정한 제자로 거듭났고, 십자가 영성의 완성에 이르렀다.

베드로의 의심을 깨뜨리는 정과 망치

베드로는 예수님이 바다 위를 걸어오시는 모습을 보고 "주님이시거든 나를 명하사 물 위로 오라 하소서"라고 말한다. 예수께서 "오라" 하시니 그는 물 위를 걷는다. 그러나 바람을 보고 무서워하며 빠져가며 외친다. "주여, 나를 구원하소서!" 그 순간 예수님은 손을 내밀어 붙잡으시며 말씀하신다. "믿음이 작은 자여, 왜 의심하였느냐"(마 14:28-31).

믿음이란 예수님을 바라볼 때 생겨나고, 시선을 파도에 둘 때 사라진다. 더 큰 믿음이란 상황이 아니라 예수님을 끝까지 바라보며 걸어가는 것이다. 예수님은 베드로의 믿음 없음에 정과 망치로 의심을 깨뜨리신다.

우리 역시 믿음의 여정에서 흔들릴 수 있다. 그러나 그 흔들림 속에서도 예수님은 즉시 손을 내미신다.

베드로의 인본주의를 깨뜨리는 정과 망치

예수님이 십자가의 고난과 죽음을 예고하실 때 베드로는 이를 막는다. "이 일이 결코 주께 미치지 아니하리이다." 그 말에 예수님은 단호히 꾸짖으신다. "사탄아 너는 나를 넘어지게 하는 자로다. 네가 하나님의 일을 생각하지 아니하고 도리어 사람의 일을 생각하는도다"(마 16:21-23).

베드로의 말은 인간적인 충정처럼 보이지만, 결국은 하나님의 뜻을 가로막는 인본주의였다. 예수님은 이 인본주의적 야망을 망치로 깨뜨리신다. 우리가 하나님과 사람의 일을 구별하지 못할 때, 우리도 얕은 신앙에 머무르게 된다. 그러므로 "힘써 여호와를 알자"(호 6:3)라는 외침은 깊은 신앙에의 초대이다. 말씀의 뿌리를 내릴 때 우리는 요동치 않는다.

베드로의 자만심을 깨뜨리는 정과 망치

예수님은 성찬식 후 "너희가 다 나를 버리리라"라고 말씀하신다. 이에 베드로는 자신 있게 말한다. "다 버릴지라도 나는 그리하지 않겠나이다." 그러나 예수님은 "닭이 두 번 울기 전에 네가 세 번 나를 부인하리라"라고 예언하신다(막 14:27-30). 그리고 그 말씀은 그대로 이루어진다(막 14:66-72).

자신감은 교만과 종이 한 장 차이다. 베드로는 수제자라는 자부심에 젖어 있었지만 여종 앞에서조차 예수를 부인하며 무너진다. 그 순간, 닭 울음소리와 함께 석공이신 예수님은 베드로의 자만심을 내리치신다. 베드로는 깎이고 맞으면서 다듬어졌다. 돌처럼 굳은 마음이 깎이니 교회의 든든한 반석으로 거듭났다. 지금도 돌 깨는 망치 소리가 울려 퍼진다. 이것은 부수는 것이 아니라 또 한 사람이 재건되는 소리이다.

성령으로 반석이 된 베드로

사복음서의 베드로와 사도행전의 베드로는 전혀 다른 인물처럼 보인다. 그 차이의 핵심은 성령의 임재이다. 오순절 성령 강림 이후, 베드로는 완전히 다른 사람이 된다. 그는 담대히 설교하고(행 2:14), 그 설교에 3,000명이 회심한다(행 2:41). 복음 전파로 감옥에 갇히고 협박을 받아도 "우리는 보고 들은 것을 말하지 아니할 수 없다"(행 4:20)라고 담대히 말한다.

베드로는 이제 예수님을 부인했던 그 입술로 예수를 증거하고, 여종 앞에서 떨던 그가 종교 권력 앞에서 진리를 외친다. 그를 변화시킨 것은 성령의 능력이었다. 성령은 다혈질의 시몬을 차분한 게바, 단단한 반석으로 변화시키셨다.

겸손과 순종의 영성, 쿼바디스의 완성

베드로는 베드로전서와 후서를 통해 겸손과 순종을 강조한다. "하나님의 능하신 손 아래에서 겸손하라 때가 되면 너희를 높이시리라"(벧전 5:6). 그는 하나님의 주권을 인식하고, 그 손안에서 생사화복이 이루어짐을 알았다(전 9:1). 그러기에 베드로는 권위주의를 배척하되, 하나님이 위임하신 권위에는 겸손히 순종할 것을 교훈한다. "너희 속에 있는 소망에 관한 이유를 묻는 자에게는…온유와 두려움으로 하고"(벧전 3:15)라고 말하는 그의 권면은 준비 없이 덤벙대던 시절의 베드로와는 너무도 다른 모습이다. 그의 내면은 낮아졌고, 그의 믿음은 깊어졌다.

베드로의 생애는 '쿼바디스 도미네'라는 고백으로 완성된다. 로마에서 도망치던 베드로는 부활하신 예수님을 만나 "주여, 어디로 가시나이까?"라고 묻는다. 예수님은 "네가 피하는 그 십자가를 지러 간다"라고 하신다. 이에 베드로는 다시 로마로 돌아가 거꾸로 십자가에 못 박혀 순교한다. 그 모습은 예수님을 향한 베드로의 회개, 겸손, 사랑의 절정이었다.

다듬어진 바위 위에 교회가 세워진다

인생은 '공사 중'이다. 예수님은 베드로라는 바위에서 교회의 형상을 보셨다. 그래서 정과 망치를 들고 그 바위를 쉼 없이 다듬으셨다. 베드로는 단지 교회를 대표한 인물이 아니라, 하나님의 손에 의해 깎이고 조각되어 십자가 영성을 완성한 사람이다. 미켈란젤로가 거친 돌 속에서 다비드 상을 보았듯, 예수님은 베드로 안에서 교회를 보셨다. 그리고 그 믿음 위에 교회를 세우셨다.

십자가 영성은 눈물과 실패, 깨달음과 회개의 여정을 통과한 사람에게 주어지는 은혜이다. 그 여정을 마친 이가 '반석'이 되고, 그 위에 하나님의 교회가 세워진다. 이것이 베드로가 증명한 진리이며, 오늘 우리 모두에게 주어진 부르심이다.

베드로의 영성, 예수님과의 만남으로 세상을 향한 원심력이 되다

만남에는 힘이 있다. 중심을 향한 만남의 힘이 클수록, 밖으로 뻗어가는 삶의 반경도 넓어진다. 이는 물리적인 원리이면서 동시에 영적인 진리이기도 하다. 하나님과의 만남이 깊어질수록, 그 만남의 중심에서 뻗어나가는 비전과 사명, 섬김과 봉사, 충성과 헌신, 이해와 용서, 자비와 긍휼이 더욱 강력하게 나타난다. 신약성경은 바로 이 진리를 보여주는 인물들의 삶으로 가득하다.

베드로는 처음 예수를 만났을 때 "나를 떠나소서 나는 죄인이로소이다"(눅 5:8)라고 말한 겸손한 어부였다. 하지만 그 만남은 곧 부르심이 되었고, 그는 사람을 낚는 어부로서의 사명을 받아 살아간다. 여러 차례의 실패와 연약함 속에서도 그는 부활하신 예수님을 다시 만남으로써 회복되었고, 오순절 성령 강림 이후에는 교회의 기둥으로 굳건히 서게 된다. 하나님과 깊은 만남이 결국 그를 위대한 사명자로 바꾸어 놓은 것이다.

신약(2)/ 바울의 영성 – 눈이 멀어야 보이고, 병이 들어야 강하며, 묶여야 자유롭게 일을 감당하는 패러독스의 영성

* 십자가의 영성 1단계 – 위로 하나님과의 관계에서, 예수님을 만나고 가치관(세계관)이 변하다

십자가 영성의 첫 번째 단계는 '하나님과의 관계 회복'에서 시작된다. 이 관계는 단지 감정적인 연결이 아니라, 인생의 방향과 정체성을 근본적으로 바꾸는 깊은 만남에서 비롯된다. 사도 바울은 다메섹 도상에서 예수 그리스도를 만남으로 인생의 결정적 전환점을 맞이했다. 이 만남은 단지 개인적인 체험이 아니라, 이후 수많은 사람의 운명을 바꾸는 사명으로 확장되었다.

바울, 다메섹 도상에서 예수님을 만나다(행 9장)

사울은 율법에 대한 열심으로 충만한 바리새인이었다. 그는 초대교회의 성도들을 핍박하며, 하나님의 영광을 위한 일이라고 확신했을 것이다. 마치 광야 시대에 비느하스가 하나님의 분노를 대신하여 창을 들었던 것처럼(민 25:7-11), 사울도 자신의 행동이 거룩한 분노로 인한 것이라고 생각했을지 모른다. 그러나 그의 열심은 진리를 거스르는 폭력이었고, 결국 하나님의 뜻을 거스르는 행위였다.

다메섹으로 향하던 길에서, 부활하신 예수님은 환한 빛 가운데 사울에게 나타나셨다. "사울아 사울아, 네가 어찌하여 나를 박해하느냐?"(행 9:4)라는 음성은 그의 세계관을 근본부터 뒤흔들었다. 예수님은 그리스도인들을 자신과 동일시하셨고, 그들의 고통을 자신의 고통으로 받으셨다. 사울이 박해하던 대상은 단순한 사람들이 아니라, 십자가의 피로 값 주고 사신 그리스도의 몸이었다.

이 만남을 통해 사울은 비로소 영적인 눈을 떴다. 육신의 눈은 멀었지만, 그는 그제야 참된 빛을 보기 시작했다. 예수님은 율법이 가리키는 바로 그분이셨고, 사울은 이제껏 자신이 얼마나 어두움 속에 있었는지를 깨달았다. 그를 쓰러뜨린 하나님의 강권적 은혜는 '죄인 중 괴수'(딤전 1:15) 같은 자를 부르시는 놀라운 사랑이었고, 그 사랑이 사울을 완전히 새로운 인생으로 이끌었다.

기세등등하던 사울은 도리어 사람들의 손에 이끌려 다메섹 성에 들어갔다. 이 상징적인 장면은 예수님을 박해하던 자가 이제 예수님의 종으로 부르심을 받은 사람으로 변화된 순간이었다. 이 길 위의 만남은 그를 전도자로, 사도로, 복음을 위한 순교자로 이끌어갔다.

법정에서 세 번이나 예수님과의 만남을 간증하다(행 9, 22, 26장)

사도 바울은 예수님과의 회심 사건을 단순한 기억으로 간직하지 않았다. 그는 법정에서 자신을 변호하는 중에도 이 거룩한 만남을 세 번이나 간증하며 복음을 전했다. 이 간증은 그의 사역의 핵심이자 복음의 능력을 증거하는 무기였다.

바울은 누구보다 철저한 율법주의자였으며, 정통 바리새파 출신이었다. 그러나 다메섹 도상에서 부활하신 예수님을 만남으로 그의 인생은 완전히 뒤집어졌다. 그가 이단이라 여겼던 예수님이야말로 참된 메시아이심을 깨닫고, 사명자로서 부르심을 받았다.

그의 사명은 단순한 설교가 아니었다. 그는 이방인들을 어두움에서 빛으로, 사탄의 권세에서 하나님께로 돌아오게 하며, 믿음으로 거룩한 성도가 되도록 인도하는 전도자의 길을 걸었다. 사도행전 18-20장에 나타나는 그의 선교여행은 단순한 여정이 아니라, 복음의 씨앗을 이방 세계에 심는 역사적 사역이었다.

바울은 하나님의 은혜에 감격하여 그 은혜를 헛되이 하지 않으려 애썼다. "그러나 내가 나 된 것은 하나님의 은혜로 된 것이니 내게 주신 그의 은혜가 헛되지 아니하여 내가 모든 사도보다 더 많이 수고하였으나 내가 한 것이 아니요 오직 나와 함께하신 하나님의 은혜로라"(고전 15:10). 이 고백은 그의 전 생애를 대변한다.

인생의 전환점, 하나님과의 만남에서 시작된다

사도 바울은 결국 복음 전파로 인해 유대인들에게 고소당하고 로마 법정에까지 서게 되었다(행 26:1-3). 그러나 그는 결코 후회하지 않았다. 오히려 법정에서조차 "나와 같이 되기를 원하노라"라는 고백을 통해, 예수님과의 만남이 얼마나 복되고 결정적인 사건이었는지를 전파하였다.

바울의 인생은 단지 회심으로 끝나지 않았다. 그는 하나님의 비전, 곧 이방을 향한 복음 사역이라는 부르심을 붙들고, 자신의 전 생애를 불태우듯 헌신했다. 그 모든 사역과 행동의 원동력은 바로 다메섹 길에서 예수님을 만났던 그 전환점이었다. 하나님이 주신 비전의 깊이와 크기는 그의 모든 수고를 가능케 한 근본 동력이었다.

예수님을 만난 그 자리에서 인생이 새로워지다

십자가 영성의 출발은 '예수님과의 실제적 만남'이다. 바울처럼 우리 인생의 방향이 잘못되었을지라도, 하나님은 직접 찾아오셔서 새로운 길로 이끄신다. 우리가 주님의 음성을 듣고 무릎 꿇는 그 자리가 곧 사명의 시작점이며, 진정한 인생의 첫걸음이 된다.

십자가 앞에서 하나님과의 관계를 회복한 사람만이 비로소 자신이 누구이며, 어디로 가야 하는지를 알게 된다. 그리고 이 은혜를 잊지 않는 사람은, 바울처럼 자기 인생 전체를 들여 하나님께 드릴 수 있다. 이것이 십자가 영성의 첫 단계이며, 모든 신앙 여정의 출발점이다.

* 십자가 영성의 2단계 – 옆으로 믿음의 사람과의 관계에서, 사도 바울에게는 수많은 동역자가 있었다(롬 16장)

십자가 영성은 관계 속에서 자란다

십자가 영성의 두 번째 단계는 '사람과의 관계'에서 성숙해진다. 바울이 하나님의 비전을 따라 살아갈 수 있었던 것은 결코 혼자였기 때문이 아니었다. 그는 사역의 여정 가운데 수많은 동역자를 만났고, 그들 덕분에 감당할 수 없을 만큼 크고 무거운 사명의 길을 끝까지 걸을 수 있었다.

사도 바울은 로마서 16장에서 복음 사역을 함께한 사람들의 이름을 하나하나 언급하며 인사를 전한다. 단순한 사회적 예절을 넘어 이 인사에는 감사와 존경, 그리고 복음 공동체에 대한 사랑이 담겨 있다. 초대교회의 인사는 그저 안부를 묻는 인사말이 아니라, 언제 핍박으로 죽을지 모르는 상황 속에서 서로의 안녕과 평강을 비는 간절한 기도요, 영적 유대의 표현이었다.

이름을 기억하고 부르는 영성

바울은 유대인과 이방인, 남자와 여자, 자유인과 노예를 막론하고 함께 복음을 위해 수고한 이들을 '주 안에서 수고한 자', '나의 친척', '나의 동역자', '그리스도 안에서 나보다 먼저 된 자' 등으로 존중하며 기억했다(롬 16:1-16). 그의 편지에는 항상 '함께한 사람'에 대한 감격이 담겨 있었다. 복음의 사역이 개인의 영광이 아니라 공동체의 연합을 통해 이루어짐을 바울은 누구보다 깊이 체득하고 있었던 것이다.

사도행전을 살펴보면, 바울은 각 전도여행마다 동역자들을 중심으로 사역을 이어갔다. 바나바, 실라, 디모데, 누가, 브리스길라와 아굴라 부부, 에바브로디도 그리고 로마 감옥에서조차 그의 곁을 지킨 많은 이름 없는 성도들이 있었다. 그들은 바울의 필요를 채워주었고, 때로는 목숨을 걸고 바울을 보호했다.

바울은 이들을 통해 '하나님의 비전은 공동체와 함께 이뤄가는 것'임을 삶으로 증언했다.

동역자란 누구인가?

동역자란 단순히 함께 있는 사람이 아니다. 동역자는 서로 비전을 공유하며 하나님 나라의 일에 함께 헌신하는 사람이다. 바울은 동역자들과의 관계 속에서 섬김과 배려, 겸손과 헌신, 기도와 영적 성숙을 나누었다. 때로는 충돌과 갈등도 있었지만(행 15:36-40), 그것조차 복음 사역의 다양성과 확장을 위한 과정이었다.

고린도후서 7장에서 바울은 마음이 눌려 있던 때에 디도가 와서 위로를 받았다고 고백한다(고후 7:6-7). 이는 사람과의 관계가 단순한 협력이 아니라 영적인 회복과 격려의 통로가 될 수 있음을 보여주는 장면이다. 믿음의 동역자는 단지 일의 동반자가 아니라 믿음의 여정에서 영혼을 붙들어 주는 하나님의 손길이다.

동역자의 영성이 바울을 지탱했다

바울에게 있어서 가장 큰 힘은 눈에 보이는 기적이나 물질이 아니었다. 오히려 곁에서 함께 기도하고, 위로하고, 때로는 목숨까지 내어놓는 동역자들이었다. 이들은 바울의 사역에서 없어서는 안 될 존재들이었으며, 하나님께서 그의 비전을 이루기 위해 보내신 '은혜의 통로'였다.

결국 바울의 영성은 '동역자의 영성'이었다. 이는 철저히 공동체적이며, 서로를 붙들고 하나님의 뜻을 이루어가는 영적인 여정이다. 동역자 영성은 하나님이 주신 비전을 함께 이루기 위해 사람 사이의 사랑과 협력, 겸손과 섬김을 바탕으로 세워지는 관계이다. 이 영성 없이는 사역이 지속될수 없고, 비전은 구호에 그치고 만다.

오늘날의 교회와 그리스도인에게도 이 영성은 절실하다. 홀로 신앙생활을 견뎌내려는 개인주의적 태도는 쉽게 무너지기 마련이다. 그러나 동역자의 손을 붙잡고 함께 기도하고 함께 울고 함께 웃을 수 있다면, 우리는 어떤 사명의 길도 함께 걸어갈 수 있다. 하나님의 크신 비전은 결코 혼자의 힘으로 감당할 수 없는 것이기 때문이다.

십자가 영성의 두 번째 단계는 '옆으로', 즉 하나님께서 곁에 두신 사람들과의 관계에서 성숙된다. 바울은 자신을 따르는 무리와 지지자들 사이에서 사역한 것이 아니라, 함께 수고하며 눈물과 기도를 나눈 동역자들과 함께 주의 길을 걸었다.

* 십자가 영성의 3단계 – 옆으로 불신자와의 관계에서, 바울 자신이 변한만큼 세상도 변한다

사도 바울은 단지 개인적인 회심에 그치지 않았다. 그에게 주어진 사명은 분명하고 구체적이었다. "주께서 이르시되 가라 이 사람은 내 이름을 이방인과 임금들과 이스라엘 자손들에게 전하기 위하여 택한 나의 그릇이라"(행 9:15). 이 말씀은 바울의 사역이 단순한 열심이나 개인적 선택이 아닌, 하나님의 직접적인 부르심이었음을 증거한다. 바울은 곧 이방인, 이방인의 임금들 그리고 이스라엘 자손이라는 세 부류를 사역의 대상으로 인식하였다. 다양한 문화와 종교적 배경, 권력 구조를 아우르는 광범위한 사명을 의미한다. 이러한 복음의 대상 앞에서, 바울은 일관되고도 전략적인 영성을 발휘하였다.

참된 자유인은 모든 사람의 종이 된다

사도 바울은 유대인을 얻기 위해 유대인처럼 살았고, 이방인을 얻기 위해 율법 없는 자처럼 살았다. 그는 이렇게 고백한다. "내가 모든 사람에게서 자유로우나 스스로 모든 사람에게 종이 된 것은 더 많은 사람을 얻고

자 함이라…내가 여러 사람에게 여러 모습이 된 것은 아무쪼록 몇 사람이라도 구원하고자 함이니 내가 복음을 위하여 모든 것을 행함은 복음에 참여하고자 함이라"(고전 9:19-23).

표면적으로 보면 바울의 행동은 일관성이 없는 것처럼 보인다. 하지만 그 본질은 복음과 사람에 대한 사랑에 있었다. 구원의 본질에 어긋나지 않는 한 그는 고집을 부리기보다 총체적인 상황 이해 속에서 융통성을 발휘했다. 신념은 지키되 고집하지 않는 성숙함, 그것이 바울의 눈높이 영성이었다.

바울의 융통성은 타협이 아닌 전략이었다

바울은 복음을 변질시키지 않으면서도 그 전달 방식은 철저히 '듣는 이'를 고려했다. 복음 자체는 고정불변의 진리였지만, 복음을 전하는 방식은 유연하고 지혜로웠다. 복음의 본질을 해치지 않기 위해 그는 상황에 따라 자신의 태도와 접근 방식을 바꾸었다.

이것은 단지 전략이 아니라 사랑의 표현이기도 했다. 유대인의 율법적 전통 속에 있는 자에게는 그 전통을 존중했고, 율법을 모르는 이방인에게는 불필요한 율법의 짐을 강요하지 않았다. 율법을 넘나드는 그의 태도는 타협이 아니라 복음의 본질을 더 깊이 심는 지혜였다.

눈높이 영성: 오늘날의 전도자에게 주는 교훈

오늘날과 같이 다원화되고 복잡한 사회에서 복음을 전하기 위해 필요한 것은 열정만이 아니다. 전도 대상에 대한 이해와 공감, 그리고 시대와 문화에 대한 분별도 절실하다. 복음은 타협할 수 없는 진리이나 복음을 전하는 방식은 끊임없이 새로워져야 한다.

이런 면에서 바울은 본을 보였다. 그는 복음을 향한 열정을 잃지 않으면서도 상대의 눈높이로 다가가는 종의 자세를 잊지 않았다. 복음을 고수하면서도 그 복음을 효과적으로 전하기 위해 자신을 억제하고 낮추는 태도는 진정한 십자가의 정신이며, 이 시대 전도자에게 꼭 필요한 '영적 유연성'이다.

바울의 눈높이 영성: 자유와 종의 역설

바울은 아무에게도 매이지 않았지만, 더 많은 사람을 얻기 위해 스스로 종이 되었다. 이 역설은 복음 사역의 본질을 잘 보여준다. 진정한 자유인은 자기를 주장하지 않는 자이며, 진정한 종은 자기를 억제할 수 있는 자이다.

십자가 영성의 세 번째 단계는 '앞으로' 나아가는 헌신과 사명의 단계이다. 그러나 이 헌신은 결코 고집과 경직에서 비롯된 것이 아니라, 오히려 더 많은 사람을 구원하기 위한 자유 안의 자발적 순종에서 비롯된 것이다. 이는 곧 사랑의 눈높이, 복음을 위한 배려의 눈높이였다.

진리를 위한 유연성, 사랑을 위한 전략

사도 바울은 한결같이 복음의 진리를 붙들었지만, 그 진리를 효과적으로 나누기 위해 자신을 자유롭게 만들었고, 때로는 종처럼 낮추었다. 눈높이 영성이란 바로 이런 것이다. 진리를 고수하면서도 사람을 얻기 위해 자신을 다르게 표현할 줄 아는 태도, 사랑 때문에 전략적으로 접근할 줄 아는 태도, 이것이 복음 사역자에게 반드시 필요한 영성이다.

* 십자가 영성의 4단계 – 아래로 환경과 문화와의 관계에서, 죄와 사망이 지배하는 유럽에 참복음의 자유를 전하다

사도 바울은 단순한 복음 전도자가 아니라 문화와 사회를 깊이 이해하고 그 안에서 복음을 창조적으로 적용한 사상가요, 전략가였다. 그는 복음을 고립된 종교적 메시지로 다루지 않고, 당시 헬라-로마 세계의 철학,

법, 종교, 사회 구조 속에 깊이 들어가 그 문화를 섬기며 도전한 문화 선교자였다.

문화에 대한 깊은 이해와 포용: "여러 사람에게 여러 모습이 되다"

"내가 여러 사람에게 여러 모습이 된 것은 아무쪼록 몇 사람이라도 구원하고자 함이니"(고전 9:22). 바울은 헬라 문화, 로마 제도, 유대교 전통을 모두 이해한 다문화 복합형 리더였다. 그는 전도 대상자의 문화와 언어, 종교적 배경을 존중하며 접근했으며, 복음을 전하기 위해 문화적 유연성과 전략적 접근을 사용했다.

헬라 철학과 사상의 활용(아레오바고 연설, 행 17장)

바울은 아테네의 아레오바고에서 당시 철학자들과 대화하며, "너희가 알지 못하고 섬기는 신"이라는 표현을 통해 헬라 철학과 신 개념을 연결했다. 그는 시인 에피메니데스의 시구 "우리가 그의 자손이라"를 인용하여, 복음의 진리를 당시 문화와 사고방식 속에서 해석하고 설득했다.

사회구조 속의 복음 적용: 종, 여성, 시민권자

바울은 당시 가부장적 사회, 계급 구조, 로마법 아래 살아가는 다양한 사람들에게 맞게 복음을 설명했다. 그는 노예(오네시모)를 형제로 받아들이라 했고, 여성 동역자들(브리스길라, 루디아 등)을 높이 평가했으며, 자신의 로마 시민권을 활용하여 복음 전파의 기회를 얻었다. 그는 단순히 사회구조를 비판하지 않고, 그 속에서 복음으로 변화를 추구하는 선교적 지혜를 사용했다.

세속 문화를 복음으로 변혁시키다

바울은 헬라-로마 도시(에베소, 고린도, 빌립보 등)에서 복음이 단순한 개인 영혼 구원에 머물지 않고, 도시 전체의 가치관과 우상숭배, 상업 구조에 충격을 주는 사건들을 일으켰다.

에베소에서는 복음 전파로 인해 우상 조각상이 팔리지 않아 상인들이 폭동을 일으켰다(행 19장). 이것은 바울의 복음이 사회적·경제적 구조 자체에 영향을 줄 수 있는 '문화적 능력'을 가졌음을 보여준다.

문화에 순응하되, 본질을 훼손하지 않음

바울은 율법도, 헬라 철학도 완전히 부정하지 않았지만, 복음의 본질이 위협받을 때는 강력히 저항했다. 갈라디아서에서 "다른 복음은 없다"라고 단언하며, 문화적 유연성 안에서도 복음의 본질을 철저히 지킴으로써 문화선교의 균형을 보여준다.

그러므로 문화는 복음의 적이 아니라 복음을 담는 그릇이 될 수도 있다. 그리고 복음은 각 시대의 사회 문제와 문화 속에 살아 숨 쉬며, 변화를 일으킬 수 있는 능력이다.

* 십자가 영성의 5단계 – 안으로 자기 자신과의 관계에서, 바울은 육신의 욕망을 하나님의 은혜로 이긴 사람이다

사도 바울은 십자가 영성을 통해 육신의 욕망과 자기중심적인 자아를 하나님의 은혜로 이긴 인물이다. 그의 삶은 자기 자신과 깊은 내면적 관계 회복을 통해, 자기 부인을 실천하며 하나님의 사람으로 세워진 여정이었다.

약점 속에서 하나님의 은혜를 발견한 바울

바울은 빛 되신 예수님을 만났을 때 눈이 멀었고, 이후 평생 육체의 가시라는 질병을 안고 살아야 했다. 신체적 고통은 분명한 약점이지만, 바울에게 그것은 하나님의 뜻을 묻고 자신을 돌아보는 영적 통로가 되었다.

율법에 열심이었던 바울은 예수 그리스도를 만나면서 점점 겸손한 사람으로 변화되었다. 복음 사역이 깊어질수록 그는 자신이 얼마나 죄인인지, 자신에 대해 오래 참으신 하나님의 은혜가 얼마나 큰지를 깨달았다(딤전 1:15-16). 그리스도를 핍박했던 자신에게 하나님이 사도의 직분을 맡기시고, "너를 이방의 빛으로 삼아 땅끝까지 구원하게 하리라"(행 13:47) 하신 것은 하나님의 전적인 은혜였다. 그는 소아시아와 유럽 전역을 다니며 이방인들에게 복음을 전했다. 하지만 그는 자랑하기보다 오히려 자신을 "사도 중에 가장 작은 자"(고전 15:9)로 고백했다. 그 겸손의 바탕에는 박해자였던 과거와 더불어 육체의 가시라는 지속적인 고통이 있었다.

바울은 자신의 환상과 계시를 말할 수 있었지만, 진정 자랑하고 싶은 것은 자신의 약함이었다. 세 번이나 하나님께 질병을 고쳐 달라고 간구했지만, 하나님은 "내 은혜가 네게 족하도다"(고후 12:9)라고 응답하셨다. 그는 결국 "약한 그때에 강함이라"(고후 12:10)라는 신앙의 역설을 깨닫는다. 약점이야말로 하나님의 능력을 담는 그릇이며, 그 그릇을 더욱 깊고 넓게 만드는 도구가 되었던 것이다.

이러한 깨달음은 다윗의 고백과도 닿아 있다. 다윗은 자신을 사자나 곰이 아닌, 하나님이 돌보시는 양으로 고백했다. 자신을 작고 연약하게 인식할 때 하나님의 긍휼과 공급을 경험할 수 있다. 따라서 약함은 무력함이 아니라 은혜의 통로다. 이 은혜에 대한 반응은 '나는 아무것도 못합니다'라는 체념이 아니라, 하나님의 도우심을 붙잡고 순종하는 결단이어야 한다.

바울은 육체의 가시를 통해 아파하는 자의 마음을 헤아리는 하나님의 일꾼이 되었고(고후 3:6), 오직 하나님만 의지하는 믿음을 갖게 되었다(갈 2:20; 고후 1:9). 그는 자신의 능력을 자랑하지 않고 오직 하나님의 은혜만을 자랑하였다(고전 15:10). 이것이 십자가 영성의 첫 단계다. 약할수록 더 깊은 은혜를 경험하는 영성이다.

복음의 흔적이 된 상처

사도 바울은 사역 가운데 받은 수많은 고난과 상처를 통해 오히려 자신의 사도성을 증명하였다. 거짓 사도들은 외적인 자랑과 화려한 배경으로 바울을 비난하였고, 고린도 교회 성도들마저 이에 동조하였다. 이때 바울은 어리석은 자랑을 하지 않을 수 없었다. 그는 선교 중 죽음을 넘나들며 겪은 고난과 핍박을 나열했다(고후 11:23-27). 하지만 바울이 진정 말하고 싶었던 것은 사도의 자격이 아니라, 그리스도의 종으로서 교회를 향한 애틋한 마음이었다.

그는 복음을 위해 받은 상처, 곧 '그리스도의 흔적'(στίγματα, 스티그마, 갈 6:17)을 자신의 신앙과 사도의 증표로 내세운다. 예수님이 도마에게 못 자국을 보여주신 것처럼, 바울도 자신이 받은 상처를 통해 진정한 사도임을 증명하였다. 그의 스티그마는 복음을 위한 헌신과 사랑의 수고가 남긴 자국이자, 말로 설명할 수 없는 증거였다.

따라서 바울의 상처는 자기소개서였고, 믿지 않는 자에게는 복음을 보여주는 시청각 자료였다. 그는 '우리는 예수의 종'이라는 인식(고후 4:5) 아래, 예수님의 흔적을 남기는 삶을 살았다. 이 흔적은 세상이 준 것이 아니라, 복음을 위한 고난의 흔적이었기에 그는 기쁨으로 그것을 감당하였다(고후 4:10, 16).

유종의 미를 거둔 삶

사도 바울은 인생의 마지막을 앞두고 의의 면류관을 확신했다. 그는 "전제와 같이 내가 벌써 부어지고 나의 떠날 시각이 가까웠도다"(딤후 4:6)라고 고백한다. '전제'는 제사 용어로, 제물 위에 붓는 포도주와 같다. 바울은 자신의 죽음을 하나님께 드려진 희생으로 이해했다.

그는 빌립보 교인들을 위해 죽는다 해도 기뻐하겠다고 고백하며(빌 2:17), 자신의 삶을 오직 복음과 교회를 위한 제사로 여겼다. 이는 곧 예수님의 말씀 "자기를 부인하고 자기 십자가를 지고 나를 따를 것이니라"(막 8:34)라는 말씀을 실천한 삶이었다.

자기를 부인하고, 자기중심적인 사역을 거부하고, 날마다 '나는 그리스도와 함께 십자가에 못 박혔다'(갈 2:20)라는 고백으로 사는 것이다. 세상은 자기 부인하고 나라를 위해 몸 바치면 역사에 애국자가 되고 영웅이 된다. 그러나 하나님 나라의 그리스도인은 자기를 부인하고 목숨을 바쳐도 세상은 그를 영웅으로 인정하지 않는다. 따라서 그리스도인은 인정받고 싶은 욕구를 계속해서 '자기 부인', '자기 비움', '내려놓음' 할 수 있어야만 예수님을 따라갈 수 있으며, 제자가 될 수 있다.

이것이 바울 사역의 본질이었다. 자기 부인을 통해 드러난 그 사역은 결국 유종의 미로 이어진다. 그는 '선한 싸움을 싸우고, 달려갈 길을 마치고, 믿음을 지켰다'(딤후 4:7). 그래서 그는 의의 면류관을 받을 것을 확신하였다. 그 면류관은 오직 바울만의 것이 아니라, "주의 나타나심을 사모하는 모든 자"에게 예비된 상급이다(딤후 4:8).

자족의 영성으로 행복한 인생

사도 바울 영성의 완성은 '자족'에 있다. 그는 "어떠한 형편에든지 나는 자족하기를 배웠노니"(빌 4:11)라고 고백하며, 일체의 비결을 터득한 자로 살았다. 자족은 상황에 매이지 않고, 하나님 안에서 만족하는 삶이다.

바울은 세상의 가치관에 얽매이지 않았다. "모든 것이 내게 가하나 다 유익한 것은 아니요…내가 무엇에든지 얽매이지 아니하리라"(고전 6:12)라는 고백처럼, 그는 자유로운 영성으로 살았다. 풍부에 처할 줄도 알고, 궁핍에 처할 줄도 알았으며, 오직 "내게 능력 주시는 자 안에서 내가 모든 것을 할 수 있느니라"(빌 4:13)라는 믿음으로 살았다. 바울의 삶은 외적으로 보면 고난의 연속이었지만, 내적으로는 자유와 평강이 넘쳤다. 그는 진정한 자족의 사람으로, 자기 자신과의 관계에서 완전한 회복을 경험한 자였다.

　이제 그리스도인은 바울의 삶을 통해 '십자가 영성'의 내면적 성숙이 어떤 과정을 거치는지를 보여준다. 자기 자신과의 관계 회복은 결국 하나님의 은혜에 대한 깊은 인식과 자기를 부인하며 자족에 이르는 여정이다. 사도 바울처럼 우리 또한 약할 때 강함을 경험하고, 상처를 통해 복음을 전하며, 끝까지 믿음을 지켜 의의 면류관을 소망하는 삶을 살아야 할 것이다.

리더십의 시각으로 본
시냇가에 심은 나무

시냇가에 심은 나무의 성장원리(4): 꽃과 열매
– 꽃과 열매는 인생의 형통원리에서 리더십이다

리더십을 발휘한 사람들:
세상에 선한 영향력을 발휘한 사람들

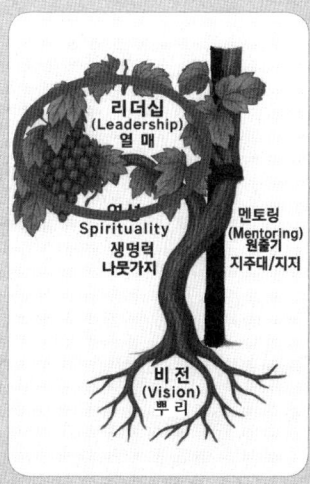

시냇가에 심은 나무의 성장원리(4): 꽃과 열매 - 꽃과 열매는 인생의 형통원리에서 리더십이다

1. 영성에서 리더십으로 연결하기

시냇가에 심은 나무는 단순히 관상용 나무도, 공기를 정화하는 가로수도 아니다. 농부는 열매 맺기를 기대하며 정성을 다해 이 나무를 심었다.

영성 시기의 결과는 곧 리더십

영성의 시기는 모든 사람에게 찾아 온다. 이 시기를 어떻게 보내는가에 따라 그 사람의 리더십은 달라진다.

영성이란 내면적인 통찰과 가치 중심의 사고를 강조하는데, 이러한 영성은 리더십의 방향성을 형성하고 그 본질적인 가치를 결정짓는다.

영성의 깊이가 리더십의 질을 결정

짓고, 리더십의 방식에 변화를 불러오며, 그 변화를 통해 긍정적인 영향을 끼친다. 즉, 영성을 통해 형성된 리더십은 단순한 외적인 결과물이 아니라 그 내면의 깊이가 반영된 것이다.

영성과 리더십의 관계

비전을 가진 사람이라면, 그 사람의 리더십은 영성에 의해 크게 영향을 받는다. 영성의 본질적인 내용은 단지 외적인 성과나 성공에 그치는 것이 아니라, 내면적 성숙과 삶의 가치에서 비롯된다.

비전이 형성된 이면에는 영적인 깊이가 자리 잡고 있으며, 이 깊이를 바탕으로 리더십이 세워진다. 영성이 충만한 사람은 비전을 향한 여정에서 나타나는 다양한 도전과 변화에 깊은 통찰을 가지고 대응할 수 있다. 이로써 비전이 이루어지는 과정에서 외형적 성장과 내면적 성숙의 균형이 잡히게 된다.

리더십의 진정성은 그 사람이 맺는 열매를 통해 평가된다. 외형적인 리더십은 종종 쉽게 눈에 띄지만, 진정한 리더십의 가치와 영향력은 그 사람의 내면이 반영된 결과물에서 나타난다. 그래서 리더십은 내면의 성품에서 나온다. 그러므로 성품의 영성으로 깊이 자리 잡은 리더십은 비전과 사명이 뚜렷하며, 그 비전이 실현되는 과정에서 명확한 열매를 맺는다.

비전은 단지 외적인 목표의 달성만을 의미하지 않는다. 그 과정에서 영성과 리더십이 서로 긴밀하게 연결되어 있다는 점에서, 비전의 성취는 그 사람의 영적 성숙과 밀접한 관계를 가진다.

영성 후속의 원리와 리더십

영성 후속의 원리, 즉 영성에서 리더십으로의 전환은 단순한 이론이 아니다. 그것은 실제로 일어나는 일이며, 진정한 리더십을 발휘하는 데 필요한 기본적인 원칙이다. 결국, 리더십은 영성에 기초한 지속적인 성장과 변화의 과정이다.

2. 시냇가에 심은 나무의 '꽃과 열매' – 인생 형통원리에서 '리더십'이다

시냇가에 심은 나무의 영향력(1): 나뭇가지에서 꽃이 피고 향기를 날리다

나무는 어느 정도 자라면 꽃이 핀다. 나무에게 있어서 꽃은 생명 순환의 징표이다. 꽃은 열매의 전 단계로써 꽃을 피운다는 것은 성숙의 징표이고, 다음 세대를 위한 준비이다. 꽃은 나무가 생명을 이어가는 결정적 순간이다.

그리고 꽃은 아름다움의 표현이다. 꽃이 필 때 나무는 가장 아름다울 때이며, 가장 많은 주목을 받는다. 그러나 그 아름다움은 짧고, 오래 머물지 않는다. 왜냐하면 꽃은 자신을 드러내기 위함이 아니라, 열매를 위한 징검다리일 뿐이기 때문이다. 따라서 꽃은 자기를 피워 열매와 씨앗을 준비하는 헌신이다.

시편 1편에서 '철을 따라 열매를 맺는다'라는 말씀이 있지만, 그전에 반드시 나무는 꽃을 피웠을 것이다. 꽃이 없는 나무는 열매를 기대할 수 없다.

그리스도인의 삶도 말씀과 영성 안에서 '꽃피는 시기'를 가져야 한다. 인생의 꽃은 하나님이 주신 소명과 은사를 통해, 잠시 세상 가운데 주님의 아름다움을 드러내는 시기이다.

그러므로 꽃은 형통의 순간이며, 그 너머에 열매의 약속이 있다. 진정한 행복은 꽃의 아름다운 너머에 하나님께 드릴 열매가 있다. 꽃은 나무에게 잠깐이지만, 그 잠깐이 없다면 열매는 없다. 따라서 꽃은 형통의 징표이고, 열매는 행복의 완성이다.

꽃에는 향기가 있다

나무는 눈에 보이는 꽃만 피우는 것이 아니다. 눈에 보이지 않는 향기를 가지고 있다. 특히 꽃을 통해 향기를 발하는 것은 영향력이 크다. 꽃의 향기는 단순한 자연 현상을 넘어 나무의 존재와 목적, 관계 그리고 영적 메시지를 품고 있다.

먼저 꽃의 향기는 자신을 넘어 타인을 위한 표현이다. 꽃의 향기는 나무 자신을 위한 것이 아니라 벌과 나비, 다른 생명을 끌어들이기 위한 통로이다. 나무는 말할 수 없지만 향기로 소통한다. 따라서 향기는 관계의 다리를 놓는 은밀한 언어이다.

그리고 꽃의 향기는 나무가 어떤 존재인지를 말해주는 보이지 않는 자기소개서이다. 향기는 단지 꽃이 발산하는 것이 아니라 나무의 뿌리와 줄기, 모든 생명의 흐름 속에서 맺어진 정체성의 결정체이다. 따라서 향기는 나무의 내면에서 우러나온 향기이다.

꽃과 향기를 통한 깨달음과 기도

사람들은 길거리를 걷다가 꽃이나 그 꽃이 풍기는 향기에 걸음을 멈춘다. 주변의 꽃을 보며 잠시 멈추어 서는 것만으로도 마음에 치유가 일어난다. 예쁜 꽃이나 향기에 취하면서 걱정 근심을 하는 사람은 없을 것이다. 왜냐하면 꽃과 향기가 주는 영향력이 걱정보다 훨씬 더 강하기 때문이다. 그래서 사람들은 꽃이나 향기를 맡으면서 행복해한다.

마찬가지로, 그리스도인도 대가 지불의 비전 길을 걸으면서 하나님의 임재와 사랑을 느낀다. 마치 꽃이 주는 아름다움과 향기처럼 그리스도인도 행복해한다. 하나님의 임재는 꽃처럼 피어나고, 하나님과의 기도는 향기처럼 진동한다. 그리스도인의 모든 걱정은 기도하면서 불타고 향기만 남는다. 그래서 참그리스도인은 기도하면서 걱정을 남기지 않는다.

에스더의 삶과 리더십의 열매

성경에서 '꽃'처럼 아름답고 향기로운 헌신적인 삶을 산 여성들이 많이 있다. 그중에서도 풍전등화, 진퇴양난 같은 위기 속에서 꽃으로 활짝 피고, 진한 하나님의 향기를 발한 인물이 있다. 바로 에스더이다.

에스더는 바벨론에서 페르시아 제국의 왕후로 살아갔던 아름다운 여인이었다. 하지만 그녀의 삶은 단지 아름다움만으로 평가될 수 없다. 유대 민족이 멸망의 위기에 처했을 때, 에스더는 자신의 삶을 내놓고 민족을 구하기 위한 결단을 내린다.

모르드개는 에스더에게 이 순간이 바로 하나님의 비전에 응답하는 때임을 깨닫게 한다. "이때에 네가 만일 잠잠하여 말이 없으면 유다인은 다른 데로 말미암아 놓임과 구원을 얻으려니와 너와 네 아버지 집은 멸망하리라 네가 왕후의 자리를 얻은 것이 이때를 위함이 아닌지 누가 알겠느냐 하니"(에 4:14).

에스더는 이 순간을 자신의 소명과 비전으로 받아들이고, 민족을 위해 자기 목숨을 바친다. "당신은 가서 수산에 있는 유다인을 다 모으고 나를 위하여 금식하되 밤낮 삼 일을 먹지도 말고 마시지도 마소서 나도 나의 시녀와 더불어 이렇게 금식한 후에 규례를 어기고 왕에게 나아가리니 죽으면 죽으리이다"(에 4:16). "죽으면 죽으리이다"라는 고백은 목숨을 건 믿음과 사명의식을 상징하는 고백으로, 헌신과 결단을 대표한다.

이처럼 에스더는 꽃처럼 아름다운 외모를 넘어, 하나님의 뜻을 따르는 향기로운 삶으로 진정한 리더십을 발휘하였다. 그래서 맺어진 열매가 바로 부림절(Purim)이다. 부림절은 구원의 날이다. 이 사건을 통해 에스더는 자기 삶의 진정한 의미를 되찾고, 그 열매로 하나님의 나라를 확장시켰다.

에스더는 사실 꽃처럼 예뻤고, 마음도 하나님의 성품을 닮아 향기로웠다. 진정한 아름다움은 외모보다 마음이 더 아름다울 때 빛을 발한다. 에스더의 내면에 믿음, 용기, 순종, 지혜를 겸비하였기에 에스더는 꽃 중의 꽃이었다. 에스더의 인격적 아름다움은 '외모를 넘은 영혼의 향기'였다. 그녀의 진정한 아름다움은 외모보다 내면에 있었다.

예수님의 향기와 그리스도인의 삶

성경에서 꽃은 인간의 덧없음과 아름다움을 상징하기도 하지만, 그 향기는 인간의 상한 마음을 치유하고 회복시킨다. 하나님은 절망의 땅에서도 생명을 꽃피우는 회복의 하나님이시다(사 35:1). 예수님은 자신을 '사론의 꽃'에 비유하시며, 그리스도를 따르는 삶이 얼마나 아름다우며 향기로운지를 가르쳐 주신다. "나는 사론의 수선화요 골짜기의 백합화로다"(아 2:1).

그리스도를 따르는 사람은 예수님의 향기가 자연스럽게 퍼진다. 이것은 자기의 향기가 아니라 예수님과 동행하면서 묻어나오는 향기이다. "항상 우리를 그리스도 안에서 이기게 하시고 우리로 말미암아 각처에서 그리스도를 아는 냄새를 나타내시는 하나님께 감사하노라 우리는 구원 받는 자들에게나 망하는 자들에게나 하나님 앞에서 그리스도의 향기니"(고후 2:14-15). 그러므로 그리스도인의 삶은 사랑과 섬김, 거룩한 삶과 기도를 통해 하나님 나라의 아름다움을 전파하는 삶이다. 이러한 삶은 비록 짧지만 하나님 안에서 영원한 소망을 품고 나아간다.

꽃은 아름다움과 향기를 주지만 시간이 지나면 결국 시들고 떨어진다. 마찬가지로, 그리스도인의 삶도 영원하지 않다. 그러나 하나님 안에서 그리스도인의 삶은 영원한 소망을 품고, 하나님의 뜻을 따라 살아갈 때 아름다운 열매를 맺는다.

분명 비전의 길은 고난의 길이다. 그 길을 걸어가면서 하나님을 신뢰하고 의지하는 삶은 꽃과 같이 아름답고 그리스도의 향기가 난다.

열매를 맺는다는 것은 크나큰 행복이지만, 그 열매를 바라보고 피는 꽃과 향기도 충분히 아름답다. "또 너희가 어찌 의복을 위하여 염려하느냐 들의 백합화가 어떻게 자라는가 생각하여 보라 수고도 아니하고 길쌈도 아니하느니라 그러나 내가 너희에게 말하노니 솔로몬의 모든 영광으로도 입은 것이 이 꽃 하나만 같지 못하였느니라"(마 6:28-29).

꽃과 향기는 인생에서 순간적인 기쁨일 수 있지만, 그 순간의 기쁨도 오늘의 기쁨이다. 이 기쁨의 시간은 잠시 잠깐이므로 인생을 불태운다. 성경은 이 시기를 인생에서 '청년의 때'라고 말한다. "청년이여 네 어린 때를 즐거워하며 네 청년의 날들을 마음에 기뻐하여 마음에 원하는 길들과 네 눈이 보는 대로 행하라"(전 11:9 상반절).

그러나 가장 아름다울 때 유혹이 많듯이 조심해야 일들이 많다. "그러나 하나님이 이 모든 일로 말미암아 너를 심판하실 줄 알라 그런즉 근심이 네 마음에서 떠나게 하며 악이 네 몸에서 물러가게 하라 어릴 때와 검은 머리의 시절이 다 헛되니라"(전 11:9 하반절-10).

꽃은 떨어지고 땅에 떨어진 꽃은 이제 향기가 아니라 악취가 난다. 자연 만물에서 영원한 것은 하나도 없다. 나무에게 있어서 꽃이 떨어진 것은 안타까운 일이나 꽃이 떨어짐으로 나무는 다시 열매를 기대할 수 있게 되었다.

시냇가에 심은 나무의 영향력(2): 꽃이 떨어지면 열매를 맺는다 / 열매는 그 나무의 정체성을 밝힌다

나무의 정체성은 그 열매를 통해 분명히 드러난다. 감나무는 감을, 사과나무는 사과를, 포도나무는 포도를 맺는다. 그 열매를 통해 우리는 나무가 어떤 종류의 나무인지 알 수 있다.

동일하게 리더의 정체성도 그들의 행함이라는 리더십으로 알 수 있다. 예수님은 마태복음 7장 16절에서 "그들의 열매로 그들을 알지니 가시나무에서 포도를, 또는 엉겅퀴에서 무화과를 따겠느냐"라고 말씀하셨다. 좋은 나무는 아름다운 열매를 맺고, 못된 나무는 나쁜 열매를 맺는다. 열매는 나무의 상태, 곧 그 나무의 정체성을 드러내는 중요한 지표이다.

예수님은 이어서 "이러므로 그들의 열매로 그들을 알리라"(마 7:20)라고 말씀하셨다. 열매를 보면 나무의 이름을 알 수 있고, 나무의 건강을 알 수 있다. 이처럼 리더도 자기 행실로 그 정체성이 드러나며, 인격(성품)이 드러난다.

정체성을 숨기려는 세상과 하나님의 드러내신 정체성

현대 사회에서는 많은 사람이 자신의 정체성을 숨기려 한다. 약점 보이기를 싫어한다. 무엇 때문일까? 그 이유는 다양하다.

먼저는 사회적·문화적 요인으로 인해, 억압적인 환경이나 집단 중심의 조직에서 개인의 정체성을 숨기려는 사람들이 있다. 예를 들어, 군대나 대기업의 조직 문화에서는 자신의 개성과 정체성을 드러내는 것이 불리할 수 있기 때문이다.

그리고 심리적 요인도 큰 역할을 한다. 과거의 상처나 트라우마, 자기 정체성에 대한 혼란 등이 복합적으로 작용하여 사람들은 자신의 진짜 모습을 숨기고, 타인에게 맞추려고 할 때가 많다. 그런 상황에 맞추어 자기를 감추는 가면(persona, 페르소나)을 쓰고 철저히 자기 마음을 감춘다. 그리고 어떤 사람은 직업적·전략적 이유로 필명이나 가명을 사용하기도 한다. 사실 지금의 시대는 실명이나 실체(정체성)를 감추고 온라인에서 활동하는 사람들이 많다. 왜냐하면 디지털 환경에서는 익명성이 보장되기 때문이다. 그러나 그 피해는 사회적 문제까지로 확산 중에 있다.

하나님과 예수님의 정체성 공개

하나님은 자기 정체성을 절대 숨기지 않으신다. 출애굽기 3장 14절에서 하나님은 모세에게 "나는 나다"(I AM WHO I AM)라고 말씀하셨다. 이 말씀은 하나님은 스스로 존재하는 분으로서, 하나님의 자존과 신뢰성을 강조하신 것이다. 또한, 하나님은 이론이나 설명으로는 표현할 수 없으므로 오로지 체험으로써 알 수 있는 분으로 자신을 드러내셨다.

예수님도 요한복음 8장 58절에서 "진실로 진실로 너희에게 이르노니 아브라함이 나기 전부터 내가 있느니라(I AM)"라고 말씀하셨다. 예수님이 "에고 에이미"(ἐγώ εἰμι)라는 헬라어, 즉 'I AM', '나는 ~이다'라고 일곱 가지를 말씀하셨다. 요한복음에 보면, 생명의 떡(요 6:35), 세상의 빛(요 8:12), 양의 문(요 10:7), 선한 목자(요 10:11), 부활이요 생명(요 11:25), 길, 진리, 생명(요 14:6), 참 포도나무(요 15:1)로 자기를 표현하셨다. 예수님은 'I AM'이라는 표현을 사용하여 자신이 하나님과 동일한 본질을 지닌 분임을 선포하셨다. 그리고 우리를 친구로 맞이하셨다(요 15:15). 하나님은 결코 자기 자신을 숨기지 않으신다.

참된 리더십과 거짓 리더십

그러므로 하나님을 신뢰하고 따르는 사람들은 자신을 은밀하게 숨겨서는 안 된다. 이 세상에는 수많은 지도자가 존재하지만, 그중 모든 지도자가 참된 지도자는 아니다.

예수님 당시에도 많은 거짓 지도자가 존재했다. 그 대표적인 예가 바리새인들과 서기관들이다. 예수님은 그들의 위선과 외식을 이렇게 지적하셨다. "화 있을진저 외식하는 서기관들과 바리새인들이여 회칠한 무덤 같으니 겉으로는 아름답게 보이나 그 안에는 죽은 사람의 뼈와 모든 더러운 것이 가득하도다"(마 23:27). 외적으로는 그럴듯한 모습이지만, 내면은 거짓과 불법으로 가득 찬 그들의 모습은 바로 거짓된 리더십이었다.

오늘날도 '십자가의 진리'로 포장한 거짓 리더십을 보이는 사람들이 있다. 그들은 종종 화려한 겉모습과 아름다운 말로 사람들을 끌어당기지만 그들의 열매는 썩어 냄새가 진동한다. 썩은 열매를 맺는 나무는 도끼로 찍어 불에 던지듯, 거짓된 리더십은 결국 심판을 받는다(눅 13:7).

그렇다면 좋은 열매를 맺는 비결은 무엇인가? 예수님은 요한복음 15장에서 포도나무와 가지의 비유를 통해 진정한 열매를 맺는 방법을 가르쳐 주셨다. "내 안에 거하라 나도 너희 안에 거하리라 가지가 포도나무에 붙어 있지 아니하면 스스로 열매를 맺을 수 없음같이 너희도 내 안에 있지 아니하면 그러하리라"(요 15:4). 예수님께 붙어 있는 사람만이 좋은 열매를 맺게 된다. 왜냐하면, 그 열매를 예수님이 맺도록 하셨기 때문이다.

그러므로 열매 맺기를 원하는 그리스도인은 열매 맺으려는 노력보다 먼저 예수님에게 붙어 있는 싸움을 해야 한다. 나뭇가지는 예수님에게 붙어 있는 것만이 열매 맺는 비결이요, 참된 리더가 되는 길이기 때문이다.

내가 누구인지의 정체성은 누구에게 붙어 있는지에 따라 결정이 난다. 좋은 나무가 좋은 열매를 맺고, 나쁜 열매가 나쁜 열매를 맺기 때문이다 (마 7:17). 따라서 나무는 정체성이고, 열매는 그 행위이다. 바른 정체성을 가진 자는 결국 좋은 열매를 맺게 된다.

참된 리더십을 위한 길

"거짓 그리스도들과 거짓 선지자들이 일어나서 이적과 기사를 행하여 할 수만 있으면 택하신 자들을 미혹하려 하리라"(막 13:22). 참과 거짓의 경계가 모호한 이 시대에 우리는 열매로 참과 거짓을 구분할 수 있어야 한다. "내 형제들아 어찌 무화과나무가 감람 열매를 포도나무가 무화과를 맺겠느냐 이와 같이 짠 물이 단 물을 내지 못하느니라"(약 3:12).

비전을 이야기한다고 해서 모든 사람이 하나님의 사람은 아니며, 리더라고 해서 모두가 참된 리더가 아니다. 그 사람을 알려면 그 사람의 열매를 보면 된다. 열매는 그 사람이 어떤 사람인지를 보여준다.

그렇다고 해서 열매가 정체성을 만드는 것은 아니다. 명확한 정체성에서 열매가 맺히는 것이다. 하나님의 자녀(요 1:12)나 새로운 피조물(고후 5:17)이라는 정체성에서 그에 맞는 열매를 맺는 것이다. 이것이 참된 리더십이다.

시냇가에 심은 나무의 영향력(3): 솎아내기 – 열매를 위한 열매 솎아내기

시냇가에 심은 나무의 목적은 아름답고 풍성한 열매를 맺는 것이다. 그러나 열매를 많이 맺었다고 해서 모두가 유익한 것은 아니다. 오히려 나뭇가지에 비해 지나치게 많은 열매는 해로울 수 있다. 이때 필요한 작업이 바로 '열매 솎아내기'(fruit thinning)이다.

농부는 이 과정을 통해 가장 좋은 열매만 남기고 나머지는 아낌없이 제거한다. 이런 작업은 단지 수확량을 조절하는 것이 아니라, 선택과 집중을 통해 더 풍성하고 질 좋은 열매를 얻기 위해서이다.

열매 솎아내기의 핵심은 두 가지다. 첫째, 햇빛을 많이 받도록 한다. 빛은 열매를 익어가게 하는 생명의 원천이므로 햇빛을 충분히 받은 열매가 깊고 풍성한 맛을 낼 수 있다. 둘째, 가지가 감당할 수 있는 범위 내에서 열매를 키워야 한다. 그 이상은 나뭇가지와 열매에 해를 끼친다. 이 두 가지가 조화를 이루는 데 필요한 과정이 바로 '솎아내기'이다.

인생에서도 열매를 많이 맺는 것처럼 보이는 삶도 때로는 솎아내기를 해야 할 때가 있다. 너무 많은 사역, 욕심, 집착, 혹은 방향을 잃은 열정은 오히려 영적 성숙을 방해한다. 무엇인가를 버리지 않으면 진짜 중요한 것을 얻지 못할 수도 있다. 이는 역설적인 진리다.

하나님 나라의 열매는 '많음'보다 '바름'에 있다. 무조건 많이 하는 것, 많은 것을 갖는 것에 집중하는 시대정신은 우리를 지치게 만들고, 결국 본질을 놓치게 한다.

솎아내기(1): 기드온의 300용사 – 솎아내기는 하나님의 전략

기드온의 전쟁 이야기는 단순한 역사적 사건이 아니라, 하나님의 영적 원리를 상징적으로 보여주는 사건이다. 하나님은 미디안과의 전쟁을 앞둔 기드온에게 전혀 예상치 못한 명령을 내리신다. "병력을 줄이라." 처음 모인 병사의 수는 3만 2천 명이었지만, 하나님은 두 차례의 시험을 통해 이 숫자를 단 300명으로 줄이게 하신다(삿 7장).

세상적인 기준에서 보면 이해할 수 없는 결정이다. 전쟁은 숫자와 힘의 싸움이라 생각하는 인간의 본성과는 정반대의 전략이기 때문이다.

하나님의 관점: 숫자보다 믿음

하나님은 숫자의 많고 적음보다 '순종'과 '신뢰' 그리고 '본질적인 믿음'을 보신다. 결국, 300명의 소수 정예 병력은 하나님의 인도하심 속에서 미디안 군대를 완전히 무너뜨린다. 이것은 단순히 전쟁의 승리가 아니라, 하나님의 숨아내는 전략이 어떻게 역사 속에서 드러났는지를 보여주는 신학적 상징이다.

숨아낸 기준: 외형이 아닌 태도

여기서 중요한 것은 병사들을 숨아낸 기준이다. 하나님은 먼저 두려워하는 자들을 돌려보내게 하셨고, 이후 물을 마시는 태도를 기준으로 다시 병력을 걸러내셨다. 이는 겉으로 보이는 능력보다 내면의 태도와 준비된 심령을 보시는 하나님의 방식이었다. 결국, 하나님께 쓰임받는 사람은 많음에 속한 자가 아니라 준비된 자, 하나님 앞에 서 있는 자였다.

기드온의 이야기는 '양'보다 '질'에 있다. 하나님의 숨아내심은 낭비가 아니라 집중이며, 정결함이다.

예수님의 말씀과 연결되는 원리: 두려움이 아닌 신뢰

예수님도 제자들에게 '가지가 열매를 맺지 아니하면 아버지께서 제거하시고, 열매 맺는 가지는 더 맺게 하려고 깨끗하게 하신다'고 말씀하셨다(요 15:2). 하나님의 손길이 단지 제거에 그치지 않고, 더 좋은 열매를 위한 준비임을 보여준다. 하나님은 늘 본질을 향해 가지를 다듬으신다.

기드온의 300용사는 우리에게 말한다. "하나님의 솎아내심을 두려워하지 말라. 오히려 그 안에 담긴 하나님의 지혜와 전략을 신뢰하라." 양이 아닌 질, 수가 아닌 본질, 인간의 계산이 아닌 하나님의 뜻. 이것이 인생 승리의 비밀이다.

솎아내기(2): 다윗이 솔로몬에게 한 마지막 유언 – 열매를 위한 '솎아내기'의 지혜

유언의 본질: 분별의 명령

다윗은 세상을 떠날 날이 가까워졌을 때, 아들 솔로몬에게 유언을 남긴다(왕상 2:1-10). "너는 굳세고 장부답게 살아라." 이 말은 단순한 용기의 권면이 아니라, 왕으로서 나라를 경영할 때 필요한 영적 통찰력과 단호함을 요구한 것이다. 따라서 다윗 유언의 핵심은 축복이 아니라 분별에 대한 명령이었다.

솔로몬은 지혜로웠지만 너무 착하고 유약한 면이 있었다. 다윗은 아들의 약점을 보완하기 위해 '솎아내야 할 사람들'을 분명하게 가르친다. 가장 먼저 거론된 인물은 요압이다. 그는 다윗의 군대 장관으로 수많은 전쟁에서 승리를 거두었지만, 동시에 하나님의 질서와 왕의 권위를 무너뜨린 자였다.

요압은 다윗이 아브넬과 평화 조약을 맺으려 할 때, 사적인 원한으로 아브넬을 죽였고(삼하 3:27-30), 압살롬 내전 후 통합을 위한 인사 조처로 아마사를 등용했을 때도 자신의 자리가 위협받는다고 생각하여 그를 죽였다(삼하 20:7-13). 요압은 평화의 시기에도 전쟁의 피를 묻혀 다윗의 허리띠와 신을 더럽혔다. 다윗은 이와 같은 자를 백발이 되어 평안히 죽도록 내버려 두지 말라고 솔로몬에게 단호히 말한다.

그다음은 시므이다. 그는 다윗이 압살롬을 피해 도망칠 때, 길에서 다윗을 저주하며 모욕했던 베냐민 사람이다(삼하 16:5-14). 정치적 상황상 다윗은 그를 즉시 처벌할 수 없었고, 복위한 후에는 하나님을 가리켜 그를 죽이지 않겠다고 맹세했다. 하지만 다윗은 유언을 통해 솔로몬에게 정의로운 심판을 명한다. 이것은 다윗이 복수심에서가 아니라, 나라의 질서와 공의 회복을 위해 불의한 자를 솎아내야 한다는 것을 의미한다.

그러므로 성경이 말하는 '의'는 죄에 대한 분명한 책임을 묻는 것이다. 잘못을 모르는 체하고 덮어두는 것은 잠재적 재앙의 씨앗이 된다.

참된 용서란 무엇인가?

그리스도인 중에는 '사랑'이라는 이름으로 잘못된 용서를 하는 이들이 많다. '용서를 구하지 않은 자'를 먼저 용서하는 것은 성경적 용서가 아니다. 성경은 회개 없는 용서가 반복된 죄의 길을 열어줄 수 있음을 경고한다(눅 17:3-4). 인간의 회개 없는 무조건 용서와 하나님의 무조건 은혜는 구별해야 한다.

죄를 인식하고 돌이키는 자에게만 온전한 용서가 주어진다. 다윗은 이 원리를 실천적으로 적용한 것이다. 그는 감정이 아닌 기준에 따라 판단했고, 솔로몬에게도 그와 같은 영적 분별을 요구한 것이다.

열매를 위한 영적 분별

다윗은 자신의 유언을 통해, 솔로몬에게 단순한 정치적 계승이 아닌 '영적 경영의 원리'를 가르쳤다. 그것은 곧 '솎아내기'의 지혜였다. 요압과 시므이를 제거하라는 명령은 미움이 아니라 거룩함과 공의를 위한 요청이었다. 반대로 바르실래의 자손을 존중하라는 당부는 신실함과 은혜에 대한 응답이었다.

우리가 맺는 인생의 열매도 마찬가지다. 때로는 불필요한 것을 솎아내야 하고, 때로는 필요한 것을 끝까지 간직해야 한다. 분별없는 사랑은 죄를 키우고, 분별없는 심판은 은혜를 거둔다. 다윗의 마지막 유언은 이 균형을 향한 깊은 묵상과 지혜의 요청이다.

솎아내기(3): 약속의 땅을 위한 뿌리 뽑기 - 가나안 일곱 족속과 풍습(신 7:16)

이스라엘 백성이 가나안 땅에 입성하기 직전, 하나님은 반복하여 명령하신다. "가나안 일곱 족속을 진멸하라"(신 7:16). 이 명령은 영토 확장을 위한 전쟁 명령이 아니라, 우상숭배의 유혹으로부터 하나님의 백성을 지키기 위한 근본적 예방 조치였다.

하나님은 이스라엘이 광야에서 겪은 고난보다 오히려 약속의 땅 가나안에서 마주하게 될 유혹을 염려하셨다. 궁핍보다 풍요가 더 타락하게 할 수 있다.

위험한 축복: 풍요의 유혹

광야에서는 하나님께서 친히 구름과 불로 보호하시고, 만나와 메추라기, 반석의 물로 생존을 책임지셨다. 그들에게 하나님은 생존 그 자체였다. 그러나 가나안 땅에서는 사정이 달랐다. 집을 짓고, 곡식을 재배하며, 가축을 키우고, 은금이 늘어나면서 사람들은 자기도 모르게 하나님을 잊게 되었다.

모세는 이 위험을 예견하고 경고한다. "네 마음이 교만하여 네 하나님 여호와를 잊어버릴까 염려하노라"(신 8:14). 축복도 감사함 없이 오래 지속되면 축복을 당연한 것으로 인식한다. 그 결과는 교만이고, 교만은 반드시 하나님을 배제하는 결과를 낳는다.

하나님의 시간표와 죄악의 충만

가나안 족속을 향한 심판은 단번에 내려진 것이 아니다. 창세기 15장 16절은 이렇게 말한다. "이는 아모리 족속의 죄악이 아직 가득 차지 아니함이니라." 즉, 하나님은 때를 따라 일하신다. 예수님이 이 땅에 오심도 '때가 차매'(갈 4:4) 오셨고, 그리고 돕는 은혜도 '때를 따라' 도우신다(히 4:16).

이스라엘이 가나안 땅에 들어갈 준비가 되었다기보다는 오히려 가나안 족속의 죄악이 극에 달했을 때 하나님은 이스라엘로 심판하신다. 이것은 가나안 족속과 이스라엘의 민족 간 충돌이 아니라 하나님 공의의 실행이며, 이스라엘을 통해 이룰 구속사적 계획의 일부이다.

혼합주의 신앙의 위험성

가나안 족속을 진멸하라는 하나님의 명령에도 불구하고 이스라엘은 가나안 일곱 족속을 온전히 진멸하지 못했다. 그 첫째 이유는 '현실적 이익' 때문이었다. 농경사회였던 가나안에서 살아남기 위해 그 땅 백성의 농업 기술과 문화를 받아들여야 했고, 이것은 우상숭배와 신앙의 혼합으로 이어졌다. 이들은 광야에서 경험한 유목 중심의 하나님보다 농사의 신 바알이 더 현실적이라고 여겼다.

둘째 이유는 '두려움과 타협'이었다. 철기문명으로 무장한 가나안 족속과의 전쟁은 장기전이 되었고, 그 싸움에서 지친 이스라엘은 그들과 평화롭게 공존하고자 했다.

이스라엘은 가나안 땅의 일곱 족속을 진멸하라는 하나님의 명령을 온전히 분별하지 못하였다. 사실 가나안 일곱 족속을 진멸하라는 하나님의 명령은 이스라엘로 하여금 풍성한 구원의 열매를 거두도록 명령한 하나님의 '영적 솎아내기' 작업이었다.

시냇가에 심은 나무의 영향력(4): 가지 지지대(받침목) - 열매 무게와 바람에 나뭇가지를 보호하다

유실수가 풍성한 열매를 맺는 시기는 참으로 기쁜 순간이지만, 동시에 가장 큰 위험을 내포하는 시기이다. 태풍이나 강한 비바람이 불면, 나뭇가지는 열매의 무게로 쉽게 부러진다. 그래서 유실수는 매년 열매를 맺을 때마다 반드시 '가지 지지대'(받침목)를 설치해야 한다.

가지 지지대는 열매와 나뭇가지를 보호하는 중요한 역할을 한다. 바람에 흔들리는 가지를 지탱해 주고, 열매가 땅에 떨어지지 않도록 도와준다. 그뿐만 아니라, 무거운 열매로 인해 나뭇가지가 부러지지 않도록 받쳐주는 역할도 한다. 이처럼 풍성한 열매를 맺는 가지는 외부의 위험으로부터 보호를 받아야 하며, 그 과정을 돕는 지지대 역할이 필수적이다.

리더의 리더십도 이와 마찬가지로 제자들의 협력에서 리더의 리더십이 나오는 경향이 높다. 리더가 하나님의 비전을 향해 나아갈 때, 그 길을 함께하는 제자들의 헬퍼십도 중요하다. 리더는 제자들에게 비전을 제시하고, 그들이 열매를 맺을 수 있도록 돕는다. 그러나 리더만이 그 길을 홀로 걷는 것이 아니다. 제자들도 리더를 따라가며 돕고 협력한다. 그들은 단순히 따라가는 존재가 아니라 서로 동역하는 중요한 동반자들이다.

이 관계는 성경에서 많은 사례를 찾을 수 있다. 예수님과 제자들, 바울과 그의 동역자들처럼 서로 협력하여 하나님의 일을 이룬 사례들이 있다. 또한, 멘토와 멘티 간의 관계에서도 이와 같은 협력의 중요성이 드러난다. 멘토는 제자에게 비전을 제시하고 가르침을 주지만, 제자도 스승에게 협력하며 함께 성장한다. 이처럼 리더와 제자는 서로가 신뢰하며 지지하는 관계여야 한다.

멘토와 제자의 상호 지원

특히, 리더가 강한 바람과 역경에 직면할 때 필요로 하는 것은 단순히 외적인 지원이 아니라 내적인 협력이다. 멘토나 리더가 가장 어려운 시기에 멘티나 제자가 그들 옆에서 지지대 역할을 해주는 것은 중요하다. 서로 도우며 열매가 풍성히 맺도록 지원하는 것은 하나님께서 원하시는 리더십의 모습이다. 이 과정은 일방적인 지원이 아니라 상호적으로 이루어져야 한다.

협력의 중요성: 하나님께서 주신 은혜의 길

리더와 제자 간의 협력은 단순히 사람들 간의 관계에 그치지 않는다. 이것은 하나님께서 주신 은혜의 길을 따라가는 것이다. 우리가 서로 협력하고 지지할 때, 하나님은 우리의 수고를 통해 더 큰 열매를 맺게 하신다. 이것은 곧 하나님 나라의 확장을 의미하며, 하나님의 뜻을 이루는 중요한 역할을 한다.

유실수가 풍성한 열매를 맺기 위해서 열매가 땅에 떨어지지 않도록 돕는 가지 지지대가 필요하듯이, 리더가 풍성한 열매를 맺기 위해서는 제자들의 협력이 필요하다. 이 협력은 단순히 보조적인 역할이 아니라 열매를 맺는 중요한 동력이다. 하나님께서는 우리가 서로 협력하며 그의 뜻 이루기를 원하신다.

리더십은 단순히 리더가 앞장서서 이끄는 것만으로 이루어지지 않는다. 리더가 열매를 맺을 때, 그 열매가 땅에 떨어지지 않도록 돕는 가지 지지대가 필요하다. 바로 제자들의 협력을 말한다. 리더와 제자, 멘토와 멘티는 서로 돕고 지지하는 관계 속에서 하나님이 원하시는 열매를 맺고 보존할 수 있다.

스승과 제자, 멘토와 멘티는 열매를 수확할 때까지 하나님께서 주신 협력의 은혜를 기억하며, 함께 동역하는 삶을 살아가야 한다.

모세와 그의 동역자들: 협력의 중요성

모세는 위대한 지도자였지만 그의 성공은 단지 개인적인 역량으로 이룬 것이 아니다. 그는 이드로와 여호수아, 아론과 훌 그리고 많은 동역자의 지지와 협력 속에서 사역을 이끌어갔다. 그가 어떤 어려움에 직면할 때마다 그의 주변에는 항상 그를 돕고 지지하는 이들이 있었다. 그러므로 모세가 위대한 인생을 살 수 있었던 그것은 바로 동역자들 덕분이었다.

하나님께서는 사람들을 통해 자신의 은혜를 전달하신다. 모세의 삶에서 나타난 것처럼, 하나님의 일에는 사람들의 협력이 필요하다. 동역자들이 없었다면 모세는 그가 맡은 사역을 감당할 수 없었을 것이다. 하나님은 사람들을 통해 그분의 뜻을 이루어 가시며, 우리는 그 협력의 관계 속에서 하나님의 뜻을 성취해 나간다.

이처럼 하나님의 사역은 결코 혼자서 이루어지지 않는다. 함께 기도하고, 함께 싸우고, 함께 동역하는 이들이 있어야만 비로소 하나님의 뜻을 이룰 수 있다. 모세와 그를 돕는 동역자들처럼, 우리는 하나님 나라의 일을 함께 이뤄가며, 그 안에서 하나님의 임재와 능력을 경험한다.

모세의 위대한 리더십은 그가 혼자서 만들어낸 것이 아니라 주변의 든든한 동역자들이 있었기에 가능했다. 분주한 재판으로 힘들어할 때 이드로의 지혜가 있었고, 아말렉과의 전쟁에서 산에서는 아론과 훌이 기도의 동역자로 함께했고, 전쟁터에서는 여호수아가 목숨을 걸고 싸웠다. 모두 협력하기에 승리하였다. 기도와 삶의 현장, 영적 동역과 실제적 동역이 일치할 때 하나님의 능력을 경험하며, 그분의 뜻을 이루어 갈 수 있다. 리더십은 리더의 힘과 팔로우의 협력으로 온전해진다.

바울과 그의 동역자들: 하나님 나라의 사역을 위한 협력

사도 바울의 사역에서 보듯, 큰 인물이 되기 위해서는 단지 개인적인 능력만으로는 부족하다. 그의 사역이 성공할 수 있었던 것은 바로 그를 돕는 많은 동역자가 있었기 때문이다. 바울은 자신의 사역을 단지 혼자서 감당하지 않았다. 디모데, 디도, 아굴라와 브리스길라와 같은 동역자들이 바울의 사역을 지탱하는 든든한 기둥이었으며, 그들이 없었다면 바울의 사역은 성공하지 못했을 것이다.

멘토링 관계는 단순한 가르침과 배움이 아니다. 그것은 서로를 지지하고, 도우며, 함께 하나님 나라의 비전을 이루어가는 협력 과정이다.

바울은 자신에게 중요한 멘토와 동역자들을 통해, 서로가 서로에게 힘이 되어주는 관계를 지속적으로 만들어갔다. 동역자들은 각자의 자리에서 하나님 나라를 위해 헌신하며 서로를 지지하고 협력하였다. 특히 디모데와 같은 제자에게 자신이 겪은 어려움과 경험을 나누면서 그들이 더나은 리더로 성장할 수 있도록 돕고, 제자들은 바울의 사역을 함께하며 교회를 세워나갔다. 이 상호적이고 협력적인 관계 속에서 리더십은 강화되며, 하나님의 나라는 확장되었다. 이것이 하나님의 사역을 이루어가는 중요한 원리였다. 그 결과, 바울의 사역은 지역 교회들을 세우고, 복음을 널리 전파하는 데 큰 영향을 미쳤다.

시냇가에 심은 나무의 영향력(5): 열매 - 나무는 열매로 평가받는다 / 리더는 리더십으로 평가받는다

시냇가에 심은 나무가 열매로 평가받는 것처럼, 비전을 품고 살아가는 자도 그 비전을 통해 리더십을 평가받는다. '평가'란 무엇인가를 일정한 기준에 따라 따져 매기는 것이다.

시냇가에 심은 나무는 그 목적에 따라 평가된다. 유실수는 열매를 맺기 위해 심어진 나무이기 때문에 그 나무는 열매로 평가받아야 한다. 열매의 모양, 소출, 맛 등은 나무의 가치를 평가할 수 있는 기준이 된다.

성경은 꽃보다 열매 맺기를 촉구하고 있다. 결국 유실수는 열매로 평가받는다. 예수님은 요한복음 15장 8절에서도 "너희가 열매를 많이 맺으면 내 아버지께서 영광을 받으실 것이요 너희는 내 제자가 되리라"라고 말씀하셨다. 여기에서 말하는 열매는 단순히 외적 성취가 아니라, 예수 그리스도와 연합된 관계에서 나오는 삶의 결과물이다. 선한 행실(갈 5:22-23), 사랑(고전 13:4-7), 복음 전파(마 28:18-20), 제자 양육 등 그리스도인으로서 구체적인 변화와 열매를 의미한다.

이 열매는 하나님의 성품과 뜻을 드러내는 것이므로 하나님의 영광을 위한 것이다. 그래서 풍성한 열매 맺음은 참된 제자 됨의 증거이고, 하나님의 영광을 드러낸다. 따라서 열매가 제자의 정체성을 증명한다.

다윗과 리더십의 기준

성경에서 리더십의 기준은 외적인 성공이나 업적이 아니라 하나님과의 관계와 삶의 열매에 있다. 구약성경에서 다윗은 하나님과 깊은 관계를 맺고 풍성한 열매를 맺은 대표적인 인물이다. 단순히 뛰어난 정치 지도자가 아니라 믿음 안에서 하나님과 동행한 리더였다.

그래서 이스라엘의 왕들을 평가할 때 성경은 다윗을 기준으로 평가한다. 그 평가 기준은 두 가지이다. 하나는 '여호와 보시기에 정직하게 행하였느냐'(대하 28:1)이고, 다른 하나는 '하나님 여호와 앞에 온전하게 살았느냐'(왕상 11:4)이다. 이 기준들은 단순히 도덕적인 잣대가 아니라 하나님 앞에서 어떤 태도와 마음가짐으로 살았느냐는 것이다.

이 기준에 따라 다윗은 온전한 왕으로 인정받는다. 물론 그의 삶에도 실수와 죄가 있었지만, 그는 하나님 앞에서 회개할 줄 아는 사람이었고, 언제나 마음을 하나님께로 향했다. 그래서 성경은 다윗을 하나님의 마음에 합한 자로 기록하였고, 그 이후 모든 왕의 평가 기준이 되었다.

어떤 왕은 "그의 조상 다윗과 같지 아니하여"(대하 28:1)라는 평가를 받았고, 또 어떤 왕은 "다윗같이 여호와 보시기에 정직하게 행하여"(왕상 15:11)라는 평가를 받았다. 결국 왕들의 선악은 다윗과 비교되어 판단되었고, 그 기준은 하나님 앞에서의 정직함과 온전함이었다.

그렇다면 오늘의 시대에도 리더의 진정한 열매는 하나님 보시기에 온전하게 살아가는 데 있다. 그것은 리더십으로 드러나며, 리더의 수준과 참됨, 거짓됨이 이 기준에 따라 평가된다. 리더십은 단순한 능력이나 전략이 아니라, 인격과 신앙의 깊이에서 비롯된 행동과 판단의 결과이다.

다윗은 이스라엘의 왕일 뿐만 아니라 하나님 나라 리더십의 모범이자 기준이 된다. 그의 삶은 오늘날의 리더들에게도 질문을 던진다. "하나님 보시기에 너는 정직하게 살고 있는가?" 하나님은 지금도 외적인 업적보다 마음의 중심과 삶의 열매를 보신다.

하나님의 기준과 사람의 평가

리더십을 평가하는 궁극적인 기준은 하나님께 있다. 하나님은 사람의 마음과 삶을 보시며, 그 중심을 평가하신다. 하나님의 방법은 사람을 중요하게 여기시며, 그 사람이 어떤 마음으로 하나님을 섬기고 어떻게 행동하는지를 보신다.

성경에서는 이를 '의인'과 '악인'으로 나누어 설명하고 있으며, '착하고 충성된 종'과 '악하고 게으른 종'을 대비시켜 말한다. 또한, 축복받은 자와 저주받은 자로 나누어, 각자의 삶이 어떻게 평가되는지 명확히 나타내고 있다.

사람은 사람을 온전히 평가할 수 없다. 하나님만이 사람의 진정한 마음과 삶을 평가할 수 있는 유일한 재판장이시다. 그래서 우리가 리더로서 또는 믿음의 삶을 살아갈 때, 사람의 평가를 넘어서 하나님의 평가를 받는 것이 가장 중요한 일이다. 따라서 리더십의 평가 기준은 단순히 외적인 행동이나 결과에만 있는 것이 아니라 어떤 목적을 가지고, 하나님께 영광을 돌리며, 그 비전을 이루며 살아가느냐에 달려 있다.

그러므로 그 사람의 열매는 하나님과 사람 앞에서 얼마나 온전하게 살

았는지 그리고 비전을 통해 다른 이들에게 어떤 영향을 미쳤는지를 보여
준다.

시냇가에 심은 나무의 영향력(6): 씨앗 – 씨앗의 보관 장소는 열매: 리더의 리더십을 담은 족보, 계보

시냇가에 심은 나무의 목적은 단순히 열매를 맺는 데 있는 것이 아니다. 나무의 진정한 목적은 열매 안에 담긴 씨앗을 보존하고 전하는 데 있다. 사람들은 열매를 보며 나무를 평가하지만, 나무의 관점에서 보면 열매는 오직 씨앗을 보호하고 전달하기 위한 수단이다.

열매는 외적으로 보이는 결과물이지만, 씨앗은 나무의 본질을 담은 생명의 핵심이다. 도토리 하나에도 수천 그루의 상수리나무 숲이 담겨 있듯, 씨앗은 미래를 품은 약속이다.

그러므로 열매는 먹고, 씨앗은 심는다. 심긴 씨앗은 반드시 다시 열매를 맺는다. 열매를 생각하면 현재의 만족이 떠오르지만, 씨앗을 생각하면 미래에 대한 희망이 피어난다.

세계의 종말을 대비한 씨앗 창고

캐리 파울러의 《세계의 끝 씨앗 창고》는 이런 씨앗의 중요성을 현대 문명 속에서도 잘 보여준다. 책은 북극에 가까운 노르웨이령 스발바르에 있는 '국제 종자 저장고'(Svalbard Global Seed Vault)를 소개한다. 이곳은 핵전쟁, 기후 위기, 생태계 파괴에 대비해 전 세계 100만 종, 5억 개 이상의 종자 표본을 보관하는 장소로, '씨앗 방주', '종말의 날 저장고'로 불린다.

지구는 지금 인간의 탐욕과 무분별한 자원 소비로 인해 심각한 생태 위기에 직면해 있다. 이러한 시대에 씨앗을 보존하는 일은 인류가 미래를 준비하는 가장 근본적이고 지혜로운 선택이라 할 수 있다.

성경 속 씨앗: 예수님의 족보

성경 또한 씨앗의 중요성을 강조한다. 대표적인 예가 예수님의 족보이다. "아브라함과 다윗의 자손 예수 그리스도의 계보라"(마 1:1)라는 말씀처럼, 예수님의 탄생은 단지 한 명의 인물의 도래가 아니라 언약의 씨앗이 역사 속에서 자라 열매 맺는 사건이다.

예수님의 족보는 아브라함에서 시작되어 다윗을 지나서 수천 년의 세월을 따라 이어진다. 그 안에는 믿음의 인물뿐만 아니라 실패하고 범죄한 사람들도 포함되어 있다.

아브라함은 불신앙으로 자녀 출생 문제에 흔들렸고, 다윗은 간통이라는 죄를 범했으며, 이스라엘 백성은 끊임없이 하나님을 반역하였다. 그 결과 바벨론에 포로로 끌려가는 시련도 겪었다. 그러나 하나님의 언약은 결코 중단되지 않았다. 죄의 어두운 터널을 뚫고 마침내 메시아가 오셨다.

씨앗처럼 등장한 여성들

놀랍게도, 예수님의 족보에는 당시 유대 문화에서 기록되지 않던 다섯 명의 여인이 등장한다. 다말, 라합, 룻, 밧세바 그리고 마리아. 이들은 모두 인간적인 연약함, 이방인의 정체성 또는 사회적 편견을 지녔지만 하나님의 구속사에 반드시 포함되었다.

이것은 구원이 특정 민족을 넘어 모든 인류를 향한 것임을 드러낸다. 하나님은 아브라함에게 "땅의 모든 족속이 너로 말미암아 복을 얻을 것"(창 12:3)이라 하셨기에, 이방 여자 이름이 족보에 올라간 것 자체가 언약이 성취될 것을 보여주는 증표이다. 예수님의 족보는 바로 이 언약이 씨앗처럼 심겨 자라난 역사의 결과물이다.

예수님, 언약의 씨앗

하나님은 약 1,500년에 걸쳐 약 40명의 사람을 통해 예수님을 이 땅에 보내셨다. 그분은 인류 역사 속에 심긴 언약의 씨앗이셨다. 예수님은 다음과 같은 목적을 가지고 이 땅에 오셨다. 죄인을 부르러 오셨고(눅 5:32), 세상에 화평이 아닌 칼을 주러 오셨다(마 10:34). 그리고 병자를 고치고 귀신을 쫓아내며 복음을 전파하셨으며(막 1:34-38), 하나님께로 가는 길, 진리, 생명이 되기 위해(요 14:6), 속죄를 위한 어린 양으로 오셨다(막 10:45). 그래서 예수님은 이제 양의 생명을 위한 선한 목자가 되셨다(요 10:10-11). 양을 해하려는 마귀의 어떠한 일도 멸하시며(요일 3:8), 생명으로 인도하는 좁은 문이 되셨다(마 7:14).

예수님의 삶은 말씀이 육신이 되어 거하심이며(요 1:14), 자기를 비워 종의 형체로 이 땅에 오신 성육신이었다(빌 2:7). 이런 삶이 열매를 위한 삶이었다면, 예수님은 또 철저히 제자를 선택하시고 육성하기 위한 삶을 사셨는데, 이것이 바로 씨앗을 위한 삶이었다.

리더십, 씨앗에서 시작된다

예수님의 삶을 통해 우리는 리더십의 본질을 다시 정의할 수 있다. 세상은 리더십을 '열매'로 판단하지만, 성경은 리더십의 출발점을 '씨앗'으로 본다.

창세기 1~3장에서 아담과 하와는 하나님의 형상대로 지음받은 첫 인간이자 모든 인류의 '시작'이었다. 그러나 죄의 씨앗이 뿌려졌고, 그로 인해 죽음과 저주라는 열매를 맺게 되었다. 바울은 아담을 가리켜 '한 사람으로 말미암아 죄가 세상에 들어오고, 사망이 그로 말미암아 왔다'고 말한다(롬 5:12).

그러나 신약성경은 예수님을 "마지막 아담" 또는 "둘째 사람"이라고 부른다(고전 15:45-47). 예수님은 죄 없는 씨앗, 즉 성령으로 잉태되어 죄와 무관한 생명으로 오신 분으로 말한다(눅 1:35).

예수님은 자신을 가리켜 이렇게 말씀하셨다. "한 알의 밀이 땅에 떨어져 죽지 아니하면 한 알 그대로 있고 죽으면 많은 열매를 맺느니라"(요 12:24). 예수님은 하늘에서 온 생명의 씨앗으로서, 자기 죽음을 통해 많은 생명을 맺는 구속의 열매를 이루셨다.

그러므로 성도는 예수님의 씨앗으로부터 난 자들이다. 베드로전서 1장 23절은 이렇게 말한다. "너희가 거듭난 것은 썩어질 씨로 된 것이 아니요 썩지 아니할 씨로 된 것이니 살아 있고 항상 있는 하나님의 말씀으로 되었느니라." 성도는 말씀과 성령으로 난 '새 창조'의 존재들로, 아담의 혈통이 아닌 예수의 생명에 접붙임이 된 새로운 씨앗이다(요 3:5-6, 15:1-5).

그러므로 아담은 타락한 인류의 씨앗이었고, 예수님은 새 생명의 거룩한 씨앗이셨다. 예수님의 죽음과 부활은 하늘 씨앗이 땅에 떨어져 열매 맺는 구속의 사건이며, 그리스도인은 그 열매이며, 다시 세상 속에 씨앗으로 심기는 존재이다.

그래서 그리스도인은 열매 맺는 존재이지만, 그 열매 속에 예수 그리스도라는 씨앗을 품고 있다. 전도와 선교를 통해 영혼 구원이라는 열매를 거두기 위해, 먼저는 그리스도인이 핍박과 박해받는 자리에서도 섬기고 희생하는 것이 바로 예수 그리스도의 생명, 씨앗을 뿌리는 것이다.

좋은 열매는 좋은 나무에서 나며, 좋은 나무는 건강한 씨앗에서 시작된다. 리더가 진정한 리더십을 발휘하려면, 먼저 자신의 내면에 예수 그리스도의 생명 씨앗을 심고, 그것을 길러야 한다. 예수님은 한 알의 씨앗으로 이 땅에 심기셨고, 그 씨앗은 교회와 수많은 그리스도인을 열매 맺게 하셨다. 이것이 예수님의 리더십이며, 우리 성도가 본받아야 할 영적 리더십의 본질이다.

리더십을 발휘한 사람들: 세상에 선한 영향력을 발휘한 이들

그릇의 비유로 본 리더십의 본질

세상은 결코 공평하지 않다. 공평하지 않은 현실 속에서 참된 리더십을 발휘한다는 것은 매우 어려운 일이다. 세상에는 두 부류의 리더가 있다. 하나는 높은 자리에 오르며 큰 영향력을 행사하는 리더이고, 다른 하나는 낮은 자리에서조차 사람들을 감동하게 하는 리더다. 진정한 리더십은 불공평한 세상 속에서도 바르게 설 수 있는 힘이며, 이는 그 사람의 '그릇'과 깊은 관련이 있다. '그릇이 크다'라는 말은 포용력, 역량, 내면의 깊이를 의미하며, 이는 곧 인격과 지혜, 리더십의 수준을 결정짓는다.

리더와 리더십을 그릇에 비유하면 다양한 통찰을 얻게 된다.

첫째, 그릇의 형태 변화는 리더의 성장과 직결된다. 흙으로 빚어진 그릇이 가마에서 단단해지듯, 리더도 고난을 통해 강해진다. 그러나 온도가 맞지 않으면 그릇은 변형되고 깨진다. 마찬가지로 리더도 변화의 시기에 자기중심을 고수하고 성장을 거부하면 진정한 리더로 설 수 없다.

둘째, 그릇의 크기는 리더의 역량을 의미한다. 작은 그릇에 많은 것을 담으면 넘치듯, 자기 능력 이상의 역할을 감당하면 리더십은 쉽게 무너진다. 그러므로 다양한 경험과 배려, 실패 속에서 배움으로 그릇을 키우는 것이 중요하다.

셋째, 그릇의 재질은 리더의 성품이다. 유리 그릇은 보기에는 좋지만 쉽게 깨지고, 도자기 그릇은 단단하고 오래 쓰인다. 성숙한 리더는 외형이 아니라 내면의 견고함으로 평가받는다.

넷째, 그릇의 용도는 리더의 역할과 연결된다. 밥그릇, 국그릇, 접시처럼 리더도 자신의 성향에 맞는 역할을 맡아야 하며, 이는 곧 하나님께서 부여하신 고유한 사명이다.

그릇의 가치와 리더의 영향력

그릇이 무엇으로 만들어졌느냐에 따라 그 가치가 달라지듯, 사람도 타고난 배경과 달란트에서 차이를 보인다. 금수저, 흙수저처럼 현실은 평등하지 않다. 성경은 요셉, 사울, 다윗, 에스더와 같은 인물들의 외모나 배경을 객관적으로 묘사하며, 태생의 차이를 인정한다. 그러나 중요한 것은 '그릇의 외형이 아니라 그 속에 무엇을 담느냐?'라는 것이다.

다섯째로, 그릇 안의 내용물은 리더가 주는 가치와 연결된다. 아무리 화려한 그릇도 비어 있다면 무의미하다. 그 안에 무엇을 담았는가, 다시 말해 리더의 내면에 채워진 지혜, 비전, 사랑, 겸손 등이 리더십의 본질을 결정짓는다. 고린도후서 5장 17절은 가치의 본질이 외형이 아닌 내면의 변화에 있음을 강조한다.

여섯째, 그릇의 사용은 채우기와 비우기의 반복이다. 리더는 채움으로만 존재하는 것이 아니라, 자신을 비움으로써 진정한 영향력을 발휘한다. 누구를 위해, 무엇을 위해 비우는가가 리더십의 정수를 드러낸다.

일곱째, 그릇의 사용 빈도는 성결과 연결된다. 깨끗한 그릇일수록 자주 쓰인다. 리더도 정결할수록 공동체와 하나님께 귀하게 쓰임받는다. 디모디후서 2장 20-21절은 하나님의 일에 합당한 그릇은 거룩하고 깨끗한 그릇이라 증언한다.

여덟째, 그릇의 이름은 정체성과 연결된다. 바울은 자신을 질그릇이라 표현했다(고후 4:7). 사람은 흙으로 빚어졌고, 흙으로 돌아가는 존재다. 이 연약함을 인정하고 자신의 정체성을 바로 아는 자만이 참된 리더가 된다. 다윗이 자신을 양으로 인식하고 목자를 구한 것처럼(시 23), 리더는 자기 존재에 대한 인식에서 출발해야 한다.

성공의 진정성과 통전적 리더십

1997년 외환위기 당시 대한민국은 큰 위기를 맞았다. 그때 방영된 다큐멘터리 〈성공시대〉는 국민에게 위로와 희망을 주는 프로그램이었다. 그러나 그 프로그램에 소개된 인물이 정경유착으로 구속되면서, 성공의 이면에 감춰진 허상이 드러났다. 이는 성공이 살아 있는 동안의 평가가 아닌, 죽음 이후 역사와 공동체가 내려야 할 판단임을 말해준다.

성경에서도 리더는 세상의 기준이 아닌 공동체의 신뢰와 하나님의 말씀으로 세워진다. 사도행전 6장 3절은 "성령과 지혜가 충만하여 칭찬받는 사람"이 리더의 기준임을 분명히 한다.

성경적 리더십은 결과만으로 평가하지 않는다. 동기, 과정, 결과의 정합성이 있어야 진정한 리더로 인정받는다. 마태복음 12장 33절은 "그 열매로 나무를 아느니라"라고 말씀한다. 열매가 보기에 좋아서 먹었다가 속이 썩었거나 맛이 상했다면 그것은 거짓이다.

여기에서 리더의 리더십을 결과나 인물 중심으로 평가하지 않겠다. 오히려 비전, 멘토링, 영성이라는 세 요소의 통합된 시너지로 살펴보겠다. 이는 리비히의 최소량의 법칙(Liebig's Law of the Minimum)처럼 식물의 성장은 여러 영양소 중 가장 부족한 영양소(최소량 요소)에 의해 제한된다는 법칙이다. 하나라도 결핍되면 전체가 무너진다. '나무통 이론'으로도 설명이 가능하다. 나무통의 가장 짧은 나뭇조각이 물이 담기는 한계를 결정한다는 비유이다.

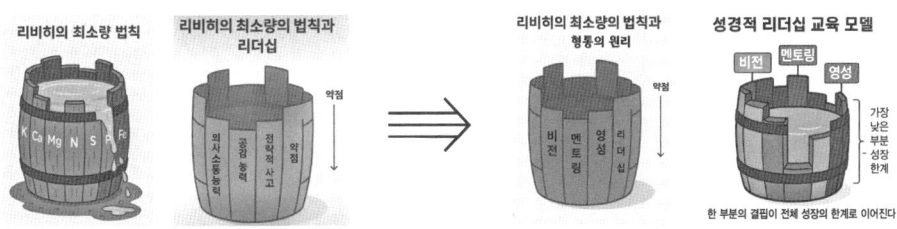

이 리비히의 최소량의 법칙과 연관되는 것이 '통전성 교육'(Holistic Education)이다. 통전성 교육이란 인간을 지·정·의(知情義), 영혼·육체·정신 등 통합적 존재로 보고 전인격적 성장을 목표로 하는 교육이다. 따라서 지식 전달만이 아니라 인격, 감성, 사회성, 영성까지 균형 있게 성장하도록 하는 것이 핵심이다. 만약 한 부분이라도 결핍되면 전체 성장의 한계로 이어진다.

이것을 다시 리더십에 적용하여 보면, 비전, 멘토링, 영성 중 어느 하나라도 결핍되면 전체 리더십이 무너진다. 아무리 능력이 뛰어나도 인격적 미성숙(영성 결핍)이나 관계적 고립(멘토링 부재), 방향성 상실(비전 부재)이 있으면 결국 한계에 부딪힌다. 따라서 리더십의 통전적(전인적) 성장을 위해서는 '최소량'을 보완하는 교육과 훈련이 반드시 필요하다.

그러므로 리비히의 최소량 법칙은 통전성 교육의 핵심 원리를 명확하게 시각화해 준다. 인간의 성장은 어느 한 부분의 과잉으로 이루어지는 것이 아니라, 가장 결핍된 부분을 채울 때 비로소 통전적 성숙에 도달할 수 있다. 그러므로 참된 리더십 교육은 '최소량의 법칙'을 기준으로 자기 점검과 균형 회복을 추구해야 한다.

리더십: 온전한 리더가 온전한 리더십을 발휘한다

성경 속 인물들은 이러한 통전성의 모범을 보였다. 따라서 온전한 리더십은 온전한 사람으로부터 나오며, 그 본질은 형통원리에 순종하고, 공동체에 헌신하는 데에 있다. 리더십은 단지 사람을 이끄는 기술이나 영향력의 문제가 아니다. 성경적 리더십은 삶의 깊은 뿌리에서 흘러나오는 결과이며, 하나님의 뜻에 부합하는 방향성을 지닌 형통의 열매이다.

이 형통은 세 가지 근본 원리를 통해 형성된다.

먼저, 비전(Vision)은 리더십의 출발점이다

하나님께서 주신 목적과 방향을 깨달을 때, 삶은 무의미한 반복에서 벗어나 미래를 향한 분명한 움직임을 가지게 된다. 리더는 그 비전을 먼저 보고, 그 비전을 따라가는 사람이 아니라 그 비전을 따라 앞서 걷는 사람이다.

다음으로, 멘토링(Mentoring)은 리더십의 확장이다

혼자만의 비전은 고립을 낳는다. 그러나 믿음의 공동체 안에서 멘토와 멘티가 연결될 때 비전은 다음 세대로 이어지고, 리더십은 함께 걸어가는 영향력으로 발전한다. 바울에게 디모데가 있었고, 엘리야에게 엘리사가 있었듯, 진정한 리더는 세우는 자, 양육하는 자이다.

그리고 영성(Spirituality)은 리더십의 본질이다

세상의 리더십이 권력과 통제에 기초한다면, 성경적 리더십은 하나님과의 친밀함과 섬김의 영성에 뿌리를 둔다. 리더는 기도의 자리에서 방향을 잡고, 말씀 안에서 기준을 세우며, 자기 부인의 영성으로 백성을 이끈다. 예수님께서 발을 씻기며 보여주신 그 리더십은 영성을 잃어버린 리더의 공허함을 경고하신다.

리더십은 형통의 원리들이 구체적으로 드러나는 삶의 열매이다

비전은 방향을 주고, 멘토링은 공동체를 세우며, 영성은 내면의 깊이를 형성한다. 이 세 가지가 조화를 이루며 그 과정이 리더십이다. 리더십은 단순한 성공이나 업적, 역할이 아니다. 이런 차원에서 세상에 선한 영향력을 발휘한 성경의 인물들을 다루어 보고자 한다.

족장시대/ 요셉의 리더십 - 고난 속에서도 꿈을 현실로 바꾼 형통의 사람

* 비전의 리더십

편애의 가정과 하나님의 비전

야곱의 가정은 편애로 인해 분열된 가족이었다. 에서를 더 사랑했던 이삭의 편애는 야곱에게 상처로 남았고, 야곱 역시 라헬을 레아보다 사랑하면서 그 상처를 자녀에게 되풀이했다. 라헬이 낳은 요셉과 베냐민은 야곱의 특별한 총애를 받았고, 이는 형제들 간의 불화를 불러왔다. 요셉은 좋은 옷을 입고 형들의 행동을 아버지에게 보고하는 역할을 맡았으며, 다른 형제들은 고된 노동을 감당해야 했다.

이런 갈등 속에서 하나님은 요셉에게 두 번의 꿈을 통해 비전을 주셨다. 첫 번째 꿈은 볏단이 절하는 꿈으로(창 37:7), 미래의 기근 속에서 식량을 공급하는 자가 될 것임을 예시하였다. 두 번째 꿈은 해와 달, 열한 별이 절하는 꿈으로(창 37:9), 분열된 가족이 다시 하나로 회복될 것이라는 하나님의 구원 계획을 나타냈다. 이 꿈들은 훗날 이집트 바로의 꿈 해석을 통해 성취되며, 야곱의 가족뿐 아니라 이집트와 열방이 구원에 이르는 통로가 된다.

고난 속에서 자란 비전의 리더십

요셉은 어린 시절 자신이 받은 비전의 의미를 다 이해하지 못한 채, 형들의 시기와 미움 속에 팔려 가고 억울한 감옥 생활까지 겪었다. 그러나 고난 속에서도 요셉은 흔들리지 않고 비전의 길을 걸어갔다. 요셉은 과거를 돌아보며 하나님의 섭리를 깨닫는다. 형들이 자신을 해치려 했지만 하나님은 그 일을 통해 구원의 길을 예비하셨다는 고백은, 리더의 비전이 단지 자기실현이 아닌, 공동체를 위한 섬김과 희생 위에 세워져야 한다는 본질을 보여준다.

요셉은 형들에게 다음과 같이 말한다. "하나님이 큰 구원으로 당신들의 생명을 보존하고 당신들의 후손을 세상에 두시려고 나를 당신들보다 먼저 보내셨나니 그런즉 나를 이리로 보낸 이는 당신들이 아니요 하나님이시라"(창 45:7-8). 이 고백은 하나님의 섭리 안에서 리더가 품어야 할 관점이 무엇인지 분명하게 드러낸다. 비전은 미래를 앞당겨 보는 것이 아니라, 지나간 고난의 시간을 통해 하나님의 뜻을 해석하는 눈을 갖는 것이다.

죽어서도 살아 있는 비전

요셉은 살아서 하나님의 비전을 이루었을 뿐 아니라, 죽어서도 비전을 완성한 인물이었다. 그는 가나안에 묻히기를 원하며, 이스라엘 백성에게 자신의 유골을 언약의 땅으로 옮겨 달라고 유언한다. "하나님이 반드시 당신들을 돌보시리니 당신들은 여기서 내 해골을 메고 올라가겠다 하라"(창 50:25). 이 믿음은 히브리서에도 언급되며(히 11:22), 요셉이 죽어서도 하나님의 약속을 의심하지 않았음을 보여준다.

430년 후, 모세는 출애굽할 때 요셉의 유골을 이집트에서 가지고 나왔고(출 13:19), 여호수아는 가나안 정복 후 세겜 땅에 그를 장사한다(수 24:32). 이 사건은 하나님의 언약이 살아 있는 현실임을 상징하며, 유골조차도 하나님의 약속을 향해 나아가는 도구가 될 수 있음을 증언한다.

요셉은 비전을 품은 자가 어떠한 영향력을 끼칠 수 있는지를 보여준다. 그는 살아서도 꿈을 따라 살았고, 죽어서도 꿈꾸는 대로 살았다. 진정한 비전은 사람을 넘어서 하나님의 뜻을 잇는 통로이며, 삶과 죽음을 넘어 하나님의 구속사 안에서 성취된다. 요셉은 바로 그러한 비전의 리더였다.

* 멘토링의 리더십

하나님과 동행한 자, 이방인의 인정도 받다

요셉의 인생은 형제들의 미움과 배신으로 시작되었지만, 그의 성장과 리더십은 하나님을 모르는 이방인들에 의해 드러나고 증명되었다. 형들은 요셉을 죽이려 했지만, 이집트의 국무총리가 되기까지 요셉을 도운 사람들은 오히려 하나님을 모르는 자들이었다.

보디발은 요셉의 정직함과 성실함을 알아보았고, 노예에 불과한 그를 가정 총무로 임명하여 집안의 모든 소유를 맡겼다. 이는 요셉이 얼마나 신실한 성품을 지녔는지를 잘 보여주는 장면이다.

보디발뿐만 아니라 하나님도 요셉을 인정하시고 동행하셨다. 성경은 이렇게 말한다. "여호와께서 요셉과 함께하시므로 그가 형통한 자가 되어 그의 주인 애굽 사람의 집에 있으니…주인이 그의 소유를 다 요셉의 손에 위탁하고 자기가 먹는 음식 외에는 간섭하지 아니하였더라 요셉은 용모가 빼어나고 아름다웠더라"(창 39:2-6). 내면뿐 아니라 외면까지도 아름다웠던 요셉은 보디발의 아내에게 유혹을 받지만, 그것을 하나님 앞에서 죄로 여겨 단호히 거절하고 도망친다. 그러나 거짓 고발로 인해 요셉은 억울하게 감옥에 갇히게 된다.

당시 고대사회에서 노예가 성범죄에 연루되면 사형이 일반적이었으나 요셉은 사형이 아니라 감옥으로 보내졌다. 그것도 일반 감옥이 아닌 왕의 죄수들이 갇히는 특수 감옥이었다. 이는 보디발이 요셉의 무죄를 어느 정도 확신하고 살길을 열어준 조용한 배려였을 가능성을 시사한다.

감옥에서도 요셉은 하나님의 동행하심을 입고 간수장의 신뢰를 얻게 되며, 다른 죄수들의 일을 관리하는 행정직을 맡는다. "여호와께서 요셉과 함께하시고 그에게 인자를 더하사 간수장에게 은혜를 받게 하시매…간수장은 그의 손에 맡긴 것을 무엇이든지 살펴보지 아니하였으니 이는 여호와께서 요셉과 함께하심이라 여호와께서 그를 범사에 형통하게 하셨더라"(창 39:21-23).

이처럼 요셉의 삶은 역설적이다. 그는 하나님을 믿는 가족에게 배척당했지만, 하나님을 알지 못하는 이방인들에 의해 끊임없이 인정받았다. 이는 요셉이 진실하고 신실하게 살았기 때문이며, 하나님과 동행한 삶이 주는 결과였다. 하나님은 믿는 자뿐만 아니라 믿지 않는 자들의 마음도 움직이셔서 비전을 가진 자를 도우셨고, 요셉은 어디에 있든지 정직하게 살며 형통함을 누렸다.

요셉의 삶으로 본 멘토링 리더십

요셉의 멘토링 리더십은 가르침이 아니라 삶으로 증명된 것이었다. 보디발의 집에서는 노예였고 감옥에서는 죄수였지만, 그는 맡은 자리에서 항상 최선을 다했다. 결국 바로 앞에서 국무총리직에 오르기까지 한다. 요셉의 인생은 낮아질수록 오히려 더 높아졌고, 그 배후에는 하나님의 손길이 분명히 있었다. 이는 단지 인간의 성실함만으로는 설명되지 않는 하나님의 섭리와 도우심이다.

요셉은 하나님의 임재를 깊이 인식하고 '코람데오'(Coram Deo)의 신앙, 즉 하나님의 얼굴 앞에서 사는 삶을 살았다. 이 신앙은 요셉이 어떤 상황에서도 흔들리지 않고, 하나님 앞에서 정직하고 신실하게 살아가게 했다. 요셉의 삶은 그를 둘러싼 이방인들에게 하나님의 향기를 전하는 통로가 되었다. 사도 바울도 고백한다. "우리는 구원받는 자들에게나 망하는 자들에게나 하나님 앞에서 그리스도의 향기니"(고후 2:15).

비전을 품은 자는 자신만 성장하는 것이 아니라 주변 사람을 변화시키며 세워주는 영향력을 가진다. 이것이 진정한 멘토링 리더십이다. 멘토링은 말로만 가르치는 것이 아니라 삶의 모범으로 본이 되는 것이다. 요셉은 그의 삶 전체를 통해 이 진리를 증명했다. 그는 말하지 않아도 사람들을 변화시켰고, 가장 비참한 자리에서도 리더로 우뚝 설 수 있었다.

* 영성의 리더십

상처를 건너는 징검다리, 비전의 길

요셉의 꿈은 열일곱 살에 시작되어 서른 살에 이르러 성취되었다. 그 13년은 비전의 대가를 치르는 시간이었고, 시련과 고통의 연속이었다. 그러나 그 모든 시간은 단지 한 가정의 구원이 아니라 온 세상을 향한 하나님의 구속사를 이루기 위한 큰 그림이었다. 요셉은 그 계획을 알지 못한 채 낮아짐의 길을 걸어야 했다.

요셉의 두 번의 꿈은 결국 이집트 왕 바로가 꾼 두 번의 꿈과 연결된다. 바로의 꿈이 질문이었다면, 요셉의 꿈은 그 해답이었다. 술사들이 해석하지 못한 꿈을 요셉이 해석하자, 바로는 요셉을 신과 같은 자로 높이고 국무총리로 세웠다. 고대 이집트에서 꿈 해석은 신적 능력으로 여겨졌기에, 이는 요셉의 위치를 단숨에 변화시켰다.

그는 이집트 여인과 결혼하여 신분상으로는 완전히 이집트 사람이 되었으나, 하나님의 백성이라는 정체성은 놓지 않았다. 이는 자녀의 이름을 통해 분명히 드러난다. 요셉은 아들들의 이름을 히브리어로 지었고, 하나님의 인도하심과 은혜를 기억하며 불렀다. 첫째 아들의 이름은 '므낫세'였으며, "하나님이 내게 내 모든 고난과 내 아버지의 온 집 일을 잊어버리게 하셨다"(창 41:51)라고 고백했다. '잊는다'는 것은 단순한 망각이 아니다. 그것은 더 큰 하나님의 은혜를 입었기에 가능한 치유와 회복의 선언이다. 요셉은 억울한 시간 속에서도 하나님의 손길을 기억하며, 고난을 은혜로 해석하고자 몸부림쳤다.

둘째 아들의 이름은 '에브라임'이다. 그 뜻은 "하나님이 나를 내가 수고한 땅에서 번성하게 하셨다"(창 41:52)라는 의미를 담고 있다. 이는 상처와 고통의 땅에서 열매 맺는 인생으로 나아간 요셉의 신앙을 상징한다. 요셉의 눈물은 쓸모없는 감정의 잔재가 아니라, 하나님의 계획을 이루기 위한 고귀한 씨앗이었다. 그는 형들을 향해 "하나님이 생명을 구원하시려고 나를 당신들보다 먼저 보내셨나이다"(창 45:5)라고 고백하며 원망과 복수를 넘어선 비전의 신앙을 보여주었다.

향기로운 상처, 영적 리더의 자격

요셉은 상처를 딛고 비전을 향해 걸어간 사람이다. 형들이 가한 악을 악으로 갚지 않고, 오히려 그들을 위로하며 하나님의 주권을 인정했다. 고난을 통한 하나님의 비전 성취를 깨달았기 때문이다. 상처는 본래 냄새 나는 것일 수 있다. 그러나 그것이 치유되면 가장 향기로운 증거가 된다. 요셉의 삶에는 그리스도의 향기가 흘렀다. 이는 이삭이 아들 야곱에게서 맡은 복의 향기와도 같다. "내 아들의 향취는 여호와께서 복 주신 밭의 향취로다"(창 27:27).

요셉의 영성은 눈 감고 꾼 몽상이 아니라, 눈 뜨고 현실을 살아낸 비전의 성취였다. 그는 보디발의 아내의 유혹 앞에서도 "내가 어찌 이 큰 악을 행하여 하나님께 죄를 지으리이까?"(창 39:9)라고 고백했고, 감옥에 억울하게 갇혔을 때도 하나님을 원망하지 않았다. 형제들과 재회했을 때는 복수를 택하지 않고 하나님의 섭리를 선포하며 용서했다(창 50:20-21).

요셉의 리더십은 상황이 아니라 신앙에서 비롯되었다. 진정한 영적 리더는 하나님과의 관계에서 능력을 얻으며, 사람을 살리고 세우는 길을 선택한다. 요셉은 받은 상처를 징검다리 삼아 결국 하나님의 비전을 성취한 인물이 되었다. 고난의 깊이는 비전의 깊이를 결정한다. 마치 우유 통에 빠진 쥐가 발버둥치다가 버터를 만들어 밟고 나왔다는 우화처럼, 요셉은 인내의 시간 속에서 하나님의 도우심으로 승리하였다.

그러므로 비전 있는 사람에게 상처는 절망이 아니라 연단의 과정이며, 하나님의 나라를 세워가는 길 위에 필요한 '징검다리'이다. 요셉처럼 고난을 믿음으로 해석할 때, 우리의 상처는 세상에서 가장 향기로운 하나님의 증거가 된다.

* 비전+멘토링+영성=요셉의 리더십: '형통의 시너지 리더십'

요셉의 리더십의 시작은 비전(꿈)에서 시작된 정체성과 방향성이다. 어린 시절 하나님께서 주신 꿈(비전)을 통해 자신의 인생이 단순한 '사람'이 아닌 하나님의 계획을 이루는 도구임을 인식했다. 꿈은 고난을 견디게 하는 내면의 나침반이 되었고, 형통의 출발점이 되었다.

그러나 요셉의 삶은 고달팠다. 존귀한 아들에서 노예로, 종으로, 죄수로 추락하였다. 그러나 추락하면서도 사람과 환경을 멘토로 삼아 배웠다. 요셉은 보디발, 감옥 생활, 바로 왕이라는 사람과 상황을 배움의 자리로 삼아 자신을 성장시켰다.

또한 요셉의 리더십의 중심축은 하나님과의 관계였다. 그는 어디서든 "하나님이 함께하시므로 형통하였다"라는 평가를 받았다. 유혹 앞에서도 "내가 어찌 하나님 앞에 범죄하리요"라고 하며 하나님의 시선을 의식하는 거룩한 리더십을 보였다. 위기 속에서도 낙심하거나 분노하지 않고 하나님의 섭리를 신뢰하였다(창 50:20). 특히 형들에게 배신당하고 노예로 팔린 아픈 과거에도 불구하고, 형들을 용서하고 가족을 회복시키는 영성의 리더십을 발휘하였다. 따라서, 세 가지가 시너지 된 요셉의 리더십은 하나님의 비전을 품고, 배움으로 성장하며, 영성으로 중심을 지킨 통합형 리더십이었다.

그 결과, 요셉의 리더십은 세 가지 원리가 분리되지 않고 유기적으로 작용하였다. 바로의 꿈을 해석할 때 단순한 해몽이 아니라 실질적인 정책과 전략까지 제시하며, 풍년과 흉년을 대비한 장기적 경제 정책, 식량 분배 시스템, 창고 시스템 구축으로 뛰어난 관리 능력을 보여주었다. 그리고 자신에게 맡겨진 자리, 시간, 재정, 기회를 모두 하나님의 뜻에 따라 관리했다. 권력을 자신을 위해 쓰지 않고 백성과 세계를 살리는 도구로 사용했다. 요셉은 '청지기형 리더십'(Stewardship Leadership)으로 나라와 시대를 살렸다.

왕들의 시대/ 히스기야의 리더십 – 눈물로 나라를, 무릎으로 왕좌를 지킨 부흥의 왕

이스라엘 역사 속에서 다윗 다음으로 선한 왕으로 평가받는 왕들이 있다. 바로 여호사밧, 히스기야, 요시야다. 그들은 각기 다른 시대적 배경 속에서 하나님 앞에 정직하고 신실하게 행하려 애쓴 왕들이었다. 그중에 히스기야는 남유다 왕국의 13대 왕으로서, 주변이 온통 우상숭배와 타락한 문화에 휩싸여 있던 시대에 영적 개혁을 주도한 인물이다.

* 비전의 리더십

하나님께 돌아간 왕

히스기야는 아버지 아하스와는 전혀 다른 길을 걸었다. 아하스가 앗수르에 의존하고 우상숭배로 나라를 더럽혔다면, 히스기야는 하나님께로 돌아가는 회복의 길을 택했다. 그는 유다가 쇠약해지고 끊임없이 외세에 침략받는 원인이 하나님을 떠나고 성전을 등졌기 때문이라고 인식했다.

히스기야는 말씀의 사람이었고, 시대를 분별할 줄 아는 통찰력 있는 인물이었다. 성경은 그에 대해 "곧 그가 여호와께 연합하여 그에게서 떠나지 아니하고 여호와께서 모세에게 명령하신 계명을 지켰더라"(왕하 18:6)라고 평가한다. 이 구절은 그의 삶의 중심에 무엇이 있었는지를 분명히 보여준다.

왕위에 오른 히스기야가 가장 먼저 실행한 일은 정치적 개혁이 아닌 영적 회복을 위한 결단이었다. 그는 성전의 문을 열고 제사장과 레위 사람들을 불러 성전을 정결케 하였다(대하 29:3). 히스기야의 개혁은 단순한 제도 개편이 아니었다. 그는 유다의 현재 고통이 과거의 불신앙에서 비롯되었음을 인식하고, 철저한 신앙 회복을 추진하였다. 각기 맡은 바를 다하도록 사역자들을 조직하고, 남북 이스라엘 백성 모두가 참여하는 예배를 통해 공동체 전체를 하나님 앞으로 이끌었다.

말씀에 뿌리내린 리더십

히스기야는 외세의 위협 앞에서도 믿음을 꺾지 않았다. 아하스가 앗수르의 힘을 의지했다면, 히스기야는 하나님 한 분만을 의지하며 구원을 바랐다. 앗수르 제국의 대군이 예루살렘을 포위했을 때, 그는 인간적 방법이 아니라 하나님께 기도함으로 대응했다. 하나님은 그의 기도를 들으시고, 밤사이에 천사를 보내어 앗수르 군대를 치셨다(왕하 19:35).

히스기야가 본 비전은 분명했다. 나라를 살리는 길은 외교가 아니라 말씀으로 돌아가는 것이며, 하나님과의 관계를 회복하는 데 있다는 확신이었다. 그에게 있어서 리더십은 말이 아니라 말씀을 근거로 한 실천이었다.

히스기야의 개혁은 단기간의 열정이 아니라 하나님만을 의지하는 믿음에서 비롯된 꾸준한 비전의 산물이었다. 그가 행한 모든 선한 리더십은 하나님의 말씀에서 나오는 힘이었으며, 이는 곧 유다 백성에게 생명과 회복의 길을 열어주었다. 히스기야는 역사의 한 장면을 장식한 단순한 개혁자가 아니라 어두운 시대에 말씀의 등불을 밝힌 참된 영적 리더였다.

* 멘토링의 리더십

죽은 자의 정신을 따르면 죽은 자도 살아난다

히스기야에게는 두 명의 대표적인 멘토가 있었다. 한 사람은 그의 조상 다윗이고, 또 한 사람은 당시 활동하던 선지자 이사야였다. 히스기야가 가장 가까이에서 보고 체험한 인물은 아버지 아하스였지만, 본받고 싶은 왕은 아버지가 아니라 다윗이었다. 이는 매우 중요한 신앙적 통찰을 우리에게 전해준다. 가까운 사람이 악한 사람이라고 해서 나의 악함이 정당화될 수 없고, 반대로 가까운 사람이 선하다고 해서 나 또한 자동으로 선하게 되는 것은 아니다. 결국, 모든 선택과 반응은 자신의 몫이며, 어떤 영향도 그것을 대신할 수 없다. 히스기야는 신앙의 기준을 혈연이 아니라 진리에 두었다.

히스기야는 죽은 다윗을 살아 있는 멘토처럼 따랐다. 그는 "다윗의 모든 행위와 같이 여호와께서 보시기에 정직하게 행하여"(왕하 18:3)라고 평가된다. 이는 히스기야가 단순히 과거를 기념한 것이 아니라 다윗의 신앙을 자신의 삶 속에 구현하고자 했음을 뜻한다. 이처럼 멘토링은 살아 있는 사람과의 관계에만 한정되지 않는다. 영적으로 존경하고 신뢰하는 인물이라면, 그가 이미 죽었더라도 그 삶과 정신은 지금도 우리의 삶을 이끄는 멘토가 될 수 있다. 히스기야가 아하스 대신 다윗을 따르기로 한 결단은, 그의 리더십이 뿌리내릴 수 있었던 영적 기반이자 선한 영향력의 원천이었다.

이사야, 위기 속에 찾아야 할 살아 있는 지혜

히스기야의 또 다른 멘토는 선지자 이사야였다. 앗수르의 위협이 닥쳤을 때, 히스기야는 왕의 권위를 내려놓고 이사야를 찾아갔다. 그는 사령관 랍사게의 조롱과 위협 앞에서 두려워 떨며 이사야에게 기도를 요청했다(왕하 19:1-4). 위기 앞에서는 계급이나 위치가 문제가 되지 않음을 히스기야는 잘 알았다. 오직 하나님의 뜻을 분별하고 순종하는 것이 관건이었다. 히스기야와 이사야의 만남은 단순한 정치적 협력이 아니라 영적 친밀함에 기초한 신뢰의 관계였다.

하나님은 히스기야의 기도에 응답하셨고, 이사야를 통해 구원의 약속을 전하셨다. 앗수르 왕 산헤립은 하나님까지 모독하며 교만의 극치를 달렸지만, 그 모든 상황은 하나님의 심판 계획 안에 있었다. 결국, 한밤중에 하나님의 사자가 앗수르 군대 18만 5천 명을 치셨고, 산헤립은 니느웨로 철수한 후 아들의 칼에 죽는 비참한 최후를 맞았다(왕하 19:35-37). 히스기야가 의지했던 이사야와의 관계는, 위기 속에서 하나님의 음성을 들을 수 있는 통로였다. 멘토링은 단지 조언을 듣는 수준이 아니라 위기의 순간에 생명을 지키는 은혜의 수단이 될 수 있다.

히스기야와 이사야는 하나님 안에서 나라를 위해 협력하고 기도하며 시대의 어두움을 밝히는 영적 동역자가 되었다. 위기의 시대일수록 누가 곁에 있는지가 중요하다. 만나야 할 사람을 만나는 것이 형통의 길이며, 그 만남이야말로 하나님의 은혜이다. 히스기야의 멘토링은 위기 속에서 빛난 처세술이 아니라, 말씀과 믿음 안에서 이뤄진 리더십의 정수였다.

* 영성의 리더십

신앙은 개인의 결단이다: 히스기야의 출발점

히스기야 왕의 영성은 오늘날을 살아가는 그리스도인들에게 깊은 도전과 교훈을 준다. 그는 악한 왕으로 평가되었던 아버지 아하스를 극복하고, 선한 왕으로 평가받는 삶을 살았다. 부모의 신앙이 자녀의 신앙을 결정짓는다는 생각은 성경적으로도 부정된다. "그때에 그들이 말하기를 다시는 아버지가 신 포도를 먹었으므로 아들들의 이가 시다 하지 아니하겠고…누구나 자기의 죄악으로 말미암아 죽으리라"(렘 31:29-30)라는 말씀처럼, 신앙은 각 개인의 책임이다. 히스기야는 종교개혁을 이끈 왕이었다. 단지 왕이기 때문에 개혁을 이룬 것이 아니라, 하나님을 철저히 신뢰하며 죄와 타협하지 않은 영적 성품 덕분이었다. 그는 악과 죄를 용납하지 않고 단호히 맞섰으며, 정직하고 강직한 성품으로 이스라엘을 바르게 이끌었다.

기도로 드러난 신뢰: 위기 속의 하나님 중심 영성

히스기야는 기도하는 만큼 하나님을 신뢰했다. 기도는 단순한 종교적 행위가 아니라 살아 계신 하나님을 향한 믿음의 표현이다. 히스기야는 앗수르가 유다를 위협하자 조공을 거부하고 성전에 들어가 옷을 찢고 굵은 베옷을 입고 기도했다. 해산하는 여인이 아이를 낳을 힘이 없는 듯한 절박한 상황 속에서 그는 오직 하나님께만 희망을 걸었다. 이사야 선지자를 통해 위기를 미리 예견하고 있었기에, 끝까지 절망하지 않고 기도할 수 있었다.

병들어 죽을 위기에 처했을 때도 히스기야는 벽을 향해 통곡하며 기도했다. 그는 자신의 병을 단순한 육체적 문제가 아니라 하나님과의 관계 속에서 주어진 의미 있는 고난으로 받아들였다. 의사를 찾기보다는 회개의 기도로 하나님 앞에 나아갔고, 하나님은 "네 기도를 들었고 네 눈물을 보았노라"(왕하 20:5)라고 응답하셨다. 해 그림자를 10도 뒤로 물러가게 하신 기적은 성경에서 보기 드문 강력한 응답이었다.

교만이 가져온 침묵의 심판: 일상의 경건이 주는 은혜

그러나 히스기야는 위기를 넘긴 후에 또 다른 함정에 빠졌다. 그것은 교만이었다. 인생의 위기는 종종 낮은 자리가 아니라 높은 자리에서 찾아온다. 하나님의 기적과 능력을 경험한 이후일수록 더 깊은 겸손이 필요하다. 히스기야는 바벨론 왕이 보낸 사신에게 자신의 군기고와 보물 창고를 모두 보여주며 자랑하였다. 이는 외교적 환대라기보다 교만과 허영에서 비롯된 자기 과시였다. 성경은 "히스기야가 마음이 교만하여 그 받은 은혜를 보답하지 아니하므로 진노가 그와 유다와 예루살렘에 내리게 되었더니"(대하 32:25)라고 기록한다. 하나님을 높이기보다 자신을 드러내고자 했던 이 교만은 결국 바벨론의 침략을 초래하는 빌미가 되었다. 그가 자랑했던 모든 보물은 바벨론에게 약탈당하게 된다(왕하 20:12-19). 아무리 큰 기적과 능력을 체험한 신앙인이라 해도 자만과 교만은 영적 전락의 출발점이 될 수 있다.

병을 고치는 것보다 중요한 것은 병을 예방하는 것이며, 신앙도 마찬가지다. 조용한 일상에서 하나님의 임재를 느끼며 살아가는 삶은 겉보기에 평범해 보여도, 하나님 보시기엔 가장 큰 기적이다. 히스기야는 우리에게 이렇게 말하는 듯하다. 기적의 신앙보다 교만하지 않은 일상의 믿음이 더 깊은 영성이다.

* 비전+멘토링+영성=히스기야의 리더십

히스기야는 하나님의 말씀에 근거하여 예배 회복과 우상 제거라는 분명한 비전을 제시했다. 백성이 하나님께 돌아오고, 민족이 하나님의 언약 안에 다시 서는 것을 그의 통치 목적과 방향으로 삼았다. 히스기야의 비전은 철저히 하나님 중심의 질서 회복을 위한 개혁적 비전이었다.

이런 일을 히스기야 혼자의 힘으로는 감당할 수 없었다. 그래서 선지자 이사야와 함께 민족을 위해 기도하고, 제사장과 레위인을 회복시키며 공동체 전체를 영적으로 재건하였다. 히스기야는 사람을 세우고 훈련시키는 동역적 리더십을 발휘한 왕이었다.

이런 히스기야의 삶에도 위기는 순간순간마다 찾아왔다. 외부로 전쟁이 있었고, 안으로 질병에도 걸렸다. 여기에서 히스기야의 영성 리더십을 볼 수 있는데, 히스기야는 위기 속에서 하나님의 뜻을 신뢰하고 기도로 응답을 구하는 겸손하고 의존적인 리더십의 소유자였다.

이런 히스기야의 리더십은 비전으로 방향을 세우고, 멘토링으로 사람을 세우며, 영성으로 중심을 지키는 통합적 리더십을 통해 유다 왕국의 영적 생명력을 회복시켰다. 예배가 회복되고, 우상이 제거되며, 전쟁의 위기에서도 나라가 구원받는 형통한 역사를 경험하게 되었다.

히스기야에 대한 평가와 리더십의 본질을 성경은 이렇게 요약한다. "히스기야가 그의 조상 다윗의 모든 행위와 같이 여호와께서 보시기에 정직하게 행하여"(왕하 18:3), "곧 그가 여호와께 연합하여 그에게서 떠나지 아니하고 여호와께서 모세에게 명령하신 계명을 지켰더라 여호와께서 그와 함께하시매 그가 어디로 가든지 형통하였더라"(왕하 18:6-7). 이 말씀은 히스기야의 정치력이나 외교 전략이 아니라 하나님과의 관계에서 비롯된 정직함을 강조하며, 히스기야가 하나님께 '붙어 있는' 사람으로서, 바울이 말한 '연합'과 요셉에게 나타난 '형통'이 바로 히스기야와 같은 삶임을 가리킨다. 하나님과의 친밀한 관계가 리더십의 뿌리이다.

전무후무한 왕, 히스기야

히스기야는 단순히 선한 왕이 아니라, 성경이 '전무후무'하다고 평가한 위대한 왕이었다. "히스기야가 이스라엘 하나님 여호와를 의지하였는데 그의 전후 유다 여러 왕 중에 그러한 자가 없었으니"(왕하 18:5). 그는 유다 왕국의 여호사밧, 요시야와 함께 3대 성군 중 하나로 꼽히지만, 두 왕보다 더 높은 영적 평가를 받는다.

히스기야는 아버지 아하스의 악정과 타협을 청산하고, 젊은 나이 25세에 유다의 13대 왕으로 즉위하여 29년간 통치하였다(왕하 18:1-2). 그는

54세에 생을 마쳤으나, 그의 통치는 이후 세대에게 깊은 영향을 끼쳤다. 히스기야는 단지 위기의 시대를 버틴 왕이 아니라 하나님과 깊은 연합을 통해 시대를 변화시킨 인물이었고, 성경이 인정한 참된 형통의 사람이다.

오늘날의 그리스도인에게 그는 이렇게 말하고 있다. 형통은 하나님께 붙어 있는 자의 몫이다. 겉이 아니라 중심이 중요하며, 환경이 아니라 방향이 중요하다.

제사장·선지자들의 시대/ 예레미야의 리더십 – 사람의 박수보다 하나님의 슬픔을 선택한 눈물의 선지자

예레미야는 이스라엘의 멸망을 바라보며 40년 동안 하나님의 심정으로 시린 눈과 쓰라린 마음으로 하나님과 함께 울고 웃었던 사람이다.

* 비전의 리더십

태어나기 전부터 정해진 소명

예레미야는 인생의 방향을 스스로 결정하지 못한 사람 중 하나였다. 그는 제사장 집안에서 태어나 제사장이 될 준비를 하던 청년이었으나, 하나님은 그에게 전혀 다른 길을 명하셨다. "내가 너를 모태에 짓기 전에 너를 알았고 네가 배에서 나오기 전에 너를 성별하였고 너를 여러 나라의 선지자로 세웠노라"(렘 1:5). 하나님의 부르심은 그가 태어나기도 전에 시작되었다. 예레미야는 개인적 진로보다 시대적 사명을 위해 택함 받은 사람이었다.

하나님은 예레미야가 제사장으로서의 안정된 길을 걸어가기보다는, 선지자로서 험난한 길을 가도록 하셨다. 이는 단순한 직책의 변화가 아니라 하나님의 절박한 구속사적 요구였다. 당시 유다는 하나님을 떠나 우상숭배에 빠지고, 제사장들은 부패했으며, 백성들은 양심에 화인 맞은 채 패역한 삶을 살아가고 있었다. 화목을 위한 제사장보다 공의를 외칠 선지자가 더 절실했던 시대, 하나님은 예레미야를 들어 쓰셨다.

불편한 진리를 외친 중보자

예레미야는 유다 역사상 가장 격변의 시기에 활동했다. 그는 단순히 말씀을 전하는 선포자였을 뿐 아니라, 하나님의 심정을 대변하고 백성을 위해 눈물로 기도하는 중보자였다(렘 15:19). 그의 메시지는 백성에게 불편하고 위협적으로 들렸고, 그는 동족과 가족에게조차 배척당했다. "너는 여호와의 이름으로 예언하지 말라 두렵건대 우리 손에 죽을까 하노라"(렘 11:21). 예레미야의 고난은 결국 복음을 전하고도 유대인들에게 버림받고 죽임당하신 예수 그리스도의 생애를 예표하는 것이기도 했다.

그의 사역은 유다를 넘어 열방으로 확장되었다. 예레미야는 거짓 평화를 말하는 거짓 선지자들과 맞서 하나님의 보편적 통치와 심판의 메시지를 외쳤다. 그는 애굽(렘 46장), 블레셋, 모압, 암몬, 에돔, 다메섹, 엘람 그리고 바벨론(렘 50-51장)까지 열방을 향한 심판을 선포하였다. 예레미야는 바벨론이 하나님의 도구로 사용되지만, 그 바벨론조차도 결국 하나님의 공의로 심판받을 것임을 분명히 선언한다. "이는 여호와의 보복의 때니 그에게 보복하시리라"(렘 51:6).

하나님의 심판, 하나님의 회복

예레미야의 비전은 단지 심판의 경고가 아니었다. 그는 하나님의 회복 약속을 함께 선포했다. "바벨론에서 칠십 년이 차면 내가 너희를 돌보고 나의 선한 말을 너희에게 성취하여 너희를 이곳으로 돌아오게 하리라"(렘 29:10). 하나님의 심판은 무작위적 파괴가 아니라 회복을 위한 징계이며, 하나님의 구원은 정죄 이후에 주어지는 은혜다. 이스라엘은 바벨론의 압제를 통해 정화되고, 결국 새 언약 아래에서 다시 일어서게 된다.

예레미야가 전한 메시지는 명확하다. "하나님의 뜻은 반드시 성취된다. 어떤 강대국도 하나님의 손안에서 벗어날 수 없다. 하나님은 자기 백성을 징계하시되, 마침내 다시 일으키신다. 억울함과 분노에 매이지 않고 하나님의 공의에 자신을 맡길 때 참된 평안이 찾아온다."

예레미야의 사명과 메시지는 오늘의 시대에도 유효하다. 하나님의 사람은 편안한 길을 걷기 위해 부름을 받은 것이 아니라, 진리를 외치고 회복을 선포하기 위해 부름을 받았기 때문이다.

* 멘토링의 리더십

예레미야와 유다 왕들의 긴장 속 멘토링

예레미야는 요시야 왕 13년에 부름을 받아 시드기야 왕 11년까지, 40년 이상 선지자의 사명을 감당했다. 그는 책망과 회복이라는 이중적 메시지를 가진 선지자였다. 예레미야가 처음 예언을 시작했을 당시의 왕 요시야는 우상을 제거하고 하나님의 말씀으로 돌아가려 한 선한 왕이었다. 그러나 요시야가 전사한 뒤 왕위를 이은 아들 살룸(여호아하스)과 여호야김은 정반대의 길을 걸었다. 그들은 우상을 복구하고 타락을 조장하는 악한 통치를 했다. 그 결과 예레미야는 불의에 대해 고발하고 하나님의 심판을 선언할 수밖에 없었다. 이때부터 왕과 선지자 사이에는 불편한 긴장이 형성되었다.

예레미야는 하나님의 대리자로서 하나님의 말씀을 전했으나, 왕들은 그의 말을 연약한 한 인간의 의견 정도로 치부했다. 특히 여호야김은 예레미야의 예언을 무시했으며, 시드기야에 이르러서야 선지자와의 진지한 대화가 시작되었다. 시드기야는 예레미야를 은밀히 불러 예루살렘의 운명을 물었다(렘 38:14-28). 예레미야는 바벨론에게 항복하면 생존의 길이 있을 것이고, 저항하면 철저히 멸망할 것이라는 메시지를 전했다. 이 말은 애국자의 외침이 아니라 하나님의 명령이었다. 그러나 시드기야는 민심과 신하들의 시선을 두려워하여, 결국 순종의 길을 포기하고 비극을 선택했다.

그는 예레미야의 권면을 들으면서도 믿음의 결단을 내리지 못한 이중적 인물이었다. 제사장 스바냐를 통해 "너는 우리를 위하여 우리 하나님 여호와께 기도하라"(렘 37:3)라고 요청했지만, 이는 하나님의 뜻을 듣기 위함이 아니라 자기 뜻을 하나님께 관철시키려는 왜곡된 신앙이었다. 참된 기도는 하나님의 뜻을 바꾸는 것이 아니라, 나의 뜻이 하나님의 뜻에 순복하도록 마음을 돌이키는 것이다. "구하여도 받지 못함은 정욕으로 쓰려고 잘못 구하기 때문이라"(약 4:3)라는 말씀이 이를 잘 보여준다.

멘토로서의 예레미야, 그리고 불순종의 비극

예레미야는 단순히 예언자 이상의 역할을 했다. 그는 시드기야에게 살길을 제시한 멘토였다. 예레미야의 메시지는 타협이 아닌 순종이었다. "바벨론에 항복하라. 그러면 너도, 성도 살 것이다"라는 그의 경고는 운명을 건 간절한 호소였다. 그러나 시드기야는 이를 거절했다. 예레미야가 제시한 길은 복잡한 전략이 아니었다. 하나님의 말씀에 단순하게 순종하는 것이 생명의 길이라는 것이었다. 하지만 왕은 하나님보다 이집트 바로의 군대를 의지했고, 결국 예루살렘은 철저히 파괴되었으며, 자신도 비참한 최후를 맞았다. 이는 하나님께서 주신 기회를 인간의 교만과 두려움으로 저버린 결과였다.

예레미야의 멘토링 리더십은 불순종한 왕들 앞에서 무력해 보였지만, 그의 사명은 듣든지 아니 듣든지 말씀을 선포하는 것이었다(겔 2:7 참조). 멘토는 결과보다 방향을 제시하는 사람이다. 예레미야는 성공한 멘토가 아니라 충실한 멘토였다. 그의 말은 거절당했지만 그는 하나님의 뜻을 전하는 데 있어 한 치의 타협도 없었다. 오늘날의 리더십도 이와 같다. 진정한 리더는 대중의 기호가 아니라 하나님의 뜻에 자신을 일치시키는 사람이다. 듣기 좋은 말을 전하기보다 살아 있는 말씀을 선포하는 것이 진정한 멘토의 사명이다.

포로 된 백성과 미래를 심은 멘토링

예레미야의 멘토링은 왕들만을 향한 것이 아니었다. 오히려 그가 생명의 메시지를 제대로 전할 수 있었던 대상은 바벨론에 포로로 끌려간 백성들이었다. 예레미야는 그들에게 편지를 보내 "너희는 집을 짓고 거기에 살며, 텃밭을 만들고, 그 성읍의 평안을 구하고 기도하라"라고 당부했다(렘 29:4-7). 그는 포로 된 땅에서도 하나님의 뜻은 계속된다는 소망을 심어주었고, 70년 후의 회복을 약속했다(렘 29:10-11).

예레미야의 멘토링은 단기적 위로가 아닌 장기적 회복의 메시지였다. 그의 권면은 시대의 정치적 패배자들에게 오히려 '귀 있는 자'로 살아갈 기회를 주었다. "그때에 의인들은 자기 아버지 나라에서 해와 같이 빛나리라 귀 있는 자는 들으라"(마 13:43)라는 주님의 말씀처럼, 예레미야의 메시지는 심령이 가난하고 겸손한 자들만이 들을 수 있었다. 이런 의미에서 멘토링 성공은 '받아들여짐'이 아니라 '진실함과 충실함'에 있다.

예레미야는 실패한 시대의 선지자였으나, 하나님의 계획을 전하는 데 성공한 멘토였다. 그의 리더십은 시대를 넘어서 지금의 교회와 리더들에게도 중요한 교훈을 제공한다. 하나님의 말씀은 언제나 살아 있으며, 그것에 귀 기울이고 순종하는 자만이 참된 회복을 경험할 수 있다.

이 시대에도 하나님의 뜻을 땅에 이루려는 신앙이 아니라, 땅의 뜻을 하늘에 올려놓으려는 신앙에서 돌이켜야 한다. 예레미야는 그 전환점에 서 있었고, 여전히 우리에게 묻고 있다. "너는 누구의 음성에 귀 기울이겠는가?"

* 영성의 리더십

부르심의 영성: 하나님의 깊은 소명

예레미야는 태어나기 전부터 하나님의 선택을 받은 선지자였다(렘 1:5). 그의 사역은 단순한 예언이 아닌, 하나님의 비전인 '뽑고, 파괴하고, 파멸하고, 넘어뜨리며, 건설하고, 심는'(렘 1:10) 역동적인 사역의 구현이었다. 그는 하나님의 공의를 대언하며, 심판을 선포함과 동시에 회복의 소망도 품은 자였다.

예레미야는 조롱과 핍박, 감금과 생명의 위협 속에서도 하나님의 말씀을 포기하지 않았다. 그의 탄식(렘 20:7-10)은 인간적인 연약함의 고백이자, 하나님의 불붙는 말씀 앞에서 도망칠 수 없는 사명자의 내면 고백이다. 그는 하나님의 말씀을 전함으로 고통을 받았지만, 결국 말씀에 붙들려 인내하며 끝까지 선포하는 선지자의 길을 걸었다.

눈물의 영성: 하나님의 마음을 공유한 자

예레미야는 '눈물의 선지자'라 불린다. 그의 눈물은 자기 연민이 아닌, 하나님의 아픔을 품은 긍휼의 눈물이었다. 유다 백성의 멸망과 하나님의 심판 사이에서 그는 백성의 죄를 고발하면서도, 그 멸망을 함께 아파하는 하나님의 사랑을 전했다. 그의 눈물은 하나님의 마음을 대언하는 눈물이었기에 거룩한 눈물이었다(시 42:3, 126:5).

예레미야의 리더십: 비전과 고난의 십자가

예레미야는 부패한 종교, 불의한 정치, 타락한 백성 앞에서 절대로 타협하지 않았다. '아닌 것은 아니다'라고 외친 그의 외침은 시대를 꿰뚫는 선지자의 용기였다. 그는 백성 편에서는 함께 고통받는 피고인이었고, 하나님 편에서는 공의를 대언하는 고발자였으며, 양편 사이에서 아파하는 중보자였다. 예수님의 사역을 예표하는 듯한 그의 삶은, 진정한 리더십이란 자기희생과 고난을 감수하는 십자가적 리더십임을 보여준다.

오늘날 필요한 예레미야의 영성

오늘의 시대는 예레미야 같은 사역자를 필요로 한다. 정치적 부패, 종교적 타락, 문화의 혼란 앞에서, 하나님의 말씀을 눈물로 대언할 수 있는 참된 선지자의 영성과 리더십이 절실하다. 만약 예레미야가 우리에게 말한다면 이렇게 말하지 않을까. "진리는 언제나 고독하지만, 고독 속의 눈물은 생명을 잉태하는 고통이다."

* 비전+멘토링+영성=예레미야의 리더십

예레미야의 리더십은 눈물의 선지자, 예언자적 지도자, 비인기적 진리를 외치는 자로 대표된다. 그는 외적 성공보다 하나님의 뜻에 절대적으로 순종하는 신실한 리더십을 보여준다.

예레미야는 어린 시절부터 하나님의 부르심(비전)을 받았고, 민족이 듣지 않더라도 끝까지 말씀을 전하는 사명을 받았다. 따라서 예레미야의 비전 리더십은, 민족의 현실이 아니라 하나님의 뜻에 뿌리내리고, 말씀을 전하는 데 생명을 건 선지자적 리더십이다. 그래서 예레미야는 눈물로 예언한 파수꾼의 사명자이다.

예레미야는 동시대 사람들에게 멘토의 역할을 하지는 못했지만, 기록을 남기고 바룩과 같은 동역자를 세우며, 미래 세대를 위한 영적 유산을 전달하는 리더였다. 자신의 예언을 글로 기록하도록 서기관 바룩을 가까이 두고, 하나님의 말씀을 함께 나누며 동역했다. 위기 상황에서도 바룩이 낙심할 때 하나님의 말씀으로 그를 위로하고 격려하였다(렘 45장).

예레미야는 단지 말로만 선포하지 않고, 하나님의 말씀을 문서로 남겨 포로 세대와 그 이후 세대가 하나님의 뜻을 잊지 않도록 한 결과가 되었다. 이는 '책으로 멘토링 한 선지자', 즉 기록을 통해 영적 유산을 전한 멘토가 되었다. 예레미야는 시대를 넘어 다음 세대를 위한 기록 멘토링을 실천한 인물이 되었다. 육체적으로 함께할 수 없는 세대에게도 말씀으로 멘토링한 리더였다. 따라서 예레미야의 멘토링 리더십은, 고난 속에서도 진리를 기록하고 남기며, 다음 세대가 회복될 수 있도록 준비하는 예언적 훈련자적 리더십이다.

사실 예레미야는 외적으로 강하게 보였으나 내적으로는 약한 사람이었다. 백성을 향한 하나님의 마음을 품고, 자신이 거절당하는 아픔을 견디며 눈물의 기도를 멈추지 않았다. 그는 눈물과 기도로 하나님 앞에 무너진 심령의 사람이었다. 하나님과 마음을 같이하기 때문에 하나님 앞에서 울 수 있는 것이다. 하나님의 쓰라린 마음을 품고 하나님의 시린 눈으로 민족을 바라보며 그들의 고통을 끌어안고 아파하며 우는 것, 이것이 예레미야의 영성 리더십이다. 내면 중심의 거룩한 리더십이었다.

예레미야의 형통 리더십을 종합하여 결론지으면 다음과 같다. 예레미야는 형통해 보이지 않았지만, 그의 리더십은 민족의 멸망 중에도 하나님의 말씀을 증언하였고, 미래 회복을 준비하였으며, 예언의 영을 이어준 참된 형통의 리더십이었다. 보이지 않는 승리를 이끈 고난의 리더십이었다.

예레미야는 비전, 멘토링, 영성이 고난과 거절, 침묵 속에서도 살아 있는 리더십으로 꽃핀 인물이다. 예레미야의 삶은 세상의 성공이 아니라 신실함이 참된 리더십의 본질임을 일깨워 준다.

포로시대/ 다니엘과 세 친구의 리더십 – 타협하지 않는 하나님 나라의 사자들

다니엘과 세 친구는 바벨론 제국 전체뿐만 아니라 이스라엘 포로 세대에게도 믿음의 선한 영향력을 미친 인물이다. 포로 기간이라는 어려운 상황 속에서도 하나님의 살아 계심을 '살신성인 정신'으로 믿음의 고백과 충성을 온전히 보였다.

* 비전의 리더십

정체성을 흔드는 회유정책

바벨론 제국은 광대한 영토를 효과적으로 통치하기 위해 피정복민을 대상으로 회유정책(懷柔政策)을 시행하였다. 느부갓네살 왕은 점령한 나라에서 귀족 출신의 뛰어난 소년들을 선별해 바벨론으로 데려오고, 3년간 바벨론의 학문과 언어를 교육시킨 후 왕을 위해 일하게 하거나 다시 본국의 지도자로 삼는 전략을 사용하였다. 이는 피지배민을 바벨론화함으로써 제국을 견고히 하기 위한 지혜로운 전략이었다.

회유정책의 첫 단계는 개명이었다. 다니엘과 세 친구는 히브리식 이름, 즉 '하나님 중심의 정체성'을 담은 이름을 가지고 있었지만, 바벨론에서는 이방 신의 이름이 들어간 바벨론식 이름으로 바뀌었다. 다니엘('하나님께서 심판하신다')은 벨드사살('벨이여, 그의 생명을 보존하소서')로, 하나냐('하나님은 자비로우시다')는 사드락('태양의 영감'), 미사엘('하나님과 같은 이 누구인가')은 메삭('아쿠 신 같은 분이 어디 있으랴'), 아사랴('하나님께서 도우신다')는 아벳느고('느고의 종')로 개명되었다. 이는 단순한 호칭의 변화가 아닌, 정체성을 바꾸려는 문화적 침투였다.

두 번째는 철저한 문화 교육이었다. 바벨론은 피정복자의 마음조차 사로잡고자 그들에게 바벨론의 언어와 지식을 습득하게 하였다. 이는 마치 일제강점기 조선의 지식인들을 일본에 유학 보내 일본 문화를 학습하게 한 것과 유사하다. 김옥균, 박영효, 서재필 등의 개화파는 일본의 문명을 흡수하고 조선의 개혁을 추구하였지만, 갑신정변은 삼일천하로 끝났다. 외세 문화는 자주성 없는 민족에게 위협일 수 있다.

세 번째는 우상의 음식을 먹게 하는 것이었다. 바벨론은 우상숭배가 일상화된 도시였고, 왕이 제공한 포도주와 고기는 우상에게 바쳐진 제물이었다. 다니엘과 세 친구는 이 부정한 음식을 거절하였다(신 32:38; 겔 4:13). 비록 그것이 특혜처럼 보였을지라도, 그들은 작은 식탁 위의 결정을 통해 하나님의 백성으로서 정체성을 지켜냈다.

뜻을 정한 자의 용기

다니엘과 세 친구는 바벨론의 문화에 물들지 않았다. 그들은 마음에 뜻을 정하고, 하나님의 법을 따르기로 결심하였다(단 1:8). 이는 단순한 식습관의 문제가 아니라, '누구의 백성으로 살아갈 것인가'라는 신앙의 정체성에 관한 결정이었다.

그들의 결심은 행동으로 이어졌다. 다니엘은 환관장을 설득해 열흘 동안 왕의 진미 대신 채소와 물만 먹겠다고 요청하였다. 환관장은 처음에 두려워했지만 다니엘의 간곡한 요청에 응하였고, 이는 하나님께서 그의 마음을 움직이셨기 때문이었다(단 1:9). 다니엘과 친구들은 단순히 먹기를 싫어해서가 아니라, 조상 이스라엘이 우상숭배로 망한 역사를 기억했기에 그 동일한 죄에 동참할 수 없었다.

열흘 후, 그들의 얼굴은 진미를 먹은 소년들보다 더욱 윤택하고 건강해 보였다. 하나님은 그들의 믿음에 건강뿐 아니라 지혜와 지식도 덧붙여 주셨고, 다니엘에게는 환상과 꿈을 해석하는 특별한 능력까지 허락하셨다 (단 1:17). 이는 솔로몬이 일천번제를 드린 후 지혜를 구하였을 때 하나님께서 부귀와 명예까지 주신 장면(왕상 3:13)을 떠오르게 한다.

오늘의 바벨론을 거슬러

다니엘과 세 친구는 이름이 바뀌고, 교육을 받았으며, 왕궁에서 일했지만 바벨론의 정신에는 동화되지 않았다. 그들의 삶은 '구별됨' 그 자체였고, 세상과 타협하지 않는 용기를 보여주었다. 이들은 바벨론 박사들보다 열 배나 더 지혜롭고 총명하였으며, 결국 고레스 왕 시대까지 왕을 섬기며 포로 시절의 중심인물이 되었다(단 1:21).

특히 사드락, 메삭, 아벳느고는 우상에게 절하라는 왕의 명령에 "그렇게 하지 아니하실지라도"(단 3:18)라는 신앙고백으로 불 속에 던져졌으나, 하나님은 그들을 구원하셨다. 이를 본 느부갓네살은 그들의 하나님을 찬송하며 조서를 내려 온 나라에 그분을 높이게 하였다(단 3:28-29). 믿음으로 순종한 자를 통해 하나님은 이방 왕에게조차 자신의 영광을 드러내신 것이다.

오늘날도 우리는 바벨론과 같은 세속 문화의 회유정책 속에 살아가고 있다. 정체성을 흐리는 명예와 성공, 몸을 더럽히는 성적 쾌락과 소비 중심의 삶, 이방 철학과 세상의 가치관이 우상처럼 우리에게 다가온다. 바벨론식 이름(정체성의 혼란), 우상의 음식(영적 오염), 바벨론 학문(점성술, 뉴에이지 사상)은 여전히 유효한 도전이다. 성경은 말한다. "너희는 이 세대를 본받지 말고 오직 마음을 새롭게 함으로 변화를 받아 하나님의 선하시고 기뻐하시고 온전하신 뜻이 무엇인지 분별하도록 하라"(롬 12:2).

하나님께 '뜻을 정한 자'는 다니엘처럼, 그리고 그의 친구들처럼 하나님의 비전을 마음에 품은 자이다. 비전은 단순한 꿈이 아니다. 그것은 방향이며, 목적이며, 정체성이다. 다니엘의 비전은 그를 타협의 길이 아닌 거룩함의 길로 이끌었다. 오늘 우리에게 필요한 것은 성공이 아닌 구별됨을 위한 결단이다. 세상의 문화에 휩쓸리지 않고 하나님의 뜻대로 살아가는 비전의 사람, 그것이 오늘날 '다니엘'의 길을 걷는 자의 모습이다.

* 멘토링의 리더십

금 신상 앞에서의 저항: 위협 앞에 선 믿음

느부갓네살 왕은 신상의 꿈을 꾼 뒤, 하나님께서 바벨론 제국의 일시

성과 하나님의 주권을 경고하셨음에도 불구하고 회개하지 않았다. 오히려 그는 자신의 제국을 영원한 것으로 만들고자 높이 27미터, 너비 2.7미터에 이르는 거대한 금 신상을 세우고, 바벨론 전역의 모든 관리들을 불러 제막식을 거행하였다. 신상에 절하는 것은 단순한 우상숭배를 넘어서 왕 자신에 대한 충성 서약이었으며, 이를 거부하는 자는 곧바로 불타는 풀무불 속에 던져질 위협을 받게 되었다.

이 신상은 하나님께서 다니엘에게 계시하신 꿈, 즉 신상의 머리만이 금이고 이후 다른 금속들로 구성된 계시와는 정면으로 충돌하는 반역적 상징이었다. 느부갓네살은 머리만 금인 것에 만족하지 않고 온통 금으로 신상을 제작함으로써 하나님의 뜻을 노골적으로 거역했다. 그는 하나님의 경고보다 자신의 권력과 자존심을 앞세웠고, 하나님의 말씀을 무시한 채 황금의 신상으로 자신의 영광을 세우려 하였다.

다니엘은 당시 왕궁에 있었기에(단 2:49) 이 위협에서 비껴갈 수 있었지만, 바벨론 지방의 행정을 맡았던 사드락과 메삭과 아벳느고는 그 위협의 정면에 놓이게 되었다. 모두가 절하는 그 자리에 이 세 친구는 당당히 거절했고, 바벨론의 점성가들은 이를 기회 삼아 왕에게 고발하였다. 이에 분노한 느부갓네살은 세 친구를 불러 지금이라도 절하면 용서하겠다는 회유책을 제시했지만, 그들은 "우리가 이 일에 대하여 왕에게 대답할 필요가 없나이다"라며 단호히 거절했다(단 3:16). 그들의 대답은 인간 왕의 권세보다 하나님의 주권을 철저히 신뢰하는 믿음에서 비롯된 용기였다.

풀무불을 향한 발걸음: 세 겹 줄의 신앙

사드락과 메삭과 아벳느고는 하나님께서 자신들을 구원하실 수 있음을 믿었다. 그러나 그들은 "그렇게 하지 아니하실지라도…우리가 왕의 신들을 섬기지도 아니하고 왕이 세우신 금 신상에게 절하지도 아니할 줄을 아옵소서"(단 3:18)라고 고백하였다. 이 고백은 그들의 믿음이 기적의 유무나 결과에 의존한 것이 아니라, 하나님의 주권에 대한 절대적인 신뢰에서 비롯되었음을 보여준다. 그들은 '눈 딱 감고 한번 절하면 끝나는 일'을 거부하고, 차라리 불타는 풀무불 속으로 들어가는 길을 택하였다.

이처럼 신앙의 용기와 저항은 개인의 결단에서 그치는 것이 아니었다. 세 명의 친구는 서로를 붙들며 함께 결단했고, "세 겹 줄은 쉽게 끊어지지 아니하느니라"(전 4:12)라는 말씀처럼 함께 뭉친 우정의 멘토링이 그들을 지탱했다. 다니엘이 궁중에서 이 사건을 위해 배후에서 기도하고 있었음을 상상할 수 있다면, 그들의 신앙 공동체는 보이지 않는 연대로 이어진 것이었다. 신앙은 공동체 안에서 더욱 강해진다. 위협과 유혹 앞에서도 마음을 바꾸지 않고 한결같은 결단을 이룰 수 있었던 이유는, 그들 안에 멘토링의 우정과 영적 동지가 있었기 때문이다.

느부갓네살은 분노하여 화덕을 평소보다 일곱 배나 뜨겁게 하고, 가장 강한 군사들을 시켜 이들을 묶어 던져 넣었다. 그러나 그들은 풀무불 가운데서 타지 않았고, 오히려 '신들의 아들 같은 자'(단 3:25)가 그들과 함께 불길 속을 거니는 광경이 목격되었다. 이는 곧 임마누엘의 예표였다. "두세 사람이 내 이름으로 모인 곳에는 나도 그들 중에 있느니라"(마 18:20)라는 말씀처럼, 하나님께서는 신실한 자들과 함께하셨다. 불 속에서조차 하나님의 백성은 보호받았고, 머리털 하나 상하지 않고 나왔다.

역전된 권세: 작은 돌이 거대한 신상을 깨뜨리다

불가항력처럼 보였던 바벨론 제국의 권세 앞에, 단 세 명의 유다 포로가 날아든 작은 돌처럼 등장하여 거대한 신상 앞에 저항하였다. 결국 불길 속에서 일어난 기적 앞에 느부갓네살은 충격을 받고, 세 친구의 하나님을 '지극히 높으신 하나님'이라 인정하며, 그분을 모독하는 자는 처형하겠다는 조서를 온 나라에 선포한다. 이 사건은 '신상은 산산이 부서지고, 태산을 이루어 온 세계에 가득한 돌'(단 2:34-35)의 예언이 부분적으로 성취된 장면이다.

이처럼 하나님은 상황 너머에서 일하시는 분이시며, 불 속으로 들어가는 자와 함께하시는 분이시다. 또한 하나님은 때로 권력의 중심에 있는 왕을 변화시키기보다 주변부에 있는 작은 자들의 믿음을 통해 하나님의 뜻을 세우신다. 바벨론의 위세는 눈부셨으나 믿음의 사람들은 풀무불 속에서조차 타지 않았다. "네가 불 가운데로 지날 때에 타지도 아니할 것이요 불꽃이 너를 사르지도 못하리니"(사 43:2)라는 하나님의 약속이 실제로 이루어진 것이다.

이 사건은 단지 기적의 기록이 아니다. 그것은 '세상이 감당하지 못하는 사람들'(히 11:38)의 이야기다. 세 친구는 포로로 잡혀 온 땅에서도 여전히 하나님의 백성으로 살기로 결단했고, 세속 권력 앞에서도 신앙의 본질을 저버리지 않았다. 그들은 회유와 협박 앞에서도 자신을 팔지 않았으며, 죽음을 각오하고 하나님께만 충성을 맹세하였다. 그들의 삶은 우리 시대의 신자들에게 묻고 있다. 당신은 어떤 신상 앞에 무릎 꿇고 있는가, 아니면 불 속이라도 걸어갈 수 있는 신앙을 지니고 있는가?

* 영성의 리더십

불 속에서도 꺼지지 않는 믿음: 하나님의 주권 앞에 선 사람들

다니엘과 세 친구의 이야기는 단순히 바벨론 포로기의 한 사건이 아니다. 성경 전체의 흐름 속에서 그들의 신앙은 하나님의 주권을 증언하는 증거로 나타난다. 아브라함이 갈대아 우르에서 부르심을 받고 새로운 땅으로 떠났던 것처럼(창 12:1), 그들도 지금 낯선 바벨론 땅으로 부름을 받았다. 그래서 그들의 태도는 이방인과는 달라야 했다. 위기의 순간마다 하나님이 역사의 주인이심을 선포하는 신앙의 정체성이 바로 나타나야 했다.

타협하지 않는 거룩

금 신상 앞에서 무릎 꿇지 않겠다는 결단은 단순한 고집이 아니었다. 그것은 하나님의 백성으로서 타협하지 않겠다는 거룩의 표현이었다. 사실 지금 이렇게 포로로 끌려온 것도 조상의 우상숭배 때문이었기 때문이다. 레위기의 규례가 강조하는 "너희는 거룩하라 이는 나 여호와 너희 하나님이 거룩함이니라"(레 19:2)라는 말씀은 지금 다니엘과 세 친구에게 더욱더 실제적인 삶으로 다가온 말씀이었다. 거룩은 믿음의 사람 앞에서만 지켜지는 의식이 아니라, 모든 이방인 앞에서 생명을 걸고 지켜내야 할 실존적 선택이었다.

고난 속에 함께하시는 하나님

다니엘과 세 친구의 영성은 고난의 현장에서 더욱 빛났다. 풀무불 속에 던져졌을 때, 세 친구는 혼자가 아니었다. 불 속을 거니는 '신들의 아들과 같은 자'(단 3:25)가 그들과 함께하셨다. 이것은 임마누엘, 곧 하나님이 함께하신다는 약속의 성취였다(사 7:14).

성경의 출애굽기에서 이스라엘과 동행하신 구름 기둥과 불기둥(출 13:21)과 이사야 선지자가 선포한 "불 가운데로 지날 때에 타지도 아니할 것이요 불꽃이 너를 사르지도 못하리니"(사 43:2)라는 약속의 구체적 실현이었다. 고난은 하나님의 부재가 아니라, 오히려 다니엘과 세 친구에게는 임재의 자리였다.

믿음으로 세상을 이기는 자들

믿음으로 사는 자들을 향해 히브리서 기자는 '세상이 감당하지 못하는 사람들'(히 11:38)이라 증언한다. 다니엘과 세 친구는 분명 여기에 포함된다. 이들의 영성은 단순한 개인의 신앙심이 아니라, 믿음 공동체 전체를 세우는 증거였다. 요한계시록이 보여주는 마지막 시대의 성도들처럼, 그들은 짐승의 권세 앞에서 무릎 꿇지 않고 어린양의 생명책에 기록된 자들로 서 있었다(계 13:8).

오늘을 사는 우리의 도전

다니엘과 세 친구의 영성은 오늘날에도 동일한 질문을 던진다. 우리를 향해 어떤 신상 앞에 무릎을 꿇고 절하라고 강요하며 유혹하는가? 물질과 성공, 권력과 쾌락은 여전히 현대 사회의 금 신상이다. 그 앞에서 신앙을 지키기란 분명 쉽지 않다.

그러나 세 친구의 믿음은 문화와 가치가 뒤섞인 세상 속에서도 그리스도인으로서의 정체성을 분명히 보여준다. 참된 영성은 기적의 여부가 아니라, 하나님께 속한 자로서 주권을 인정하고 끝까지 충성하는 삶이다.

다니엘과 세 친구의 영성은 성경 전체에서 '하나님의 주권을 인정하는 믿음, 거룩의 실천, 고난 속에서 함께하시는 하나님 체험, 믿음으로 세상을 이기는 삶'으로 우리에게 교훈을 준다. 신앙은 도피가 아니라 세상 한가운데서 소금과 빛을 드러내야 할 사명이다.

* 비전+멘토링+영성=다니엘과 세 친구의 리더십

포로 시대, 믿음으로 살아낸 사람들

주전 605년, 유다 왕 여호야김 3년에 바벨론에 포로로 끌려간 어린 다니엘과 그의 세 친구는, 이스라엘의 절망 속에서도 믿음을 지켜 하나님의 영광을 드러낸 인물들이었다. 그들은 바벨론 제국의 문화적 압력과 신앙적 위협 속에서도 흔들림 없이 하나님을 예배했고, 이들의 삶은 포로 2세대에게 하나님에 대한 믿음을 회복하는 놀라운 동기부여가 되었다.

다니엘은 느부갓네살 왕부터 고레스 왕에 이르기까지 여러 왕조를 거치며 신앙을 지켰다. 젊은 시절이나 노년에 이르기까지 그의 믿음은 변함이 없었다. 세 친구는 불타는 풀무 속에서도 살아났고, 다니엘은 하루 세 번 기도하다가 사자 굴에 던져졌지만 살아났다. 이러한 기적들은 단순한 기사가 아닌 신실한 믿음의 결과였다. 하나님은 믿음을 가진 자에게 죽음 대신 생명을 주신다. 믿는 자도 죽음을 통과하지만 그의 마지막은 구원으로 마무리된다.

다니엘과 세 친구의 삶은 오늘을 사는 그리스도인들에게 깊은 교훈을 준다. '비전을 가지고, 뜻을 정하여, 기도하며 나아가라.' 이들이 보여준 일관된 믿음은 그 시대를 이겨낸 힘이었고, 오늘날 바벨론과 같은 세상 속에서도 동일한 믿음이 요구된다.

다니엘과 세 친구 vs 바벨론의 세 가지 유형의 얼굴

성경에는 '바벨론'이 세 번 중요한 맥락 속에 등장한다.

첫째, 창세기 10~11장에 등장하는 니므롯이 세운 바벨론은 바벨탑 사건을 통해 하나님의 주권에 도전한 인류의 교만을 상징한다. 하나님께서는 홍수 이후 무지개로 다시는 세상을 물로 멸하지 않겠다고 약속하셨지만, 사람들은 그 약속을 믿지 않고 하늘에 닿는 탑을 세우려 했다. 이 바벨탑은 언약보다 인간의 능력을 의지하려는 상징이었다.

둘째, 다니엘과 세 친구가 포로로 끌려간 바벨론 제국은 당대 세계를 지배하던 강국으로, 그들은 히브리식 이름을 빼앗기고 이방 신의 이름으로 바뀌었으며, 우상에게 바친 음식을 먹어야 했고, 바벨론의 학문을 강제로 배워야 했다. 이 압제 속에서도 그들은 믿음을 지켰다.

셋째, 요한계시록에 등장하는 바벨론은 단지 과거의 한 나라가 아니라, 하나님의 주권을 대적하고 거짓 종교와 우상숭배로 타락한 세상을 상징한다. "그 이마에 이름이 기록되었으니 비밀이라, 큰 바벨론이라, 땅의 음녀들과 가증한 것들의 어미라 하였더라"(계 17:5). 바벨론은 단순한 장소가 아니라, 하나님의 백성을 유혹하고 타락시키는 악의 체계이자 사탄의 왕국을 대표한다.

하나님은 우상숭배의 중심지였던 바벨론 한복판에서 아브라함을 불러내셨고, 율법을 소유했지만 사랑을 잃어버린 이스라엘을 다시 바벨론으로 돌려보내셨다. 그러나 요한계시록은 약속한다. "무너졌도다 무너졌도다 큰 성 바벨론이여!"(계 18:2). 그리스도의 재림 직전, 이 악의 체계는 철저히 무너질 것이다.

바벨론 속에서도 이겨내야 할 그리스도인의 길

그렇다면 바벨론 같은 세상 속에서 그리스도인은 어떻게 살아가야 할까?

첫째, 바벨론에서 나와야 한다. 예레미야는 외친다. "나의 백성아 너희는 그중에서 나와 각기 여호와의 진노를 피하라"(렘 51:45). 소돔과 고모라에서 구원받은 롯의 가족처럼, 세상 속 심판의 땅에서 나오는 것은 하나님의 백성에게 주어진 첫 번째 명령이다. 뒤돌아보는 순간 소금 기둥이 된 롯의 아내처럼, 과거의 세속적 안정과 유혹을 그리워하면 안 된다. 존 번연의 《천로역정》은 이를 '장망성'이라 표현하며, 그리스도인이 반드시 떠나야 할 땅으로 묘사한다.

둘째, 바벨론의 문화에서 깨어나야 한다. 많은 그리스도인이 세상의 풍요와 안락에 취해 깊은 잠에 빠져 있다. 요나는 풍랑이 이는 배 안에서도 깊이 잠들었고, 예수님의 수난을 앞둔 베드로, 야고보, 요한도 겟세마네에서 잠들어 있었다. 그 결과, 시험의 순간에 도망치고 예수님을 부인하게 되었다. 오늘 우리도 기도로 깨어 있지 않으면 바벨론의 유혹을 이길 수 없다.

셋째, 하나님 앞에 뜻을 정하고 행동으로 옮겨야 한다. 다니엘은 바벨론에서 뜻을 정했고, 그는 기도하며 행동했다. 물질만능주의, 쾌락주의, 상대주의가 만연한 시대 속에서 '보이지 않는 가치'(하나님의 임재, 구원의 감격)를 '보이는 가치'(소유, 안정)보다 귀히 여기는 것이 참된 리더십이다.

오늘날의 바벨론은 눈에 보이지 않지만 그 영향력은 분명하다. 그것은 가치관으로, 문화로, 경제 시스템으로 우리 삶을 포위하고 있다. 그러나 "너희는 이 세대를 본받지 말고 오직 마음을 새롭게 함으로 변화를 받아 하나님의 선하시고 기뻐하시고 온전하신 뜻이 무엇인지 분별하도록 하라" (롬 12:2)라는 말씀은 여전히 유효하다.

형통의 리더십이 낳은 영향력

다니엘과 세 친구의 형통은 '하나님 중심의 비전, 경건한 영성, 그리고 공동체적 멘토링'으로 이뤄진 리더십이었다. 이들은 바벨론과 같은 세속 문화 속에서도 영적 정체성을 지키며, 왕들과 백성들, 후대에까지 하나님의 나라를 보여준 선지자적 리더들이었다. 하나님의 뜻에 전적으로 순복하는 가운데, 역사와 민족을 변화시키는 영향력을 창출한 진정한 리더십이었다.

남녀 평등의 은혜 시대/ 예수님의 모친 마리아의 리더십 – 하나님 나라를 잉태한 순종의 여인

부자, 지식인, 권력자가 세상을 주도하는 것 같지만 하나님 나라에서는 작은 자, 비천한 자들이 주인공이다. 교회 안에서 여성을 배제하고 어린이를 무시한다면 하나님의 뜻과는 반대로 가는 것이다. 여기에 나오는 마리아가 얼마나 예수님과 가까웠는지를 보여준다.

* 비전의 리더십

마리아의 순종, 하나님의 비전이 임하는 그릇

인류의 역사는 에덴동산에서의 불순종 이후 죄로 인해 하나님과 관계가 단절된 시간의 연속이었다. 하나님은 그 끊어진 관계를 회복하기 위해 아브라함의 후손을 제사장 나라로 삼고 이스라엘을 세우셨지만, 그들은 불순종과 타락으로 하나님의 뜻을 온전히 이행하지 못했다. 결국, 하나님이 사람이 되시는 방법밖에 없었고, 친히 육신을 입고 이 땅에 오시는 길을 택하셨다.

이 위대한 계획은 천사 가브리엘을 통해 나사렛의 한 처녀 마리아에게 전달되었다. "보라 네가 잉태하여 아들을 낳으리니 그 이름을 예수라 하라"(눅 1:31)라는 말씀에 마리아는 "나는 남자를 알지 못하니 어찌 이 일이 있으리이까?"라고 되묻는다. 이에 천사는 "성령이 네게 임하시고 지극히 높으신 이의 능력이 너를 덮으시리니 이러므로 나실 바 거룩한 이는 하나님의 아들이라 일컬어지리라…하나님의 모든 말씀은 능하지 못하심이 없느니라"(눅 1:35-37)라고 응답한다. 마리아는 순종으로 대답한다. "주의 여종이오니 말씀대로 내게 이루어지이다"(눅 1:38). 이 순종은 단순한 동의가 아닌 목숨을 건 헌신이었다. 당시 유대 율법에 따르면 정혼한 처녀가 임신할 경우 돌에 맞아 죽을 수도 있었기 때문이다(신 22:21).

성육신과 비전의 성취

마리아가 감당한 이 일은 단지 아기를 낳는 일이 아니라, 하나님의 비전을 자신의 몸으로 품는 행위였다. 하나님의 아들을 잉태하는 것은 분명 은혜이지만, 당시의 사회적 현실을 고려하면 마리아에게는 감당하기 어려운 부르심이었다. 그런데도 그녀는 성령의 능력과 하나님 말씀의 권능을 믿었고, 그 비전을 받아들였다. 이처럼 참된 믿음은 질문을 지나고, 회의를 극복하며, 상식을 넘어 하나님의 뜻을 품는 것이다.

마리아는 하나님의 비전인 예수 그리스도를 몸으로 품음으로써 하나님의 비전이 자신의 비전이 되었다. 이 순종은 요셉과의 파혼은 물론 자신의 생명까지 위험에 빠뜨리는 일이었지만, 그녀는 하나님의 뜻을 따랐다. 결국, 마리아는 성육신의 그릇으로 쓰임받아 "만세에 복이 있다 일컬음을 받을 자"가 되었다(눅 1:48). 이는 단지 마리아 개인의 공로가 아니라, 그녀가 낳은 예수님을 통해 이루어질 하나님의 구속 역사 때문이었다. "그가 자기 백성을 그들의 죄에서 구원할 자이심이라"(마 1:21)라는 이름의 의미처럼, 예수님은 자신의 이름 그대로 죄인을 구원하기 위해 오셨다. 예수님의 이름에는 곧 그분의 사명이 담겨 있었다.

이 성육신 사건은 구약의 예언이 성취된 사건이기도 하다. "보라 처녀가 잉태하여 아들을 낳을 것이요 그의 이름은 임마누엘이라 하리라 하셨으니"(마 1:23)라는 이사야의 예언(사 7:14)은 마리아를 통해 현실이 되었다. '임마누엘'이란 '하나님이 우리와 함께 계시다'는 뜻으로, 하나님의 임재가 인류 가운데 거하신다는 선언이었다. 더 나아가 이사야 9장 6절은 이렇게 예언한다. "이는 한 아기가 우리에게 났고 한 아들을 우리에게 주신 바 되었는데…그의 이름은 기묘자라, 모사라, 전능하신 하나님이라, 영존하시는 아버지라, 평강의 왕이라 할 것임이라."

비전의 본질: 출세가 아닌 헌신

마리아가 처녀로서 예수님을 잉태한 것은 비전이었고, 아들을 낳는 일은 사명이었다. 이 과정을 통해 우리는 하나님의 나라가 인간의 지혜나 능력이 아니라 오직 하나님의 권능과 은혜로 임한다는 사실을 깨닫는다. 하나님의 비전은 독생자 예수 그리스도를 세상에 보내 세상을 구원하는 것이며(요 3:16-17), 예수님의 비전은 자기 생명을 많은 사람의 대속물로 내어주시는 것이었다(마 20:28). 마리아는 하나님의 뜻에 순종함으로 이 구원의 역사를 시작하는 도구가 되었다.

예수님을 낳은 후 마리아가 부른 찬가는 이러한 비전의 방향성을 분명히 드러낸다. "그의 팔로 힘을 보이사…권세 있는 자를 그 위에서 내리치셨으며 비천한 자를 높이셨고 주리는 자를 좋은 것으로 배불리셨으며 부자는 빈손으로 보내셨도다"(눅 1:51-53). 이 노래는 예수님의 사역이 단지 종교적 활동이 아니라, 불의한 세상을 뒤엎고 하나님 나라의 정의와 평화를 이 땅에 구현하는 것임을 선언한다. 이는 비정상적인 세상을 정상으로 회복하는 하나님의 주권적 역사이며, 믿음의 사람들을 통해 이루어질 하나님의 비전이다.

따라서 비전은 개인의 성공이나 명성을 위한 수단이 아니다. 그것은 하나님의 구속사에 참여하는 헌신과 고난, 순종과 인내의 여정이다. 진정한 비전은 하나님의 뜻에 자신을 내어드리는 데서 시작된다. 그리고 그 비전은 세상을 바꾸는 하나님의 도구로 사람을 빚는다. 마리아처럼 말이다.

* 멘토링의 리더십

율법을 초월한 사랑, 요셉의 선택

요셉은 마리아와 정혼한 사이였다. 그러나 동침한 적이 없는 마리아가 임신한 사실을 알게 되었을 때, 요셉이 느꼈을 충격과 배신감은 상상 이상이었을 것이다. 당시 유대 사회에서는 혼전에 임신한 여인에게 돌에 맞아 죽는 사형이 선고되곤 했다(신 22:23-24). 율법에 따라 마리아는 공개적으로 정죄받을 수밖에 없었다. 그러나 요셉은 마리아를 조용히 끊고자 하였다. 그는 그녀의 생명을 살리고자 '드러내지 않고 가만히' 그 관계를 정리하려 했다(마 1:19). 성경은 그를 '의로운 사람'이라고 말한다. 여기서 말하는 '의로움'은 단순한 율법의 준수만을 의미하지 않는다. 요셉은 율법보다 생명과 사랑을 우선시하는 사람, 곧 하나님의 마음을 품은 사람이었다. 믿는 자에게서 느낀 배신감조차 사랑은 허다한 허물을 덮는다는 말씀처럼(벧전 4:8), 요셉은 마리아를 정죄하지 않고 오히려 감싸안았다.

사도 바울은 사랑에 대해 이렇게 말한다. "무례히 행하지 아니하며 자기의 유익을 구하지 아니하며 성내지 아니하며 악한 것을 생각하지 아니하며"(고전 13:5). 요셉은 이러한 사랑을 실천한 사람이었다. 그의 내면에는 고뇌와 갈등이 있었으나, 하나님의 개입으로 상황은 반전된다. 천사는 요셉에게 나타나 마리아의 잉태가 성령으로 된 것임을 알려주며, 두려워 말고 마리아를 아내로 맞이하라고 말한다(마 1:20-21). 결국, 요셉은 하나님의 뜻에 순종하여 마리아를 아내로 맞이하고, 태어날 아이를 예수라 이름 지어 다윗의 혈통 위에 올려놓는다(마 1:25). 이를 통해 예수님은 "여자의 후손"(창 3:15)이자 "다윗의 혈통"(롬 1:3)으로 메시아로 오시게 된다.

신뢰와 존중, 부부 멘토링의 본보기

요셉과 마리아의 관계는 단순한 약혼자 이상의 의미를 지닌다. 서로를 신뢰하고 존중하며 하나님의 뜻을 함께 감당한 그들은 '부부 멘토링'의 이상적인 모델이다. 부부 관계란 본질적으로 멘토와 멘티의 관계를 넘어서 상호 멘토링 관계다. 서로가 서로에게 배우고, 상처를 덮고, 하나님의 뜻을 이루어 가는 동역자이기 때문이다.

요셉은 마리아의 잉태가 비록 자신의 이해를 초월하는 일이었지만, 하나님의 뜻임을 받아들이고 마리아와의 동침을 유보한 채 출산 때까지 그녀를 보호하며 동행하였다(마 1:25). 남편의 권리를 내려놓고 아내의 사명을 지켜준 요셉은 '자기 유익을 구하지 않는' 사랑의 실천자였다. 부부 관계는 가장 많은 상처를 주고받는 관계이기에, 더욱더 상호 존중과 이해가 필요하다. 하와는 아담의 머리뼈나 발뼈가 아닌 갈비뼈로 지어졌기에 동등한 존재로 창조되었다. 이는 남녀가 서로를 지배하거나 종속시키는 관계가 아니라, 함께 짐을 지고 길을 걷는 관계임을 뜻한다.

사도 베드로는 말한다. "남편들아 이와 같이 지식을 따라 너희 아내와 동거하고 그를 더 연약한 그릇이요 또 생명의 은혜를 함께 이어받을 자로 알아 귀히 여기라. 이는 너희 기도가 막히지 아니하게 하려 함이라"(벧전 3:7). 결혼은 전쟁보다도, 바다에 나가는 일보다도 더 큰 결단이다. 러시아 속담에 이르기를, "전쟁에 나갈 때는 한 번 기도하고, 바다에 나갈 때는 두 번 기도하고, 결혼할 때는 세 번 기도하라" 하였다. 이는 그만큼 결혼이 신중해야 하며, 믿음의 기반 위에서 이루어져야 함을 강조하는 말이다.

그러므로 결혼을 원한다면, 상대의 조건보다도 믿음을 먼저 보아야 한다. "너희는 믿지 않는 자와 멍에를 함께 메지 말라 의와 불법이 어찌 함께하며 빛과 어둠이 어찌 사귀며"(고후 6:14).

성령 안에서의 영적 멘토링

마리아에게 또 하나의 멘토가 있다. 바로 사가랴의 아내 엘리사벳이다. 예수를 잉태한 마리아가 엘리사벳을 찾아갔을 때, 그녀는 성령의 충만함 가운데 마리아와 태중의 아이를 축복하였다(눅 1:41-45). 엘리사벳은 마리아의 말이 있기 전부터 성령을 통해 마리아가 구주를 잉태했음을 인식했다. 이는 단순한 환대가 아니라, 하나님께서 마리아에게 보내신 영적 멘토링의 은혜였다.

마리아는 엘리사벳의 축복을 통해 위로받고 확신을 얻게 되었으며, 이내 하나님을 찬양하는 마리아의 노래(눅 1:46-55)를 부르게 된다. 당시 마리아는 사회적으로 큰 오해를 받을 수 있는 상황이었고, 아마도 남자에게 쉽게 털어놓을 수 없는 고민과 두려움이 있었을 것이다. 그런 그녀에게 엘리사벳은 안전한 대화 상대이자 믿음의 동역자였고, 마리아는 그 곁에서 석 달 동안 함께 지내며 하나님의 계획에 대한 확신을 더욱 단단히 하게 되었을 것이다.

멘토링은 지식의 전달이 아니라 삶의 동행이다. 요셉은 마리아의 믿음을 감싸안음으로써 멘토가 되었고, 마리아는 요셉의 두려움을 이해하며 함께 하나님의 뜻을 실현했다. 엘리사벳은 성령 안에서 마리아의 믿음을 확인시켜 주었고, 마리아는 믿음으로 찬양으로 화답했다. 이처럼 부부 또는 믿음의 공동체 안에서 이루어지는 멘토링은 하나님 나라를 이루는 중요한 도구가 된다. 신뢰와 존중 그리고 성령의 인도하심 속에서 이루어지는 관계만이 진정한 동행이 될 수 있다.

* 영성의 리더십

임마누엘의 신비와 마리아의 몸

예수님의 별명은 '임마누엘'이다. "하나님이 우리와 함께 계시다"(마 1:23)라는 이 고백은 단순한 상징이 아니라 실제로 마리아의 몸을 통해 이루어진 사건이다. 하나님과의 친밀함을 영성이라 정의할 때, 마리아보다 하나님과 더 깊고 밀접한 관계를 맺은 사람은 없다. 마리아는 성령으로 예수님을 잉태하여 10개월 동안 자기 몸 안에 하나님의 형상을 품었다. 이는 이사야의 예언, "보라 처녀가 잉태하여 아들을 낳을 것이요 그의 이름을 임마누엘이라 하리라"(사 7:14)의 구체적 성취였다. 예수님은 태어나기도 전, 마리아의 자궁에서부터 인류와 함께하시는 하나님으로 존재하셨다. 마리아의 출산은 단순한 생물학적 사건이 아니라, 하나님의 아들이 세상에 파송되는 구속사의 시작점이었다.

마리아는 예수님을 안고 하나님을 찬양했다. "내 영혼이 주를 찬양하며 내 마음이 하나님 내 구주를 기뻐하였음은 그의 여종의 비천함을 돌보셨음이라 보라 이제 후로는 만세에 나를 복이 있다 일컬으리로다"(눅 1:46-48). 이 찬양은 단지 감정의 표현이 아니라, 하나님의 섭리에 대한 신앙고백이자 메시아를 품은 순종의 절정이었다.

마리아의 신앙 여정과 성숙한 영성

마리아는 단순히 예수님 육신의 어머니로 머무르지 않았다. 그녀는 신앙의 여정을 통해 아들을 구세주로 믿는 성숙한 영성의 여인으로 성장했다. 마리아는 율법을 따라 예수님에게 할례를 행하고 정결예식을 지켰으며(눅 2:21-24), 해마다 유월절 절기를 지키기 위해 예루살렘을 방문했다(눅

2:41). 또한, 가나 혼인 잔치에서 포도주가 떨어졌을 때, 아들의 신성을 믿고 그에게 기적을 요청하기도 했다(요 2:5). 예수님의 공생애 동안 마리아는 아들의 사역을 지켜보며 때로는 멀리서, 때로는 가까이에서 묵묵히 동행했다.

특히 예수님의 십자가 죽음이라는 고통스러운 순간에도 마리아는 그 곁을 지켰다(요 19:25-27). 이는 단지 어머니로서의 본능이 아니라, 하나님의 뜻에 대한 온전한 순종이었다. 예수님의 부활과 승천 이후에는 제자들과 함께 힘써 기도하며(행 1:14) 초대교회의 영적 지도자 중 한 사람이 되었다. 마리아의 삶은 한 여인의 경건한 순종이 어떻게 구속사의 중심에 설 수 있는지를 보여준다.

종의 영성과 영적 리더십

마리아의 정체성은 "주의 여종"(눅 1:38)이라는 고백에 잘 나타나 있다. 헬라어 '둘레'(δούλη)는 '여자 종' 또는 '여자 노예'를 의미하며, 이는 자기 뜻을 버리고 오직 주인의 명령에 순종하는 존재를 가리킨다. 마리아는 성령으로 잉태된 순간부터 하나님의 뜻을 따라 살아갔다. 세상의 눈으로 보면 이는 영광이 아니라 오히려 수치였으며, 혼전 임신은 당시 율법에 따라 돌로 맞아 죽을 수도 있는 위험이었다. 그러나 마리아는 주의 말씀에 온전히 순종하며, "말씀대로 내게 이루어지이다"(눅 1:38)라고 고백한다. 이 고백은 단순한 수동적 복종이 아니라, 능동적인 신앙적 결단이었다.

마리아는 자기를 철저히 비우고, 하나님의 뜻을 자기 인생의 중심에 두었다. 그리고 어머니로서, 신앙인으로서, 여성 리더로서 영적 리더십을 실천했다. 그녀는 고통과 기쁨, 절망과 소망을 아울러 경험하며, 여전히 '종'으로 남기를 선택했다. 그녀의 영성은 오늘날 신앙인들이 본받아야 할 깊이 있는 영성이며, 하나님 앞에서 어떻게 낮아짐이 진정한 위대함이 되는지를 증명한 삶이다.

* 비전+멘토링+영성=마리아의 리더십

예수님의 어머니 마리아(Mary)는 겉으로 드러나는 전통적인 '리더'의 모습은 아니지만, 그녀의 삶과 태도는 영적 리더십의 본질을 보여주는 귀한 모델이다.

메시아의 어머니로 부름을 받아 구속사에 참여한 것이 비전이 되었고, 엘리사벳과의 교류, 초대교회와 제자 공동체와의 기도는 모두 멘토링 관계였다.

그리고 처녀인 자기가 잉태하게 될 것이라는 두려운 말씀에도 "주의 여종이오니 말씀대로 내게 이루어지이다"(눅 1:38)라고 순종한 것은 기적의 통로가 되었을 뿐 아니라 하나님의 구속 계획이 땅에 실현되는 문을 여는 믿음의 고백이었다.

또한 성령으로 잉태하고도 마리아는 말을 많이 하지 않고, 그 두려움을 하나님의 말씀으로 채우며 신중히 행동했다. "마리아는 이 모든 말을 마음에 새기어 생각하니라"(눅 2:19, 51). 그리고 마리아는 드러내거나 강요하지 않지만, 주변 사람들과 가족에게 조용하고 깊은 영향을 미치는 인물이었다. 특히, 가나의 혼인 잔치에서는 예수의 공생애를 믿음으로 촉진시키는 결정적 역할을 했다. "너희에게 무슨 말씀을 하시든지 그대로 하라"(요 2:5).

사도행전에서는 제자들과 함께 기도하는 마리아로 나온다. 초대교회의 영적 어머니로서, 공동체와 다음 세대를 이끄는 영적 어머니였다.

마리아의 리더십은 세상의 권위나 화려한 업적이 아니라, 하나님의 말씀에 대한 절대 신뢰와 영적 내면의 성숙함에서 나오는 리더십이었다. 하나님의 뜻을 품고 다음 세대에 믿음과 거룩함의 유산을 계승하는 조용한 거장이었다.

마리아 리더십의 현대 적용해 보면, 육성보다는 태도와 삶으로 영향을 주는 리더에게 영감을 준다. 가정, 공동체, 다음 세대에게 신실하게 순종하며 깊이 있는 리더십을 발휘하는 인물상이다. '말이 아닌 삶으로 말하는 리더', 하나님 중심의 섬김형 여성 리더십의 전형이다.

열방 시대/ 고넬료의 리더십 – 열방과 하나님 나라의 통로가 된 이방인의 리더

* 비전의 리더십

이방인 백부장 고넬료, 하나님의 시선을 사로잡다

고넬료는 로마 군대 이달리야 부대의 백부장이자 이방인이었다. 당시 로마 제국의 고위 장교로서 식민지 유대 땅에 파견된 그가 하나님을 경외하며 날마다 기도하고 가난한 자를 구제했다는 사실은 매우 인상적이다. 그의 경건은 단지 개인적 종교성에 머무르지 않고, 실천적 사랑으로 나타났다. 성경은 그가 날마다 기도하며 백성을 구제했다고 말한다(행 10:2). 이러한 삶은 하나님께 깊은 감동을 주었고, 마침내 하늘의 사자가 그의 환상 가운데 나타나 "사람들을 욥바에 보내어 베드로라 하는 시몬을 청하라"(행 10:5)라고 말씀하셨다.

고넬료는 복음을 듣기 위해 베드로를 초청했고, 이 사건은 하나님의 은혜가 민족과 혈통, 지위의 장벽을 넘어서는 중대한 전환점이 되었다. 하나님은 유대인이 아닌 고넬료에게도 복음이 임하도록 계획하셨고, 그를 통해 그의 가족 전체가 구원을 받게 하셨다. 이는 복음이 더 이상 특정 민족에만 속한 것이 아니라, 하나님을 경외하고 진리를 따르는 모든 이에게 열려 있다는 분명한 선언이었다.

고넬료 사건, 복음의 지평을 넘어서다

고넬료의 회심 사건은 교회사적으로 중대한 분기점이었다. 유대인 중심의 복음에서 만민을 향한 복음으로 전환되는 구속사적 계기였다. 이는 단순히 한 개인의 회심이 아니라, 하나님의 구속 경륜이 이스라엘 민족을 넘어 모든 족속에게 열리는 역사적 선언이었다. 고넬료와 그 가족이 복음을 듣고 세례를 받는 장면은 단지 이방인 한 사람의 구원을 넘어, 복음이 민족적 장벽을 허무는 사건으로 기록된다(행 10:47-48).

이 사건은 후에 예루살렘 공회(행 15장)에서 결정적인 역할을 하게 된다. 베드로는 "하나님께서 이방인에게도 생명 얻는 회개를 주셨도다"(행 11:18)라고 증언하여 고넬료 사건이 정통성을 얻는 데 중요한 역할을 한다. 예수께서 명하신 "땅끝까지 이르러 내 증인이 되리라"(행 1:8)라는 말씀이 본격적으로 실현되기 시작한 것이다. 마태복음 28장 18-20절의 '지상명령'이 고넬료 사건을 통해 실행의 불이 붙은 셈이다.

고넬료의 비전 리더십, 복음의 다리를 놓다

고넬료는 단순한 수혜자에 그치지 않는다. 그는 유대인의 사도인 베드로를 자신의 집으로 초청하며, 유대인과 이방인 사이에 복음의 다리를 놓는 비전의 통로가 된다. 이는 하늘과 땅, 유대와 이방, 선택과 확장의 교차점이다. 야곱이 보았던 하늘에 닿은 사다리(창 28:12)는 고넬료의 집에서 현실이 되었다. 하늘에서 말씀을 받고 땅에서 순종하며 다리를 놓는 사람, 이것이 고넬료의 리더십이었다.

고넬료의 비전 리더십은 단순히 종교적 모범이 아니라 시대를 바꾸는 통로의 역할이었다. 하나님의 계획은 언제나 사람을 통해 이루어진다. 그는 자신의 지위를 복음의 통로로 사용했고, 자신의 가정을 하나님 나라로 연결하는 영적 거점으로 삼았다. 고넬료의 집은 당시 로마 제국의 주변부에 있던 가정이었지만, 그 집은 역사의 중심 무대가 되었고, 복음은 그곳에서 땅끝까지 흘러가기 시작했다.

* 멘토링의 리더십

불가능한 만남, 하나님의 주선

고넬료는 로마 제국의 식민 통치 체제 안에서 이달리야 부대의 백부장으로 활동하던 고위 장교였다. 그러나 그는 단순한 군인이 아니었다. 하나님을 경외하는 경건한 이방인이었으며, 유대교의 영향을 받아 기도와 구제에 힘쓰는 삶을 살았다. 그럼에도 그가 사도 베드로와 만날 가능성은 거의 없었다. 율법은 유대인이 이방인과 교제하는 것을 금했고, 사회적으로도 로마의 장교가 갈릴리 어부 출신의 유대인을 찾아가 만날 이유가 없었다. 두 사람 사이에는 문화적, 종교적, 신분적 장벽이 뚜렷하게 가로놓여 있었다.

그러나 하나님은 이 불가능해 보이는 만남을 친히 주선하셨다. 고넬료에게는 욥바에 있는 베드로를 청하라 명하셨고, 베드로에게는 이방인의 초청을 받아들이라 말씀하셨다. 이 만남은 믿음과 순종으로만 가능했다. 하나님의 음성에 순복한 두 사람은 마침내 하나님의 시간에 서로를 만나게 된다. 이 만남은 단지 두 사람의 개인적인 교제가 아니었다. 그것은 유대인과 이방인을 구속의 역사 안에서 하나로 묶으시는 하나님의 섭리였으며, 복음이 민족과 경계를 넘어 확장되는 결정적 전환점이 되었다. 멘토링은 종종 이처럼 하나님의 섭리 가운데 이뤄지는 주선된 만남이다.

고넬료의 멘토링 리더십

고넬료는 단지 자신의 신앙적 궁금증을 해결하기 위해 베드로를 초청한 것이 아니었다. 그는 자신의 가족과 친척들까지 함께 초청하여 모두가 함께 복음을 듣고자 했다. 복음이란 가장 귀한 선물이고, 사람은 진정으로 소중한 것을 가질 때 사랑하는 이들과 나누고자 한다. 고넬료는 바로 그와 같은 태도를 보였다. 그는 이미 구제와 섬김을 통해 유대인을 돌보는 삶을 살았고, 이제는 공동체 전체를 구원의 자리로 이끄는 영적 멘토의 역할을 감당한다. 그는 하나님의 구속 역사에서 수동적 수혜자가 아니라 능동적으로 참여하는 지도자였다.

이 만남은 베드로에게도 결정적인 전환점이 되었다. 베드로는 이방인의 가정에서 설교하는 중에, 아직 말이 끝나기도 전에 성령이 임하는 장면을 목격한다(행 10:44-46). 이는 사도행전 2장 오순절 성령 강림 사건을 떠올리게 할 만큼 충격적인 장면이었다. 베드로는 "이 사람들이 우리와 같이 성령을 받았으니 누가 능히 물로 세례 베풂을 금하리요"(행 10:47)라고 선언하며 고넬료와 그 가족에게 세례를 준다. 그는 더 이상 이방인을 부정한 존재로 보지 않는다. "내가 누구이기에 하나님을 능히 막겠느냐"(행 11:17)라는 고백은, 하나님의 뜻 앞에 편견을 내려놓은 영적 순복의 선언이다.

멘토링을 통해 열린 구원의 문

이 사건 이후 베드로는 예루살렘으로 돌아가, 고넬료 가정에서 일어난 일을 상세히 설명하며 이방인에게도 동일한 성령이 임했다는 사실을 증언한다(행 11:15-18). 이는 예루살렘 교회 지도자들에게 충격이었지만, 베드로의 증언을 통해 "그러면 하나님께서 이방인에게도 생명 얻는 회개를 주셨도다"라는 결론에 이르게 된다. 고넬료와 베드로의 만남은 이방 선교의 문을 여는 결정적 사건이자, 이후 사도 바울의 본격적인 이방 선교를 가능케 하는 신학적 전제였다.

이 만남은 단순한 대화 이상의 의미를 갖는다. 하나님이 친히 연결하신 이 멘토링 관계는, 복음을 유대인의 한계를 넘어 열방으로 확장시키는 거대한 전환점이었다. 고넬료는 자신의 권위와 신분을 넘어 가족과 공동체를 구원으로 인도한 영적 리더였으며, 베드로는 하나님의 역사 앞에 순종함으로 선민의식과 차별을 내려놓은 멘토였다. 이 두 사람의 만남은 오늘날에도 멘토링의 본질을 새롭게 정의한다. 멘토링은 나보다 어린 사람에게 지혜를 나누는 것을 넘어서, 하나님이 맺으신 관계 속에서 서로를 구원으로 이끄는 동반자의 여정이 될 수 있다.

* 영성의 리더십

고넬료의 믿음: 경건에서 구원의 문이 열리기까지

고넬료는 단지 역사 속 한 이방인 회심자가 아니었다. 그는 믿음의 여정을 통해 하나님의 복음이 이방 세계로 확장되는 통로가 되었고, 그 과정은 경건에서 시작해 순종과 겸손을 거쳐 구원의 역사로 이어졌다. 고넬료의 변화는 단순한 인격 수양이나 종교적 관심이 아니었고, 하나님과의 실제적인 만남에서 비롯된 영적인 전환이었다. 로마의 백부장이라는 신분에도 불구하고 그는 하나님을 경외하며 기도와 구제에 힘썼고, 이는 하나님 앞에 상달되는 삶의 제물이 되었다. 그는 유대교의 가르침을 존중하며 사실상 유대인 공동체 안에서 '경건한 이방인'으로 받아들여질 만큼 성숙한 신앙의 태도를 보였다.

하나님은 이런 고넬료의 삶을 기뻐하셨고, 기도 중 환상으로 베드로를 청하라는 지시를 내리셨다. 이는 단순한 종교적 체험이 아니라 하나님의 섭리적 개입이었다. 기도와 구제는 하늘 문을 여는 열쇠가 되었고, 이는 곧 하나님의 계시로 이어졌다(행 10:1-8). 고넬료의 순종은 그 자체로 하나님의 뜻을 이루는 도구가 되었고, 이는 유대인 베드로의 순종과 맞물리면서 역사적인 만남으로 성사되었다. 둘 다 상황의 의미를 온전히 알지 못한 채 하나님의 명령에 순종했으나, 바로 그 순종을 통해 하나님의 뜻은 분명하게 드러났다. 이처럼 하나님의 뜻은 먼저 '알고' 순종하는 것이 아니라, '순종함으로써' 알게 되는 것이다. 고넬료와 베드로의 만남은 하나님의 복음이 이방 세계로 뻗어가는 결정적 계기가 되었으며, 고넬료는 이방인의 대표로 그 문을 연 첫 인물이 되었다.

겸손과 간절함, 은혜를 여는 열쇠

고넬료의 영성은 단지 외적 경건에 그치지 않고, 내면의 겸손과 복음에 대한 간절함으로 나타났다. 그는 베드로가 오기를 기다리며 자기 가족과 친구들을 불러 모았다. 가장 귀한 것을 경험한 사람은 가장 사랑하는 사람들과 그것을 나누고자 한다. 고넬료는 복음을 개인적 기쁨으로 국한하지 않고 공동체적 구원의 기회로 확장시켰다. 그의 이러한 태도는 복음에 대한 갈망과 그가 가진 리더십의 방향성을 보여주는 대목이다.

고넬료가 베드로를 맞이하는 장면은 문화적으로도 충격적이었다. 점령국 로마의 장교가 피지배민 유대인에게 엎드려 경의를 표하는 일은 흔치 않은 일이다. 그러나 고넬료는 베드로의 발 앞에 엎드려 절하며 그를 하나님의 사람으로 존중했다(행 10:25). 베드로는 이 행동을 오해할까 우려해 고넬료를 일으켜 세우지만, 고넬료의 태도는 하나님 말씀을 전하는 이를 향한 겸손과 경외의 표현이었다. 그에게 베드로는 단지 전도자가 아니라 하나님의 말씀을 전하는 통로였기에, 말씀을 전하는 자에 대한 자세는 곧 하나님 앞에서의 자세를 나타내는 것이었다(행 10:33). 이런 태도는 에디오피아 내시가 빌립 앞에 무릎 꿇고 세례받는 장면을 떠올리게 한다. 고넬료의 겸손과 간절함은 결국 성령의 임재를 불러오고, 유대교에서 기독교로의 전환을 이루는 데까지 이르게 한다. 성경은 말한다. "자기보다 남을 낫게 여기고"(빌 2:3), "무슨 일을 하든지 마음을 다하여 주께 하듯 하고 사람에게 하듯 하지 말라"(골 3:23). 이러한 태도가 곧 고넬료가 하나님의 은혜를 받는 그릇이 된 이유다.

이방을 향한 구원의 문이 열리다

고넬료의 변화는 베드로에게도 영향을 미쳤다. 그는 이방인 가정에 임한 성령의 역사를 목격하며 기존의 유대 중심 사고를 철회하게 된다. "내가 누구이기에 하나님을 능히 막겠느냐"(행 11:17)라는 그의 고백은, 더 이상 민족과 혈통, 율법의 테두리로 하나님의 구속 역사를 가둘 수 없다는 선언이었다. 이 사건은 단지 개인의 회심이 아니라, 초대교회가 이방 선교로 전환하는 전환점이 되었고, 이후 예루살렘 공회에서도 중요한 신학적 근거로 작용하게 된다(행 11:15-18).

고넬료는 단순히 베드로를 초청한 인물이 아니라, 하나님 구원의 통로로 부름을 받은 '전략적 존재'였다. 하나님은 경건하고 열린 마음을 가진 이방인 그리고 순종하는 유대인 사도를 통해 복음의 문을 여셨고, 이를 통해 사도 바울의 이방 선교의 길이 이어지게 하셨다. 고넬료는 하나님뿐 아니라 사람들에게도 칭찬받는 삶을 살았다. "그들이 대답하되 백부장 고넬료는 의인이요 하나님을 경외하는 사람이라 유대 온 족속이 칭찬하더니"(행 10:22). 그는 이방인의 땅에서 하나님의 나라를 여는 첫 발걸음을 내디딘 인물이었고, 그의 믿음은 이방 세계의 영적 각성을 이끄는 하나님의 도구가 되었다.

* 비전+멘토링+영성=고넬료의 리더십

고넬료는 사도행전 10장에 등장하는 로마 군대의 백부장으로, 이방인 최초로 성령을 받은 인물이다. 그는 겉으로 드러난 군사적 권위보다 경건함, 공의, 영향력, 순종이라는 영적·윤리적 리더십에서 빛났다.

고넬료는 비전을 실천하는 리더십을 발휘하였다. 단순히 환상을 본 것이 아니라 그것을 즉각 실천하였다. 베드로를 부르고 가족과 친구들을 모으는 적극적인 순종을 통해 복음의 통로 역할을 하였다. 그리고 고넬료는 자신의 영적 체험을 혼자 간직하지 않고 가족과 친지에게까지 확산시켜, 가정과 공동체 전체가 하나님 앞에 나아가는 멘토링 리더십을 발휘하였다.

고넬료와 가족, 친지에게까지 성령이 임하자 진짜 놀란 사람은 베드로였다. 베드로는 고넬료 사건을 계기로, "하나님은 사람의 외모를 보지 아니하신다"라고 고백하며(행 10:34), 복음의 보편성을 증거하며 본격적으로 확장시킨다. 따라서 고넬료는 복음 확장의 결정적 매개자요, 선교적 리더십의 촉진자가 되었다.

이 모든 것을 정리하면, 고넬료의 리더십은 기도와 자선, 신앙의 일관성을 통해 하나님의 비전에 반응한 경건한 리더십이었고, 이방인 선교의 문을 연 순종과 공동체 중심의 멘토링 리더십으로, 신약 교회 사역의 지경을 확장시키는 전환점이 된 영향력 있는 리더였다.

고넬료 리더십을 현대적으로 적용하면, 교회 밖에서도 경건과 공의를 실천하는 평신도 리더십의 모델이다. 고넬료는 가정, 직장, 지역사회 속의 영향력 있는 신자로서 복음의 다리를 놓는 중보자적 사명을 지닌 그리스도인이다.

언약, 형통, 행복의 관점으로 본
시냇가에 심은 나무

참된 행복은 어디서 오는가: 형통을 통해 열어가는 행복의 길

시냇가에 심은 나무는 행복하다

언약에서 형통, 형통에서 행복으로 본 시냇가에 심은 나무

참된 행복은 어디서 오는가:
형통을 통해 열어가는 행복의 길

거짓 행복에 취한 시대-행복의 현주소를 말하다

"행복하십니까?" 이 질문에 자신 있게 "예"라고 대답할 수 있는 사람이 얼마나 될까? 오늘날 우리는 '행복'이라는 단어를 너무 많이 말하지만, 정작 진짜 행복은 점점 더 멀어져 가고 있다. 마치 사막의 신기루처럼 가까이 다가가면 그것은 허상임이 드러나고, 다시 허기를 안은 채 헤매는 것이 우리 시대의 자화상이다.

세상은 지금 행복을 모르는 자들이 거짓 행복에 취해 있다. 고급 소비, 화려한 SNS의 삶, 비교를 통한 자기 과시, 일시적인 쾌락은 사람들이 행복하다고 착각하게 만든다. 그러나 그 안에 있는 사람들은 깊은 외로움과 공허를 감추고 살아간다. 웃고 있지만 울고 있고, 풍요로워 보이지만 메말라 있다.

또한, 행복에 목마른 자들이 그 행복을 찾아다니며 방황하고 있다. 자기계발서, 명상, 힐링 여행, 최신 심리학 프로그램, 유튜브의 조언들까지 끊임없이 행복을 찾는다. 그러나 찾으면 찾을수록 더 헤매게 된다. 왜냐하면 방향이 잘못되었기 때문이다. 목적지가 잘못되면 어떤 열심도 허사일 뿐이다.

더 안타까운 것은, 정작 행복한 사람이 자기 자신을 불행하다고 여기는 현실이다. 겉으로 보기엔 평범한 삶, 조용한 일상, 소박한 관계 속에서 살아가면서도 세상이 말하는 '성공'의 기준, '행복'의 조건에 미치지 못한다고 생각해 자신을 불행하다고 여긴다. 세상이 만들어 놓은 '행복의 틀'에 자신을 억지로 끼워 맞추려다 결국 자존감을 잃고, 가진 것을 잊은 채 없는 것만 바라보며 살아간다.

이 시대의 행복은 왜 왜곡되었고, 왜소해졌으며, 우리는 왜 불안한가? 그 이유는 '행복'을 감정의 문제로만, 소유의 문제로만, 비교의 문제로만 여겨왔기 때문이다. 그리고 그것을 조장하는 문화와 시스템이 이 시대를 장악하고 있기 때문이다. 행복은 관계 안에, 의미 안에, 존재의 뿌리 안에 있는 것인데, 우리는 껍데기만 붙잡고 속을 잃어버린 것이다.

이제 우리는 진지하게 물어야 한다. "나는 왜 행복하지 않은가?" 그리고 거꾸로 생각해 보아야 한다. "행복이란 정말 무엇인가?" 행복은 느낌이 아니라 진실이다. 행복은 주어지는 것이 아니라 깨닫는 것이다. 그리고 참된 행복은 결국 관계에서 오며, 특히 창조주 하나님과의 바른 관계 속에서 비로소 온전해진다.

질문에 다시 답하다

"나는 행복한가?"라는 물음은 짧지만 본질적인 질문이다. 이 질문은 삶의 방향을 잃었거나 열심히 무언가를 좇다 지쳐 멈춰 서게 될 때 자연스럽게 떠오른다. 사람은 자신이 걸어가는 길이 올바른지 혹은 지금 느끼는 감정이 진정한 만족인지 스스로 점검하게 된다. 이 과정에서 "이것이 전부인가"라는 내면의 탄식이 뒤따르곤 한다.

행복이 쉽게 잡히지 않는 이유는 그 자체가 하나의 길이 아닌 두 방향으로 나뉘어 있기 때문이다. 하나는 육적인 길이고, 다른 하나는 영적인 길이다.

인간은 흙으로 지음받은 존재다. 이는 곧 물질적 몸을 가진 존재라는 뜻이며, 육체를 따라 살아가는 본능이 있다는 것을 의미한다. 인간은 육신의 정욕(쾌락), 안목의 정욕(지위나 명예), 이생의 자랑(소유나 재물)을 추구하는 욕망(욕구)적 존재이다. 이러한 욕망이 충족되지 않을 때 사람은 쉽게 원망과 불평에 빠진다. 반면, 그것들을 충족시킨 사람도 반드시 행복하다고 단정할 수는 없다.

욕망은 본질적으로 끝이 없다. 사람은 일정 수준에 도달하면 그 이상을 바라보게 되기 때문이다. 비교는 끊임없으며, 그 기준은 외부(환경)로 향한다. '조금만 더 가지면 행복하겠지'라는 생각은 결국 허무와 열등감만 낳는다.

물질적 행복은 '소유'라는 외적인 조건이 충족될 때 잠시 느낀다. 그러나 이러한 행복은 상황에 따라 쉽게 변하고, 욕망이 커질수록 금세 사라진다. 이것은 행복의 기준을 움직이는 타인과 환경에 놓았기 때문이다. 결국, 물질적 행복은 일시적이며 지속 가능성이 작다.

다른 한편으로, 인간에게는 물질만이 아닌 영적인 본성이 있다. 인간은 하나님의 형상을 따라 지음받은 영적 존재이기 때문에 육체(몸) 안에 영혼이 존재한다. 의식주가 충족되었다 해도, 소유가 풍성해져도 영혼이 공허하면 인간은 행복할 수 없다.

행복은 육과 영, 두 차원의 조화로 이루어진다. 이 중에서 우선순위는 영이다. 영이 먼저 바로 서야 육도 바른 방향을 찾는다. 하나님과의 친밀한 관계 속에서 경험되는 평안과 기쁨은 외적인 조건을 초월하고, 의미와 목적에서 행복을 찾는다. 이러한 영적 행복은 지속 가능하며, 상황과 환경에 쉽게 흔들리지 않는다.

행복의 길에서 형통을 만나다

삶의 여정에서 형통을 경험하는 것도 행복에 깊은 영향을 준다. 시편 1편 3절은 "그가 하는 모든 일이 형통하리로다"라고 말한다. 여기서 말하는 '형통'은 단순히 일이 잘 풀리는 상태가 아니라, 삶의 전 영역이 하나님과 연결되어 있을 때 나타나는 신분이다.

요한복음 15장에서는 "내 안에 거하라", "붙어 있지 아니하면 열매를 맺을 수 없다"라는 말씀이 반복된다. 형통은 하나님과의 관계에서 시작되며, 이 관계가 유지될 때 삶은 열매를 맺는다. 이 열매는 단순한 성공이 아니라 의미 있는 삶의 증거이다.

따라서 형통을 이루기 위해서는 준비된 태도와 삶의 전략이 필요하다. 이를 위한 도구로는 비전, 멘토링, 영성, 리더십이 있다. 이 네 가지는 형통한 삶을 위한 실제적 수단이 되며, 내면과 외면을 함께 성장시킨다.

비전은 인생의 방향을 정립하는 데 필수적이며, 뿌리처럼 삶의 기초를 형성한다. 멘토링은 지지대 역할을 하며, 성장을 위한 외적 구조를 제공한다. 영성은 불필요한 가지를 치는 작업처럼 자아를 정화하고, 하나님 앞에서 자신을 돌아보게 한다. 리더십은 삶의 열매로 나타나는 영향력이며, 타인을 섬기고 이끄는 성품이다.

이 네 가지가 균형을 이룰 때, 형통은 일시적인 결과가 아니라 지속 가능한 삶의 태도가 된다. 영적 기반 위에 세워진 형통은 결국 참된 행복으로 이어진다. 영과 육이 통합되고, 하나님과의 관계 안에서 의미 있는 삶이 이루어질 때, 사람은 흔들리지 않는 행복을 누릴 수 있다. 결국, 참된 행복은 소유나 성취에 있는 것이 아니라, 하나님 안에서의 정체성과 관계 안에 있다. 삶이 하나님과 연결될 때 비전과 멘토링, 영성과 리더십이라는 도구를 통해 형통은 구체화되며, 그 속에서 흔들림 없는 기쁨과 만족이라는 행복을 맺는다.

행복을 향한 형통의 길(1): '비전' - 나는 지금 어디로 가고 있는가?

눈을 감고 꿈을 꾸면 '개꿈'이지만, 눈을 뜨고 꿈을 꾸면 '비전'이 된다. 사람들은 눈을 뜨고 꿈을 꾸면 '몽유병'이라고 놀리지만, 비전은 현실의 눈을 뜨고 꿈을 꿀 수밖에 없는 이유가 바로 비전에 '대가 지불'이 있기 때문이다.

이 대가 지불로 인한 고난과 고통에 많은 의심과 불안이 있는 것은 당연하다. 그러나 비전은 '왜 사는가?'에 대한 답으로 목적을 제시한다. 자신의 존재 이유와 연결되어 삶에 동기부여를 제공한다. 그래서 목적(비전) 있는 삶은 고난 중에도 기쁨과 활력이 있다.

비전의 참과 거짓을 판명하는 데 대가 지불이 있었다면 또 하나는 '누구를 위하느냐?'에 있다. 하나님의 비전은 하나님 뜻을 향한 방향성으로 세워졌기에 절대 자기중심의 욕망을 채우지 않는다. 자기를 넘어 공동체나 타인을 위해 섬기는 것을 기쁨으로 여긴다.

그러므로 비전은 '나는 누구인가?'의 질문에 답하는 '인생 설계도'이다. 자기 인생의 설계도(정체성)를 그린 사람은 가야 할 길을 분명히 알고 있어서 세상 속에서도 낙심하지 않고 안정감을 가진다. 따라서 비전은 행복의 엔진이다.

행복을 향한 형통의 길(2): '멘토링' - 나는 지금 누구와 함께 걷고 있는가?

인간은 본질적으로 관계적 존재이다. 그래서 형통한 사람은 결코 홀로 걷지 않는다. 하나님께서도 때를 따라 돕는 은혜를 사람을 통해 베푸신다. 엘리야에게는 엘리사, 예수님에게는 12명의 제자, 바울에게는 디모데와 실라, 아굴라와 브리스길라 부부 등 수많은 동역자를 붙여 주셨다. 이들의 관계는 단순히 조언을 주고받는 것을 넘어, 삶을 함께 나누는 깊은 영적 동반자, 멘토링 관계였다.

멘토링은 멘티의 지적, 감정적, 영적 성숙을 돕는 여정이다. 사람은 성장하고 있다는 느낌 속에서 큰 만족과 기쁨을 느끼며, 이것이 행복의 중요한 요소가 된다. 따라서 개인의 성장은 행복의 중요한 축이다.

인생의 길은 '만남'의 연속이다. 따라서 사람은 곧 '길'이다. 멘토링은 단절된 세대 간, 계층 간의 가교 역할을 하며, 연결의 기쁨을 제공한다. 이타적인 사랑과 나눔의 실천은 공동체가 함께 성장하며 집단적 행복이 확산되는 중요한 통로가 된다.

그러므로 멘토링은 행복을 전염시키는 관계의 통로이다. 멘토링을 통해 사람은 자신을 이해하고, 방향을 찾고, 관계 속에서 성장하며, 결국 깊이 있는 행복을 누릴 수 있다. 이것은 단순한 감정적 만족을 넘어선 영적이고 전인적인 행복이다.

행복을 향한 형통의 길(3): '영성' – 나는 누구인가?

영성은 단순히 감정의 고양이 아니라, 삶의 중심이 하나님께 깊이 뿌리내리는 일이다. 시편 1편은 복 있는 사람을 '시냇가에 심은 나무'에 비유한다. 계절이 바뀌고 거센 바람이 불어와도 그 나무는 말씀과 기도라는 영적인 물줄기 덕분에 시들지 않을 뿐더러, 계절마다 풍성한 열매를 맺는다.

하나님 앞에서 '나는 누구인가?'를 올바르게 이해하면 '어떻게 살아야 하는가?'에 대한 방향성을 결정할 수 있고, '내가 왜 사는지?'에 대한 의미를 찾을 수 있다. 따라서 성경적 형통은 '외적인 성공'보다 하나님과의 관계에서 찾을 수 있다.

이 관계에서 하나님이 우리를 부르시는 여러 호칭이 있다. 하나님의 자녀(요 1:12), 천국 시민(마 5장 팔복), 왕 같은 제사장(벧전 2:9), 복 있는 사람(시 1편), 예수님의 제자(요 15:8), 행복한 사람(신 33:29) 등은 모두 우리의 정체성을 밝혀준다. 이 정체성은 자기를 아는 것에서 시작하여 삶에 확신을 주고, 소속감과 유대감을 주며, 목적의식으로 성취감을 준다. 그리고 자기

를 아는 만큼 자신을 있는 그대로 수용함으로 비교의식과 열등감에서 해
방시켜 준다. 특히 정체성은 가치관을 심어 삶의 우선순위가 무엇인지 결
정하게 한다.

그러므로 영성은 하나님과 관계에서 성장하는 건강한 나무이다. 하나
님과 함께 나를 만드는 과정에서 행복을 느낀다.

행복을 향한 형통의 길(4): '리더십' – 나는 누구를 위해 살고 있는가?

고통의 끝은 내 중심으로 사는 것이고, 형통의 끝은 이웃 중심으로 사
는 것이며, 행복의 끝은 하나님 중심으로 사는 것이다. 따라서 형통은 '내
가 잘되는 것'이 아니다. 하나님은 우리를 통해 다른 사람을 살리기를 원
하신다.

이런 차원에서 성경적 리더십은 권력의 자리가 아니라 섬김의 자리이
다. 예수님께서 무리를 먹이시고 제자들의 발을 씻기셨듯이, 자신을 비우
는 그 사랑이 바로 진정한 리더십의 본질이다.

다른 사람의 아픔에 눈을 감지 않고 섬기는 섬김은 때로 피곤하고 힘
들 수 있다. 그러나 그 속에 말로 다 할 수 없는 기쁨이 있다. 내가 누군
가에게 희망이 될 수 있다는 것, 그 자체가 바로 형통이며 진정한 행복에
이르는 길이다.

형통은 비전, 멘토링, 영성, 리더십이라는 네 가지 원리를 통해 형성되
고, 그 형통한 삶의 결과로 하나님 안에서 누리는 기쁨과 평안, 즉 행복이
열매처럼 맺힌다.

마침내, 다시 묻는다: 나는 행복하다

형통은 분명 축복의 길이고, 행복은 그 길 위에서 발견되는 열매이다.
그리고 그 사이를 잇는 길은 비전으로 뿌리내리고, 멘토링으로 방향을
붙들며, 영성으로 중심을 지키고, 리더십으로 열매를 나누는 삶이다.

성경 그 어디에서도 '하나님의 백성이 행복해야 한다'고 말한 적은 없다. 성경이 말하는 행복은 '복된 신분'을 말한다. 따라서 행복한 사람은 하나님의 뜻을 따라 사는 사람이다.

마태복음 5장의 팔복을 보면, 하나님의 뜻을 따라 살면서 행복하기가 무척이나 어렵다. 복이 있다고 말하는 사람들 대부분이 가난한 자, 애통한 자, 온유한 자 등이다. 모두 세상의 가치와는 정반대이다.

세상에서 흔히 생각하는 물질적 번영이나 즉각적인 행복감과는 거리가 멀다. 헬라어 원문에서도 '복'에 해당하는 '마카리오스'(μακάριος)는 단순히 '기분 좋은 상태'를 뜻하지 않고, 하나님과 올바른 관계 속에서 누리는 깊고 완전한 행복, 영적 번영을 가리킨다. 즉, 하나님이 인정하시고 축복하신 신분을 말한다. 그러므로 성경이 말하는 복은 하나님 나라 백성의 정체성과 삶의 태도이며, 하나님의 임재와 약속이다. 그래서 행복은 내가 만드는 것이 아니라 철저히 하나님께서 주시는 것이다.

지금 우리에게 비전이 있고, 멘토가 있으며, 하나님께 깊이 뿌리내리고, 다른 이를 위해 살아간다면, 우리는 진정 하나님과 바른 관계 안에서 온전한 안식과 만족을 누리는 형통한 자요, 행복한 자이다. 우리는 여전히 완전하지 않지만 이 네 가지 비전, 멘토링, 영성, 리더십의 원리를 굳게 붙들며 한 걸음씩 나아가다 보면 고난 가운데에서도 행복에 이르게 된다.

그리고 오늘도 담대히 고백한다. "예, 제가 행복합니다. 왜냐하면, 하나님의 길 위에서 하나님과 동행하고 있기 때문입니다."

시냇가에 심은 나무는 행복하다

시냇가에 심은 나무는 과연 행복한가? 그렇다. 그 나무는 진정으로 행복하다. 왜냐하면, 그는 자기 뜻이 아니라 하나님의 의지로 옮겨 심어진 나무이기 때문이다.

그는 광야에 우연히 떨어져 자란 씨앗도, 바람에 떠밀려 들판에 뿌리내린 존재도 아니다. 그는 누군가의 뜻과 계획안에, 의도적으로, 정확하게 옮겨 심어진 존재이다. 그 손은 바로 하나님이시다. 보이지 않지만 모든 것을 가능케 하시는 손, 그 손은 생명을 품고 있고, 명확한 언약과 뜻을 간직하고 있다.

언약의 자리, 하나님이 선택하신 자리

하나님은 언약의 손으로 그 나무를 옮기신다. 말씀의 시냇가, 생명의 물줄기 곁, 그곳은 여느 자리가 아닌 은혜가 흐르는 자리이다. 때를 따라 열매 맺게 하는 자리가 형통의 자리이다.

그 나무는 알고 있다. 자신이 버려진 땅이 아니라 '택함받은 언약의 자리'에 뿌리내리고 있음을. 그 사실이 그를 기쁘게 하고, 살아가게 하며, 성장하게 한다.

비전 - 방향을 가진 삶

나무는 단순히 생존을 위한 삶을 살지 않는다. 그는 하나님이 바라보시는 열매 맺는 삶의 방향, 곧 비전을 품었다. 그 비전은 그를 위로 향하게 하고, 계절의 흐름은 하나님의 때로 해석한다. 그래서 언약의 말씀에 깊이 뿌리를 내린다. 비전은 그를 지탱하게 하는 생명의 힘줄이고, 매일의 삶을 의미 있게 만드는 프레임(테두리, 틀)이다.

멘토링 - 말씀과 사람을 통한 인도

시냇가에 심은 나무는 스스로 자란 나무가 아니다. 말씀이 그의 스승이고, 계절과 사람들을 통해 하나님이 그를 다듬고 훈련하신다. 큰 나무가 작은 나무에게 그늘을 주듯, 잎사귀가 말없이 수분을 기다리듯, 그는 하나님의 가르침에 귀 기울이는 겸손한 제자이다. 비바람은 훈련이고, 햇살은 격려이며, 밤의 고요는 하나님의 속삭임이다.

그는 하나님이 보내신 사람들을 통해 배우고, 말씀을 통해 성장하며, 하나님의 계절을 통해 성숙해지는 법을 익혀간다.

영성 - 보이지 않는 뿌리의 힘이 가지에 도달하다

그의 행복은 겉으로 드러난 열매에서 오지 않았다. 그보다 더 깊은 곳, 시냇물에 닿은 뿌리, 즉 하나님과 연결된 내면의 깊은 영성에서 비롯되었다. 기도는 그의 호흡이었고, 믿음은 그의 줄기였으며, 말씀은 그의 수분이었다.

그는 세상이 주는 기준이 아니라 하나님이 주시는 은혜의 영양분으로 자신을 채운다. 그의 잎은 마르지 않고, 그의 뿌리는 흔들려도 끊어지지 않는다. 보이지 않는 내면의 힘, 그것이 그를 살아 있게 한다. 그리고 그 힘은 날마다 조용히 그러나 확실하게 행복을 자라나게 한다.

리더십 – 생명을 나누는 영향력

그는 혼자 자라기 위해 존재한 나무가 아니다. 그는 뿌리내리고 자라며 주변의 생명에게 선한 영향력을 끼치는 나무다. 그의 그늘은 지친 이들의 쉼터가 되고, 그의 가지는 새들의 안식처가 되며, 그의 열매는 이웃의 양식이 된다.

자기만을 위한 성장은 없다. 그는 존재 자체로 섬김이 되고, 그 삶은 곧 하나님 나라의 리더십이다. 그는 크고 웅장하지는 않지만, 성실히 자라난 한 그루의 나무로 하나님의 성품을 세상에 드러낸다.

참된 행복은 어디서 오는가?

사람들은 흔히 행복을 자기가 선택한 자리, 자기 뜻대로 계획한 삶 속에서 찾으려 한다. 그러나 진짜 행복은 거기에 있지 않다. 심리적으로 기쁘고 만족하며 긍정적인 감정 상태라고 해서 행복한 것은 아니다. 그리고 실존적으로 삶의 목적이나 의미에 대한 만족 상태도 참 행복은 아니다.

참된 행복은 하나님이 나를 옮겨 심으신 그분의 언약 자리 안에 있다. 비전으로 뿌리내리고, 멘토링으로 좋은 사람을 만나며, 영성으로 건강하고 강건해지며, 꽃과 열매를 맺어 리더십을 발휘하는 것이 행복이다.

시냇가에 심은 나무처럼 말씀 곁에 뿌리내리고, 하나님의 손에 심긴 인생이라면, 그 누구라도 그의 삶은 분명 형통하다. 그리고 자기가 형통한 자라는 것을 아는 사람은 비로소 행복을 알고 누린다. '나는 행복한가?'를 묻기보다 '나는 행복한 자'로 부름을 받았다는 자기인식이 행복을 온전히 누리게 한다.

[형통의 길을 찾아가는 4가지 형통 프레임(Frame)]

인생
(목적과 의미를 찾는 여정)

⇓

언약 / 시냇가

⇓

시냇가에 심은 나무 / 형통의 4가지 원리

비전	멘토링	영성	리더십
뿌리	원줄기(기둥) & 지주대	나뭇가지와 잎 & 생명력	꽃과 열매 & 씨앗
방향과 목적	관계와 성장	내면과 신앙	영향력과 섬김, 보존

⇓

통전(통합)적 교육 / 비전 + 멘토링 + 영성 + 리더십
형통한 삶을 만들어 가는 영적 통합 작업(Spiritual Integration)

[단계]	[내용]	[결과]
1) 통찰(Insight)	말씀 속에서 비전 발견	방향 설정
2) 관계(Relationship)	멘토링을 통한 성장	신앙적 공동체 형성
3) 내면(Spirituality)	묵상과 기도를 통한 성화	영적 정화
4) 실천(Leadership)	섬김과 나눔으로 영향력 확장	행복의 열매 맺음

참된 행복은 형통의 4가지 원리가 통합될 때 '분열된 내면(죄성)'을 극복하고
신앙과 삶이 하나 되는 전인적 성숙(Holistic Formation)을 이룬다.

⇓

행복의 완성: 행복은 보는 것이 아니라 누리는 것이다
하나님과 올바른 관계 안에서 누리는 참된 행복
형통의 원리를 삶으로 실천하는 자만이 진정한 행복을 경험한다.
"형통의 원리를 행복으로 만드는 자만이 참 행복을 누릴 자격이 있다."

언약에서 형통, 형통에서 행복으로 본 시냇가에 심은 나무

1. 언약(언약에 심긴 나무)

시냇가에 심긴 나무는 '스스로 자란 나무'가 아니다. '심긴다'는 것은 하나님의 주권적인 선택과 은혜를 의미한다. 아브라함에게 주어진 언약처럼, 하나님의 백성은 하나님의 말씀이라는 '시냇가'에 심긴 존재이다.

시냇가에 심긴 나무는 시편 1편 2절 말씀처럼, 오직 여호와의 율법을 즐거워하여 그의 율법을 주야로 묵상한다. 뿌리가 언약에 내려진 상태에서 나무는 자라기 시작한다.

2. 형통(언약의 뿌리에서 열리는 삶의 형통)

시냇가에 심긴 나무는 철을 따라 열매를 맺는다. 형통은 성경적 의미로 '하나님의 뜻 안에서 길이 열리고 막힘이 없는 상태'이다. 외적인 만사형통이 아닌, '말씀 안에서의 질서와 성장, 열매 맺는 삶'이다.

시편 1편 3절에 "그가 하는 모든 일이 형통하리로다"라는 말씀처럼, 결국 형통한 인생이 되기 위해서는 '그가 하는 모든 일'이 비전, 멘토링, 영성, 리더십으로 살아가야 한다. 이 길을 걷지 않고서 형통한 인생이 되는 길은 그 어디에도 없다.

3. 행복(형통한 인생의 열매)

행복은 형통에서 나오는 '감사와 기쁨의 열매'이다. 형통한 사람은 환경과 상관없이 하나님의 임재 및 동행에서 만족감을 가진다.

세상 속에서 하나님과 동행하다 보면 고난이 따른다. 사실 이 고난은 형통에서 맺어지는 또 다른 열매이다. 이 형통의 열매를 감사로 요리하면 가장 맛있는 음식이 된다. 그러므로 시편 1편 1절에서 말하는 '복 있는 사람'은 언약과 형통을 통해 맺은 행복의 열매이다.

결론: 시냇가에 심긴 나무처럼 살아간다는 것

인생의 행복은 언약에 뿌리를 내리고, 비전, 멘토링, 영성, 리더십으로 나아갈 때 형통의 열매로 맺힌다. 이 형통의 열매는 열매 이전에 하나님 안에 '깊이' 거하는 데서 시작한다.

그러므로 참된 행복은 고난조차 형통의 과정으로 받아들이는 믿음 속에서 온전히 경험될 수 있다.

'시냇가(언약)에 심은 나무의 형통'이 '행복한 인생이 되기까지'의 과정		
시냇가/물가	뿌리/원줄기(기둥)/나뭇가지와 잎/꽃과 열매 비전/멘토링/영성/리더십	복 있는 인생
언약	형통	행복
정의/개념 ▶언약의 일반적인 뜻은 '서로 의무와 책임을 정하여 맺는 약속'을 말한다. 그러나 성경적 언약은 '하나님께서 하나님의 백성과 맺으신 거룩한 약속'이다.	▶형통의 일반적인 뜻은 '일이 뜻한 대로 잘되어 막힘이 없이 순조롭게 풀린다'라는 뜻이다. 그러나 성경에서 말하는 형통은 단순한 '성공'이나 '행운'과는 다르다. '하나님과 바른 관계 안에서 주어지는 은혜로운 삶의 상태'를 말한다.	▶행복의 일반적 정의는 '원하는 것이 이루어져 만족감을 느끼는 상태'를 말한다. 그러나 성경에서 말하는 행복은 '대체로 외적인 환경이나 조건에 근거한 기분이나 성공, 소유가 아니라 절망 가운데에서도 하나님을 신뢰하며 누리는 내적인 기쁨과 만족'을 말한다.
특징/특성 ▶언약은 하나님의 주권 아래에서 시작한다(하나님이 먼저 말씀하심). ▶언약은 하나님과의 관계적 약속이다. 하나님과 하나님 백성 사이의 쌍방적 약속이다. ▶언약은 조건과 약속이 동반되므로 축복과 저주, 책임과 의무가 뒤따른다. ▶언약은 피로 맺는 거룩한 계약이므로 희생제사나 표징이 반드시 수반된다. ー아담 언약 시에 희생제사로 가죽옷을 입었다. ー노아 언약 시에 희생제사 후에 무지개 약속을 받았다. ー아브람 언약 시에 희생제사 후에 선민	▶형통은 언약과 연결된다. 성경에서 형통은 언약에 근거한 복이기 때문이다. 하나님은 언약을 지키는 자에게 형통하게 하실 것을 약속하셨다. ▶형통은 순종과 연관이 있다. 형통은 하나님의 뜻에 순종하는 삶의 결과로 주어지는 복이다. "네가 내 말을 듣고 지키면 네가 하는 모든 일이 형통하리라"(신 28:1-2). "네가 나의 명령을 지키면 네가 어디로 가든지 형통하리라"(수 1:7-8). 순종은 형통의 원리이며, 성경 전체에서 반복적으로 나타나는 언약의 축복 조건이다. ▶형통은 사실 어떠한 상황보다 하나님이 함께하실 때 이루어지는 상태이다. ー요셉은 노예로나 감옥에 있었을 때에도 '여호와께서 함께하심으로 형통한 자'라 불렸다(창 39:2-3). 형통은 상황보다 임재와 동행의 관계에 기반한다.	▶행복을 하나님과의 관계에서 보면, 형통의 열매로 나타난다. 하나님의 뜻대로 살아가는 사람은 형통하고, 형통한 삶 속에서 행복이 자란다(시 1:3). 따라서 행복은 환경적 감정이 아니라 하나님 안에서 거하는 복된 상태이다. 그러므로 하나님을 떠나서는 참된 만족과 안식을 누릴 수 없다. ▶행복을 감정적으로 보면, 기쁨과 만족이 동시에 동반되며 긍정적인 태도와 연결된다. ▶행복을 공동체의 관점으로 보면, 행복은 혼자가 아니라 사람과의 관계 속에서 사랑과 우정, 섬김과 나눔에서 자란다. ▶행복을 목적 지향적으로 보면, 행복은 단순한 즐거움이 아니라 목표가 있고 의미가 있는 삶이다.

	언약	형통	행복

백성이라는 징표로 할례를 받았다.
-다윗 언약 시에 희생제자로 왕위와 후손(메시아 예언)을 약속받았다.
-새 언약 시에 예수 그리스도는 자기 몸을 대속물로 십자가에 희생하시고 성찬(떡과 포도주)식으로 기념하게 하셨다.
▶모든 언약에는 희생이 따르고, 그 언약의 신실함을 보여주는 표징이 뒤따른다. 그러므로 희생 없는 언약은 세워질 수 없고, 표징 없이는 언약이 기억되지 않는다. 결국, 모든 언약은 '영원한 형통'과 '참된 행복'을 주기 위한 하나님의 은혜이다.

▶형통은 내면과 외면의 조화이다. 형통은 단지 외적인 성공이나 결과가 아니라, 내면의 평안과 외면의 열매가 균형 있게 나타나는 삶이다.
▶형통은 고난 속에서도 가능하다. 형통은 고난이 없다는 뜻이 아니라 오히려 고난 속에서 하나님이 함께하실 때 가능한 상태이다. 요셉은 종살이 중에서, 다윗은 도망자일 때 하나님의 보호와 인도로 형통했다.
▶형통은 시간에 따라 성숙되는 과정이다. 형통은 즉각적인 성공이 아니라, 하나님의 계획 안에 점진적으로 이루어지는 열매이다. 씨앗이 자라 열매를 맺기까지 시간이 걸리듯, 형통도 인내와 연단 속에서 자란다.
▶형통은 영적 영향력을 동반한다. 단순한 개인의 성공이 아니라, 다른 사람에게도 복이 흘러가게 하는 영향력을 가진다. 요셉의 형통함으로 인해 보디발의 집 전체가 복을 받았다(창 39:5).

▶행복을 내면적인 관점으로 보면, 행복은 환경이 아니라 내 마음의 상태에 달려 있다. 감옥에 있어도 행복할 수 있고, 부유해도 불행할 수 있다. 사도 바울은 감옥 안에서도 찬양하고 기도하였으며, 빌립보 교인들에게 '항상 기뻐하라'고 권면했다.
▶행복을 전인적인 관점으로 보면, 행복은 단순한 성공을 넘어서서 하나님의 뜻 안에서 잘되는 것이다. 인간 존재 전체를 보면, 영혼, 정신, 육체, 관계, 환경 등 삶의 모든 영역에서 균형 있게 누리는 참된 형통과 복된 상태를 의미한다. 단순히 경제적, 물질적 풍요만을 말하지 않고, 영적·정신적·정서적·사회적·육체적 영역까지 포함한 포괄적, 전인적 번영이다(창 28, 39:2; 시 1:3; 요삼 1:2).

목표/계획

▶언약의 구원사적 목적은 하나님이 언약을 통해 하나님의 백성을 구속하기 위한 구원 역사이다.
▶언약을 맺는 순간 언약 백성으로서 정체성이 부여된다. 이제부터 언약 백성으로서 새로운 삶의 기준이 제시된다.
▶언약은 형통과 복의 통로가 된다. 언약에 순종하고 충실할 때 형통과 축복이 따른다(신 28장).
▶언약은 예수 그리스도에 의해 완성되

▶형통은 하나님의 영광을 위한 삶이다. 하나님의 성품과 뜻이 드러나도록 하기 위한 도구이다. 요셉의 형통을 보아도 요셉은 형들에게 "하나님이 하셨다"라고 하나님께 영광을 돌린다(창 50:20).
▶형통은 하나님 나라의 가치와 통치를 세상 속에 확장하기 위한 수단이다. 다니엘, 느헤미야 등의 형통을 보면, 이방 왕들에게까지 하나님의 영광을 나타내었다.
▶형통은 언약 백성의 증거이다. 하나님의 백성은 삶으로 하나님의 복과 신실하심을 드러낸다. 따라서 하나님의 언약이 살아 있음을 보여주는 표지이다.

▶행복은 하나님을 영화롭게 하는 것이다. 사람의 제일 되는 목적은 '하나님을 영화롭게 하고, 영원토록 그분을 즐거워하는 것이다'(웨스트민스터 소요리문답 제1문 1답). 따라서 그리스도인의 목적은 하나님 중심의 삶을 통해 하나님을 기쁘시게 하는 일이다.
▶행복은 하나님 나라의 증거가 된다. "하나님의 나라는 먹는 것과 마시는 것이 아니요 오직 성령 안에 있는 의와 평강과 희락(기쁨)이라"(롬 14:17). 즉, 하나님 나라에 속한 자는 진정한 행복, 곧 '의미 있는

었다(마 5:17). -모든 언약의 성취자 (고후 1:20). -죄 사함과 구원(눅 22:20). -하나님과의 온전한 관계 회복(렘 31:33; 히 8:10). -성령의 내주와 변화 된 삶(렘 31:33). -영원한 생명과 하 나님 나라의 완성(요 14:2-3).	▶형통은 개인뿐만 아니라 이웃 과 공동체에 복이 흐르게 한다. 나 혼자만 잘되는 것이 아니라, 주변에 복을 나누는 삶이다(창 39:5). 형통은 개인의 복에 머무르지 않고, 이웃과 공동체로 흐르는 하나님의 축복이다.	삶의 기쁨과 만족'을 누리 게 된다. ▶행복은 하나님과 친밀한 관계 속에서 살아가는 것이 다. 인간은 하나님과 교 제하며 사는 존재로 창조 되었기에 죄로 인해 깨진 관계가 회복될 때 참된 행 복감을 가진다. ▶행복은 그리스도인의 삶 의 목적과 사명을 감당할 때 가진다. 내적 에너지 및 열정이다(계 3:15-16). ▶행복은 관계 중심으로 통로 역할을 한다. 자기 안 에 복을 가두는 것이 아니 라 주변으로 흘려보낸다. 행복은 소유보다 나눔과 섬김에서 더욱더 커진다.
성경인물 ▶노아-노아 언약: 다시는 홍수로 멸하 지 않을 약속으로 무 지개를 보았다(창 9 장). ▶아브라함-아브라 함 언약: 자손과 땅, 민족의 축복, 복의 통 로, 믿음으로 얻는 의 와 택한 민족으로 시 작하였다(창 12장, 15장, 17장). ▶모세-시내산 언약 (모세 언약): 율법과 계명을 주시며 이스 라엘과의 민족적 언 약을 체결함. 안식 일, 제사, 율법의 순 종 여부로 축복과 저 주를 받게 되었다(출 19-24장). ▶다윗-다윗 언약: 영원한 왕권과 다윗 자손(메시아)을 통해 영원한 왕국이 세워	▶요셉의 형통(창 39장) -상황: 노예, 감옥 -이유: 하나님이 함께하심. -결과: 애굽의 총리가 되어 민 족을 구함. ▶다윗의 형통(사무엘상~하) -상황: 사울에게 쫓기는 도망자 신분 -이유: 하나님 의지, 원수를 보 복하지 않음. -결과: 통일 이스라엘의 위대한 왕이 됨. ▶다니엘의 형통(다니엘서) -상황: 바벨론 포로, 사자굴에 갇힘. -이유: 뜻을 정하고 기도하며 믿음을 지킴. -결과: 높은 자리에 오르고 세 왕에게 인정받음. ▶느헤미야의 형통(느헤미야서) -상황: 예루살렘 성벽이 무너짐 으로 외세의 공격받음. -이유: 기도와 섬김 리더십 -결과: 52일 만에 성벽 재건 성 공함.	▶아브라함: 믿음으로 응 답하고 믿음으로 실천함. 따라서 믿음은 행복의 출 발점이다(창 15:6; 롬 4:3; 갈 3:6-9). ▶시편 1편의 의인들: 삶 의 중심이 하나님의 말씀 과 일치할 때 주어지는 복 이 행복이다(시 1:1-2). ▶다윗(시 32:1): 광야 때, 하나님의 임재 속에서의 감정적 행복을 느꼈고, 왕 궁에서는 죄를 짓고 죄 용 서받는 것을 행복의 근원 으로 여겼다(시 16:11). ▶하박국 선지자: 남유다 말기에 바벨론 침공이 임 박한 혼란스러운 시기에, 하나님 한 분만으로 만족 하며 기뻐하고 즐거워하 였다. 행복은 철저히 하나 님을 의지할 때 나온다(합 3:17-18). ▶마리아(예수님 모친): 은 혜받은 자가 평안하다(눅

질 것을 예고받았다 (삼하 7장). ▶예수 그리스도- 새 언약(신약): 십자가를 통한 죄 사함과 구원이 완성되었다. 그리고 성령으로 마음에 새겨지는 언약을 받음으로써 모든 민족에게 열렸다 (렘 31:31-34; 눅 22:20; 히 8장). 예수 그리스도는 모든 언약의 성취자이시다. 따라서 그리스도인은 예수 그리스도 안에서 언약 백성이 되며, 형통과 행복한 삶을 누릴 수 있게 되었다. "이 잔은 내 피로 세우는 새 언약이니 곧 너희를 위하여 붓는 것이라(눅 22:20).	▶예수님의 형통(복음서) -상황: 십자가의 고난과 죽음의 길을 따름. -이유: 하나님의 뜻에 완전히 순종함. -결과: 인류를 구원하고 새 언약을 여심. =전체적으로 성경에서 말하는 형통의 예시는 단순한 성공 이야기가 아니라, 하나님과의 동행과 순종, 고난 속에서 주어지는 하나님의 은혜가 형통이다. 그리고 이 형통은 하나님을 보여주는 증거가 되며, 타인에게까지 복이 흘러가는 축복의 통로가 된다.	1:28). 처녀로 임신하였지만, 그 위기보다 하나님의 선택과 임재가 주는 행복감이 그를 행복하게 하였다. ▶예수님의 제자들: 예수님의 팔복을 지키는 자가 복이 있다(마 5장). 천국의 가치관을 가진 사람은 세상의 기준(부, 권력, 명성, 인기)이 아니라, 하나님 기준으로 복을 인식하고 느낀다. ▶사도 바울: 감옥에서도 복음이 전파되는 것으로 기뻐하였고(빌 4:11), 철저히 비전(구원) 중심이었다. 그리고 그의 행복은 '자족하는 삶'이었다(빌 4:11-13).

연결 / 관계

▶언약에서 형통, 형통에서 행복으로 가는 과정들은 다음과 같다.
1. 하나님의 약속, 언약: 언약 안에는 조건적, 무조건적 요소가 있다. 하나님을 사랑하고 순종하면 하나님의 보호, 인도, 복을 약속받음(출 19:5). 언약에는 축복과 저주, 보상과 책임이 함께 있다.
-언약은 인생이 형통할 수 있도록 조건과 방향을 제시한다. 언약의 말씀에 따라 살아갈 때, 삶은 혼란이 아니라 질서와 방향, 즉 형통한 삶으로 나아간다(신 28:1-2).
2. 언약과 형통의 관계: 인간은 하나님의 약속 안에 있을 때 형통하다. 따라서 언약은 형통을 만드는 도구이다. 형통 없는 언약은 형식이고, 언약 없는 형통은 헛된 성공이다. 형통 없는 언약은 말로만 믿는 신앙이며, 열매 없는 껍데기 신앙이다.
-언약에 순종하는 결과로 형통이 주어진다. 형통은 하나님과 약속을 잘 지키는 사람에게 하나님께서 신실하게 보상해 주시는 결과이다.
-하나님의 언약에 순종하는 사람이 형통한 사람이고 복(행복) 있는 사람이다. 성경에서도 복 있는 사람을 추구하고 있다. 하나님의 말씀(언약)에 뿌리내린 삶이 형통한 사람이고, 또한 형통한 사람이 행복한 사람이다.
3. 형통과 복(행복)의 관계: 형통 없는 행복은 감정이고, 행복 없는 형통은 껍데기다.
-형통 없는 행복은 일시적이고, 상황 의존적인 감정에 불과하다. 세상의 모든 성공은 일시적인 감정밖에 되지 않는다. 왜냐하면, 행복은 철저히 형통에서만 존재하기 때문이다. 형통(비전, 멘토링, 영성, 리더십)이라는 길을 걷지 않은 행복은 거짓이며 가짜 행복이다. 행복하기 위해서는 먼저 형통의 길을 걸어야 한다. 그리고 그 형통에 반응하는 인간의 믿음에 따라 누구는 불행을 느끼고, 누구는 행복을 느낀다.

–모든 행복은 형통의 원리(비전, 멘토링, 영성, 리더십)를 기반으로 이루어진다. 따라서 형통은 행복의 길이고, 행복은 형통의 원리의 결과이다. 형통은 '하나님의 뜻 안에서 살아가는 질서 있는 삶'이고, 그 결과로 주어지는 내면의 평안과 충만함이 '행복'이다.

▶구약과 신약의 복:

–구약의 복[히브리어 בָּרַךְ, 바라크(동사), בְּרָכָה, 브라카(명사)]은 하나님이 주시는 번영과 풍요, 생명력으로써 하나님이 주권적으로 베푸시는 선물을 가리키며, 가시적·현세적 축복이 강하다. 창조적 복(창 1:28), 언약적 복(신 28:1-14), 가정 자손의 복(시 127:3-5), 물질 평안의 복(잠 10:22) 등이 있다. 구약의 복은 토지·자손·장수·평화와 같이 눈에 보이는 '샬롬'(평강)을 중심으로, 하나님의 임재와 언약에 근거한다.

–신약의 복[헬라어 μακάριος, 마카리오스(형용사), εὐλογία, 유로기아(명사)]은 하나님과의 관계 안에서 누리는 참된 행복, 영적 상태의 복을 말한다. 현세의 물질보다 하나님 나라의 가치와 구원에 초점을 맞춘다. 산상수훈의 팔복(마 5:3-12), 구원 은혜의 복(엡 1:3), 고난 고통의 복(약 1:12), 믿음 순종의 복(눅 11:28) 등이 있다. 신약의 복은 예수 그리스도 안에서 주어지는 구속, 성령의 내주, 영원한 생명과 연결되어 있다.

=그러므로, 두 언약 모두 복의 근원은 하나님이며, 하나님과의 올바른 관계가 전제되어 있으며, 복의 완성은 다음과 같다. '구약의 현세적 복은 메시아 안에서 주어질 궁극적 영생의 그림자이며, 신약에서 그 의미가 하나님 나라의 영원한 생명으로 완성된다.'

따라서 구약의 복은 '하나님이 주시는 땅의 풍요와 평강', 신약의 복은 '그리스도 안에서 누리는 하나님 나라의 영원한 행복'으로 정의할 수 있다.

▶인생에는 하나님의 의도된 행복의 통로가 있다. 언약은 하나님의 복에 뿌리를 내리고 있고, 형통은 하나님의 복이 흘러가는 방향이다. 그래서 인간은 그 형통을 선택하고 반응하면서 행복을 느낀다.

–관계 도식을 그려보면: 하나님과 언약 관계→말씀에 순종→비전, 멘토링, 영성, 리더십의 형통의 길→의미 있는 열매와 방향성 있는 삶→행복(신 30:15-16; 잠 3:13; 요 15:10-11).

▶언약은 형통의 원리(비전, 멘토링, 영성, 리더십)를 낳는 뿌리요, 그 형통에서 피어나는 꽃과 열매가 참 행복이다.

▶언약의 말씀으로 형통의 길(비전, 멘토링, 영성, 리더십)을 만들 수 있고, 이 형통의 길을 가는 모든 순간이 행복이다. 따라서 행복은 만드는 것이 아니라 이미 만들어진 것을 누리는 것이다.

행복, 형통의 길에서 피어나는 열매

선택은 언제나 익숙한 자리를 떠날 때 용기와 책임을 요구한다. 한쪽을 붙잡으려면 다른 한쪽은 반드시 내려놓아야 한다. 그래서 나에게 있어서 선택은 또 다른 이름의 '용기'이다. 행복을 찾아 정든 자리를 떠난 지 벌써 3년이 흘렀다. 그 시간 동안 나는 '크로노스'라 불리는 일상의 시간 속에서, 하나님의 특별한 개입인 '카이로스'를 경험했다. 현실의 어려움 속에서조차 행복을 빚어내시는 하나님의 손길을 경험했다.

돌아보면, 이 3년의 집필 과정은 혹독한 고통의 연속이었다. 그러나 역설적이게도 행복의 시간이었다. 만약 누군가 다윗에게 "당신의 인생에서 가장 기억에 남는 순간은 언제인가?"라고 묻는다면, 그는 아마도 왕궁이 아니라 광야라고 대답했을 것이다. 고통에는 언제나 역설이 숨어 있다. 겉으로는 불행처럼 보이는 순간조차 믿음의 눈으로 바라보면 감사와 성숙의 길이다. 따라서 고통 없이 행복에 이르는 길은 없다. 이것이 인생의 신비이자 고통의 패러독스다. 사람은 아픈 만큼 반드시 성숙한다.

그러므로 행복은 인간의 노력이나 대가로 얻어지는 것이 아니라 믿음으로 반응하고 선택할 때 주어지는 선물이다. 하나님께 쓰임받은 사람들을 보라. 그들은 환경에 휘둘리며 절망하지 않았다. 오히려 믿음으로 선택했고, 그 선택은 고난을 동반했다(히 11장). 무사안일한 자기 자리가 아니라 믿음의 결단과 순종의 자리에서 행복은 꽃이 피고 열매를 맺는다.

비전, 멘토링, 영성, 리더십이라는 형통의 원리도 고통의 터널을 지나야 더욱 빛난다. 비전은 아픔 속에서 분명해지고, 멘토링은 상처 입은 경험이 있어야 상처 입은 자를 치유할 수 있으며, 영성은 풍요보다 고난 중에서 하나님을 더 깊이 만나고 성장한다. 그리고 리더십은 자기를 부인하고 내려놓을 때 섬김이라는 영향력을 발휘할 수 있다. 결국 형통을 지나 행복에 이르는 길은 고통을 피해 가는 길이 아니라, 고통 속에서도 의미를 발견하고 하나님을 만나는 역설적 길 위에 서 있다.

성경은 바로 이 진리를 전한다. 행복을 원하는가? 그렇다면 먼저 비전과 멘토링, 영성과 리더십의 길 위에 서야 한다. 형통의 원리를 믿음으로 통과할 때 행복이라는 문으로 들어갈 수 있다. 모세는 세상의 부귀보다 하나님의 백성과 함께하는 고난을 선택했고, 사도 바울은 풍족해서가 아니라 주어진 것에 감사함으로 행복을 만들었다. 예수님도 받는 것보다 주고 섬기는 데서 행복할 수 있다는 것을 목숨을 주시면서 몸소 보여주셨다.

세상이 말하는 행복은 순간적 쾌락과 만족에 머문다. 그러나 성경이 말하는 행복은 다르다. 말씀 안에서 비전의 방향을 확인하고, 멘토링을 통해 지혜를 배우며, 영성으로 하나님의 심정을 통하고, 리더십으로 섬기고 나누는 삶에서 행복이 열린다.

많은 이들이 행복을 갈망하면서도 행복을 잃은 이유는 철저히 자기중심적이기 때문이다. 이미 가졌고 더 가지려는 욕심으로 불행하다. 행복은 자기를 비우고 부인하며 내려놓을 때 조용히 열린다.

나는 오늘도 광야 같은 세상 속에서 불평과 원망을 일삼는 사람들, 돈과 쾌락, 권력을 자랑하는 사람들 한가운데에 있다. 그리고 그곳에서 예수님의 음성을 듣는다. "평안이 있을지어다." 이 음성은 단순히 '마음의 평안을 가지라'는 것이 아니다. 하나님과 화목한 친밀함, 죄에서 해방된 자만이 누릴 수 있는 구원의 평안이다. 그래서 나에게 불어오는 세상의 어떠한 풍랑보다 내 마음 안의 '샬롬'(평안)이 더 크게 자리 잡고 있다. 세상이 부럽지도, 두렵지도 않다. 사도 바울의 자족의 충만처럼 내 마음도 하나님 나라, 천국으로 가득 차 있다.

이제 나의 바람은 다윗처럼 버려진 광야에서도 '푸른 풀밭과

쉴 만한 물가'를 만들어내는 영적 유목민, '노마드'로 사는 것이다. 눈을 감고 꾸는 개꿈이 아니라 눈을 뜨고 비전을 바라보며, 멘토링으로 만나야 할 사람을 만나고, 영성으로 예수 그리스도의 심장을 품고 뜨겁게 살고 싶다. 그래서 리더십으로 가짜와 거짓이 넘치는 세상에서 참행복이 있다는 것을 전하고 싶다.

거짓 평안과 가짜 행복에 취해 살고 있는 시대에 무엇이 참행복이며 그 길이 어떤 길인지, 지루할 정도로 지금까지 길게 제시하였다. 행복을 잃어버린 시대에 행복하기를 소망하며 이 책을 세상에 내놓는다. 행복은 멀리 있지 않다. 이미 우리 곁에서 조용히 자라고 있다. 마치 소풍날 보물찾기처럼 찾으면 내 것이 된다.

이제 독자 여러분 차례이다. 부디 여러분의 삶이 시냇가에 심은 나무처럼 철 따라 푸르고 열매 맺기를 축복한다.

끝으로, 이 책이 나오기까지 도와주신 모든 분과 끝까지 의심하지 않고 기다려 준 가족에게 감사드린다. 언제나 때를 따라 돕는 은혜를 베푸신 하나님께 모든 영광을 돌린다.

모든 분이 형통의 길을 지나 행복한 나날에 이르기를 소원하며

김대은 목사 드립니다.

비전·멘토링·영성·리더십으로 배우는 형통과 행복 이야기

오늘도 시냇가에 심은 나무처럼

1판 1쇄 인쇄 _ 2025년 11월 10일
1판 1쇄 발행 _ 2025년 11월 15일

지은이 _ 김대은
펴낸이 _ 이형규
펴낸곳 _ 쿰란출판사

주소 _ 서울특별시 종로구 이화장길 6
편집부 _ 745-1007, 745-1301~2, 743-1300
영업부 _ 747-1004, FAX 745-8490
본사평생전화번호 _ 0502-756-1004
홈페이지 _ http://www.qumran.co.kr
E-mail _ qrbooks@daum.net / qrbooks@gmail.com
한글인터넷주소 _ 쿰란, 쿰란출판사
페이스북 _ www.facebook.com/qumranpeople
인스타그램 _ www.instagram.com/qrbooks
등록 _ 제1-670호(1988.2.27)
책임교열 _ 박은아 · 김준표

© 김대은 2025 ISBN 979-11-24013-24-3 93230